夢斷苗溪

一個勞改倖存者的回憶

牛立華——著

原來的勞教場所後來成為戒毒所，2006年已整體遷出。

①	②	③
④	⑤	

①初到重慶長江電工廠工作，攝於1957
　年前。
②調到成都，解除勞教後留廠就業，1964。
③1990年左右，攝於重慶。
④前妻李詩慧（殘照）。
⑤女兒15歲考上北京大學，與女兒在北大
　未名湖邊合影。

上圖：1980年平反後，回到長江電工廠工作，攝於廠門口。
下圖：晚年和生活伴侶張祖紅合影，2020年，於重慶。

在小監寫的申訴稿之一。

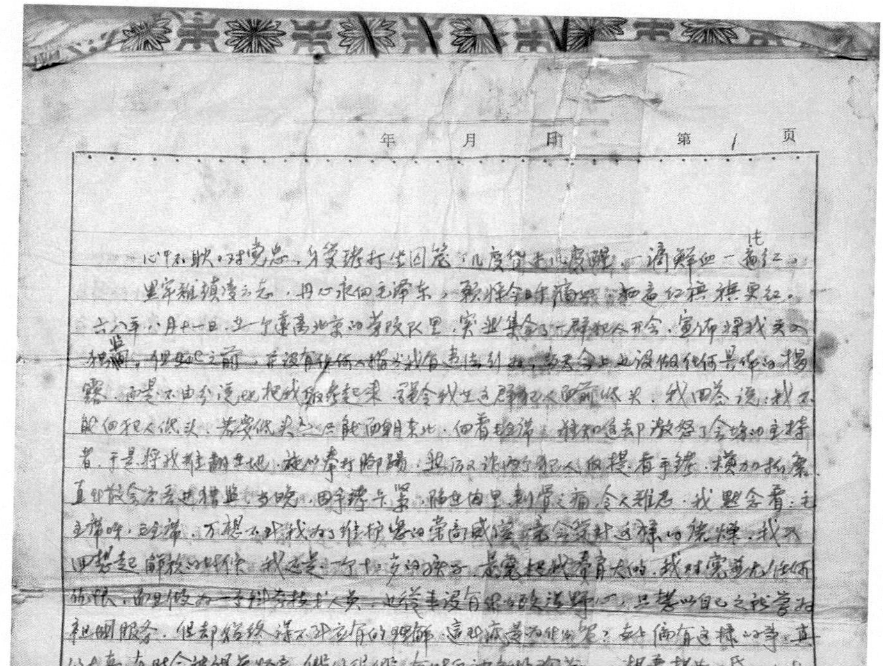
年　月　日　第 1 页

獄中自述。妹妹手抄稿之一。

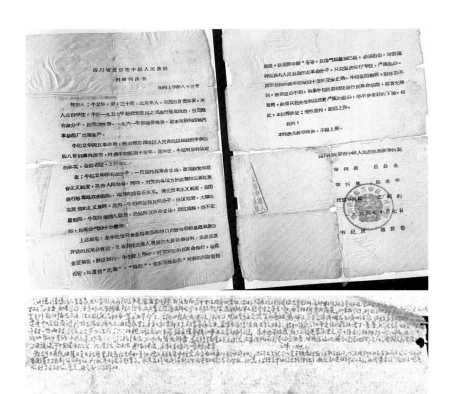

上圖：1966年10月7日成都市中院對牛立華反革命案的終審判決。

中圖：1969年3月底可以從小監出去勞動給父母信。

下圖：1970年8月將獄中自述寄給父母時的留言。

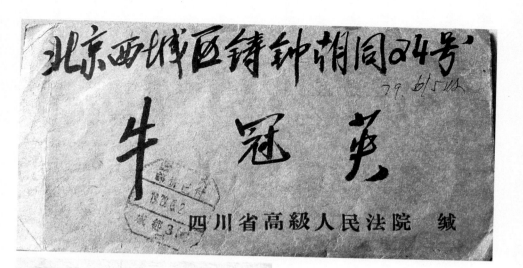

上圖：1979年6月2日，四川省高級人民法院回覆牛立華的父親牛冠英的實寄信封。

下圖：1979年9月10日，成都市中級人民法院複查後宣告無罪釋放的刑事判決書。

上圖：苗溪茶場場部附近，左邊一圈殘存的圍牆顯示這裡曾經是勞改農場。
下圖：監獄已遷出，獄牆依然在。

上圖：沙坪茶場最後一批勞教人員住地。

下圖：苗溪茶場一角。胡風梅志夫婦文革期間曾被關押在這座院子的後屋。

上圖：苗溪茶場，圍牆內屬於女子隊的地界。
下圖：川西監獄（苗溪茶場是其前身）遷出後遺留的部分建築。

重慶五七勞教蒙難者的後代在沙坪尋找父親的足跡，攝於2021年春。

作者牛立華通過閱讀軟體聽讀自己的書稿，2020年於重慶。

代序　通往苗溪之路

艾曉明

一、去苗溪，經沙坪

　　2020年五一節（勞動節）假日，我和三位本地朋友，從地處川西南的小涼山峨邊彝族自治縣的縣城出發，前往雅安市蘆山縣的苗溪茶場；兩地之間大約二百五十公里。

　　我們之所以從峨邊出發，因為本書作者牛立華的個人生活與這個地方有特別的聯繫。上個世紀1966年即文革開始的那一年，他春節期間從成都來到這裡探望未婚妻，她正在峨邊的沙坪茶場太陽坪中隊勞動教養。在此之前，牛先生曾經的女友想逃出茶場，結果在大渡河邊被抓回，命斷沙坪。1966年夏天牛立華被捕，送到蘆山縣的苗溪茶場服刑，半年多後，他收到來自峨邊的法院文書，在沙坪勞教的新婚妻子被迫與他離婚。

　　我從牛先生處讀到沙坪茶場倖存者汪孝直的回憶錄《沙坪茶場──宋家山勞動教養紀事》，他是第一批被收容的勞教犯人，在1957年11月被送往沙坪。這個地方最初叫沙坪農場，因為霧多霜重長不出莊稼，1958年後改名為沙坪茶場。汪先生在這裡勞動教養，時間竟長達二十五年；平反後才回到重慶定居。他稱沙坪茶場這個地方是「民主的屠場」、「人性的戰場」、「『專制』的現場」，同時也是「毛暴政下的一處墳場」。[1]

　　我的朋友謝貽卉拍攝了紀錄片《大堡小勞教》，故事也發生在沙坪茶場，大堡是其中的一個作業區，大約兩千六百多名少年犯在這裡被飢餓折磨致死。至於沙坪茶場總共餓死了多少人，從一些倖存者的回憶中只能看到大概的數

---

[1] 汪孝直：《沙坪茶場──宋家山勞動教養紀事》，香港，五七學社出版公司，2009年8月。

代序　通往苗溪之路 ▎015

字。據說這裡的犯人過萬，餓死者超過五千。到目前為止，我沒有看到過任何官方記錄。

我們那日是清晨從重慶發車，在樂山吃了中飯，繼續行至峨邊沙坪，接近五百公里，超過了十個小時。樂山之後山路居多，又有很長一段路沿大渡河邊西行。途中還可看見牛先生書中所寫那種架在大河上的鐵索橋，橋面上鋪就的木板已有明顯的缺漏，入口處有危橋標誌，禁止通行。如今這一帶屬於川西旅遊區的大渡河風景道，仍有一些路段正在擴展和維修中。

試想六十年前，交通不便，那些飢寒交迫的苦役犯，尤其是未成年的孩子們，被軍車武裝押運，在坑坑窪窪的公路上顛簸，從成都到這裡也要十來個小時；如果從重慶過來，非兩天不能抵達。更不必說那時縣城在沙坪鎮，從縣城再上到所謂的作業區，全程陡坡亂石，大人也要走一個白天。小朋友們，終於哭鬧到坐在地上不走了。押運的士兵為任務交接，只好把他們背到目的地，那也是最終斷送他們的生死場。

我們從峨邊縣城到沙坪，時間已近黃昏。友人丹陵實在是義勇，在沙坪鎮裡沿著狹窄的坡路，一路避險上行。此行的目的地是太陽坪，從導航看，沙坪鎮離太陽坪也就八公里，但一路上山則感覺不止這個距離。其間還差點走錯路，沿著中鐵集團成昆鐵路複線峨眉至米易段項目經理部豎立的道路安全標誌，我們終於到達一處有小賣部的地方。導航標誌顯示，這裡就是太陽坪。

遙想1966年，本書作者牛立華從大渡河邊的汽車站馬嘶溪步行上山。如今按照高德導航軟體，兩條推薦路線分別為五十二公里和十三公里。在五十五年前，沒有交通工具和平坦道路，而立之年的牛立華，儘管年輕也餓得幾乎暈倒，艱難可想而知。他又想找到沙坪勞教者的埋骨之地南瓜山，以憑弔女友；但沒有找到地方，拍照的膠捲也被幹部沒收了。如今我們只能憑文字想像當年深山的苦役人，時過境遷，山形地貌不會有太大的改變。

我們在太陽坪，山風呼呼掀動衣襟，暮春時節也有深深的涼意。我們看到山邊有農民的墳地，飄著祭奠的彩紙，但那裡不會是南瓜山。五十五年過去，這一帶，彷彿一個被拋棄的舊片場，驚心動魄的歷史悲劇已經消逝不見。馬路邊上的小賣部主人說，此地就是原來的場部，不過她也是移民過來的，並不瞭解以前的情況。

早在十五年前，2006年2月，沙坪茶場已經整體搬遷到眉山，那裡修建了被稱為「花園式、校園式、軍營式的戒毒場所」。而在原來的沙坪，曾經作為勞動教養場所的樓房或者平房，均已空置廢棄。一些來自美姑、甘洛等大涼山偏遠地帶的彝族農戶自發地住進茶場空置的房屋裡。就這樣，越來越多的彝胞家庭聚集起來，開始新的生存。在茶場遺棄的茶園裡他們種上土豆（編案：臺灣稱「馬鈴薯」）玉米；原來的辦公室或犯人囚室，一些家庭用來圈牛養豬。

　　在那棟三層紅磚樓房的底層，我看到一個黑乎乎的房間開著門，門內一個女孩正在切豬草，旁邊一個男孩跑來跑去玩耍。女孩抬頭看我一眼，她長得就像希望工程海報上那個大眼睛女孩[2]。但她忙於切豬草，灶上一大鍋水升騰著蒸汽。我問她話，她只是點頭或搖頭，似懂非懂。

　　路上幾乎沒看到什麼成年人，被遺棄的樓房內也找不到過去的標誌。我們只能進入到近處的房屋粗略地看看，半山下還有一片舊樓，因為找不到進路走不過去。

　　這些地方，折疊了半個世紀勞教的歷史，以1979年右派改正為界，前後關押的犯人也屬於不同的時代了。

　　在汪孝直的記述中，1957年冬天來到這裡的囚徒，最初住的是茅草房，睡的是小樹條捆綁搭成上下通鋪。我們看到的紅磚樓房顯然不屬於那個年代，它至少也是三十年後的建築，很可能是辦公樓了。

　　從紅磚樓出來，我們的車調頭行駛約三百米，在一個轉彎處略為空曠的地方停下；路邊坡上一處舊的院落吸引了我。院子很大，房子前停了一輛小車卻看不見人。穿過院子進入到後面的山坡邊，樹叢內伸出一條小路，小路的臺階通向一處院落的拱門。我下坡沿路過去，再上臺階進到門內，便見到原來犯人住過的地方。

　　這裡三面是平房，正對門的平房有兩進，有人在後面的房子裡餵過牲口。左右兩邊平房加上圍牆入口，形成一個封閉的四合院。黑板上的標誌表明，這裡曾是一大隊的四中隊。黑板報上有一欄為「衛生考評」，粉筆填寫的時間停

---

[2]　編案：1989年起，中國青少年發展基金會發動中國社會各界贊助貧困地區失學兒童重返校園，該活動名為「希望工程」；1991年，有記者到大別山金寨拍了一位七歲小女孩蘇明娟趴在桌子上寫字的照片後被用於活動海報，她的雙眼水靈，飽含對於上學的渴望，文宣一出，牽動了億萬人心，也為活動募來許多善款。

留在農場遷出的那一年：2006年某月的21日。黃色油漆的「月」字前，粉筆填寫的數字已經不太清晰。

曾經的沙坪茶場，難道不應該有一個紀念碑嗎？在這座毛時代聞名全川的勞教集中營，至少，應該有一些關聯歷史的標誌。從1955年到文革結束，曾經有上萬人在這裡披荊斬棘，墾荒種茶，歷時超過二十年，帶動了整個峨邊縣的經濟發展；又有數千人葬身荒山，含冤而死……如今，我千里迢迢前來尋訪，與我同行的大姐，父親被劃為右派，從重慶送到這裡勞教，又被發送到「四·一五」築路隊修鐵路，最終喪命於沙坪三百公里之外的涼山州喜德縣荒山野嶺。可這段歷史，在沙坪現場消失得乾乾淨淨，遑論犧牲者的姓名和數字。

歸途中，我們遇到另一輛車，車裡也坐著一位故地重遊的老人家，他說是從醫院出來回家過五一節的。文革中他在一個軍工系統的工廠，廠裡的五七幹校辦在這裡。他說我們走的地方太少，當年還有很多中隊，分佈在不同的山裡。

從太陽坪下到半山，一個新的彝胞村落已經落成。這裡是離太陽坪最近的松林坡村，屬於易地扶貧搬遷項目集中安置點。時隔半個世紀，峨邊，這個毛時代萬千勞教者墾荒、受難和犧牲的地方，它依然是四川省四十五個深度貧困縣之一。如今檢索峨邊，松林坡村和附近新林鎮的茗新村的消息比沙坪茶場更多。自2019年1月動土開建，政府累計投入了超過三千五百萬人民幣的資金來打造這兩個扶貧安置點。

我想，哪怕拿出一個零頭，例如五十萬，在沙坪茶場場部原址也能打造出一個勞教紀念館。歷史記憶，這是真正富有意義的旅遊資源，它將是沙坪茶場倖存者、難友與後代魂牽夢繞的地方。但那前提是尊重人權，伸張社會正義，唯如此，歷史記憶才會得到珍藏。而從松林坡村目前的設計來看，即使它可能發展成為新的鄉村旅遊點，它與這塊土地上真實的悲劇卻是隔絕的。

二、通往苗溪之路

我們上午離開峨邊，驅車二百多公里，大約四個多小時後到達蘆山縣的飛仙關。如果從成都出發，也不過一百六十多公里。但如今交通便捷發達，與五

十五年前的交通距離不可同日而語。正如前面講到沙坪到喜德的路程為三百多公里，但是在公路不通、沒有隧道的山區，步行山路的距離肯定不止三百多公里。

回到本書的下卷開篇，1966年11月，牛立華等囚徒被武警從成都押往苗溪勞改。早上天未亮出發，途經溫江、崇慶、大邑，到名山境內黑竹鎮下車稍息，然後進入峽谷，到達飛仙關。這個地方是他個人進入牢獄生活的一個地標，從這裡他們進入蘆山縣境，下午到達苗溪十三中隊管區。

我們在飛仙關吃過午飯，已是下午兩點多了。此地號稱「茶馬古道第一關」，將要建成一個旅遊小鎮。我們走國道換省道，很快進入苗溪路，全程二十來公里。到達了一處街面，問街上小賣部主人，答曰這裡就是苗溪茶場。後來我們改從一條小路上去，才到達有茶場標誌的大門口。大門旁邊有一條路，通往原來的女子勞改隊以及高坡上的茶園深處。

一路上我們都在感歎，毛時代的知識份子，從各大城市集中到川西深山老林各個集中營，強迫認罪，超負荷勞動，與家人親情隔絕。那時別說網路，連通信都要經過檢查審核；如此不是一天兩天，從1957年開始，延續二十多年。如果是1950年代初期鎮反肅反時期被送進來，時間甚至更長。這日子可怎麼過？怎麼能夠生存下來？而最不可思議的是，當時的政治家多麼狂野，能夠確定在如此邊遠的荒山僻壤，建立起一座又一座監獄。「罪犯」大軍浩浩蕩蕩，「風都吹得進來，雷都打不出去」。根據牛立華的記錄，在上個世紀的六十年代，僅在四川各地縣，勞改勞教農場、茶場、各種礦產企業加上「四‧一五」築路隊等，數得出名字的就有四十多處；每個地方都關押了少則幾千、多則數萬的囚徒。他們之中有民國時期的軍政人員、教授、工程師、留學人員、藝術家……還有大量因為不滿大饑荒而發過牢騷或者謀生犯險的平民百姓。

苗溪，所有學習和研究中國現當代文學的人尤其應該記住。和苗溪勞改有關的重要作家有胡風、章詒和；相關作品包括：胡風夫人梅志的《伴囚記》、《珍珠梅》，章詒和的女囚四書《楊氏女》、《劉氏女》、《鄒氏女》和《錢氏女》；記者王地山回憶錄《走出豆豆溪》，現在又有了牛立華的回憶錄《夢斷苗溪》……此外，可以再看獨立導演謝貽卉的另一部紀錄片《李盛照的飢餓報告》。前面四位作家和後面這部紀錄片的主角，全是苗溪勞改農場

的倖存者。

　　要瞭解胡風冤案始末，是必須把他的監獄歲月包括苗溪經歷納入其中的。一個文藝家，為毛時代寫出〈時間開始了〉的詩人，他何曾想過，那些描述仁人志士為新中國的成立而受難的詩句，竟然會成為自己此後二十餘年的縮影：

　　　　你在臭濕的牢房垂死過
　　　　你在荒野的鄉村凍餓過
　　　　你和窮苦的農民一道餵過蝨子
　　　　你和勇敢的戰友一道喝過血水

　　胡風被打成反革命，審了幾百次，牽連幾千人，先關十年半，再判十四年，文革中被判無期徒刑。如果不是毛的死亡帶來政治的鬆動，胡風哪有可能活著走出監獄？歷史的悲劇意味正在於此，胡風在詩中想像的是，毛澤東在宣佈新中國成立的那一刻，無數犧牲在他腦海裡閃回；可這樣的畫面，不僅是對領袖的神化，更為諷刺的是，它屬於以胡風首當其衝的一代知識份子的命運：

　　　　一顆掛在電線柱子上的頭顱
　　　　閃現過了嗎？
　　　　一具倒斃在暗牢裡的屍體
　　　　閃現過了嗎？
　　　　一個埋進土裡的半截身子
　　　　閃現過了嗎？

　　我們一行四人，要論出身都屬於所謂黑五類，他們三位是當年在川渝兩地勞教者的後代。牛立華先生雙目失明，行走都很困難，無法與我們同行。憑我們自己，則難以確切找到他書中故事發生的所有地段。苗溪茶場很大，作為省一級的勞改農場，作業區跨蘆山、天全、寶興三縣。我們足跡所至，僅到達場部所在地周邊。從一家農家樂的招牌來看，這裡就是原來的靈鷲山監管區；查看地圖，牛立華書中所寫的磨坊溝、胡家坪這些地名也還沒變。

苗溪茶場1989年升為四川省勞改總隊，1996年更名為川西監獄，2003年整體搬遷到成都龍泉。2011年一支叫「瑞福生」的團隊接收了位於天全縣大坪山的千畝茶園，以私家定製茶為主。該企業簡介網頁上，竟然寫著「苗溪私茶莊園始建於1953年」，「茶場六十年來」……1953，那是苗溪作為勞改監獄的興建之年，和私家茶園的「始建」哪有始終如一的關係？歷史被巧妙地改寫，成就川茶的傳奇，刪除了當年數萬囚徒拓荒的血淚史。梅志在《珍珠梅》裡寫過一段：「這些茶巷子都是十幾年前押著死刑犯和無期犯人開出來的，犯人死了就埋在這裡。他們告訴我現在挖土時，還會挖出死人骨呢。」[3]

　　監獄遷出後十年，2013年的4月20日蘆山發生7.0級大地震，監獄的原貌因地震而毀壞或湮沒，原來的辦公大樓也都拆了。這個地方不再作為監獄至今已有十八年，距離牛立華等諸多毛時代的囚徒離開苗溪，也已經四十二年了。儘管如此，有著五十年監獄歷史的苗溪，僅在場部附近，還是能看到大量的監獄遺跡。

　　我們沿場部所在地的山路上行，有民工正在維修原來監獄殘餘的圍牆。裡面已經圈了很大一塊地方，會派什麼用場，沒人能說出所以然。一位女工說，這裡就是原來女子隊的地方。在牛立華的記錄中，女子隊正是在這半山腰上，三個隊共有一千九百多女犯。我腦海裡浮現了出了章詒和的名字，這位深刻描寫了監獄裡女囚眾生相的作家，在苗溪女囚隊裡度過了將近十年；她也因此能將「劉氏女」、「鄒氏女」這些尋常女犯的生死愛欲寫得驚心動魄。

　　我們在苗溪詢問：胡風被關在什麼地方？感覺遇到的大人小孩對這個名字都不陌生。他們指引我們去找山澗小溪旁的一處院落，原來，此地就是王地山和牛立華都曾寫到的磨坊溝，我們面前嘩嘩流淌著的正是王地山書中那不捨晝夜的「豆豆溪」。

　　磨坊溝在場部山頭的另一面，我們要繞一段路，沿著路邊「福鑫歡」山莊的標誌走，從山上開車下到山溝裡。在靠近福鑫歡山莊的地方，有一段獄牆圍起來的監獄工廠遺址，不知是不是過去的修理廠。牆內遺存著高大的廠房框架結構，一樓一個進口處還留著「女浴室」的標誌。兩邊的平房看上去像是宿舍

3　梅志：《珍珠梅》，中國工人出版社，2003年1月，第71頁。

和庫房，但都已棄置多年。

　　車間外那處寬大的平房裡，有居民在其中生活的跡象。獄牆雖不完整，仍然高大堅固，上面有一塊很大的廣告牌，上面寫的是蘆山縣名昊養殖農民專業合作社應對新冠病毒的管理制度。顯然，和其他監獄遺址一樣，附近的農民開始利用這些空餘的場所和房子。

　　1966年9月8日，囚車在深夜裡將胡風夫婦帶走。那時胡風已經是六十四歲的老人，他十四年刑期的最後四年原本是作為監外執行的，這年卻先從北京發配到成都，然後文革開始了，他與妻子這日被押送到苗溪。從梅志的《伴囚記》來看，磨坊溝的這個房子，是農場專門為關押胡風夫婦而建的。1967年初春，他們搬入新的囚室：

> 房子建築在一塊剛開闢出的山坡平地上，所以後牆仍是山。我們住的是旁門的兩間，正門似乎有好大一個院子，有好幾間房子，這是和我們隔斷的。而在這兩門之間，蓋了一排三間房，應該算是看守室。因為靠著我們屋裡的那間有一扇門與我們相通，老冷他們就住在這三間房裡。[4]

　　1967年11月初，胡風突然被轉移，梅志孤零零地留在半邊院子的小屋裡，等待胡風回來。等到1968年，來的是抄家者，並強迫她外出勞動。她先在苗溪醫院洗血繃帶，補破爛；後又被拘禁在小院內，要她種一小塊地自給自足。到1970年8月底，場裡將她安排到山上女二隊，與就業人員一起勞動。梅志在苗溪度過了七個年頭，直到胡風年滿七十後的1973年，她被送往大竹縣第三監獄，照顧已經被迫害得精神失常的胡風，並和他單獨關押在一起。

　　在理想的情況下，胡風在苗溪的囚室應該像安妮・弗蘭克在阿姆斯特丹的故居一樣永久保存和開放，供人們反省歷史。但現狀卻是這樣，它被一大片雜樹、灌木叢等野生植物包圍，我們只能看到它的一部分屋頂和露出來的圍牆。

　　我努力跨過了與小溪相連的水溝，依然無法靠近。眼前的灌木叢十分茂密，讓人無法判斷哪裡沒有水溝，哪裡可以落腳。要接近屋子，首先要開出一

4　梅志：《伴囚記》，中國工人出版社，2008年2月，第139頁。

條路才行；這卻不是我們一個下午能做到的了。因此，我們只是以它為背景與它合了影。

　　如果要將苗溪開闢成一個承載歷史記憶的場所，這裡有很多地方都應該作出地點標誌啊。女子囚犯隊、就業隊、山谷莊關押「反改造」者的集訓隊、位於十三隊單獨關押不認罪者的小監……胡風、章詒和，他們當然是影響了中國文學的兩代重要作家，然而每一個蒙受冤屈者都有自己的生命悲歌，有值得我們細讀的個人故事；我們對個案瞭解越多，越有機會進入歷史悲劇的深處。

三、權力的任性與一個青年的命運

　　牛立華在苗溪服刑十三年，在此之前，他已經因劃右而被勞教三年，強制留廠就業六年，前後二十二年。

　　從很多方面來說，年僅二十一歲的牛立華，是完全沒有理由經歷這麼一場無妄之災的。他不是地主資本家，不是出身不好，不是學文科的，不是高級知識分子，更不屬於民主黨派。作為軍工廠的一個年輕技術員，他正是屬於國家迫切需要的人才。而且，他又好學向上，熱愛專業，並且在積極申請加入中國共產黨。他的政治方向如此堅定正確，怎麼會被劃作反黨分子，成了廠裡的第一個右派呢？

　　我這麼說，好像暗含了一個前提，其他人就有理由被打成右派嗎？在苗溪，我們找到一個十來歲的孩子帶路上山，這個孩子說他的爺爺就曾經是苗溪茶場的犯人：「我爺爺說，這裡的人百分之九十九都是冤枉的。」

　　有很多研究、很多倖存者的回憶錄證明，反右是一場摧毀民族精英的政治運動，而從書中牛立華的經歷來看，這場運動不僅錯誤的，更是荒謬的。他的個人悲劇，很大程度在於思想專制到野蠻、權力任性到荒謬的程度。

　　荒謬就是如卡夫卡小說《變形記》那樣，沒什麼理由，突然在一個早晨，小說主角變成了一隻大甲蟲。他還保留著所有正常人的感受、思維和意志，但他的存在已經與外界割裂、隔絕，無法交流和理解。他被親人嫌棄，最後只能是孤獨地死去。

　　換言之，如果我們現在要去區分誰應該被打成右派，誰又不應該，這就

落入了荒謬的陷阱。事實上，在一個現代社會，無論是那些批評和建言的民主黨派高層人士，還是如牛立華這樣僅僅是希望「肅反」講究一點方式方法的青年，他們的權利都是毋庸置疑的；哪怕他們的意見是錯誤的也同樣如此。人們在民主社會不僅擁有表達自由，更應該積極地參政議政。悲劇在於，連胡風這樣資深的左翼文學家都沒有想到，他對領袖和新時代的敬仰和追隨，不是通向民主，而是通向奴役之路。

思想專制，正是極權主義時代權力的特徵，這方面，牛立華的同時代人，當時北京大學物理系學生王書瑤敏銳地寫出了他的預見。他根據蘇聯史達林的恐怖統治帶來的危害，強調「反對國家權力的高度集中和黨對國家一切生活的絕對控制」。文中指出：

> 任何時代，權力的高度集中，不論是集於個人，還是自稱為一貫光榮正確偉大的集團，都是極大的危險，而當人民群眾被麻痺被愚昧，就更加百倍地危險！因為如果這個集團犯有嚴重錯誤或變質，就沒有任何力量足以克服！[5]

王書瑤的文章代表了當時北大「五一九」學生民主運動達到的思想高度，結果卻被他不幸而言中。他被劃為極右，勞動教養四年；後來更遭送到新疆，再返鄉務農。1979年右派改正後，他才回到學術界。

牛立華被劃右的罪行之一恰恰相反，他不僅不反黨，而且，他贊成、支持黨天下，並且認為就是要黨天下。他說現實中不正是黨員幹部擔任主要領導職務嗎？這就是事實啊。如果講點道理，完全能明白牛立華這個觀點沒有任何反黨含義，他不過是想從事實出發來呼應反右中的大批判。

可是思想專制不僅要消滅一切異聲，而且任性到連呼應同意也不能由著你自己。反正要打右派，打誰也是打，逮著誰是誰。牛立華的觀點被斷章取義，曲解誇大，批判者憑自己的主觀推論來定性反動……總而言之，就像卡夫卡筆下的《變形記》一樣，一個人在某一個早晨，突然就變成了大甲蟲。在牛立華

5　王書瑤：〈從史達林的錯誤中應贏得的教訓〉，《北京大學右派分子反動言論彙集》，北京大學社會主義思想教育委員會編印，1957年10月，第87頁。

的處境中，他就成了廠裡右派首惡。

其實，放大來看，將「政治設計院」、「黨天下」、「平反委員會」這些知名的論點定性為向黨進攻之類，不都是一樣的主觀任意、一樣地顯示了獨裁者的傲慢嗎？當然也是。但針對牛立華的定罪，卻是格外令人費解的——把一個正在批判右派言論的青年打成了右派。

要到幾十年後右派改正，牛立華才看到自己檔案中的記載，也才知道，根據檔案中的畢業鑒定，他就被挑出來作為右派嫌疑人了。然而即使在那個鑒定裡，他說的幾句話也是被張冠李戴、剝離原意的。按照那種惡意聯想的邏輯，沒有任何一個人可以逃脫政治運動的絞索。換言之，所有這些運動無非都是按照政治需要把敵人製造出來。這就是階級鬥爭的理論武裝起來的黨和它所推動的政治實踐。牛立華的觀點到底是什麼並不重要，將假想敵製造出來，使得專制的力量可以立威暢行，這就是政治需要。

如前所述，牛立華和王書瑤，同為右派，假如評價他們當時的觀點，可以說全然不同。一個清醒地認識到反對極權，一個據實辯護說就是要黨天下。那麼，共產黨為什麼要把支持它的人也當作敵人對待？這一點是牛立華很長時間都想不通的。他的困惑也反映出了另一大批右派的處境：他們當時還不是像林昭、張春元、王書瑤這樣較早覺醒的獨立思考者；而是因為純真，因為信任，因為熱愛黨而落入陷阱。

我們今天再來看後者的命運，一方面是看到其中的荒謬，因為他們被歸入敵人一類，更充分地表明了這場運動非理性。它不是因為遇到了真正的對手或者批評而去絞殺他們，而是根據假想的敵意去消滅他們。

這也就回到了烏托邦社會的根本問題，烏托邦，本來是關於一個理想的群體和社會的構想。在中國，我們也可以說是社會主義或者共產主義。但是它走向了反面，成為反面烏托邦的典型。那就是說，表面上看，一切話語都表明這個社會繁榮昌盛，它所依靠的人民完美無瑕。而實際上，它對社會的歷史和現狀、對現實中的社會階層和人群，充滿任意假設。它反理性，反經驗，也反文化。它是純粹理念的天堂、現實的地獄。

而另一方面，我們看到，作為共產主義的信徒，受害者的個人悲劇又在於，他們被意識形態教育馴化，對極權之害沒有警覺和防備。反右之前的政治

運動已經造成了大批的受害者，但他們彼此的經驗也是隔絕的。這也使得這些年輕一代的受害人繼續忍受迫害和孤獨，而且，在遭受迫害之後，他們長久地使用著毛的思想和語言來為自己辯護，但這顯然也是無效的。

四、虛無的法律與真實的奴役

牛立華的冤案經過了所謂的開庭審理，但僅僅是形式上的審理，根本不允許辯護，也沒有走完法律程序。實際上別說文革破壞法治了，1949年以後到1957年，執政者是明確排斥法律的制度建設的，法都沒有，何來法治？當年在上海擔任過中院民庭庭長的何濟翔指出：

> 一個堂堂大國，建國八年，除了因實際的迫切需要，於1951年頒佈《懲治反革命條例》，1952年頒佈《懲治貪污條例》以及於1950年頒佈的《婚姻法》三個單行法律外，人民日常生活迫切需要的民刑法和民刑訴訟法則還不見影子。[6]

也就是說，八年間，國家沒有致力於完成並頒佈有關人民基本權利的保障及一般社會關係調整的民事法典。何濟翔、還有他提到的楊兆龍，像這樣的法學家、司法工作者，懷抱法治夢想，曾大力敦促儘早立法；但不僅當時被拒，其後更是受到殘酷迫害。

1957年以前，金陵大學校長吳貽芳看到土改中的問題，建議楊兆龍向政府提議，制定一部《土改法》，結果楊兆龍的建議遭到南京市委領導的批評。1957年鳴放期間，楊兆龍終於應邀寫出重頭文章〈我國重要法典何以遲遲還不頒佈〉，他強調立法在社會主義建設中特別的重要地位，並指出，法制，就是對於階級敵人，也是不應該有例外的。

楊兆龍認為，「社會主義國家的法律在表現形態上，它的大部分規範必須用成文法。」如果不制定一套法律法規，專靠大家的革命法律意識或者從實踐

---

[6]　何濟翔：《滬上法治夢》，北京十月文藝出版社，2001年，第21頁。

中慢慢創造出法的規範，那就要造成很多矛盾。他還針對有關立法的十種錯誤觀點，逐項予以批評。此後他又在法學界人士的座談上即席發言，堅持國家應及時完成和頒佈一些重要法典，使政府和人民都有法可依。否則，「政府機關的人員即使胡作非為，一般人民也無法判斷其有無法律依據」。這種狀態的惡果已經顯現：「過去幾年所發生的錯捕、錯押、錯判、錯執行等事故，與一般行政機關『無法可依』或『無完備精確的法可依』實際有很大關係」[7]，何濟翔在其回憶錄《滬上法治夢》中稱這種狀態是「『左』的法律虛無主義」[8]。

楊兆龍、何濟翔後來都被打成右派、反革命；分別送勞教、勞改。楊家更是株連多人，滿門罹難。由此可見，以黨代法是多麼方便有效，一旦羅織成罪，根本沒有途徑掙脫。

我們在官方文本中是看不到那些政治運動的犧牲者去了哪裡的，不知道他們各自的名字、坎坷和內心屈辱，不知道他們自己和家人的生活命運。我們大致瞭解劃右的數字，它是五十五萬，或者由媒體後來披露出來的三百多萬。然而在此前後，土改、鎮反、肅反……受害者有多少？大饑荒餓死了多少人？……這類答案並不清晰，也還遠沒有成為公眾的一致追問。

感謝牛先生把他的親歷親聞寫了出來，我們從中看到——

第一，從1950年代到1960年代文革開始，接連不斷的政治運動掃蕩了社會的各個階層，越來越多的「罪犯」（罪名五花八門）失去人身自由，也脫離了原有的生活軌道。這其中，除了知識份子居多的右派，還有大量平民「罪犯」，他們和牛立華等右派一樣，都是被濫捕濫判的，所謂的罪行荒誕不經。

第二，通過政治運動製造出來的「罪犯」，全部用來壯大了勞教、勞改企業的隊伍。他們成為最卑賤的奴工，在他們的血汗之上，興起了茶園、礦場和龐大的製造業。他們的奉獻，不僅讓勞教勞改系統實現了自給自足；而且為當地的農林業或者機械製造業打下了基礎。解除勞教或勞改釋放後，除了失去勞動力的人以及個別有特殊關係者，他們的命運都是強制留廠（場），人身自由依然受到限制，也依然是廉價勞動力。

---

[7] 同上，第15頁。
[8] 同上，第21頁。

第三，在人們比喻中的「大監獄」即沒有民主法治的社會之外，勞教勞改場所是一個更隱秘而殘忍的世界。其隱秘在於，囚犯沒有通信自由，因而他們的遭遇外界不得而知。其殘忍在於，所謂的改造充滿了血腥的暴力。飢餓和超負荷的勞動摧殘了囚徒的身體，認罪悔罪更是經年累月的精神折磨。這一切都是在暴力脅迫下進行的，精神和肉體的暴力肢解人性，脆弱者有的精神崩潰、失常；強悍者或者被鐐銬加身，或者被利用，成為殘害同胞的幫兇。

　　1957年時二十歲的人，如今也是八十四了。一代人漸次隱沒，絕大多數都沒有留下他們的見證。正如章詒和所說：

> 由於我們這個民族患有普遍健忘症，由於許多親歷者已經消失，剩下的為數不多的倖存者，便十分寶貴了。

　　牛立華在回憶中詳細描寫了他所親歷的勞改工廠的興起和發展，勞教、勞改人員的生活狀況、工作環境，還有管理者的水準、惡行和暴力手段。他所提供的小監關押的實況是駭人聽聞的，假如後世的人要拍攝有關題材的電影，書中的準確描寫可以作為一個參考：沒有光，沒有換洗衣服，缺水，便桶十天倒一次，過了二百七十個解大便沒有手紙的日子……這還沒有包括鐐銬和飢餓的折磨。牛立華被關九個月，同隊難友如李盛照、費宇鳴等人，關押時間更超過七年，費宇鳴幾乎喪失視力。有的囚徒不堪忍受，在小監裡自盡，還有的人被關押後慘遭殺害。

　　曾有人提過這樣的問題，中國的知識份子為什麼如此軟弱，為什麼他們忍受著奴隸般的待遇忍受了二十二年？

　　如果從監獄外面的世界來說，眾所周知，計劃經濟體制嚴格控制人口流動。而人們生存的基本要件——戶口和供應票證都掌握在政府各級部門，被體制排除的個人很難獨立謀生。

　　如果就勞教勞改者而言，監獄場所的管制極為嚴酷。逃離被抓回來，就意味著新的折磨、加刑或處決。牛立華描寫的難友羅國英、尹顯慧之死，起因不同，都同樣慘烈。以牛立華的親身經歷而言，相比索爾仁尼琴的描寫，中國的勞改營無論是日常生活環境還是管理，其殘酷性都遠遠超過前蘇的古拉格。

五、鐐銬下的反抗

說知識份子整體軟弱，其實也是一個刻板印象。因為有關1950年代以來政治運動受害者的大量檔案並沒有解禁，有關研究還有出版禁區。在右派改正後的幾十年裡，很多倖存者自費印製或與出版社合作印製過回憶錄，由於印數少、發行管道受到嚴格限制以及在境外的出版物中國國內不易獲得，因此沒有發揮出應有的影響。那些反抗者的故事被有意遮蔽，至今不為人知。

牛立華在回憶裡記錄了他艱難的覺醒和反抗。他先後在重慶和成都勞教勞改企業工作了九個年頭，創建了兩個理化實驗室，承擔了廠裡重要的技術工作。像很多人一樣，他忍辱負重地做出奉獻，期望重獲尊嚴和自由。然而，無論他多麼努力，都無法擺脫右派、勞教和就業員的賤民身份。文革開始，廠裡為揪鬥「走資派」，先把他作為「走資派」所重用的右派而嚴加懲處，又因為他不認罪，被判十五年長刑。

從這一刻開始，他再也不能忍受強加於他的認罪悔罪。他被送往苗溪勞改，還是因為不認罪遭受酷刑：多次被繩索捆綁，單獨關小監九個月。在勞動中骨折都得不到休息……

在小監絕境中，他也創造了一個奇跡：他以驚人的毅力寫出了數萬字的申辯——獄中自述，並在離開小監後千方百計地寄了出去。

如今，我們可以看到的這個文本，是根據收到申辯的親人——他的兩個妹妹的手抄本轉錄的。它是一個寶貴的監獄文本，因為大量的犯人都很難把自己在獄中寫下的記錄保存下來。和牛立華同一時期在苗溪監獄蒙難的章詒和，如今已是知名作家，然而2006年她到成都，親自到四川省高級法院索要作為「現行反革命」罪證的十六本日記、箚記和手稿，一本也要不回來。她說，「回到北京，就氣倒在床。『傷今念昔，恨殺子規啼。』」這些日記，從1958年開始寫起，其中也包括她在苗溪的勞改日記。法院不發還這些屬於受害人的手稿，實際上是繼續侵害他們的權利。

可想而知，當時能將獄中文稿送出監獄，是非常困難的。而拒不認罪以及寫出申訴，這就是對所謂思想改造、勞動改造的抗議。從很多倖存者回憶錄裡

可以看出，大量的犯人都是內心不認罪的；因為各種原因蒙冤入獄者實在是太多了。但公開表達不認罪者是不多的，因為直接挑戰司法機構的權威，必然遭到致命的打擊。

自述的內容以及書寫、投遞和保存下來的過程，牛立華在回憶錄中都有描寫。儘管如此，我還是將其全文收入在附錄裡了，目的是在於提供一份難得的史料，供後人研究那個時代與反抗者的思想矛盾。

在牛立華當時的思考裡，是基層的具體辦事人員有問題，他們不執行毛主席的指示，辦了冤案。因此，他寄希望於「敬愛的黨中央」、「敬愛的毛主席」。這裡，他一再以毛澤東思想為準繩來分析量罪判刑的對錯。

反右的親歷者和研究者杜光指出，那個時代的特點是以黨代法，以言定罪。那麼從這個文本就可以看出，以黨代法，不僅表現在黨的領導有決定權；而且毛主席語錄、共產黨有關反右、勞教和文革的政策條文，直接就擁有法律地位。換言之，替代了具體的法律條文。

在這種情況下，如果一個人要向現有司法部門申訴，還要考慮到自身安全，只能以毛主席的思想與自己的言行進行比照，或者引述毛主席語錄為證。這裡有兩種情況，一種是真心崇拜，一種是功利目的的引用。無論那種情形，都反映出毛時代的囚徒所背負的精神枷鎖，即使是牛立華這樣不認罪的人，他的政治認同也不能不與時代保持一致。

今天的讀者或許要問：不正是遵循毛主席的偉大教導，牛立華等一代人被送進監獄了嗎？這種申訴行為，難道不是斯德哥爾摩症候群嗎？我覺得也不能完全這樣說，我們可以進一步思考這種矛盾現象的原因。

首先，像牛立華這樣在紅色教育下成長的一代（也包括筆者的經歷在內），青年時期與民主教育是絕緣的，因此沒有能力對一黨專制的意識形態進行批判性思考。而書本上的共產主義的理想符合年輕人對美好世界的嚮往，也承載了他們青春如火的熱情；他們對共產主義一整套說辭都是全盤接受的。即使到了監獄，這種建立在無知上的信仰也依然保持了很長時間，它是黨文化教育的必然結果。

還有，在監獄的暴力管制下，除了極少數覺醒者如林昭、黃立眾這樣的鬥士，思想的鋒芒直指獨裁專制，普通人在抗爭行動裡必然有規避風險的考慮。

原有的認識局限加上政治高壓直接威脅生命，引用毛主席語錄、共產黨的政策文件，是通行的讓申辯合理合法的途徑。

但在這種思想鐐銬下的反抗，注定也是一個烏托邦式的反抗。為什麼？

因為它必須符合對毛澤東及其思想的崇拜，必須採用造神運動那一整套思考邏輯和措辭，當事人甚至自覺地付諸行動，去維護毛澤東思想的絕對權威。在自述中，作者列舉了三十多條事例，陳述自己對毛主席的態度，其中不乏今人所說的「愚忠」表現。

在監獄故事中，牛立華也寫出，以維護偉大領袖形象的名義，他成功地收拾了幫兇打手；但對這種搞法裡的文革色彩，似乎缺乏一點反省。

當然，理論分析上我可以這麼說；同時我也深知，不能脫離歷史條件來做道德判斷。囚徒為了遏制酷刑，爭取生存權，以小惡抗大惡，情有可原，迫不得已。然而另一方面，無論犯人之間怎樣確定暴力的邊界，那個真正應該對這一切負責的元首，他的權威終是沒有被撼動的，否則也就不值得借用了。

感謝牛立華先生對歷史的尊重，他提供了這份文本，讓我們從中看到一個人和時代的複雜關係。反抗命運必須首先向獨裁者輸誠，這是一方面，是那個時代的特點之一；而我們更應該看到，表面上的歸順只是形式，作者借此機會辯冤白謗，也表達出了對司法公正的渴求和不屈的生命意志。

像傑克倫敦的《熱愛生命》一樣，《夢斷苗溪》也是一個單純的青年如何被政治的冰雪暴席捲，在飢餓和死亡威脅下戰勝逆境而倖存下來的故事。時代的列車駛過1979，在命運發生改變後的歲月，牛立華將過去苦難的經歷轉變為自我啟蒙和民主追求的動力。晚年的牛立華，用了將近六年時間來研究反右前後的歷史，從而完成了一場個人對時代的判決。

後記

我最初是在鐵流先生處讀到牛立華先生的自印書稿《陽謀簡史——六十年風雲透析與述評》，那是一部當代史性質的鴻篇巨制，電腦計算字數足有一百四十八萬多字。牛先生顯然有著氣勢恢宏的寫作構想，他的個人經歷只是穿插在若干章節裡。對中共建政以來各個重大歷史事件的論述常常淹沒了個人故

事，也打斷了其連續性。而那些有關重大人物和事件的論述，有很多屬於報刊雜誌特別是網上名家文章的編選薈萃，其中涉及的作者眾多，僅確定著作權和使用許可，就會是一件相當麻煩的事情。

我非常理解牛先生這樣做的初衷，在互聯網時代，很多老人家還不能熟練上網，他們中間的行家，會將網上的文章下載來編輯打印，在朋友間交流資訊，繼續對歷史和時政的探討。這是倖存者晚年生活的一個側面，他們在耄耋之年，聚會時最熱烈的話題，依然是苦難和社會公正。

我讀牛先生書稿時還沒見過這位老人家，後來他的難友告訴我，牛先生希望修改這部書稿，壓縮精簡篇幅，增強其可讀性。但他力不從心了，最大的身體問題是視力障礙，而且，雙目失明已不可逆轉。他希望我來幫助牛先生，完成他改稿的心願。

基於牛先生給我的信任，也出於我對牛先生個人經歷的重視，我開始做這個改稿工作。我先從牛先生一百多萬字的原稿裡將他的個人故事篩選出來，重新進行了章節的組織。在此期間，我也兩次到重慶，和牛先生做了前後一個多星期的訪談討論。

因為牛先生已經接近八十五了，身體也不好，我們每天的交談也不可能時間太長。但是牛先生的記憶力超強，有關往事他陳述起來非常順暢，語言也很簡潔。我們第一次見面，先確定了本書的體例和重點，它是個人的回憶錄，而不是當代史的概論或者文選薈萃。這對讀者來說倒也沒有什麼損失，因為牛先生那部編著稿已經被志願者上傳到網上了。

我現在編輯完成的書稿有三十萬字，在第二次和牛先生見面時，我通過手機上的閱讀軟體讓牛先生聽完了重新組織的章節內容。回來之後，我對文字做了修改，主要是刪去重複的文字，也將新的訪談內容補充進去。

在前後半年間兩次見面時，我主要詢問了有關牛先生的家世和童年經歷，還有他青年時代的友誼、愛情以及女友們最終的結局；此外我也問了他與李盛照等難友的交往。這些訪談都已整理出來，補充到了相關章節裡。牛先生改正後回北京探親、父親為他平反所寫的信件、他在獄中所寫的長篇〈自述〉和那封回顧一生感人肺腑的情書〈別了，詩慧！〉也都是新編入的。

全書內容確定之後，我再一次對各章節文字做了逐字逐句的審閱，並與牛

先生電話交流，確定了其中的一些細節。

　　本書的插圖來自牛先生的老照片，我為他拍攝的近照一併補入書中。我代牛先生重走了沙坪和苗溪之路，故此，本文的開頭從這趟旅行說起。

　　我和牛先生討論過幾個書名，沒有找到最合適的；想到苗溪這個地方斷送了牛先生和無數囚徒的理想才華和青春歲月，我最後以《夢斷苗溪》作為書名。在當代中國人痛史的地理標記上，我希望人們像記住夾邊溝一樣記住苗溪。不僅如此，而且，所有現在我們尚不知其名的勞改集中營，都應該由倖存者重新標記出來，構成一部苦難記憶的地圖志。書寫個人痛史，是重鑄民族記憶的重要工程，它需要更多倖存者的參與。感謝牛先生以這部回憶錄帶我們重返苗溪，他的心聲一定會在當代和後世的讀者中引起迴響，那就是以史為鑒，絕不要重返奴役之路。

2021 年 7 月 26 日

目次

代序　通往苗溪之路／艾曉明　　　　　　　　　　　015

前言　　　　　　　　　　　　　　　　　　　　　　037

上卷　無罪之罪

第一章　親歷北平巨變　　　　　　　　　　040

第二章　中學時代　　　　　　　　　　　　055

第三章　華北兵工職業學校　　　　　　　　063

第四章　在長江電工廠　　　　　　　　　　070

第五章　監督勞動　　　　　　　　　　　　087

第六章　勞教頭兩年　　　　　　　　　　　098

第七章　初到成都　　　　　　　　　　　　114

第八章　忍辱負重　　　　　　　　　　　　122

第九章　摘帽賤民　　　　　　　　　　　　135

第十章　風暴襲來　　　　　　　　　　　　146

第十一章　在寧夏街監獄　　　　　　　　　156

第十二章　從開庭到判決　　　　　　　　　165

下卷　深山苦囚

第一章　押到苗溪　　　　　　　　　　　188

第二章　獄卒群像　　　　　　　　　　　201

第三章　囚犯群像　　　　　　　　　　　215

第四章　整治「反改造」　　　　　　　　227

第五章　監獄五記　　　　　　　　　　　237

第六章　獄中之獄　　　　　　　　　　　254

第七章　我不能死　　　　　　　　　　　264

第八章　艱難投書　　　　　　　　　　　272

第九章　「以其人之道」　　　　　　　　281

第十章　罹難者　　　　　　　　　　　　291

第十一章　動盪與希望　　　　　　　　　309

第十二章　無罪釋放　　　　　　　　　　323

第十三章　重返長江電工廠　　　　　　　338

尾聲　別了，詩慧！──一封未寄出的信　351

後記　　　　　　　　　　　　　　　　　360

附錄　獄中自述　　　　　　　　　　　　363

牛立華生平與冤案年表／艾曉明　　　　　439

前言

　　這是一部自傳體的紀實作品，旨在通過個人經歷反映時代的一個側面。歷史學家說過，千千萬萬普通民眾的生活才是真實的歷史。

　　今天，很多年輕人不知道那段歷史。倖存者至今不能毫無禁忌地反思過去，執政者也沒有做到徹底的撥亂反正。這是國家和民族的悲哀！

　　不正視歷史，華夏無從振興；不糾正錯誤，國人難享太平。

　　我並非名人，寫這部自傳的動機只是在於，要記住真實的歷史。

　　1957年，我被劃成右派分子，從二十歲到四十三歲，我人生的黃金時段基本是在監獄度過的。「偉大、光榮、正確」的黨，口頭上講著對右派分子要「給出路」，公開的文件赫然寫著對右派分子按人民內部矛盾處理；實際上卻一而再、再而三地把昔日的同志、同盟、朋友推向苦難的深淵。二十三年的煉獄人生，使我受盡人間折磨，但在相當長的時間裡，我依然對中國共產黨滿懷夢想；對未來也充滿信心。然而，後來的幾十年，尤其是1989年以後，嚴酷的事實教育了我。在東歐，以共產主義為名義的極權專制接二連三地被動搖和終結，理想的花環背後原來是虛偽、謊言和暴力。

　　反右運動已過去了五十五年，許多難友離開了人世。他們當中的一些人，臨死也沒有明白為什麼中共和毛澤東當時如此惡毒和殘忍。我還幸運地活著，雖年近耄耋，尚能在有生之年書寫回憶錄，以此作為「倖存者的歌」，祭奠數百萬屈死的英靈。

　　回憶錄貴在真實，記錄個人的經歷必然要涉及到當時的環境與周圍的人和事。我在寫作中堅持不刻意醜化也不美化，更不虛構。不僅人物、時間、地點應該有據可查，而且還要進一步探討事件發生的原因

　　我不幸經歷了二十餘年的苦難，或者說有幸見證了歷史的真實一面。我對某些歷史問題的看法，和不曾經歷那個時代的朋友們可能有些差異。我相信通過揭露真相和反思，才能達成共識。我希望未來的執政者不再成為歷史車輪的

絆腳石，子孫後代不再為了思考而坐牢；人民不會因為爭取民主而遭遇鎮壓；中國再也不會重演我們經歷過的悲劇。

歲月流逝，我已是古稀老人。記錄苦難，是親歷者的責任，也是垂暮之年的樂事；「亦余心之所善兮，雖九死其猶未悔。」

牛立華

2012年12月12日初稿

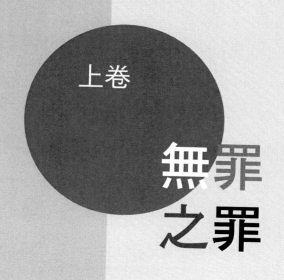

上卷

無罪
之罪

第一章　親歷北平巨變

一、鑄鐘胡同我的家

1948年初冬，那年我十二歲。國共兩黨爭奪權力的鬥爭已經白熱化，進入決戰階段。

戰亂聲中，古老的北平卻相對平靜。

我家住在地安門外舊鼓樓大街鑄鐘胡同，此地處於北城平民區，是個不惹眼的小巷。文革期間，一代名儒梁漱溟先生住在這條胡同的破舊房屋裡，居然逃脫了批鬥。

六百年前，這裡卻是大鐘鑄造聖地，胡同名稱由此而來。

1421年，聞名遐邇的永樂大鐘在這裡鑄成，鐘體淨重42噸，連蒲牢（鐘之紐耳）等總重46.5噸，高6.75米，鐘肩外徑2.4米，口沿外徑3.3米，內外壁鑄有經文230184字。輕撞之，聲音清脆悠揚；重撞之，聲音渾厚洪亮。據說，餘音繞梁可達三分鐘之久，方圓五十里皆可聞其聲，堪稱世界一絕。

至今仍高懸於北京鐘樓之上的大銅鐘也出於此地，它鑄造於明朝永樂年間。該鐘統高7.02米，鐘肩直徑2.52米，口沿直徑3.4米，總重63噸。傳說大鐘久鑄不成，限期將至，鑄造師之女為解父難，奮身投入熔銅爐中，鐘遂成。後人建「金爐聖母鑄鐘娘娘廟」祭祀。

我家緊鄰該廟後山牆，對娘娘廟裡的景觀很熟悉。記得大殿屋脊上有一銅質大象，背負寶瓶，寶瓶中有三支羽箭。年少時未知其義，只感覺莊重和威嚴。後來聽說，這個銅象含有「吉祥平安」（脊象瓶安的諧音）的寓意，寄託著人們善良的願望。該廟文革時遭到破壞，如今已成居民大雜院，只有鑄鐘娘娘的淒美故事流傳下來。

鑄鐘廠究竟鑄造了多少口鐘，已經無可考。我小時候看到的鑄鐘胡同只剩

下簡陋的宅院、低矮的房屋、風蝕的老磚和斑駁的院牆，它們無聲地訴說著歲月的流逝。

我家從1940年代開始租用了鑄鐘胡同的二十四號院，這是一座陳舊的三合院，房東是曾任過偽滿洲國立法院院長的趙欣伯。他家房產頗多，1949年以後均被中共收歸國有。

二十四號院有五間北房、兩間東房、兩間西房，中間是大約六十平米的院子，挨著南牆根有一棵枝幹挺拔的香椿樹，院子的東北角兒有一棵介於喬木和灌木之間的丁香樹。春夏之際，高大的香椿枝繁葉茂，綠影成蔭；矮小的丁香花團錦簇，淡香襲人。冬天了，樹葉落盡，樹幹和樹枝默默承受著寒冬的蕭殺；來年春風化雨，花樹又繼續生枝展葉。

這年11月中旬的一天，清晨六點半，家裡的其他人還在沉睡，我照例按時起床。起來後的第一件事是生爐子，我先把昨晚搬到屋簷下的爐子搬到東房和北房之間，那裡有一個用鍍鋅鐵板搭建的小棚子。接著我把爐子翻過來，倒出爐灰，選出沒燒盡的煤核兒，再放在爐箅子上。我還要把地面打掃乾淨，然後找一點廢紙，在爐口點燃以後，丟進爐膛裡。接著我趕緊扔幾根細劈柴，待火苗燃起來，加入八九根粗劈柴。最後，劈柴上也竄起火苗，我立即撮一簸箕煤球兒倒進爐子裡，並且罩上拔火筒兒。濃濃的煤煙升騰而起，在寂靜的清晨瀰漫。爐子裡的煤球就要被點燃，一會兒母親起床，就可以燒水做早飯了。

隨後，我拿起笤帚掃院子。我只把風颳來的枯葉和丟棄的垃圾掃到一塊，放到垃圾桶裡。地面上的土是不必撮走的，哪裡低窪就把這些土掃到哪裡，再用腳踩緊，以便保持院子的平整。這件事幾分鐘就做完了。

下一步該掃胡同了，這需要先打開街門。那時候北平的住家戶白天是不關街門的，現在還有些人家保持著這個習俗。您走在北京的胡同，仍然可以看到少數白天不關街門的院落。不過多數居民都與時俱進，白天晚上都關門閉戶了。在我小時候，那時的街門也就是個木板門，晚上關起來只消用門插銷插上。門上通常不上鎖，力氣大點的人一腳就能夠踹開。但盜賊似乎不多，人們並沒有那麼強的防盜概念。

我打開街門剛要掃胡同，抬頭一看，胡同兩邊的牆上貼了一些平時很少見的標語，在紅、黃、綠、藍等色紙上寫著：「保衛故都北平」，「把拳頭縮

回來再打出去」，「誓與故都共存亡」等等。大約是昨天半夜貼的吧？我在睡夢之中，一點動靜都沒感覺到。天氣那麼冷，漿糊恐怕都要凍硬了，是什麼人貼的呢？北平那麼多大街小巷，要是每個胡同都貼標語，不知道需要多少人忙活，又得花多少時間呢？我想趕快去看看外面的世界，想知道昨晚究竟發生了什麼事，於是加快了掃街的速度。從自家門前到鄰居門口，大約二十米，我很快就掃完了。「黎明即起，灑掃庭除」，這是父親和母親給我這個長子定下的規矩。

回到我住的靠東邊那間小北屋裡，舀水，洗手，刷牙，洗臉。從籠屜裡拿出一個昨天蒸好的冷窩頭放在書包裡，我就出門上學了。

二、「保衛北平」

前天才下過一場大雪，屋頂、牆頭、乾枯的樹枝上都還留著積雪。

清晨的胡同寂靜冷清，寒風凜冽。一陣風吹來，挾帶著牆頭、樹枝上的雪花，撲在臉上寒意逼人，我禁不住打了幾個寒顫。

鑄鐘胡同是一條「廠」字形胡同，東口在舊鼓樓大街，南口在鼓樓西大街。胡同寬窄不一，最寬的地方在西南半段，也不過四五米。東半段比較窄，大約兩米左右，小汽車都很難開得過去。整個胡同不長，總共只有六十三戶門牌，也就是六十三個大小不等的院落。有的院子是一家獨住，有的是幾家共處。大半的院落裡都有樹，一般是槐樹、棗樹。

四周還沒有行人，平添了幾分空虛和孤獨。我走在胡同裡不停地朝兩邊看，每隔五米左右就有一條標語，都是保衛北平的口號。

我快步出了胡同東口，進入舊鼓樓大街。這是一條靠近京城中軸線的南北向大街，我往兩頭看，公路兩邊依然有各種早點攤子，有賣燒餅、油條的；賣杏茶、麵茶的；賣切糕、年糕、炸糕的；賣煮白薯、烤白薯的；賣油茶、油炒麵的；賣包子、炒肝兒的……平時的小攤兒都在，每個攤位都熱氣騰騰。攤點旁三三兩兩的顧客，或站或坐地吃著早點。人們神態安詳，看不出昨晚發生了什麼事。

路旁的小商販各有絕活兒，舊鼓樓大街的跳坑燒餅、麵茶、炸糕都有點

名氣。那個年代沒有城管驅逐小販的事，聽說從北洋軍閥那時候起，官府對這些擺攤兒賣早點的就不徵什麼稅。清晨七點小攤兒各就各位，上午九點左右撤市。攤主把周圍打掃得乾淨了，回去做自己的家務事。第二天早晨四、五點鐘，他們又要早起出攤兒。

我的二姨和大姨家的表哥都是做這種小生意的，二姨和二姨父在東皇城根賣油條、油餅、豆漿等早點。大姨家的表哥推一個獨輪架子車走街串巷，經營時鮮水果。親戚之間時常來往，讓我從小就瞭解了底層貧民的艱難生活。

清晨，路上的行人還不多，騎自行車的也和往常一樣，不慌不忙地趕路。橫穿過舊鼓樓大街，我稍往北拐，接著往東進入娘娘廟胡同；隨後是豆腐池胡同、法通寺胡同、分司廳胡同。這四個胡同互相連接，組成了東西走向的一條直路。

平時我上學走這四條胡同，大約需要二十五分鐘。那天我加快了腳步，用了不到二十分鐘。出了分司廳胡同東口就是安定門大街，那兒的一家鋪子掛著一個大鐘，從鐘面上清晰的數字，可以知道鐘點。

穿過安定門大街進入北三條，就到了我的母校崇實中學所在地。胡同裡也有新貼的標語，我顧不上看其中的內容了，三步並作兩步，我匆匆來到學校門前。

與往日不同的是，校長羅遇唐先生站在校門旁邊，迎接陸續來到的學生。他身穿一件深灰色長棉袍，脖子上圍著很長的棗紅色羊毛圍巾，花白的頭髮依然梳理得十分整齊。他的表情凝重，隱含著憂愁和無奈。

臨近八點，學生三五成群到來，大家都驚訝地看著校長。羅校長微微頷首，眼神難以名狀，目送學生接連走進校門。

進校門後，我看見左邊的牆上貼著一張白紙黑字的大佈告，內容主要是說因戰爭原因學校暫時停課，同學們不要在學校停留。何時開學，等候通知。

在校園裡沒見著老師，只見操場當中架著輕、重機槍，牆邊一排樹幹上拴著高大的戰馬。操場北邊靠近圖書館一側，有幾個軍人站著指手劃腳的，不知道在商談什麼。

進入教室，我匆忙收拾了書桌，把所有的東西都放進書包。陸續進來的同學，相互間只是簡單地打個招呼，似乎北平就要打仗了，大家都緊張起來。如

此，我戀戀不捨地走出了安內北三條胡同。

歸途中，我沒有立即回家，而是到安定門大街略作逗留。我想看看臨戰前的市井變化。

老北平素有「東富，西貴，南貧，北窮」之說。東城居住的大多是商賈富豪，西城則以達官貴人的府邸為主；南城和北城多為平民百姓。當然這只是泛泛而論，南北二區也有大戶人家修建的深庭大院，東西二區也有小商小販的斗室蝸居。

從清末至民國三四十年代，北平最繁華的街道是「東四西單鼓樓前」，前是指前門一帶，這七個字總括了北京東西南北四城的繁華地段。

安定門大街屬於北半城，它的南端臨近東四牌樓，中間又有雍和宮、國子監、孔廟等文化聖地。街道兩面沒有高樓大廈，也很少名家字號。倒是沿街的小販門類繁多，有賣估衣的（編案：二手舊衣服或材質手工較差的新衣）、賣古玩的、賣跌打藥的、賣小吃的，應有盡有。

我在安定門大街逛了大約半個小時，感覺市容街景並無異樣。沿安定門大街往南到交道口，再往西拐，我又到了鼓樓東大街。一個多鐘頭的時間，我穿越了兩條大街，沒看見多少軍人。

回到家裡，父親已經騎自行車上班去了。母親和幾個工友在家織地毯，三歲的弟弟無憂無慮地跑來跑去。姥姥年近花甲，她在東邊的屋子裡做著針線活兒。

我向母親報告說，八路軍要進攻北平，已經佔據了周圍的縣城。國軍打敗了，退到城裡來；有一個師部駐紮在我們學校。學校停課了，不知道什麼時候復課。母親聽了沒說什麼，這大概在她意料之中。

從此我就輟學在家，不知道哪一天才能繼續讀書。

三、我的父親母親

我父親原來是農民，老家在河北省房山縣，就是周口店出北京猿人那地方，但是離周口店還遠，那兒有個地方叫東莊村。祖父那一代也是種地，他有五個兒子，一個女兒；我爸排行老二。

這五個兒子全要參加勞動，所以莊稼長得比鄰居好。祖父帶著他們，農忙種地，農閒去門頭溝挖煤。挖煤收入高，但是很危險。那會兒都是人從煤窯裡把煤背出來，所以出了煤窯就喝酒，打牌。祖父因此染上賭博習慣，結果把家裡的十幾畝地全輸了；連一畝多的墳地都給輸了。祖父1942年去世，兩年後祖母也過世了。

失去土地後，我爸十五歲就進了北京城。他比較用功，街坊鄰居都說，這個老二還有點出息。通過別人的關係，他進了北京仁力地毯公司當學徒。

仁立地毯公司很有名，它的總部在美國。公司有四百多工人，工廠就在朝陽門內小街，我去過很多次。廠裡很寬敞，工人都住在裡面。他們睡的是鋼絲床，吃飯在食堂。到夏天，屋裡很熱；廠裡就搭一個大席棚，吃飯之前，拿水噴一道；防暑降溫。廠裡對工人照顧得相當好。

父親文化不高，他刻苦學習。地毯那時在國內沒什麼銷路，全都是出口。由於接觸的都是外國商人，父親開始自學英文。學到後來，能跟美國人隨便說話，而且他能聽得出來你是美國西部的，還是東部的。就像中國人能分辨出，你是山西人還是河南人。

父親一開始學的是小學英文的課本，This is a book，他在下面拿鉛筆寫上注音，例如，責是以思餓布克……就是那麼學起來的。學到能跟外國人直接交流，回答他們提出的各種問題。

學徒三年期間，父親把我叔叔、姑姑也都帶到北京了。三叔不願意離開農村，他就留在老家。四叔在地毯公司的門市上當了業務員，有客人來就由他把地毯扛出來，給人鋪在地上看。

母親是滿族人，她們家屬於鑲黃旗，離皇族很近。滿族人破落了，她進廠當工人，認識了我父親。父母結婚後最初住在北新橋八十號，在交道口大街到鼓樓大街之間。那是個典型的四合院，東西南北都有房，一開門有一塊大的影壁，影壁上畫的什麼，我已經記不清了。四合院裡住了四家人，我就是在那兒出生的。

隨著家庭人口增多，父母搬家到了鼓樓西大街的鑄鐘胡同，租了個獨門獨院。

我母親是父親的第二任妻子，我是她的長子。父親的前妻給他留下一個兒

子、一個女兒。他們是我的大哥大姐，我下面還有弟弟妹妹。

要打仗了，我輟學在家，每天買菜，帶弟妹，幫母親做家務。家裡的五間房，當中兩間房是通的，母親在那裡有一個架子，大概有七八個女工一起幹活織地毯。父親就管買毛線，買原材料。

1947年有一筆好生意，一個美國人史密斯到我們家去看過。他跟我父親商量說，你不要拿地毯到商行去賣了；我在美國給你銷。他說要擴大規模，父親說沒問題，我能招兩三百工人。但這事沒搞成，臨近解放了。

父親善於持家，深得族人信任。在北京，他在同輩裡算老大。在他上一輩裡，還有一家，我叫三爺爺。那家人在和平門附近住。他們家有錢，生活好。我去過兩次，夏天，他們吃的是蒜泥白肉。我是第一次嘗到這個菜，好吃。那家裡開了鴉片煙館，全家人都吸鴉片。兒子先死了，兩老身體也不好。他們就把我父親喊去說，這個家現在沒人管。當時的規矩是女性不能當家，兒媳婦再能幹也不行；他們讓我父親管家。

我父親說，這個家交給我，就不能做鴉片生意了。他們說可以，等孫子長大了，你再交給他們。

父親關了鴉片煙館，用他們的資金開了一個中華實業商行。店面在燈市西口，有六間大門面，落地大玻璃窗很氣派。商行經營地毯、古玩、玉石擺件。他找別人當經理，自己是襄理，實際他主事。我大爺就在那兒當炊事員，大爺小時候淘氣，在廟裡推倒一塊石碑，砸傷了腿。他不好找工作，父親讓他學炒菜，也安排了工作。

父親愛收集古玩，我家附近有曉市，激發了他的興趣。從我家出來，鼓樓西大街過去就是德勝門，德勝門那兒每天早晨四五點鐘，就有人在那賣東西，賣到九點散夥。那些古董、玩物，很多都是從皇宮裡偷出來的。什麼人在賣呢？有王爺，也有原來的太監。因為清朝已經沒有勢力了，那些人沒本事，還講究吃喝玩樂。生活困難了，就賣點花瓶什麼的。他們自己不出去，找底下傭人擺個小攤兒。地安門，就是皇宮的後門。

父親天還沒亮就去了，他東轉西轉，看見好東西了，就跟賣主商量價錢。看得上而且價格合適，他就買回來擺在家裡。所以家裡古玩很多，有兩個大鐘，到點了，它那兒一個小窗裡出來一個鐵皮小人；小人轉過來，鐘就響了，

聲音悅耳。那會兒鐘的發條不是彈簧，而是在下面有個輪子，吊了一個重錘，有鏈子，靠這個重力往下墜，輪子就能動。十五天上一次鐘，把輪子捲上去，它慢慢往下掉，這鐘就走。

父親把他買的東西，再拿到寄賣行去估價寄售，寄賣行收百分之十的手續費，他也能賺點錢。也有古玩店的老闆買了東西，拿來請父親鑒賞。父親因此又買了好幾本書，學著做古玩鑒定。

在當時的北京，我們家裡雖說是一般的老百姓，也算生活穩定者。大家庭裡有三代十幾個人，五叔沒結婚，也在家裡住。他掙的錢也交給我爸，家裡就寬裕點了。我們不再吃窩頭鹹菜，也能吃上白麵、大米，隔三差五還買點肉吃。比如螃蟹下來了，父母還會買點螃蟹，讓孩子都嘗一點。

我們鄰居有一家人，是個郵差老頭。那會兒也沒有車，送信全靠走路；他管一個區。老頭得了肺病，死後留了老伴和兩個女兒。我記得小女兒叫何淑英，她有時也在我們家織地毯掙點錢。她家困難，有時候開不起伙。看到鄰居何家沒生爐子，我母親就喊：「立華，端一碗麵，或者一碗米，給何家送去。」

四、應徵修工事

在孩子眼裡，北平城內沒有什麼改變。然而兩個月來，戰爭的陰影確實越來越近了。起初不時聽到一些炮聲，有的時候還夾雜著槍聲。後來，沉悶的重機槍和清脆的步槍的射擊，聲音也清晰可辨了。

不久，駐守周邊的國軍連吃敗仗，大量官兵退入市區。派出所的戶籍員警和地段上的保甲長挨家挨戶遊說，或許還有點硬性攤派，讓軍人分散住在居民家裡。快過年了，誰也不願意接受素不相識的軍人，何況很多家庭有女眷，住進外人很不方便。幸好戶籍員警知道我們家人口多，我們這個小院兒沒有住兵。鄰居家凡是住房寬裕的，都住上了國民黨的兵；老百姓對此也是敢怒不敢言。

12月中旬，槍炮聲日益迫近，不久就聽說海澱、豐台、南苑、通州都成了八路軍的地盤。圓明園、頤和園、八大處、香山、玉泉山、清華大學、燕京大

學也被共軍「保護」起來了。北平這座孤城已經是四面合圍，南苑機場被佔領了，國軍趕著修建所謂環城公路。他們在東單和天壇南面修建臨時機場，砍了不少百年古樹，實在是可惜。

北平城裡的老百姓渾然不覺兵荒馬亂，我家的地毯作坊也照常作業。姥姥住到三姨家了，買菜做飯等事情就落在我身上。我天天上街，看不出什麼大的變化。

表面看來，當時國民黨的部隊還真想保衛北平。為了趕在大戰前構築好城外的防禦工事，國軍開始徵集老百姓出錢出力。有錢人家可以買勞動力頂替出工，生活窮苦的無業人員則以此為臨時職業。

我家裡的經濟不算富裕，只有出勞力。父親每天都要上班，於是這個差事只好落在我這個長子頭上了。

第一次應徵，我帶上乾糧和自備的一把鐵鍬，一早到了指定的集合地點。我們一共三十幾個人，大家都戴著棉帽子和手套。多數人扛著鋤頭、鐵鍬，少數人空著手；人們冒著嚴寒，無精打采地走到德勝門城樓下面。一個軍官模樣的人帶隊，他逐一念著戶主的名字，那些被有錢人雇來的職業勞動力，則需要按戶主名字應答。應到完畢，軍官喊了三個人出列，其中有我。我身高不到一米四，身子骨兒也比較單薄；另外是兩個是老大爺，年齡比我父親大，而體形瘦小。軍官讓我們回去，他說只要應到就算出工了。但是下一次，希望你們家裡派出挖得動工事的人來。我跟著兩位大爺，回頭往鑄鐘胡同方向走。兩位大爺挺高興，一邊走一邊說笑。我心裡卻有點遺憾，因為沒能看到戰前的場面。

第二次輪到我家出工，已經是1948年12月底了。照例，走到城門口我就被淘汰了。我好奇心強，不知道什麼叫危險，就想看看打仗是什麼樣兒。我走到那個軍官跟前說：我能幹活兒。他也挺乾脆地說：好！那就走！

一路出城，清晨的薄霧還籠罩著這座城市。到了城外才看到戰爭的可怕，從德勝門起，關廂、馬甸一帶的民房幾乎全被拆光了。路上坑坑窪窪，風颳起來，塵土飛揚，一派衰頹破敗景象。到處都是斷壁殘垣，凡有門板、房梁等大一點的木料都被人拿去構建工事了，用不上的零散木料、窗戶框子等，凌亂地堆積在瓦礫上。沒有人煙，老百姓不知道都疏散到哪兒去了。

帶隊的軍人一再提醒我們，附近埋有地雷；路邊插著的小紙旗子和擺放的

小碟子、小碗兒就是有地雷的標記，千萬不要去動。我心裡有點緊張了，抬起腳來要先看看才敢落地。

這次出城，我的反戰情緒被激發起來，所見所聞牢牢植入腦海。人與人之間各人幹各人的行當，相互依存，掙錢吃飯；為什麼要打仗呢？

到了預定的工地，得要按照地面上白灰畫的線來挖戰壕。活兒不是很累，基本上沒有人監督，只有一兩個士兵來回檢查寬度和深度夠不夠。在郊外，炮聲聽起來比城裡強烈得多，不僅震耳還真有點震心，重機槍的聲音連綿不斷，噠噠、噠噠、噠噠噠噠噠……，好像附近就在打仗。來做工的人多數是熟悉的鄰居，大家相互照應，誰也不敢隨便走動。

中午，一聲哨子響，有人高喊：「父老鄉親們！休息，準備吃飯了。」於是大家各自拿出乾糧，多數人帶的都是烙餅、饅頭、窩頭之類，很少有人帶菜。天氣冷，乾糧也是冷的。那個軍人告訴我們旁邊有個保溫桶，裝著燒好的開水。幾個膽子大的人從路邊撿了一些木頭，在還沒有挖好的戰壕裡點火取暖。

國民黨的軍隊也講政治，一個掛著上尉軍銜的人走過來說：鄉親們，辛苦了，都是毛澤東不要和平建國給大家帶來的苦難……誰也沒有注意聽他說，也沒有人回答。我第一次聽說毛澤東這個名字，據說是共產黨的頭子。

下午四點左右收工，人們列隊進城回家。幾位中年人解開腰間的繩子，到瓦礫堆上撿遺留的木料，再捆成一捆背在肩上。這是想省一點買劈柴的錢，日子艱難呀。

元月上旬，戰爭的氣氛更濃烈了，從早到晚輕重機槍和隆隆炮聲不絕於耳，有的時候甚至很激烈。炮彈已經打到城裡來了。北平城外大部分陣地已被共軍佔領，共軍不時向城內打炮，不過屬於試射性質。炮擊目標是北平警備司令部、東單和天壇臨時機場等軍事要地。現在我知道了，潛伏在北平城內的地下黨，派人暗中觀察炮彈的落點，及時向攻城部隊拍發電報。炮手隨即修正彈道，乃使彈無虛發，擊中要害。此舉對守城部隊起到了震懾和威脅作用。新修的天壇臨時機場被炸，幸好炮彈沒有落到祈年殿上。聽說八路軍離城很近，鄰居之間傳說著八路軍幾次攻打德勝門和西直門的消息，不過誰也不能辨別真假。

妹妹就讀的小學提前放了寒假，家裡織地毯的活兒停了下來，父親小心翼翼地收拾他的寶貝。八仙桌後面的條案上，原來擺著花瓶、自鳴鐘，多寶閣裡陳列著父親的古玩，那些瓷器、玉石盆景，他都一一拿下來，用廢報紙和舊布包好，裝進木箱裡。他把箱子放到床鋪底下了，屋裡頓時顯得空空蕩蕩。

家裡訂了一份《新民報》，就是後來的《新民晚報》，每天報紙一來，我第一個跑出去拿到手。我關心的是戰爭進行到哪裡了。

市面上也緊張起來，老百姓有一點錢馬上去買糧食等生活必需品。大米、小米、白麵、玉米麵等雖然沒有脫銷，也要一早兒就去買。我們家裡騰空了一個大水缸，存了一缸小米，大約有四、五百斤。

北平的蔬菜往日都是每天從郊外送到城裡，圍城之後攻守雙方似乎達成了某種默契，限制性地開放了朝陽門等少數城門。每日清晨，賣菜的農民用獨輪車或騾馬車把菜蔬拉到城門口。北平的城門樓子多數都是兩道門，外門和內門之間是一個長74至108米、寬65至85米的矩形空間，俗稱甕城。

門衛早上大約七點鐘打開外城門，賣菜的老鄉進入甕城，逐一接受檢查，確認沒有夾帶武器後，門衛才打開內城門。這時候等著買菜的商人蜂擁進入甕城，用銀元交易。不到一個小時，菜就賣光了。顧客回到城裡，門衛關閉內城門，這時再打開外城門，放賣菜的農民出城。普通老百姓很少到甕城買菜，他們還是在離家比較近的商販手裡買一點高價菜，日子越過越艱難。

鼓樓前面的地安門大街，那兒的商店還在營業。路上的行人明顯減少，行人的腳步明顯加快，熟人見面也是來去匆匆。恐懼和緊張氛圍籠罩著整個城市。

好在大戰終於沒有爆發，由於中共地下黨的有效工作，傅作義決定以和平的方式把北平移交給共產黨了。為了防止敵人的特務破壞，解放軍入城的具體時間和地點還不確定。但喜歡熱鬧的北平老百姓早就知道了相關消息，他們一邊迎接著正月初六的開市大吉日，一邊等待著看解放軍進城。

五、解放軍進城了

老北平的春節習俗是這樣，初一到初五街上的鋪面都上起護窗板，掛上喜

慶的連環畫窗簾。只有賣油鹽雜貨和米糧的店鋪在門板上留一個小洞營業，其他行業一律不開市。掌櫃的走親戚拜年去了，看守櫃檯的夥計們就在鋪子裡打麻將，推牌九。願意出去玩的，可以輪流出去逛廟會。

初六清早，掌櫃帶領全體員工燒香送神，放鞭炮。夥計們猛勁搖動算盤，敲打秤盤，圖個響響噹噹，大吉大利。左鄰右舍的鋪面相互攀比，看誰爆竹放得多，鬧得紅火。在熱鬧的氣氛中掌櫃的取下護窗板，這時已經是八點來鐘，天光大亮正式營業。

得到解放軍入城的消息，我提前兩天就離開了鑄鐘廠胡同，住到燈市西口的中華實業商行了，父親就在那兒上班。

2月3日這天清晨，北風呼嘯。天剛濛濛亮，解放軍的部隊就開始出發，向前門大街行進。這時，天橋以北的前門大街上，已站滿夾道歡迎的群眾隊伍。十時，四顆照明彈升空，莊嚴隆重的入城式開始了。

入城式遊行隊伍以裝甲車為先導，第一輛車上插著紅色指揮旗，排列著毛澤東與朱德的巨幅畫像。紅旗在北風中颯颯作響，裝甲車隊一條線似的列隊前進。在前門大街上，裝甲車隊被歡迎群眾圍起來，學生們爬上車身貼標語。深綠色的美造大道奇車又駛過來，車後還拖著美造、日造的大炮。歡迎人群又擁上前去，高呼口號，爬到炮身上貼標語。標語貼完了，就用筆在炮上寫。最後連戰士的身上也貼上了標語：「慶祝北平解放！」「歡迎解放軍！」「解放全中國！」

每門炮上都佈滿花花綠綠的標語，車身上撒滿彩色紙和小旗。學生們爭先恐後地往車上擠，和戰士們熱情握手。上不去車的人，則圍著大炮扭秧歌。還有的人手擎著炮架，有的人乾脆騎到炮身上。人們興高采烈，以各種方式表達對入城隊伍的歡迎。

步兵們戴著具有東北特色的狗皮帽子，背著軍用背包和擦得鋥亮的單兵武器。他們的棉衣上繫著軍用腰帶，單褲打著綁腿，一律美式軍鞋，顯得精神抖擻。兩邊的民眾悄悄議論著，國民黨的兵遇見這樣的隊伍怎麼能不敗呢。

人們期待新中國能有個新氣象，期盼生活安定下來，心中嚮往著美好的未來。

實際上，從1949年1月22日開始，共產黨的先遣工作隊就大批進城了。他們在大街小巷貼出〈安民告示〉和〈中國人民解放軍平津前線司令部約法八章〉。

〈約法八章〉與京城市民及各界人士約定，解放軍進城後保護人民的生命財產，保護民族工商業，沒收官僚資本，保護一切公私學校、文教機關和公共建築；除戰爭罪犯和罪大惡極的反革命分子，國民黨大小官員只要不持槍抵抗，不陰謀破壞，一律不予逮捕。散兵游勇交出武器，概不追究，還有保護外國僑民的生命財產安全……凡此種種，對於安定社會秩序起了極大的作用。

接管人員挨家挨戶訪問老百姓，他們衣著儉樸，態度和藹。來我家的是一位二十幾歲的年輕人，他一身灰色棉衣棉褲，自稱姓徐名舟，據說是北京大學西語系的地下黨員。他隔三差五就來探望，還輔導我複習英語，教我背誦英文短詩，又叮囑我複習功課，親如兄長。

我還記得，徐舟看到我們家桌子上什麼都沒有，他就問你們桌子上怎麼不擺東西呢？我就說，在床底下呢。他跟我父親說，擺出來，沒關係。共產黨不是不講理的黨，不是什麼東西都沒收。共產共妻？沒有的事兒。

東說西說的，我父親就把他喜歡的古玩拿出來，又擺上了。學校開始上課，我也復學了。

六、我參加了開國大典

1949年9月30日，下午五點左右，全體同學在操場集合。校長劉惠民先生向大家宣佈：明天在天安門舉行中華人民共和國成立典禮，我校和西城區兄弟學校一起參加。

話音沒落，同學們興奮地跳起來。校長一再招手，讓大家安靜。不知道誰帶頭鼓掌，頓時歡呼聲再掀高潮，持續了兩三分鐘才漸漸平靜。

校長逐條念了注意事項，他特別強調，如果發生意外絕對不許亂跑，要防止帝國主義和蔣匪幫破壞。

他又要求同學們服裝整齊，穿白色長袖襯衣和深藍色長褲；還說要自備乾糧，不能帶水壺，不准帶照相機。次日清晨六點鐘，先到學校操場集合。

我高興地回到家裡，看到父親已經提前下班了。他滿臉笑容地問我明天是不是上天安門。我說了學校的安排，他說他們工商聯合會也要參加；對服裝和水壺沒有限制。一向很嚴肅的父親這天顯得十分高興和得意，他對「新中國」也是充滿期待的。

　　共產黨進入北平以後，經常組織學生遊行。2月12日慶祝北平和平解放大會，4月23日慶祝南京解放，4月24日慶祝太原解放，五一國際勞動節、五四中國青年節都組織了集會遊行。差不多隔幾天就要上一次街，我也基本上適應了。不過這次我特別興奮，因為聽說我們要接受毛主席的檢閱，天安門廣場上還要舉行閱兵式。

　　第二天早晨，不到五點我就起床了。吃過早飯，我帶上父親特意買的梨和特意蒸的豆沙包子，直奔學校。

　　大約五點半，同學們已經來齊。高中部舉著「北京市第七中學」的橫幅和綢子製的紅旗，初中部舉的是紅豔豔的紙旗，即將加入少年兒童隊的孩子們每人一個紅紙做的五角星燈籠。

　　六點整，我們從學校出發。三百人左右的隊伍出了小石橋胡同，一路歡欣鼓舞，最後來到了指定地點——天安門東邊緊挨著長安街北側的紅牆下面，馬路對面是威武的解放軍步兵戰士。

　　天空下起了毛毛雨，雨水的潮氣滲入了我們的衣服。大約一小時後，我們進入會場。人們似乎不覺得有雨，依然笑逐顏開。

　　那時的天安門廣場比現在小得多，長安左門、右門及南面長長的甬道、紅牆、正南門磚石結構的中華門都還存在，形成了一個丁字形的封閉會場。中華門外正陽門、前門箭樓兩旁的許多建築物上都張燈結綵。「北平東站」、「北平西站」一夜間也都改成了「北京東站」、「北京西站」了。

　　從清晨出發等待到日落西山，我們在廣場站立了十多個小時。臨近晚間的六點多鐘，隊伍才開始移動。繼而人群越走越快，最後竟小跑起來。到了東長安街，我們十多人一行，手挽手、肩並肩，疾步向前……

　　當隊伍接近天安門城樓時，同學們都顧不上保持隊形了；只有一個心思：毛主席在哪裡？

第二章　中學時代

一、崇實中學一年

　　1949年以前，北平的中學有三類，即公立、私立和教會學校。無論哪一類，都是男女分校。

　　公立中學數量不多，概以數字命名，如一中、二中、三中、女一中、女二中等等。這些學校學費低廉，為一般市民首選。唯因報名者眾多，考分低了不行。

　　私立中學講求教學品質，學費大約是公立中學的兩倍。其校舍或者簡陋，但教師大都是師範大學畢業的，人稱「師大派」。

　　而教會學校不僅重視教學品質，學費也更貴，大約相當於公立中學的六倍。學校裡校舍建築優良，教學設施也完善。為擴大優秀生的來源，成績突出的學生可減免學費。

　　我小學畢業時報考了北平市立一中，該校地處寶鈔胡同，離我家很近，又是名校。然而數學試卷一道「雞兔同籠」試題難住了我，由此失掉20分，未能遂願。

　　當時不興統一招生，各類學校的招生和考試日期錯開。市立中學招生結束了，我只得退而求其次，報考教會學校。幸好考試成績進入了前六名，獲得免費資格，得以進入學費遠比公費學校昂貴的崇實中學。

　　崇實中學當年是美國傳教士丁韙良在1865年興辦的，北平其他的教會中學還有育英中學（燈市口）、貝滿女中（燈市口）、匯文中學（崇文門）、慕貞女中（崇文門）、崇慈女中（交道口）、崇德中學（絨線胡同）、篤志女中（絨線胡同）、潞河中學（通州）、輔仁大學附中（柳蔭街）、輔仁大學女中（太平倉胡同）等。

崇實中學教學嚴謹，以至於外號叫「監獄」，其管理嚴格由此可見。北平還有一些中學也有外號兒，體現著北平人的幽默。如求實中學叫「小店兒」，意思是交錢就能住宿。進德中學是「茶館兒」，意思給錢就有座位，影射通常招不滿學生。大同中學叫「花園兒」，它坐落在東四南大街原來一座王府裡，亭臺樓閣，紅綠相間。而大中中學被稱為是「門臉兒」，這所學校是男校，面臨大街；居中的拱形校門古樸典雅，十分氣派。

　　崇實中學的校園大致呈矩形，東西長兩百多米，南北寬約一百米。進校門西側是有點哥德式建築風格的教學樓，北側是學生宿舍樓，均為磚木結構。樓頂刻著醒目的「1905」字樣，標誌著這兩座樓的竣工年度。

　　教學樓的地下一層為實驗室，地面上四層為各年級教室。此外，這裡又有音樂及美術課的專用教室。全樓採用木質地板、木製旋轉樓梯。教室設計獨特，進門有一玄關，若在上課期間有人開門，教師可以看得見，聽課的學生看不見；教師有權禁止其入內。

　　教室內的窗戶是上下推拉式，窗框兩側有繩子和藏在框體內的配重砝相連，可以任意選擇開啟角度，全開時玻璃窗整體隱藏在牆壁之內。教學樓頂部有一個塔形的鐘樓，早上第一節課和下午放學時，工友拉動底樓的繩子，鐘聲隨之響起，清脆嘹亮，傳之甚遠。中間的各節課則由工友搖鈴，以免鐘聲驚擾四鄰。

　　宿舍樓坐北朝南，面迎校門。底層為行政辦公場所，二至四層供住宿生使用，每個寢室的面積約十二平方米，通常住四人。

　　校門東側為大操場，有橢圓形跑道、籃球場、排球場、單槓、雙槓、跳高、跳遠等體育設施。操場的東南角有一面獨立的形似影壁的高牆，供學生玩「牆球」，這是崇實中學的特色之一，今已失傳。

　　操場北部有一排平房，這裡是圖書館和閱覽室。崇實中學1865年建校，歷史悠久，藏書之豐富在北平眾多中學中名列前茅。

　　學校每年都由學生自治會和校務委員會編輯出版年刊。這個刊物16開本、80頁左右，版面豐富，圖文並茂，印刷精美，言論自由。即使校長也可以被幽默一番，甚受師生歡迎。

　　學校早期辦有印刷廠、織毯廠、皮革製品廠，供家境貧困的學生半工半

讀，抗戰後停辦了。同學們大多家境殷實，我則屬於窮學生之列。因此我在學校裡多次領到奶粉、毛線、衣物等救濟物資。

我還記得崇實中學的校歌，歌詞如下：

> 我崇實，重勞工，
> 根基鞏固邦家寧。
> 教育做人，為勤儉樸誠。
> 崇實前程如日升月恆，
> 松柏繁茂崢嶸。
> 同學奮勉齊努力，
> 馳騁奔騰，做全球晨鐘……

在學校，我們稱老師為先生。給我印象深刻的先生有這麼幾位：

教英語課的斯柯達女士，她來自美國，年約四十，體態豐滿，笑容可掬。無論冬夏，多是穿著長裙。她上課準時，絕不遲到，下課也不拖堂。她講課也靈活生動，教會學校的學生外語普遍比較好，我對外語的興趣和英語老師的啟蒙是分不開的。

動植物課老師趙先生，年當半百，常年西裝革履。上課時他雖帶有教材，卻放在講臺一角從不翻閱。他對某個動物或植物的界、門、綱、目、科、屬、種，生長特點和生活習性等爛熟於胸，娓娓道來無半點差錯。在動物課上他示範過解剖白兔，也曾讓學生動手解剖青蛙，這令我十分難忘。

語文教師張先生，體質羸弱，經年穿灰、藍等素色長袍，顯得頗有書卷氣。他知識淵博，記憶超群，講課聲音抑揚頓挫，又不時穿插一些稗官野史、文人軼事。即使在春夏交接容易困乏的季節，我們上語文課絕對不會打瞌睡。張先生強調研修古文的重要性，要求我們熟背經典文章和名詩名賦。古文中的〈桃花源記〉、〈小石潭記〉、〈醉翁亭記〉、〈核舟記〉、〈祭十二郎文〉、〈歸去來辭〉、〈三吏〉、〈三別〉、〈琵琶行〉等篇目均在必背之列。

張先生還倡導練習書法，他的粉筆字瀟灑渾樸，也帶動了我們對書法的愛

好。我記得同班學友中劉敬華的硬筆行書流利，郭憲法的楷書規整，他們都多次受到張先生誇獎。

張先生喜歡快速交卷的學生，每次考試他都坐鎮現場，親手收卷。有一次我第一個交卷，他拿過去看了看說：「字是敲門磚哪！」那意思大約是說我字寫得不好居然搶了頭卷。這使我下決心練字，遺憾的是恐怕現在也沒有達到讓張先生滿意的程度。

張先生批改作文甚為認真，無論何人，無論好壞，均有批語。某次我交了一篇不足三百字的作文，張先生閱後的批語是：「文通字順，內容切題，但過於簡短，堪為懶惰者之模範。」這真讓我不好意思。

教會學校自然有宗教色彩，課程中也有傳播基督教的內容，但並不強迫學生信教。每天上午九點四十分，在頂樓音樂教室，牧師會講授「上帝創世」、「原罪救贖」、「天堂地獄」等故事和教理。音樂老師則在這裡彈鋼琴，吟唱聖歌。這段時間只有二十分鐘，學生自由參加。回想起來，當時全校學生大約有五百人，而音樂教室只能容納六十人左右，也就是說，約有十分之一的學生參加宗教活動。

二、轉入市立七中

我才讀了一年多中學，戰事驟起。到1949年2月，大批共產黨的接管幹部入城，我前面提到過的北大西語系徐舟就是其中之一。他到我家時，見我因戰事失學，分外關切。某日，他特來告訴我一個消息：北平市立七中要招插班生了，讓我準備應試。

那時，我家僅靠父母的微薄收入維持生活，子女眾多，父母負擔沉重。我還能不能讀書，尚在兩可之間。得知公立學校七中招插班生，對我而言，是天大的喜訊。稟告父母以後，我急忙報名開始複習，應付考試。

2月下旬的一天，氣溫還在攝氏零度左右，路邊還有積雪，我卻沒有感到冷。一路快步走到學校，我順利進入考場。教室裡基本上坐滿了，有將近四十名考生。錄取名額只有六個，我心裡不免緊張。

第一堂考語文，只有兩道題，第一道題是作文「我的志願」。

這個不難，我讀過大量範文，記住了一些名言警句。那時我很崇拜教師，老百姓也很尊重教師。我圍繞「國將興，必尊師而重傅」抒發個人情感，基本上是一揮而就，很快就寫了七八百字。

　　第二道題還真難，要回答「解放」後看過哪些書，以一本政治書籍和一本文藝書籍為例寫讀後感。我的老天！「解放」還不到一個月，我哪裡看過什麼新書！冥思苦想，只好編故事了。

　　政治書籍我說看過〈新民主主義論〉。坦率言之，且不說我沒看過這篇文章，即使看也未見得能懂。一個年僅十二歲的孩子，又從未接觸過政治理論，怎麼能看懂毛澤東的長篇大論呢？但在共產黨進城這短短的一個月裡，通過接管幹部的宣傳和道聽途說，我多少知道一點新民主主義的概念。那就是要推翻帝國主義、封建主義、官僚資本主義三座大山，在共產黨領導下，由工農群眾聯合小資產階級、民族資產階級，廢除一黨專政，建立沒有剝削、沒有壓迫，充分民主、高度自由、文化進步、經濟發達的新民主主義國家，並逐步邁向社會主義和共產主義社會。我就套用這些概念，用三百字左右回答了第一問。

　　文藝書籍呢？休學期間，我整天在家裡幫忙做家務，也沒有看什麼書。好在當時大街上的宣傳畫隨處可見，《白毛女》、《血淚仇》的故事家喻戶曉。於是我選擇《白毛女》借題發揮，批判封建地主，讚頌中國共產黨解放了廣大受壓迫的人民，如此寫了兩百多字。

　　第二堂考數學，我沒有重大失誤。三天以後放榜，我以第三名的成績進入北平市第七中學。

　　七中的前身是鏡湖中學，1931年由李鏡湖律師創辦。它的校址在錦什坊街王府倉胡同四十六號，1941年改名為北京市公立第七中學。抗戰勝利後原校址被政府徵做他用，學校遷至舊鼓樓大街小石橋胡同二號。

　　小石橋胡同地處繁華與幽靜地段交界處，往北是安定門和德勝門之間的城牆，往南是鐘樓、鼓樓和地安門大街。東面的出口是舊鼓樓大街，西鄰積水潭。

　　這個胡同不長，名氣不小，其內寬敞清靜，古樸幽雅。

　　東頭的小石橋一號院是偽滿洲國立法院院長趙欣伯的府邸，十七號院是日

偽時期華北政務委員會委員長王蔭泰的私宅。一個胡同住著兩個顯赫一時的大漢奸。

盡西頭的二十四號院是清末郵政大臣盛宣懷的府邸，這是一座中國庭園式建築，全園占地數十畝，有各類房屋四十餘間。1949年以後是中國國家副主席董必武的寓所，後被康生佔據。

我入學時，七中的校址還在小石橋，校園占地兩千平方米左右，面積狹小，房屋陳舊。初期有學生二百餘人，教職員工二十餘位。七中的不少學生來自遠郊甚至鄰近縣份，所以校方在附近的張旺胡同、草場胡同和酒醋局胡同又購置了三處民房，供學生住宿。

這裡的校舍及教學設施較之崇實中學相去甚遠，在市立中學中也屬於比較簡陋的。全仗著十幾位教職員工支撐著，他們熱愛教育事業，關愛來自平民社會的青年學生。

大多數學生的家境不好，平時吃窩頭鹹菜，穿粗布衣裳。偶有同學穿了一雙皮鞋，便會引起圍觀和讚歎。同學之間相處和睦，親若兄弟。我記得于書香同學家居農村，據說是屬於小地主家庭。他在校期間學習刻苦，成績優秀。張毅興住在地安門煙袋斜街，父親是某小商店老闆。那時還沒有剝削階級家庭這一概念，因此也不會因出身而遭受歧視。同學張泰基的父母均為教師，他性格開朗敦厚，是少先隊的中隊長，我們關係甚好。

1980年代，我出獄後回京探親。聽弟妹們說，這三位同學均在文革期間死於非命。憶起少年光景，令人不勝哀惋。

想當年北平和平「解放」，市軍管會派了楊民、王在田、常玉、張謙四位幹部接管了七中。1949年10月，校內成立黨支部，楊民為書記，王在田任校長。當時全國大小單位都先後建立了黨委、黨組或黨支部。國民黨統治時期學生遊行時曾經高喊「廢除一黨專政」，「黨團退出學校」，一時間這些都成了過眼雲煙。取而代之的觀念是「沒有共產黨就沒有新中國」，「毛主席是人民的大救星」……共產主義理想的教育注入每一個年輕學生的腦海，我也是其中的一個。

三、立志為共產主義奮鬥終生

進校初期，政治活動居多，同學們都熱情參與，絲毫沒有覺得耽誤了功課。

學唱革命歌曲是主要活動之一，黨的書記楊民親自教我們唱《國際歌》，講解歌詞含義。我們還學了《解放區的天是明朗的天》、《東方紅》、《你是燈塔》、《沒有共產黨就沒有新中國》、《團結就是力量》等等，大約有幾十首。其中《團結就是力量》給我深刻印象，如今回憶起歌詞，尤覺意味深長：

> 團結就是力量，
> 團結就是力量，
> 這力量是鐵，這力量是鋼，
> 比鐵還硬，比鋼還強，
> 向著法西斯蒂開火，
> 讓一切不民主的制度死亡！
> 向著太陽，向著自由，
> 向著新中國，
> 發出萬丈光芒！

學校組織了腰鼓隊、秧歌隊，每天下午五點到六點課外活動時間，操場就是腰鼓隊和秧歌隊的天下，此時鼓樂齊鳴，聲震校園。

還有一項活動是參加義務勞動，那時舊鼓樓大街是土路，沒有石子，更沒有鋪水泥或瀝青。路面坑坑窪窪，天晴一包土，下雨一街泥。政府組織沿街居民、學生自帶工具，分別承包一段，鏟高填低，將路面規整成弧形。接著市政委員會派來壓路機，在路面上來回滾壓，完工以後道路果然平整清爽；引得路人一片讚歎。

不料，春夏之交的雨水滲入路面，車輛往來碾軋，不消幾日，路面又恢復了原狀。形式主義、走過場的風氣已經有所顯現。可當時人們對共產黨充滿好

感，並沒意識到這個問題。

學校開設了政治課，每週三節，由接管幹部楊民、常玉主講。他們講社會發展史，猿猴怎麼變成人，勞動創造世界等；又講工人和農民養活了資本家和地主，人類社會是從原始社會進化到奴隸社會……最後是社會主義和共產主義社會。現在的蘇聯人民生活優裕，道德高尚，他們的今天就是我們的明天。還有，美帝國主義已經沒落、腐朽，進入垂死階段，即將在地球上消失等等。學校組織我們看了不少蘇聯電影，如《普通一兵》、《青年近衛軍》、《幸福的生活》等等。

我對這一切深信不疑，立志為共產主義奮鬥終生。

第三章　華北兵工職業學校

一、奔赴太原

　　1951年我初中畢業了，父母的想法是讓我升高中。北京一中和四中都是名校，離我家也不遠。一中在寶鈔胡同，四中在西什庫，走路頂多二十分鐘。以我的成績，考取問題不大。

　　但我想到，父母的收入不高，哥哥和姐姐都是初中畢業就參加了工作。我哥哥當時正在朝鮮作戰，我和兩個妹妹分別在中小學讀書。如果我進了高中，勢必要去考大學，那麼就意味著前後七年裡，我都要依靠父母來負擔我的生活。

　　躊躇之際，我看到報紙上的一則廣告：華北兵工職業學校招生。學校在山西太原，學制四年，以機械、化工專業為主。而且，學習期間即算參加革命，享受供給制待遇。也就是說，錄取後不僅免除學費和伙食費，還會發衣服。

　　我到該校的北京招生辦事處諮詢，工作人員接待熱情，態度可親；我當即報了名。在此之前，我奉父母之命也在四中報了名。那時普通中學和職業學校的考試時間是錯開的，普高先考，職高後考。一般家庭不甚富裕的多報考職高，我評估自己的初中成績，感覺有把握上職高，所以我就沒進四中考場。雖然白交了報名費，家裡也沒有過問。

　　華北兵工開考那兩天，我專心致志答卷。十天後放榜，我看到了自己的名字，排在第二十幾名。

　　8月10日，父親送我到前門火車站。我和其他新生們跟隨校方領隊進站登車，一群年輕人興高采烈地奔赴太原。

　　我第一次出遠門兒，感覺什麼都是新奇的。但火車開出北京站不久，我就開始暈車。兩節車廂裡都是十幾歲的孩子，現在是一個學校的同學了，大多初

次見面，彼此還有點生疏。幸好沿途各個車站都有賣冰棒的，五分錢一支；我一路上吃了十一支冰棒，暈車症狀略有緩解。

火車一路向西，過了井陘我才昏昏沉沉睡了一陣。第二天上午，到了太原火車站，早有幾輛運貨的大卡車在站外等候。大約一百五十名從北京來的新生陸續上車，相互扶持著站在車廂裡。

汽車開出站幾分鐘後，駛上了鄉村公路。當時的公路就是土路，八月驕陽似火，車廂外面塵土飛揚，黃沙滾滾。再看一眼車上的人，誰都沒作防塵準備，一個個都是灰頭土臉的。男同學既沒有口罩也沒有頭巾，女同學大多用手絹兒或毛巾摀著鼻子和嘴，沒有一個人有怨言。招生站的工作人員曾說過，進華北兵工就算參加革命了。所以我們都有一種自豪感，革命嘛，吃點灰塵算不了什麼。

汽車顛簸了一個小時，終於到達太原北郊的上蘭村。招生站的人說學校距太原市區不到三十里，其實有四十多里。

一進校門，見到一片空地，早已有數十人在那裡迎候。其中男女都有，笑容可掬。他們都是老同學，年齡在二三十歲之間。見了我們，他們就像對待孩子一樣，為我們拍土，拿行李，領路，十分親切。

隨後，我們被帶到一排排平房前面。每間房安排了四個人，不分班組，先住下再說。進屋就是炕，上面鋪著一床新草蓆，別無任何傢俱。我們把簡單的行李放在土炕上，立即拿出臉盆找地方打水洗臉。

學校還沒有自來水，只有一個蓄水池，水是人工從池塘裡挑上來的。蓄水池下面只有一個水龍頭，新同學都莫名其妙。老同學指著遠方正在修建的水塔說：等它修好了就有自來水了。

匆匆忙忙洗了把臉，就有人喊：新來的同學集合，開飯！於是各個屋子裡的人帶上自備碗筷往廚房走去。

這頓飯吃的是大米飯和炒茄子，一人一份兒。我不喜歡吃茄子，只打了飯，米很白飯很香，據說是來自山西晉祠附近的水稻。

飯後各回各屋，每間屋裡都有兩三位老同學向新同學介紹情況。他們操各省方言，有些話我也聽不懂。大體說的是，他們是八路軍晉冀魯豫軍分區兵工廠的工人，文化程度初中以上的集中到太原學習，初中以下的在石家莊補習。

今年學校首次在北京和山西兩地招生，一共招收了三百一十名應屆初中畢業生，山西同學明後天就會到校。

他們說，學校的校址是多年前廢棄的一所中學，教學大樓和新宿舍正在修建中。目前條件較差，希望新同學們安下心，克服暫時的困難。

在老同學引導下，我們很快就熟悉了學校環境。我們也去看了離學校不遠的汾河和校園內的寒泉。校園正在大興土木，據說是清華大學營造系設計的，太原建築公司施工，新校舍次年即可投入使用。

從汾河邊回來稍事休息，又集合到廚房打飯。晚飯是小米飯和炒土豆絲，我還在排隊，就看見前面幾個女同學端著碗哭了。這哭似乎有傳染性，從嗚嗚咽咽到泣不成聲。男同學默默不語，炊事員也不知怎麼來安慰她們。

恰在此時，校長風塵僕僕地回來了。他徑直來到廚房前，一看這個場面，來不及和同學們談話，先責問司務長。司務長立正回答說：新同學大概有點想家，今天下午的飯一下子增加那麼多米，欠點火候，飯有點硬。校長拿了個小碗盛了點飯嚐了，便讓廚房重新做。然後他對新同學說：等會兒吃飯吧，廚房正在煮湯麵。

大約半小時面煮好了，女生的哭聲也停了，大家吃飽了各自回宿舍。

天漸漸地黑了，每間屋得到一個墨水瓶改製的煤油燈。據說發電機還在安裝，等幾天就有電燈了。我們屋裡的四個人多早就吹燈睡覺了，但又睡不著，原因是蚊子太厲害。於是我們又起來點燈，穿長袖衣服，用毛巾把臉蓋上。

睡到半夜，不時傳來「學員解手」的聲音。廁所離住房大約二三十米，沒有路燈。當天是七月初九，應該有半輪明月的，但院子裡漆黑一片。突然聽到「站住！不許動！」又一聲：「舉起手來！」隨即是戰戰兢兢的聲音答：「這不是舉著呢嘛。」原來是隔壁的某同學，出門卻沒有喊「學員解手」，哨兵一聲喝，嚇得他自動舉手了。這對話惹得屋裡人一陣笑聲。

8月12日是星期日，也是我們到校的第二天。清早起來同學們都在議論紛紛，有人後悔，有的想退學。我因為是志願來的，沒有退路。而且學校管吃管住，還在擴建，這也讓我感到前景樂觀。我從小就吃窩頭鹹菜，過慣了窮日子，所以我沒發表意見，屬於安心留校的一類。

吃過早飯後，新同學分成幾批，由老同學帶領逛上蘭村。我們買了電筒、

睡衣褲、大號搪瓷杯子等等。老同學還提醒我們說，出門最好三五成群，不要單獨行動，因為當地「清匪反霸」尚未結束。新同學點頭稱是，心裡還是難免有些畏懼。

臨近中午回到學校，校門口已經停了兩輛大卡車。部分山西同學已經來報到了，據說下午還要來一百多人。

現在輪到我們來迎新了，不到兩點，大家都來到禮堂門口的臺階上等待著。三點左右，四輛卡車魚貫而入，一百多山西同學陸續下車。

寂靜的校園一下子熱鬧起來，華北兵工學校現在有了五百多學生，分別編入到十四個班級，在四個不同專業學習。學生中有兩百多人屬於調幹生，他們來自晉冀魯豫軍區兵工廠，其中一半以上都是中共黨員，還有好幾位知名的勞動英雄，如太行山黃崖洞兵工廠的炮彈大王甄榮典以及劉潤田、柴棟樑等。

8月20日，學校舉行了開學典禮；我的兵工生涯從這裡開始了。

二、老師和教員

在華北兵工學校，教師分作「老師」和「教員」兩類，這表明了他們不同的政治身份。老師是聘請來的，教員則是從舊政府人員中留用的。教數理化的老師是解放前畢業的大學本科生，教製圖的教員是閻錫山部隊的炮兵參謀，教語文的教員據說當過某縣的縣長，教體育的也是教員。

各位教員都比較敬業，比如製圖教員做了好幾個模型，幫助同學們瞭解立體的概念。他講課也中規中矩，一絲不苟。語文教員文言文知識豐富，長於用簡練的文字表述事物，這對工程技術人員寫說明文大有幫助。體育教員指導學生練習籃球、田徑等體育競技項目，成績突出。我們學校的代表隊參加太原市大中學生運動會，團體總分位列第二和第四之間。1952年以後，校方陸續招聘了更多的教師，那幾位留用的教員則不知被發配到何處去了。學校裡再也見不到他們的蹤影，也聽不到他們的消息了。

1953年，學校新開了「俄語」和「熱處理車間設備」兩門課。俄語由一位蘇聯專家十九歲的女兒教語音，課程內容進展很慢。另一位丁老師畢業於東北某大學，他講授語法和課文。到了1954年，學校將俄語從必修課改為選修課，

每個班級都有五六個感到吃力的同學放棄了俄語學習。

　　我學的是熱處理專業，在班裡的成績名列前茅，連續三個學期我都獲得了優等生的獎狀。年輕人好高騖遠，急於求成。我覺得俄語課進度太慢，就自己買了一本《俄華詞典》來加強學習。每天晚飯後，我就對照詞典翻譯俄文小冊子《感應加熱》。丁老師知道以後，並沒有怪罪我不聽課。遇到疑難問題向他請教，他也很耐心地解答。老師心胸寬廣，令我越發崇敬。

　　從上小學起，父母就不斷教育我「聽老師的話」，「尊敬老師」。但那時我認識的幾位老師卻令人生畏。如崇實小學的張校長，他拿一把竹戒尺，專門打學生手板兒。還有一位胖胖的女老師常擰著學生的耳朵，強迫罰站。學生當然不喜歡這樣的老師，背地裡還給他們起了外號兒：「板兒張」、「胖胖」。

　　父母在家裡也打孩子，他們意在對孩子嚴加管教。記得家裡燒著煤爐子，晚上爐子熄火後，就要把它抬到屋簷底下，以免淋雨。我們家廚房是一個簡陋的鐵皮棚子，就怕漏雨。有天晚上大概六點多，我忘了搬爐子，父親就喊：「立華！你看看這天，明天下不下雨？」天上確實有烏雲，我答說：「沒準兒。」「沒準兒？」我媽就給我打圓場：「你爐子沒搬！你爸說的是這個意思。」

　　我把爐子搬到屋簷底了，父親還不依：「搬個凳子！放在剛才放爐子的地方。如果早晨凳子淋濕了，我打斷你腿！」我那一夜都睡不著覺，就怕萬一下雨。

　　母親也打孩子，雖然沒有我父親厲害。但孩子自尊心受傷了，這也是我想離開家、早點自立的原因之一。

　　也是在這個時期，我接觸了教「熱處理車間設備」的老師。他不拿教鞭打學生，但他給我的打擊卻與我此生的不幸聯繫在一起了，我再也忘不了他的名字。

　　那天他來上課，進了教室門後，第一件事是拿起粉筆，在黑板上寫了三個斗大的漢字：錢劍晨。

　　原來，他寫下的是他的大名。雖然是粉筆字，間架結構勻稱，橫豎撇捺均能見出書法的修養。同學們都被老師的幾筆字吸引住了，張著嘴幾乎要喊出「好」來。

錢老師又寫起了講課內容，他用端莊平正的楷體字，密密麻麻地寫了一黑板；全班同學都在座位上認真抄錄。

　　有的同學喜歡老師板書授課，我則不願意死記硬背，而更喜歡擅長講述者。普通口語的速度大約是每分鐘200到350個漢字，書寫不過80到120個漢字。知識豐富的老師能講透課程要點，畫龍點睛。而講述中的聯想和發揮，更能開闊學生的思路。

　　「熱處理車間設備」這門課不僅要求老師有書本知識，還需要有工廠實踐經驗。但錢老師才從大學畢業，第一次教課，難免力有不逮。

　　我們是全國第一個熱處理專業班，沒有現成的中文教材，需要自編講義，這就更難為錢老師了。根據我後來的經驗，在兵器工業中，槍械廠、炮廠、子彈廠、發動機廠、坦克廠、汽車廠……各廠產品各異，所用材料和工藝品種繁多，差別也很大。實現工藝要求所需的設備更是複雜，如加熱爐就有燃料爐，包括煤爐、油爐、煤氣爐、電爐（電熱元件又有電阻絲、電阻帶、碳化矽、電熱管等），常用類型還有箱式爐、井式爐、罩式爐、鹽浴爐、網帶爐、氣墊爐等等。更不必說諸多的檢驗測量儀錶、電氣控制設備等。如何選擇和正確地使用設備，是技術人員必須掌握的知識。

　　而我們的錢老師只是找了一些產品樣本，就把規格參數寫在黑板上，讓大家自己去抄錄。他對產品特點、使用方法等，只有寥寥數語，一帶而過。結果，1953年我們到工廠實習，大多數同學們都茫然不知所措。親眼見到熱處理車間設備，才覺得老師在課堂上講的東西太少。

　　我覺得錢老師有點誤人子弟，對他的印象就不好了。但我也並沒有正面頂撞過他，上他的課時我依然認真聽講，因為我需要應付考試。但在抄錄板書的筆記本上，我也打了一些問號，其中標出了我對錢老師所講內容的質疑。

三、我的書桌從不上鎖

　　事情就發生這個課堂筆記本上了，萬沒想到，它對我一生影響至深。

　　我的書桌從不上鎖，因為我覺得其中並無秘密。全班四十個同學只有十幾個人書桌上鎖，大部分人也都不上鎖。

但我有幾次發現，我的書桌似乎被人翻過。雖然並沒有遺失什麼東西，但顯然是有人翻閱了我的筆記本。我想，君子坦蕩蕩，小人長戚戚。而且我大體上也猜得出是哪幾個人幹的，但我沒有確鑿的證據，不便明言。只是有時我也禁不住要念叨兩句：「偷翻別人書桌是小人動作。」話是這麼說，我也沒太把這件事放在心裡，當然更不會想到，這些話會成為我的罪狀之一。

1979年5月，長江電工廠黨委派保衛處長李春生和落實政策辦公室主任楊玉林到了我服刑的監獄。他們給我看了一份文稿：《關於對牛立華原劃為右派分子複查情況和處理意見》，上面有這樣一段話：「現在是小人統治天下與事實不符，實際情況是牛立華對個別老師和同學不滿，針對性地說過現在是在小人的統治下。1954年11月華北第二工業學校的畢業生鑑定表上卻寫成『現在是小人統治天下』，一字之差，構成了反動言論。」

這裡提到的「華北第二工業學校」，就是我入讀的這所華北兵工職業學校；其中的畢業生鑒定，應該是班主任寫的。當時的班主任正是錢劍晨，就是他在我的畢業鑒定裡寫了這句話「現在是小人統治天下」；它竟然成了我被劃為右派的理由之一。

錢劍晨不久後調離太原，沒聽說他有什麼成就。走筆至此，也要說說檔案的作用。對每個工作人員建立檔案，以便量才使用，這本是必要的。但檔案應該實事求是，而且讓本人知道檔案內容，允許個人提出意見。而在我們這個體制中，人事檔案神秘莫測，更不與當事人見面。每當政治運動襲來，黨組織負責人通常會翻閱檔案記錄來挑選鬥爭對象。這時，檔案就成了引爆一個人命運悲劇的導火線。

第四章　在長江電工廠

一、初到重慶

　　1955年2月中旬，我們十八個同學被分配到西南。不知道是出於保密還是其他原因，每個人的具體單位都秘而不宣，說是到了四川省兵工局才見分曉。那時候的年輕人完全沒考慮離家遠近、工作環境、工資待遇等問題。一切服從黨的安排，我們毫不猶豫地踏上了千里征途，奔赴大西南。

　　當時從太原去重慶還不能直接坐火車，四川境內也只有一條成渝鐵路。這條鐵路開建於清末，續修於民國時期，時斷時續至1950年全面動工，1952年才全線通車。我們進川只能分段走，先從太原坐火車到武漢，然後轉輪船去重慶。

　　到武漢以後，恰逢新兵入伍高峰。江輪運力緊張，我們無法買到下一程船票。結果，在武漢滯留了半個多月，才買到從武漢到宜昌的五等艙客票。這種艙位其實就是甲板上的通鋪，可我們都沒有享受的概念，只盼著儘快去為祖國做貢獻。不管它幾等艙，能早日到重慶就行。

　　客船先到宜昌，客運力量依然不足，我們又耽擱了三四天。幸好，一條民生公司的小輪船「民來」號上還有十幾個鋪位，我們總算又買到了船票。於是，從宜昌南津關進入三峽。一路上小輪穿越激流險灘，大家飽覽江景。至3月8日中午，終於到達重慶朝天門碼頭。

　　從太原到重慶，旅途可謂不順利，前後花了將近一個月的時間，但也給了我們瞭解武漢和宜昌的機會。因為大家都是剛剛畢業，還沒開始掙錢，生活比較節儉；誰也不願意給父母增加負擔。在校期間，每月八元伙食費，路途上按出差補助標準，每天一元錢。幸好當時物價不高，公園多是免票，黃鶴樓的門票也不過五分錢。

在飯館裡吃飯也物美價廉，一葷菜一湯，大米飯隨便吃，每頓只要三角錢。我們十八個人坐三張桌子，一桌六個人，每桌人都變著花樣要六個不同品種的菜。我記得的有糖醋魚、燒三鮮、炒肉片、番茄炒雞蛋、紅燒牛肉、粉蒸排骨各一份，再加上兩大碗白菜豆腐湯，三籠大米飯。這麼豐富的一頓才一元八角錢，同學們大快朵頤，心花怒放。

帶隊的組長是輕兵器專業的郭偉賢，他是共產黨員，持有學校開具的分配通知。他先到四川兵工局報到，回來以後才告訴我們十八個人的分配去向。

我和朱茂鑒分配到重慶七九一廠，何君亮、李宏振等在二九六廠。凌蓬山、車景霞等在四九七廠，安孝堂等在四五六廠。只有林潭如一個人分在了二一四技工學校，總算每個人都落實了單位。當日下午，十八個人就地解散，分頭持兵工局開具的介紹信到各自單位報到。

我和朱茂鑒從朝天門坐公車來到菜園壩，然後沿著長江邊滿是鵝卵石的路往渡口方向走。走了大約二十分鐘，我們看見了躉船。上了船，我們拿出四川省兵工局開的介紹信，得到允許登上輪渡。不一會兒，輪渡啟動，幾分鐘就從長江北岸到了南岸，進入了七九一廠的地界。

進廠以後有半年的實習期，我和朱茂鑒被安排在技術科實習，指導老師是雷仲眉、任光祥。

1950年代，兵工廠的保密工作十分嚴格，一般人員都被限定在各自的車間範圍內活動，不允許彼此聯繫。技術人員和管理幹部如有工作需要，必須持有特殊通行證，才能夠進入指定車間。

我先後在工具科熱處理工段、銅加工車間實習。這些工種一律任用男職工，其中的青年工人大約占了三分之二。

二、沒有動靜的1957年之春

1957年鳴放開始時，所謂「大民主」、「大字報」、「大鳴大放」、「大辯論」在我們廠裡被視為天外之物。在一般職工的印象中，「鳴放」好像是針對學校那種「知識份子成堆」的地方；我們是軍工企業，謝絕這類遊戲。而且，軍工企業有嚴格的政治管理，不允許民主黨派存在。這裡也有高級知識份

子，但絕無民盟、農工民主黨或九三學社這些組織的成員。

所以在共產黨鼓勵「鳴放」的四五月份，我們企業一切如常，毫無動靜。廠裡沒有一張大字報，也沒有什麼社團組織宣言或個人發表演說的現象。

從進廠之初我就體會到，軍工企業特別注重職工的家庭出身和政治教育。一旦發現某人家庭出身「地主」、「資本家」或者有海外關係，就會設法調離和另行安排工作。有些人甚至被遣送回鄉，管制勞動。

企業內尤其強調黨的領導，共產黨員、共青團員在全體員工中所占比例高達百分之二十五左右。我們一再受到政治安全教育，每個員工都要確保個人言行體現出組織性和紀律性。領導高度強調堅定正確的政治方向，下級必須服從上級，嚴格遵守保密制度。

在1950年代，企業裡大學本科以上的知識份子屈指可數。我們全廠不過二十名可以稱為知識份子的人，均為技術人員。這部分人家庭出身自然不屬於無產階級，因為1949年以前能夠上大學的，很少有人是出身於貧下中農。這些有大學文化程度的人能夠留在軍工企業，並且擔任了技術員或工程師；那是因為共產黨接管軍工企業不久，朝鮮戰爭爆發。此時，前方需要大量軍火。原兵器工廠舊有人員中，凡無重大政治問題者全部得以留用。一般來說，他們都經過了政治審查，這個審查要查祖宗三代。也就是說，不僅他們本人必須歷史清楚，而且，其父母、祖父母和直系、旁系親屬中，均不能有解放後被殺、被關押、被管制人員。

有海外關係者也得不到信任，如我進廠時的實習導師雷仲眉，他1949年畢業於西南兵工專門學校化工系，父親和兄長早年去了美國和臺灣。他的舅父康心如是老同盟會員，也是著名的金融家，曾擔任過重慶美豐銀行總經理。由於其家庭出身和社會關係，他不能在軍工企業久留。1956年，他就被調離，轉到民用企業成都量具刃具廠去了。

其餘的留用人員，雖然在政治上合格，卻並非都是技術精英。其中，不乏如錢鍾書在《圍城》中描寫的方鴻漸者，只是混了一個文憑而已。再加上他們求學期間正逢兵荒馬亂，學校紛紛內遷，教材也趨於老化，因而具真才實學者不多。

共產黨建政後貫徹「一邊倒」方針，全面效法蘇聯；以前接受英美體系教育的技術人員一時難以適應。他們技術上力不從心，政治上又背著家庭出身不好的包袱，有原罪感，行為自然是謹小慎微。但他們有一個共同點，即深諳「莫談國事」之道。他們不歌功頌德，以免違心；也決不針砭時弊，以免涉險。我看他們都是按時上下班，力求不出差錯；回到家裡，好吃好喝，守著老婆孩子過日子。

1957年的春天，他們也看報紙。看的過程中偶有蹙眉，或一絲微笑，都是一閃而過。心裡怎麼想的，各人毫不外露。這部分人在反右運動中，竟然全部倖免，沒有一個人被劃為右派。

我記得，長江電工廠的留用人員還有一點特殊的經歷。「抗美援朝」戰爭中，前線戰士使用的槍彈曾經發生過「黃銅彈殼裂口」事件。消息傳至後方，負責彈殼生產工藝的七位技術人員均受到追究，被逮捕入獄。

儘管如此，廠裡生產的彈殼仍有裂口發生。那七位被關押審查了一年多，廠方依然找不到他們搞破壞的把柄。經多方「專家」論證，最後終於搞清楚：三七黃銅是一種應力腐蝕開裂敏感材料，由這種材料做成的彈殼在潮濕環境或有氨、汞離子以及在低溫狀態下極易開裂。在二戰中，這類事故已有發生；1940年代即有關於這一現象的研究論文。

本來這也不是多麼深奧的學問，有的教科書上也講過：彈殼有「自裂」（自然或自己開裂）、「季裂」（某個季節容易開裂，多見於稻田施肥季節）或「置裂」（放置時開裂），這種現象後來定名為應力腐蝕開裂（Stress Corrosion Cracking）。

然而，當時長江電工廠的技術人員，包括被入獄者和在崗者，可能缺乏這方面的知識，抑或有人知道也不敢明說；以致這七位在監獄裡關押了近兩年。幸好1950年代初期，軍工企業內部整人之風還不那麼興盛。「事出有因，查無實據」，七個人得以釋放，也恢復原職。經此一事，這幾位格外謹慎。他們絕口不提獄中之事，也與政治保持距離；如此，也躲脫了反右的厄運。

畢業於1940年代大學和專科的技術人員，在我們廠裡有十多位，1956年晉升職稱時，他們都被定為工程師；每月工資可以拿到一百二到一百五十元。當時大米才八分錢一斤，豬肉的價格在三角到四角錢一斤，時令蔬菜幾分錢一

斤。廠內食堂早餐有饅頭、稀飯、鹹菜，午餐和晚餐都是四菜一湯，有葷有素。三餐加起來，每月伙食費才八元。以他們當時的工資，可以養活十五六個人。

也是在1956年，知識份子忽而受到重視。廠裡又辦起了中灶食堂，早餐有饅頭、花捲、包子、大米粥，還配有一葷一素佐餐菜。中午和晚上都是三葷一素加一個葷湯，每月伙食費也不過十五元。知識份子享受到了政治上的優越感，又獲得了三餐添菜的實惠，自然滿意。此外，軍企職工還有其他免費待遇：在廠醫院看病的掛號費、藥費和檢查治療費全部報銷。孩子讀書學費也不高，中專和大學不僅不收學費，每月還有十幾元的助學金。住房由單位分配，無需私人購買也不交房租；水電費每月不過兩元左右。我們生活相對安定，對共產黨整風也提不出什麼意見。就這樣，很多技術幹部也逃脫了反右的衝擊。

在技術幹部中，除了留用人員，大家都是解放後畢業的大學生和中專生。我們當時只有二十多歲，在校期間已經接受了初步的「馬列主義」教育，畢業後分配到國防企業；自有一種政治上的榮譽感。而此時第一個五年計劃方興未艾，廣播、報紙天天宣傳著百業昌盛的大好形勢。我們正憧憬著美妙的共產主義社會，並決心學習兵工楷模吳運鐸。這位模範戰士被稱為「中國的保爾柯察金」，他在自傳《把一切獻給黨》中，自覺按照劉少奇在〈論共產黨員的修養〉中的要求，努力做黨的「馴服工具」。

1956年黨和政府還提出「向科學進軍」的口號，這也深深鼓舞著我們。那時的科技工作者都把鑽研技術放在第一位。即使談戀愛，也把對方是否愛學習作為主要條件。

我在長江電工廠冶金科，擔任熱處理技術員兼技術組長，主管全廠所有軍、民產品的熱處理技術工作。在廠裡各科室中，我也是最年輕的技術組長。

在評定技術職稱時，1952年畢業的大專生多數評為二級技術員，工資八十四元，個別人評為一級技術員，工資九十五元。中專畢業者多數被評為三級技術員，工資七十四元。我1955年畢業，也被評定為四級技術員，工資六十六元。我的收入加上一些津貼、獎金，高的時候可達一百元，至少也有七八十元。按照當時的物價和消費水準，可以養活一大家人。

當時，我們冶金科就算知識份子紮堆的地方了。科長李一平是工程師，他1944年從武漢大學畢業。武大在1938年遷至四川樂山，1945年抗戰勝利後遷回武漢，他就留在了重慶。他也是無黨派人士，主管有色金屬壓力加工。

副科長、工程師張文達，兵工專科學校1951年畢業，共產黨員，兼管有色金屬壓力加工。

劉棟，主管化學分析；他1949年從兵工專科學校畢業。王德禕，主管物理實驗；他1939年同濟大學畢業。主管表面處理的是唐恢緒，1949年兵專畢業。王德禕與唐恢緒都是1956年得到提升的工程師，均為無黨派人士。

各專業組的組長和技術骨幹還有吳世俊、戴文熙、任光祥、黃中聿、朱茂鑒、鄭孔慧、李伯珍、陳功文、黃同仁等。大家的年齡都不超過三十歲，全是建國以後從大專和中專學校畢業的黨團員。

黨總支書記吳超文化程度最低，他初中文化程度，1947年參加革命，隨後入黨。那時候中學生也算知識份子了。

整個冶金科這個群體，相互之間來往不多。下班後，有家的回家，沒成家的年輕人回單身宿舍。但是相互之間也沒有什麼芥蒂，大家既是同事，又是朋友。

1957年春季，黨委傳達了毛澤東主席在最高國務會議和中共中央宣傳工作會議上的講話。此後，每週星期五下午政治學習，人們都踴躍發言，對毛主席的講話一片讚頌之聲。

後來報紙上說這段時期是「烏雲壓城」，右派「猖狂向黨進攻」，「山雨欲來風滿樓」；這種氣氛在我們廠是完全不存在的。

三、我成了廠裡的第一個右派

1957年7月中旬，我們廠開始鳴放和反右。此時已是重慶的盛夏，廠裡鳴放比社會上其他單位晚了兩個月左右。

這時《人民日報》已經連續發表了多篇社論和評論員文章，反右運動高潮不斷。民主黨派的頭面人物紛紛落馬，報紙上以整版篇幅刊載了各界名流的揭批文章和右派知名人士的檢討。

長江電工廠的鳴放，開始只是批判報紙上已經公佈的右派分子及其言論。黨支部動員大家發言，每個人均需表態，不留死角。我已是共青團員，正在積極爭取入黨，所以我踴躍響應號召。

　　在批判儲安平的「黨天下」時，許多人都說：儲安平認為全國大小單位都是黨員做頭兒，這不是事實，而是捏造和誣衊。還有人還舉例說：長江電工廠冶金科和會計科科長就不是黨員，某某組的組長也不是黨員。

　　我認為這種批判不足以使人折服，既不符合客觀存在的事實，也缺乏說服力。事實上，全國大小單位明擺著都是黨員做頭兒嘛，為什麼就不敢承認呢？

　　於是，在批判「黨天下」的學習小組會上，我就說了：無需迴避全國大小單位都是共產黨員做頭兒這個事實，雖然有的科長不是黨員，某幾個組長也不是黨員，但他們至少也是團員。而且，每個科室都有黨支部，都要接受支部領導。黨指揮一切嘛，這是黨的既定原則，也是公之於眾的事。

　　我進一步陳述說：支部書記總是黨員吧，非黨員科長能夠不聽支部書記的話嗎？能夠不接受書記領導嗎？不能吧。因此，事實上就是由黨員做頭兒。

　　我的觀點是，就是應該由黨員做頭兒。首先，天下是共產黨領導人民流血犧牲打下來的，不由共產黨做頭兒，由誰做頭兒呢？打天下不就是為了掌權嗎？

　　再說，共產黨員並不是天生的，是從群眾當中的優秀分子裡產生的。黨章總綱第一句話就是「中國共產黨是中國工人階級的先鋒隊」。不由優秀分子做頭兒，不由工人階級先鋒隊做頭兒，難道由落後分子做頭兒？所以說，全國大小單位都由黨員做頭兒，這是很正常的。我贊同這種做法。如果說這就是「黨天下」，那我贊成這種黨天下，我擁護這種黨天下。

　　我這段發言，完全是維護黨的領導，絲毫沒有削弱它的意圖；也沒有反對黨員做頭兒的意思。現在看來，我的發言是受「左」的思想支配；而當時我只不過是不想人云亦云，要標新立異而已。我要反駁儲安平對「黨天下」的批評，那時我才交了入黨申請書，正在積極爭取入黨呢。

　　毛澤東在〈論人民民主專政〉一文中就有這樣一段話：「『你們獨裁。』可愛的先生們，你們講對了，我們正是這樣。」同一篇文章裡他還說：「『你們不仁。』正是這樣。」「獨裁」和「不仁」，這是比「黨天下」更難聽的詞

彙，但毛澤東都能坦然承認，為什麼到了1957年，一聽到「黨天下」三個字就受不了，就比自稱「獨裁」和「不仁」還要惱火呢？我真是百思不得其解。

在我作了上述發言以後，學習小組的成員任光祥編了一期黑板報。任光祥和我同科室，也是爭取入黨的積極分子。在黑板報的這篇學習報導上，他用彩色粉筆寫著標題：〈牛立華贊成黨天下〉。

我看了以後，便覺不妥。我請他按照發言記錄予以補充和更正，以免引起誤解，好像是我在附和儲安平。我說，儲安平說的黨天下，有點為民主黨派爭權的寓意。而我的意思恰恰相反，我明明是贊成共產黨坐天下，這與儲安平的觀點完全不同。

但是，任光祥並未接受我的意見，也沒有更正標題。我也沒有意識到後果嚴重，這篇以訛傳訛的報導變成了我的罪狀之一。

在討論肅反問題時，我又發言說：有人攻擊肅反，說什麼「肅反搞錯百分之九十」，這是極端錯誤的。肅反的成績是主要的，缺點是難免的。

是誰攻擊肅反搞錯百分之九十呢？迄今我也沒有搞清楚。這個說法原是來自1957年6月26日周恩來總理的政府工作報告，其中說：「有人認為肅反的偏差竟達到百分之九十以上，這是完全沒有根據的。」對這個論斷，我數年來查閱了不少資料，翻看了許多法律界右派分子「猖狂進攻」的言論。當年，譚惕吾、黃紹竑、楊玉清、王造時、錢端升、樓邦彥、楊兆龍等法律界知名人士，的確對肅反提出過批評；但沒有一個人提及肅反錯誤的百分比。即使口無遮攔的女大學生林希翎，也沒說過肅反搞錯百分之九十。我只看到廣西壯族自治區副檢察長徐江萍向自治區黨委流露過這樣的觀點，徐江萍認為：「肅反沒有必要採取興師動眾的方式，肅反中，冤案、錯案占百分之五十。」這是目前我所見到的、最大的肅反偏差率。

在學習小組會上，我又說：肅反工作不是容易的事，反革命分子的臉上沒有刻字；為了徹底肅清反革命，有必要對一些可疑的人進行審查。只要肅出了反革命就是巨大的成績。不能因為多審查了一些人，就說肅反搞錯了。這好像挖定時炸彈一樣，有時難免把可疑的地點都挖一下。只要挖出了定時炸彈，哪怕只挖出來一個呢，都是很大的成績。絕不能說因為多挖了幾個坑，就否定這個工作。肅反的成績是必須肯定的，因為它相當徹底地肅清了反革命。

但是我的確也說了，肅反可能有缺點。我引用了毛主席在〈關於正確處理人民內部矛盾的問題〉一文中說的話：「我們的肅反工作，成績是主要的，但是也有錯誤。」「過火的、漏掉的都有。」根據毛主席的論斷，我說，肅反方式有一點粗糙。例如，本廠在肅反運動中武裝搜查了一些人，也開大會鬥爭了一些人；最後的審查結論證明，他們都不是反革命。事後，黨支部還表示賠禮道歉。有的人在肅反時被開除團籍，以後又恢復了團籍。錯搜錯鬥的做法雖然得到了糾正，在當時卻傷害了他們的自尊心。大庭廣眾之下，被幾支槍押著總不是滋味。完全可以採用比較隱蔽的審查方式，同樣可以搞清問題嘛。而從全國來看，投入肅反運動的人恐怕不止一千萬，設若百分之九十九都搞對了，錯搜錯鬥的只占百分之一，其比例可以說很小；但絕對數字就有十萬，這影響的範圍還是比較大的。我認為，今後凡是涉及到人的工作都應該更慎重，適當講究方式方法。

　　我發言後，任光祥又寫了一篇報導；他安上了一個更加驚人的標題：〈牛立華說肅反搞錯十萬人〉。

　　我看到以後，感覺這是曲解。我給任光祥提出異議，又立即寫了一篇書面聲明。我強調說，肅反的成績是主要的，缺點是難免的。如果用科學實驗來做比喻，經過幾次實驗最後得到成功；我們決不能認為前幾次試驗沒有成功，就說整個實驗搞錯了。肅反工作也是如此，我的意思並不是說「肅反搞錯十萬人」。我只是說，有少量的錯搜錯鬥現象，最好也總結經驗，今後把工作做得更好一些。

　　我的聲明沒有起到作用，任光祥在黑板報上編寫的標題已經造成影響。

　　當時和我在同一個學習小組的人還沒有做出反應，遠在另一個院落的動力科技術員鄧達仁貼出了批判我的大字報。我和他素無來往，業務上也很少聯繫。他並不瞭解我發言的具體內容，也沒有看我的聲明。僅僅根據任光祥寫的黑板報，他就確認我贊成儲安平的「黨天下」，我又說了「肅反搞錯十萬人」。

　　這天是7月13日，鄧達仁貼出大字報，題為〈牛立華是反黨反社會主義右派分子〉。這張大字報吹響了把我打成右派的號角。

　　那天是星期六，我當晚沒有吃飯，心中十分難過，一夜輾轉難眠。我的發

言明明是維護黨的威嚴，卻被如此誤解；這算怎麼回事？同一間寢室的陳功文是黨員，又是團支部書記，他勸我放寬心。第二天，陳功文又陪我到重慶市繁華地段的解放碑，我們在和平電影院連看了兩場電影。

週一過後，氣氛突變。反右鬥爭正值高潮，誰也不能壓抑「群眾」的「積極性」；更不可能替我辯解。那時長江電工廠尚未揭露出任何一個右派分子，我就成了首當其衝的人物。一時間我的心情非常痛苦，承認吧，那些話都不是我的原意，不承認吧，又要受到連續不斷的鬥爭，甚至還會被認為是「頑固抵賴」，「自絕於人民」，真是左右為難。

這時，我想到周恩來在《政府工作報告》中曾說：「右派分子能夠幡然悔悟，接受改造，社會主義改造的大門對他們是開著的」。還有，《人民日報》1957年7月8日發出社論〈鬥爭正在深入〉，其中也說：「對大多數右派分子，懲前毖後，治病救人的原則還是適用的」。由此我感到，就算把我劃為右派，自己依然是有出路的。

我相信了周總理的話和《人民日報》社論，我既不是資產階級政客，也不是什麼妄圖篡黨奪權的個人野心家。我只是一個才出校門不久的年輕人，還是共青團員，並且正爭取入黨；黨怎麼會把我當作敵人呢？「懲前毖後，治病救人」的原則也就是說，通過批判或鬥爭，最後還要達到團結的目的。況且毛澤東多次強調，這次整風堅決實行「知無不言，言無不盡；言者無罪，聞者足戒；有則改之，無則加勉」的原則。不僅執行，而且堅決，偉大領袖當然不至於食言。

與此同時，我們也學習了毛澤東主席在6月19日發表的長篇文章：〈關於正確處理人民內部矛盾的問題〉。其中，毛主席提出了「六條標準」，緊接著，他說：「不贊成這些標準的人們仍然可以提出自己的意見來辯論。」我想，連六條標準都可以辯論，還有什麼話不能說呢？如果我說錯，改正就是了。我表示，願意虛心接受大家的意見，經歷反右的洗禮，以便心情更加舒暢地跟黨走社會主義道路。

出於對黨、對黨刊文章、對黨的領袖的信任，我沒有繼續申辯和澄清。

我在黨支部組織的座談會上發言，時間加起來也不過十五分鐘；結果還是被認定為猖狂向黨進攻、妄圖推翻共產黨的行為。

就這樣，我成了長江電工廠「挖出來」的第一個右派分子。

四、乘勝追擊下

我成了右派以後，黨委動員群眾乘勝追擊，廠裡一下子熱鬧起來了。

不幾天，其他右派分子陸續被揪出來。廠部辦公室附近的大花廳，貼滿了聲討右派分子的大字報，還有右派分子寫的檢討書。高音喇叭裡播放著歌曲「社會主義好」，「右派分子想反也反不了！」通往廠門口的路途兩邊，到處張貼著五顏六色的漫畫和標語。食堂、圖書館等人群密集的場所，也都掛滿了反右的宣傳畫。

一天中午下班時，我看到廠門口掛出一幅宣傳畫，幅面不小於3×4米，遠遠望去，下半幅畫面好像是枝繁葉茂的萬年青，又有紅、黃、白色的月季花與之疊映，一個戴眼鏡的青年站在花叢中；在他頭上是藍天和五彩祥雲。

我隨著人流走近，再定睛觀看：原來這個青年是人首蛇身啊。紅、黃、白、綠、黑也並不是花朵，而是他盤踞著的蛇身。他昂首眺望遠方，似笑非笑，他頭上的雲彩竟是口中吐出的毒氣。淡淡的霧色中有緋紅色的字跡：「我贊成黨天下」，「肅反搞錯十萬人」哦！原來畫的是我。這麼豐富的色彩，我不由得說了一句：「畫得好」，還在畫前多站了一會兒。

我的評價下午就傳到了冶金科黨支部，前支部書記吳超也成了右派，上級任命了一位臨時書記。

臨時書記問我：「你看了宣傳畫說了什麼？是不是很抵觸？」

「我只說了一句『畫得好』。就是這三個字，沒有多說一個字。」

臨時書記步步緊逼：「為什麼這麼說？你想達到什麼目的？」

我被逼無奈，頂了他一句：「我認為那幅畫的確畫得好，描繪了牛鬼蛇神的真面貌。這是抵觸嗎？能說畫得不好嗎？那又要被認為是『反感』、『反攻』、『囂張』吧？如果我一言不發，又是『心懷不滿，暗自仇恨』吧？」

書記說不過我，就此罷休。我則有了警覺，顯然，四周暗藏耳目，我的言行有人密切監視。

以前每週只有星期五下午是政治學習，這時增加為每週三次。批鬥會也一

個接著一個，據說一些縣城的批鬥會還有讓右派分子下跪的，有人甚至是跪在瓷渣上接受「幫助」。我們廠地處大城市，屬於地師級，算是政策水準較高，沒有發生「武鬥」。我多數時間是坐在會場聽批鬥發言，偶爾也站一會兒。會議也就持續兩三個小時。儘管批鬥者踴躍，口號聲此起彼伏，但一到下班時間，會議也就結束了。

起初，我還仔細地聽著，凡是沾邊兒的意見，我都認真做了記錄。有時候我也想澄清一些問題，可這樣的機會實在不多，我總是剛說幾句就被打斷了：「不許右派分子牛立華繼續放毒！」「不許頑固抵賴！」「態度老實點！」……這些吼叫連綿不斷。隨著批鬥會越來越多，發言也越來越重複。這事就像擊鼓傳花一樣，人人都輪流表態，內容也都是舊調重彈，我就懶得記錄了。

不過，我的校友朱茂鑒在批判會上的發言，令我至今難忘。他和我都是北京人，一起入學，畢業；又一同分配到長江電工廠。我們還住著同一間單身宿舍，在一個食堂吃飯，挨著床鋪睡覺。照理說彼此該是很瞭解的，如今回想起來，我最不瞭解的就是他。《論語》裡有一句話：「不患人之不己知，患不知人也。」不知人，是我的弱點之一。

他揭發說，我在校學習期間曾經組織過「鐵志」小集團，讓我交代活動情況。

所謂「鐵志」的說法，那還是1951年的事。以前在學校裡，同學之間喊外號兒挺隨便的，只有在正式場合才喊名字。解放初期，時興喊「同志」，於是彼此稱呼成了「男同志」、「女同志」、「張同志」、「李同志」……十幾歲的孩子覺得很好笑，不習慣。有個外號「大嘴」真名劉敬方的同學，冷不丁地冒一句：「什麼銅志？我們是鐵志！」幾個在場的同學嘻嘻哈哈地附和說：「鐵志、鐵志」，「劉鐵志」、「朱鐵志」、「牛鐵志」……新鮮了幾天，此後也就忘記了這個稱呼。

這位朱茂鑒同學記性好，六七年前的舊事，與反右毫無關係，他提出來，似乎要挖掘出一個反革命集團；所謂「鐵志」小集團。「鐵志」的說法又不是我興起的，它本是劉敬方的一句玩笑。這讓我怎麼交代？

說到「集團」，能想到的都是批判對象。反右之前被批判鬥爭的有高崗、

饒漱石反黨集團、胡風反革命集團；若我再牽連進「鐵志」小集團，性質就嚴重了！朱茂鑒使出這個殺手鐧來顯示他立場堅定，反右積極，果然就被「火線入黨」了。1958年後，他擔任了重慶虎溪電機廠的黨委委員、總工程師兼副廠長。1980年代我得到平反，也和他見過面。那時他已患有糖尿病、心臟病。他的前妻張正曦得了精神病，嚴重到在荒山上裸跑，不幸中年早逝。三個女兒中也有兩個身體不好。再後來我們聯繫漸少，聽說他不到七十就去世了。

1957年的7、8月裡，隔三岔五就開批鬥會。我對這一切也習以為常，漸漸就麻木了。我不再為此飲食不安、輾轉難眠；曾經的痛不欲生也化作了一縷煙雲，隨風而逝。

同時，我也在認真地思索：要說我有錯，捫心自問，真沒有。我不僅不反黨，而且沒有絲毫政治野心。說實話，有時還真看不起那些吃政治飯的人。我是技術人員，只想為祖國的富強盡力。我還想攀登科學高峰，有朝一日著書立說，成一家之言。我費了很大的勁反省，也得不出反黨的結論。

但是，我又想到：如果不是我的錯，為什麼從領導到群眾都一致批判我？科長張文達是很善良的人，他不會栽贓陷害別人。許多昔日的同學和朋友，也都是正派人，不至於乘人之危。那麼，可能還是我有錯吧？不然，為什麼多數人都反對我呢？我反覆思考毛主席說過的話：「我們應當相信群眾，我們應當相信黨，這是兩條根本的原理」。照此辦理，我應該相信他們的批判，檢查自己「犯錯誤」的根源。

出於這樣的思考，我寫下了第一份檢討書，題目是：《我的初步檢查》。貼出這份檢討的當天下午，我又受到批判。有人對我的「初步」二字大做文章，說「初步」是逃避深挖思想根源，後面還有埋伏……「初步」是陰險狡詐，麻痺群眾，是煙幕彈、迷魂湯……

我在檢討書裡用了幾條成語和引文，如「蜚短流長」，「罪不容誅」，「悟已往之不諫，知來者之可追」；這被說成是嘩眾取寵，賣弄文筆。檢討書篇幅不長，被批做毫無誠意，應付了事。我不禁想，若真在檢討書裡寫上三千字，那一定會被批為「王大娘的裹腳，又臭又長」，故意浪費群眾的時間。

不僅寫檢討為難，就是走路的樣子也有人挑剔：低著頭走路，這是偽裝老實，博取同情。昂著頭走路，這是趾高氣揚，拒不認罪。走得慢，是消極抵

抗，心懷鬼胎；走得快，是兇相畢露，滿不在乎。批鬥會上，花樣天天翻新，怪論層出不窮。

五、戴上了右派帽子以後

反右運動後期，廠裡揪出了一批右派。

首先讓我忘不了的是黨支部書記吳超，他1947年參加中國共產黨，隨部隊進軍西南來到重慶，接管兵工廠。他先任廠部辦公室秘書，1956年調任機關黨支部書記。他分管工藝科、冶金科、機動科、檢驗科等知識份子相對集中的科室。吳超為人忠厚，謹言慎行；竟然受到我的牽連。

我被打成右派分子，他在黨委會上表態不贊同；再加上別人檢舉他議論某黨委書記是「理論書記」，某黨委書記是「一把抓書記」，於是他也成了右派分子。

吳超被開除黨籍後，在機修車間當了十多年鍛工。1960年代他在郊區找了一位農婦結婚，育有兩個女兒、兩個兒子。他整天掄錘打鐵，養家謀生。1979年吳超右派改正，此時他已年逾半百。他提前申請退休，以便讓兒子到廠裡頂職，將農村戶口遷入城裡。吳支書晚年居住在重慶遠郊，有時在湖邊垂釣，有時在茶館閒聊，還能打點小麻將，倒也怡然自得。

其他右派還有張子敬（保密科副科長、黨員）、黃光祿（職工醫院黨支部書記）、吳承厚（教育科教師、共青團員）、張思起（理化實驗室技術員、共青團員）、王樹良（供應科幹部、參加過淮海戰役的轉業軍人）……加起來有二十多人。

1957年9月，轟轟鬧鬧的批鬥告一段落。此時還沒有對右派分子作出處理，領導還讓我參加了某項國防產品的試製工作。我抱著低頭認罪的態度，以為很快就會摘掉帽子。我在試製地點與實驗室之間跑上跑下，想用行動證明我熱愛黨。新產品研製成功了，別人受獎，我被解職。

上班是如此，下班後我也是形單影隻，陷入前所未有的孤獨。

冶金科副科長張文達，四川內江人，中共黨員。他性情純和，待人寬厚，膝下無子女。看到我這麼年輕，遠離故鄉和父母，對我分外關心。我還記得

1957年1月30日是除夕，他邀請我到他家過春節。他和師母劉老師做了不少好吃的，給了我親人般的溫暖。

才過了半年，連他也不敢理我了。行政上他是我的領導，年齡上是我的前輩，業務上是我的師長，組織上是我的上級。如今這一切關聯好像都不存在了，即使在路上相遇，也是各走各的，一句話也不說。直到1979年我平反後回到原單位，他才又請我赴家宴，看電影，甚為熱情。

那時他已是廠裡的總工程師，他告訴我說，他在內江的弟弟也被打成右派，將近二十年裡，他們不敢公開聯繫。也是在右派改正後，才恢復兄弟來往。

陳功文和黃中聿和我年齡相差無幾，三人都是單身職工，同專業，同組工作，屬於同一個團支部，也住同一間宿舍。我們之間的瞭解可以說是無微不至。如今，室友也形同陌路。陳功文是黨員，他還負有監督我的責任。我的一舉一動他都要向黨支部彙報，我晚上離開宿舍外出了幾個小時，看了場什麼電影，在路上和幾個人攀談過，黨支部全都瞭解。

在小學生上學的路上，也全是反右的漫畫標語，孩子們也都知道了我是右派。他們倒是不怕事，看到我還趕前來喊「叔叔」。有膽子大一點的仰著頭問：「叔叔！你是右派分子呀？」我哭笑不得。旁邊的幾個孩子則起鬨大喊：「右派！右派！」「壞蛋！壞蛋！」

看著他們的紅領巾和笑容，我心裡想：若干年前我也和你們一樣啊。我愛黨，黨為什麼不接受我純真的愛呢？

長江電工廠有一個禮堂兼電影院，叫勞光劇場，意思是勞動光榮吧。除星期一休息以外，每晚都有一場電影，星期天白天也有一場或兩場。當時的甲等票一角錢，乙等票五分錢。反右運動之前，我很少看電影，那時都認為主要精力要放在學習上。年輕的技術員中，王俊麟、張思起在上夜大學；王鵬飛想考川大數學系，正在積極備考。陳功文上著中專班，我每週有兩個晚上在中專班教物理。其他時間我還在自學外語，翻譯技術資料。反右以後，教師不能當了，外語也不能學了，那會被人說是崇洋特別是崇美，不重視思想改造。再說心情也不好，我乾脆看電影去。

票房裡是一個老師傅售票，他見我來了，給了一張最佳位置的甲票：十二排一號。第二天我去看電影，他拿給我的又是十二排一號。第三天我再去，還是這個號。我不由詫異，他說：「我看你以前很少來。現在就看看電影，散散心吧！這張票你來不來我都不賣了，給你留著。」

他的這句話，讓我心頭湧起一股暖流。但是我不敢外露，只是含淚感謝。在那段時間，十二排一號成了我的專座。須知，長江電工廠黨委為了營造反右運動的聲勢，在每張電影票的背面都加印了一個口號——「右派分子牛立華必須低頭認罪」。售票的老師傅給我如此優待，怎能讓我無動於衷？

六、初戀與分手

我的女朋友劉鞏貽也離開了我，我們原來準備1958年結婚的。

劉鞏貽老家在河南，她出生在河南鞏縣，所以名字裡有一個「鞏」字。抗戰時期，全家隨著鞏縣兵工廠遷到重慶。我們同年出生，我比她小三個月。

我剛進廠時，她還是團員。不久，團支部開會，大家圍坐在草地上，只見我對面一位年輕姑娘面容秀美，玫瑰紅的羊毛衫外面穿著一件花格呢的外套，看起來很醒目。那時我還不敢問她叫什麼名字，在哪個科室工作。

過了一個月，又一次開團支部大會。組織委員介紹說，支部來了新的成員；這樣她才知道我是從學校分配來的。此後我也知道了，她原來是車間化驗站的一個工人，調到了中心實驗室。

晚上，燈光球場有女子籃球賽。我在場外觀看，見她在場上十分靈巧，帶球時身姿矯健，和同伴配合默契。我的眼睛緊隨她大步流星在全場跳躍，心裡默默為她叫好。

我從辦公室去車間，必然經過實驗室。有時就看見劉鞏貽在窗口，她一手扶著滴定管，一手搖著三角瓶，聚精會神地做滴定。我路過時向裡面張望，也會看到她向我投來友好的目光。

就這麼隔了一年時間，一位熱心大姐要給我介紹對象。她約的女子，原來正是我暗戀已久的人。我跟劉鞏貽第一次見面就在她家，見了面我不敢說話。

人的感覺很妙，劉鞏貽長得並不特別漂亮，人很樸實。化驗室六十多個

人，我就看上她了。記得那天她穿了一件紅色碎花的長袖襯衫，很貼身。靜靜坐了大約十五分鐘，我壯著膽子說：「劉鞏貽，我有個事想跟你說。」

她靦腆地笑著答道：「我知道。」就這樣，我們開始了一段戀情。

劉鞏貽初中畢業後進廠，十八歲就入了黨。她父親、哥哥都是黨員，母親因病早逝，幾個孩子都是十幾歲就參加了工作。

我在技術室的朋友也跟我說：「牛立華，你算看準了。在理化室，劉鞏貽的操作非常瀟灑自如，出來的結果很準確。」理化室的主任也認為她不錯，準備培養她以後進入技術人員行列。

我們平時都忙，每個星期六晚飯後才見面。她正在學高中化學，我買了大學的化學教材陪她讀書。星期日我們一起進城去重慶圖書館、新華書店，或者看電影。我向她發誓，我也要成為共產黨員；待我入黨以後我們就辦婚事。

猴年除夕，我送她回家，她堅持讓我見見她父母。進門後，我才知道，他父親已經認可了我們的關係，我在她家裡度過了一個溫暖的除夕之夜。

就在這年七月……我成為眾矢之的。這時的劉鞏貽也寫了一篇批判我的大字報，算是劃清界限。雖然她寫的內容被稱為「言不由衷，軟弱無力」，對我卻是沉重一擊。我們也無法交流，非但不能約會，即使偶爾在路上相遇，也只能各自扭過頭去，形同陌路。

為了不牽連她，我自覺和她斷絕了一切來往。再後來我被送勞教，更是無從打聽她的消息了。

二十三年後，我回到長江廠，在一位同事的家裡看到劉鞏貽全家的合影；原來她已經是我這位同事的弟妹了。我這才知道她已遷居到四川仁壽，在縣人民醫院任職，她丈夫是該院院長。她和我同齡，當年也才四十多歲，可是看上去頭髮全白了。她的外甥女對我說，舅媽這次回來，她也知道你回來了。她不說話，一個人望著窗外。

我聽了以後心裡明白，我對不起劉鞏貽。

第五章　監督勞動

一、調離技術科

　　1957年8月3日，中國國務院頒佈了〈關於勞動教養問題的決定〉。8月4日，《人民日報》也發表社論：〈為什麼要實行勞動教養〉。我意識到，這個「勞動教養」恐怕就是給右派分子安排的出路了。對此，我必須預先作些準備。

　　我一趟一趟地去郵局，把歷年來購買的專業書籍寄回北京，先後寄走了五六十公斤。我幻想著以後還能用上它們，所以要父母代為保管，以防散失。我又買了一根扁擔和幾根捆行李用的繩子，隨時準備啟程。我的這些動向，黨支部瞭若指掌。

　　1957年9月，冶金科、工藝科、機動科聯合召開批鬥會，討論對我的處分。實際上，人事大權是掌握在黨委手裡的；之所以交群眾討論，一是警示，二是震懾，三是做樣子，叫作走群眾路線。

　　我知道這樣的會議不可能形成決議，但是我想知道同事們的看法。平時大家都是抬頭不見低頭見的，他們會提些什麼建議呢？所以我用心地聽著。

　　多數人的發言模棱兩可，只說讓我認真學習，深刻反省，通過勞動改造世界觀。少數積極分子提出，應該將我送勞動教養。一位同事艾育華做了最激烈的發言。

　　艾育華是1944年同濟大學宜賓校區的畢業生，抗戰期間，同濟大學由上海遷至浙江金華，再至江西贛州、廣西八步、雲南昆明，於1940年到達宜賓李莊，抗戰勝利後才遷回上海。艾育華比我大二十多歲，我視他為前輩，偶有接觸我都以老師相稱。他個子不高，長得很敦實，喜歡踢足球，打乒乓球，擅長抽殺；還拉得一手好京胡，能唱兩句西皮二黃，我感覺他以前也是一個公子

哥兒。

他最大的特點是煙不離口，那煙捲好像是黏在他嘴唇上似的，說話也無需手指夾著。我和他極少來往，也不在一個科室，業務上並沒什麼聯繫。

在會上，艾育華慷慨陳詞，第一句話就是：「牛立華十分反動」，接著又是「牛立華反動透頂」；再下來還是無邊無際地扣帽子，什麼「牛立華想推翻共產黨的領導」，「反對社會主義」，「妄圖復辟資本主義」，「是美帝國主義的走狗」等等。最後他建議，立即將牛立華「逮捕法辦」。

1980年我落實政策後，回到長江電工廠技術處。艾育華年事已高，退居二線當了個顧問。據說因他家庭出身不好，後來也被劃作右派，只是不戴帽子，內部控制使用。

那次會議後，我還在冶金科上班。我的工資從六十九元降到五十元，取消了全部獎金。對此我並無怨言，依然想加倍努力來贏得諒解。業餘時間，我基本都是在宿舍度過。那時沒有電視，我也不會擺弄收音機，於是埋頭學外語，翻譯蘇俄科技文章。當時我國唯一的金屬熱處理專業雜誌《鍛壓與熱處理》尚在創刊之初，每期上都刊登有幾篇譯文。我試著給該刊投稿，我的第一篇譯文〈高頻噴鍍〉就是1957年國慶前後發表的。

接著，我訂閱了一本俄文期刊《金屬學與鋼鐵熱處理》，看到有價值的文章我就翻譯出來，給同事們傳閱。

我在華北兵工學校的老師陳銘謨是全國著名的熱處理專家，他曾留學美國，是路易斯安那大學理學院熱處理學的碩士。1951年他回國，被分配到兵器工業部。當時中國武器工業落後，根據專家判斷，主要是熱處理技術不行。他創辦了中國第一個熱處理專業，但是1958年他也被拔了白旗；後來他被調到西北工業大學，還是沒有用武之地。他對我很好，主動向刊物推薦我的譯文。後來《鍛壓與熱處理》的總編輯張祖蔭也給我來了信，要我把譯稿直接寄給他。

我繼續翻譯和撰寫了〈萊比錫國際熱處理展覽會概況〉、〈對某些氣體滲碳劑的討論〉、〈某些水溶性淬火液的冷卻特性〉等文章，卻再也得不到發表機會。後來我才知道，原因在於「作者係右派，不宜刊出」。其中有一篇文章，編輯部曾給我寄來了清樣，文革抄家時也不知去向。

以前，每個星期天上午我都在圖書館度過。圖書館的人對我很熟，有些書

在一個特別的閱覽室，有工程師以上資格的人才能進去。那裡面有閱讀照片底片的設備，圖書也是開架閱覽。因為我每週日都去，管理員就給我辦理了工程師閱覽證；這樣我看書就比較方便了。結果送我去勞教，借書到期後我無法歸還。他們為了催我還書，發信到了勞教單位。我還書的時候，一位張姓管理員接待我，他拿了一封信說，這本書是從北京鋼鐵學院借來的，我才催你。我們也給對方寫了信，說明了你延遲還書的情況。這位張管理員，後來也劃了右派。

1957年初秋，兵器工業部（當時稱第二機械部）下令長江電工廠試製硬質合金，任務落實在我們工熱處理組，領導確定由畢業於山東工學院熱處理專業的黃中聿負責。我當時已經到車間監督勞動了，但仍然想著硬質合金的試製任務。為此，我特意買了《鎢鉬冶金學》、《粉末冶金學教程》等專業書籍來閱讀。

某日進城，我在新華書店外文部看到一本俄文版《硬質合金》。該書原著為德文，全書四百餘頁，內容豐富詳實。我買回來後看了一個星期，便跟黃中聿說我打算將它譯成中文。於是我先翻譯了第一章緒論，然後將譯稿寄給二機部主管硬質合金試製的章簡家工程師，請他審閱。

過了大約半個月，我收到章簡家回信。他表示譯文可用，並告訴我，國內尚無硬質合金專著，望我抓緊譯出。他還找了通曉德語的陸穎，建議我依照俄文版翻譯，陸穎參照德文版校對，力爭內容準確。我正在積極準備時，北京傳來消息，陸穎也被打成右派，此事只得終止。

從1957年10月起，大概上面有指示，右派分子是階級敵人，不能接觸國防機密。於是我首先被調離了技術科，先後在供應科廢品庫、八車間、運輸隊等地方監督勞動。

二、當上勤雜工

八車間生產手電筒，主要銷往農村。車間擁有二十幾台衝壓機床，工人年齡偏大文化不高，多半是解放前就進廠的老工人。車間主任也是工人出身，他向幾十位工人介紹說：這就是牛立華，犯了錯誤，下放到我們車間勞動，大家

要多⋯⋯幫助他。大概他本想說多監督他，終究沒說出口。隨即他把我交給了工段長。

車間裡機器轟鳴，噪音很強烈。工段長帶我到一台衝床前，教我操作要領。他再三說你初來乍到沒有定額，不要急著超額，安全第一。

我在八車間兩個多月，上班時間基本上不說話。下班回宿舍和其他人也沒什麼言語，只是看看業務書籍。我也讀了兩三遍《聯共（布）黨史簡明教程》，對共產黨似乎有了一些瞭解。蘇共歷史上鬧過七八次大清洗，看來我是在劫難逃，只好忍氣吞聲過吧。就這樣，我送走了1957年。

1958年過了元旦，我突然得到通知，改到電機車間上班。我和一個老工人抬電機，要從裝配工段抬到性能檢測工段，再把檢驗合格的電機抬到庫房。不合格的電機則退回裝配工段。

每天，我兩腳不停地在三個地點奔跑，電機重量在五十至一百公斤之間。老師傅年近五十，起肩後他總要把繩子往他那邊挪一挪，讓我少吃些力。我則儘量拉近點，告訴他我能行。電機產量日漸增多，抬電機的人卻沒有增加。老師傅總是說快點快點，煙癮發了都是邊走邊抽也不停歇。某日，抬一近百公斤的電機，猛一起肩，我突然摔倒在地。老師傅攙扶我到了醫務室，被診斷為腰肌勞損，暫時不能擔抬了。

我在醫務室開藥，打封閉，都不見效。醫生也不敢給我開休假證明，只是私下對我說：「想辦法多休息，不要過度疲勞。」為了完成任務，我只能忍痛負重，繼續往來於裝配工段、檢驗室、庫房之間。腰疼得要命，也不敢有一句怨言。後來我找到一位老中醫，他檢查後開了處方。他要我別去廠裡藥房拿藥，而是去外面的藥鋪買藥。我遵命而行，吃了兩副中藥後，症狀果然消失了。

此後我又被安排在車間當勤雜工，每天要提前兩小時上班，把待加工的鑄造毛胚擺放在機床旁邊。在保證各個機床不停工待料的前提下，才可以坐著休息。下班後我還要清除地面車屑垃圾。儘管我任勞任怨地幹活，依然有兩三個年輕小夥子跟我過不去。其中一個姓白的二級工，只要看到我坐著喝兩口水，立馬就喊：「牛立華！搬兩個毛胚過來！」我走到他的機床邊看了一眼，清晨放的毛胚數量足夠他一個班用的。為免他煩我，我還是給他多擺了兩個。下班

時我走到那兒一看，地面上還有三個胚子沒加工。隨著產量增加，車間勤雜工更忙了，我要跟著工人上班的時間輪換倒班，早班8至16點，中班16至24點，深夜班0至8點；工作時間比每個班都要長兩個多小時。

老工人對我的態度要好一些，我在供應科廢品庫勞動時，寬敞的庫房裡只有兩個人，我和老趙師傅。趙師傅是北方人，年近六十，共產黨員。他負責監督我。在這裡，我要把衝壓車間送來的廢料分類，用剪刀剪下還可以利用的部分，擦乾淨了放到廢品回收箱裡。那些面積太小、奇形怪狀不能再利用的邊角料，也要堆積在一起，再送到打包機打包，給鑄造車間作為原料回爐。

這個活兒又髒又累，拉拽廢料時很容易刮破衣服傷到手。一般工人不願意幹，派給這位老實的黨員幹。我來了以後，有人陪他說話，也減輕了他的負擔。他看我不抽煙喝酒，不遲到早退，幹活也不辭勞苦，對我有了好感。有一天，他竟然跟我說：「今天晚上到我家吃餃子去，牛肉芹菜、豬肉韭菜兩種餡兒，我老伴兒已經包好了。」

我聽了心裡一熱，眼淚也忍不住了。我說：「趙大爺，我要不是右派一定去，可現在不行，您要跟我劃清界限呀！」我怕他受連累，他則歎了一口氣說：「這叫哪門子事兒呀？一個好好的孩子，非要說是右派，吃頓飯又招誰惹誰了，什麼世道！」

我還被派到運輸隊幹活，當時廠裡所用的原材料如鋼材、煤炭、磚瓦等，除一部分由汽車承運外，相當一部分是走水路。長江電工廠在銅元局江邊建有碼頭和躉船，一艘輪渡每日來往於長江兩岸，三艘貨輪承擔水路運輸，其中一艘可遠航上海。貨到碼頭後，運輸隊靠肩挑人抬分別送到車間和庫房。

我第一天到運輸隊遇上挑磚，十八塊磚一挑，從江邊挑到六十五車間修建廠房。黨小組長帶著我選了一根扁擔和一套挑磚的架子，我就向江邊碼頭走去。我先在旁邊看著其他人怎麼裝磚，輪到我了，楊師傅說：「你只挑十四匹。」我說：「還是挑十八匹吧，我能行。」

我隨著楊師傅上了路，從江邊一路上坡，大約兩公里的路程。這是當時銅元局的主幹道，名曰大田壩正街。各種社會服務單位如百貨商店、餐廳、銀行、郵局、照相館、理髮店、川益小學、新華書店等都在這條街上。這要算此地最繁華的一條街，行人密集。我和十幾位老師傅一路走來，街道兩邊總有些

人盯著我看。真得感謝長江廠黨委，一個科技工作者變成了打雜、挑磚頭的苦力，這就是毛澤東的所謂言者無罪的結局。

在運輸隊，我有機會接觸了老工人，其中有多位共產黨員。他們文化不高，想法很樸實，都勸我莫談國是。幾個月下來，我飯量增大了，身體結實了；心裡也想著，已經勞動了一年，總該撤銷處分了。歷朝歷代都有冤案，有充軍發配的，但懲罰總有個限期吧。

1958年4月14日，我給遠在山西的同學高通山寫了一封信。5月9日，我又給他寫了第二封。在信中，我發洩了壓抑已久的不滿。我寫道：「反右是形而上學的扣帽子」，「每月十二元生活費，連飯也不夠吃」。「這種處理表面看來比勞動教養輕，實則很重，沒有期限」……這兩封信，我親手投放到郵局信箱裡，卻不知怎麼回事，全部落到了長江電工廠黨委手中。

就這樣，他們掌握了「證據」，認為我「不服改造、繼續放毒」。三個月後，廠方以此為由，將我送去勞動教養。

三、送勞動教養

1958年7月4日，星期五。重慶的燥熱已持續了多日，空氣裡沒有一絲風，令人更加煩悶。

下午兩點半，烈日當頭。我戴著一頂破草帽匆匆地趕往運輸隊上班，在路上我看見，不少員工都在往勞光劇場走。我並沒有得到通知，況且自己是個右派分子，也不便多問，我依然走我的路，還不知下午幹什麼活呢。一路上沒有人和我打招呼，昔日的同事、好友抬抬眼皮看到我，就趕快把頭轉向一邊；我見了他們也主動保持距離。

本來規定三點鐘上班，我通常提前一刻鐘到。今天似乎來早了，車間裡沒什麼人。

運輸隊的支部書記來了，他告訴我到勞光劇場開會，並且喊黨小組長楊師傅一路同行。我隨他們到了劇場，楊組長找個座位和我緊鄰而坐。

這時候還不到三點鐘，舞臺上空無一人。臺上正中間擺了一張長桌和椅子，大約是執行主席的位置。我看到台口立著一個麥克風，有領導要講話吧？

舞臺側幕旁擺了一套桌椅，好像是給來賓準備的。

忽然舞臺上方降下來一個橫幅：「批鬥右派分子牛立華大會」。紅底黑字，煞是醒目。原來，今天的會是衝著我來的。往常開會橫幅早就掛好了，今天手忙腳亂地現場懸掛，這是為了保密還是臨時決定的？

1957年8、9月間，廠裡也曾多次召開對我的批鬥會。10月份以後，所謂的批判就偃旗息鼓了。我已經被鐵定為右派分子，撤銷了職務，我的月工資停發，每月僅有十二元生活費。我先後在廢料回收庫房、手電筒車間、電動機車間和運輸隊監督勞動，一直是夾著尾巴做人。

廠裡似乎超額完成了運動指標，抓足了右派分子。他們不再過問反右的事，半年多也沒有人和我談過話。今天是哪股水發了，突然開我的批鬥大會呢？

在我經歷的批鬥會中，規模最大也就是冶金科、機動科、工藝科三個單位聯合的機關支部大會。參加人數少則十餘人，多則三四十人，最多也不過六七十人。每次批鬥會我都只能聽，不能說；偶有答辯立即被制止。今天在勞光劇場召開全廠範圍的批鬥大會，這還是第一次，我不知道接下來會發生什麼。

我很清楚，所謂右派言論都是強加的。我多次要求，而且說明不需要對等辯論，「左派」分子講一個小時，我這個右派分子只講一刻鐘，讓與會者來判斷，誰的發言更有說服力。今天的大會能給我這樣的機會嗎？

黨委書記王東明上臺了，他宣佈開會後，就點了我的名，讓我到臺上接受批判。我走到舞臺旁邊的座位上，掏出本子準備記錄。

王東明首先發言，一開頭就是大帽子：「牛立華進廠以來一貫思想反動，大鳴大放期間猖狂向黨進攻，利用中國共產黨整風的機會大肆放毒，反對中國共產黨的領導，反對工人階級，反對工農聯盟，反對無產階級專政，反對走社會主義道路，反對蘇聯專家，反對中蘇友好」……他一連串說了這麼多反對，沒有舉出一個實際事例。

他繼續說：「經過群眾揭發和上級領導機關確認，牛立華被定為右派分子。監督勞動期間他拒不認罪，抗拒改造。廣大職工要擦亮眼睛，跟右派分子牛立華鬥爭到底，不獲全勝決不收兵。」

接著是群眾發言，第一個上來的人我不認識，他說他代表八車間全體職工對我進行聲討，牛立華是要恢復舊社會，讓工人階級吃二遍苦，受二茬罪，妄

想騎在工人階級頭上作威作福。他又說我剝削工人階級的剩餘價值，企圖讓少數人發財，讓廣大勞動人民在社會底層掙扎，剝奪工人階級當家作主的權利。

第二位上臺發言的我也不認識，此人說起話來搖頭晃腦，兩眼朝天：牛立華是帝國主義和國民黨反動派安放在長江電工廠的定時炸彈。牛立華年齡不大，野心不小。他就是要破壞兵工廠，推翻共產黨，我們工人階級堅決不答應。誰反對共產黨，我們就要扒了他的皮，抽了他的筋，吃了他的肉。

我聽他這些話純粹是滿口胡言，無理謾罵，覺得沒有記錄的必要。於是我拿著筆記本當扇子搧，任他信口雌黃。說到最後，他幾次高舉右臂，似乎要喊口號，想了幾分鐘，只說了一句：「我們強烈要求政府把牛立華這個危險分子永遠開除長江電工廠，逮捕法辦，判他無期徒刑。」此時，台下坐著的人發出一陣哄笑。

第三位發言的是運輸隊的黨支部書記，我在他管轄下勞動了幾個月。他從來沒找我談過話，如今我連他姓什麼也忘了。只記得他曾經當過道士，1949年前在路邊上擺過卦攤，為過往行人占卜算命。1949年後他拋卻了張天師、呂洞賓，皈依了馬克思、毛澤東。

他上臺來，把麥克風往下按了按說：「右派分子牛立華是黨培養出來的」。我一聽就想，這話不假；右派分子帽子正是黨給我戴上的。他接著說：「但是牛立華不明真理，不辨邪正，鬼迷心竅，誤入歧途，乳臭未乾竟然要想推翻中國共產黨。共產黨上順天意，下察民情。推翻共產黨是十惡不赦的大罪。對知恩不報、冥頑不靈的右派分子，必須鬥爭到底。現在我來揭發牛立華在運輸隊監督勞動期間的抗拒改造行為。」

他舉出了三條，說明我如何抗拒改造：第一條是「拉攏腐蝕工人階級」。說的是我明明不抽煙，身上卻總帶著香煙，還買冰棒；妄圖用一根煙捲、一支冰棒削弱工人階級對他的監督……

香煙冰棒的事原本是這樣，我在運輸隊時，身邊的工人都是幹體力活的。他們擔煤炭，挑磚瓦，抬鋼材，爬坡上坎，勞動強度大，很容易疲勞困倦。工間休息時，老師傅們大都吸支煙來解乏；也就有人主動給我遞煙。我不能白抽人家的煙，有時候也買包煙回敬他們。那時「紅金」、「恒大」的紙煙兩角錢一包，也不算太貴。我記得這位書記到工地視察時，趕上休息，我也給他遞過

煙；他並沒有拒絕。遇見烈日當空，我偶爾買上幾支三分錢一支的冰棒，給口乾舌燥的工人解渴。這竟然就是所謂腐蝕工人階級！

第二條他說我「偽裝積極，麻痺工人階級的鬥志」；表面上不多言不多語，暗地裡散佈委屈情緒。他又說我向老工人宣揚小時候在天安門廣場遊行，喊毛主席萬歲嗓子都喊啞了，這是博取同情。

第三條他說我「擾亂生產，給國家造成損失」；說領導指派我在河壩收卵石，實收卵石的數量和我開票驗收的數字相差五、六個立方，給國家造成了經濟損失……

收卵石的事情發生在1958年6月初，因基本建設需要大量卵石和碎石，廠裡動員了職工家屬，在長江邊收集和錘打卵石。重慶夏季酷暑難當，江邊開闊的江灘上連一棵樹也沒有。家屬多是中老年婦女和孩子，她們為了增加一點收入，也為了支援國家建設，冒著烈日，用鐵爪籬把適合需要的卵石刨在一起；再籮筐一籮筐地運到指定地點，等工廠來人過秤。家屬憑過秤後的收據領取勞務費，每一百斤能得到五分錢。那時大米才八九分錢一斤，五分錢也能派上用場。雖然勞務費很低，但家屬們的積極性很高。結果，人多秤少，收方過秤的速度很慢。

十來天的功夫，江邊就堆積了數十堆卵石。收方的工作需要計算，領導就派了兩個人來幹這個差事，一個是我，另一個是參加過抗日戰爭的殘廢軍人張師傅。

我們倆雖然不挑不抬，但在太陽地裡曬著，圍繞著臺秤轉來轉去，又要招呼幾十位職工家屬，工作還是很累的。

6月中旬的一天早晨，領導突然通知，卵石的數量大體夠了，況且長江汛期馬上要到來，今天儘量收完，明天起不再收方。怎麼辦？我看著張師傅，張師傅揮揮手，意思是到江邊再說。他讓我帶一個皮尺，一路走一路想辦法。

到了江邊，我們把情況跟家屬們一說，人群中立刻響起亂哄哄的喊叫。江邊還堆著大家辛勤勞動的成果，不收方，豈不是白幹了。

這時我對大家說：要是一堆一堆地過秤，肯定收不完。咱們這樣，先選大、中、小三堆卵石來過秤，大家記住這三堆的模樣。其它的堆我們就量體積，按這幾堆石頭的重量來計算。這樣就快了，一天保證收完。

家屬們同意了，我們開始行動。我先仔細量了這三堆的體積，按照每立方2.66噸的容重計算出來重量。接著我宣佈預測數，然後過秤。職工家屬們擠在在臺秤邊上圍觀著，三堆的重量出來了，和我剛才說的預測數相差不大。

這時家屬們信服了，我們就開始量方。十來位家屬跟著我和張師傅，協助拉皮尺。我計算後報出數字，大家都同意了，我們直接開收據。半天多時間，就把河邊的卵石全部收完了，一共是一百多立方。我和張師傅寫了收條，蓋好紅色印章，家屬們滿意地散去。

過了幾天，廠裡組織運輸隊來收卵石。工人們一擔一擔地把卵石從江邊挑到工地，這期間又過了一次秤。根據這次按實際重量過秤的結果，我們量的石方與之相差五、六個立方。他們裝筐稱重時是否把地面上的卵石都收乾淨了呢？也未可知。當時，一個立方的工錢是2.66元，也就是說，根據我們的計算，工廠多付了13.30元到15.96元的勞務費。這就是書記所說的給國家造成的經濟損失，屬於我的過錯。

回想起來，這位書記的發言不算捏造，儘管大帽子很多，但他揭發的事實算不了什麼，夠不上嚴加懲罰。

三位發言人講完，黨委書記王東明走到台前，對著麥克風問我：「群眾對你的反黨反社會主義行為義憤填膺，剛才檢舉的是不是事實？」

我回答說：「有的是，有的不是」。

我站起來往麥克風後面走，想趁開大會的機會申辯幾句。王東明不愧是黨委書記，警覺性極高，他立即向前一步，擋住我的去路，嘴裡還連聲喊著「坐下！」「坐下！」而且用雙手捂住了麥克風。

王東明占住麥克風說：「到現在，牛立華還不老老實實地認罪，還說群眾的檢舉不是事實；這充分證明他是要帶著花崗岩腦袋見上帝。國防企業不能容納這樣的右派分子，經廠黨委研究決定，並報請上級機關審核，經重慶市勞動教養五人小組批准，對反黨反社會主義的極右分子牛立華實行強制勞動教養，立即執行。」

舞臺旁邊早已站著兩位保衛科人員，他們向我招手，我隨著他們回單身宿舍。一邊走我一邊想，怎麼送勞動教養這麼容易呢？究竟加給我的是什麼罪名，沒人告訴過我。上級機關「審核」，勞動教養五人小組「批准」……他們

的依據又是什麼？既然叫做「審」，總該問問我；既然叫做「核」，總該查對事實吧？僅憑斷章取義，僅憑黑板報上兩個歪曲我的標題就如此懲罰我，我怎麼能心服口服？

四、吃了一頓飽飯

從批鬥會出來大約四點半，因為早有預料和準備，我回到宿舍，只用了十來分鐘就收拾好了行裝。我還要坐輪渡過長江，然後再乘車或步行。估計到達收容所已過了開飯時間，我決定吃了晚飯再走。

此時差不多五點了，廠裡派了工藝科的技術員、共產黨員吳世俊送我離廠。我們一起進了銅元局街道上的餐廳。還沒到開飯時間，餐廳裡很冷清，二十來張方桌都空著，一個顧客也沒有。桌子擦得很乾淨，懸吊在天花板上的幾把風扇一動不動。服務人員見我來了，沒有開口卻投來了溫和的目光。批鬥會剛剛結束，我被勞動教養的消息已經傳遍了大街小巷。

他們是好奇還是同情？是疑惑還是擔心？我都不清楚。吳世俊不吃飯，我要了一份番茄炒雞蛋。我記得，那天連飯帶菜一共是三毛五分錢。服務員對著後廚高聲報了菜名，又按動電扭，打開了餐廳裡的全部風扇。不一會兒他從廚房裡出來，先擦了擦本來就很乾淨的桌子，然後擺上碗筷。接著菜也炒好了，端上來我一看，一大盤番茄炒雞蛋，份量比平時多了一倍。服務員對我使了個眼色，我也不知說什麼好，內心滿懷感激地吃了一頓飽飯。

第六章　勞教頭兩年

一、石板坡看守所

1958年7月4日，下午六點多鐘，我被關進重慶石板坡看守所。

反右和大躍進以來，公安部門抓的人越來越多。原來的看守所已經容納不下，新開闢了不少據點。抓進來的人先在這些臨時的轉運站關押，然後再被發配到各地。

石板坡轉運站位於重慶下半城，門牌大約是解放東路九十六號。它坐南朝北，面臨一條狹窄的街道。進去後有兩道鐵柵欄門，門兩邊各有一個木製崗亭，持槍武警值守，不許路人靠近。

我被帶進一個大約一百平方米的房間，房內只有兩排木板搭建的通鋪。這裡沒有桌子、椅子或者凳子；連一把掃帚、一塊抹布也沒有。

人們都是匆忙被押解來的，行李很簡單。也因為是夏天，無需帶厚被子。每個人都無精打采、愁眉苦臉。有的人蜷縮著身子躺著，有的人伸直雙腿坐著。一日三餐，讀報反省，想家流淚，輾轉反側……一切活動都在鋪上進行。

我進去時，房間裡已經收容了十幾個人。到晚上八點，還不斷有人到來。九點鐘左右，長長的木板鋪上已經擠滿了陌生的「同學」，算下來有四十多人。

「同學」，這是看守所給我們規定的稱呼。右派分子、反社會主義分子、壞分子、偷盜者、貪污者、詐騙者、男女關係不正常者……總之，各種被誣告與被陷害者，所有被冠以五花八門的帽子送勞動教養的人，一律互相稱為同學。

當夜無話。

第二天早上七點鐘起床，有人來給每人發一瓢稀飯，十幾個人一小盆鹹菜。剛吃完，又來了兩個看守，他們忙不迭地點名，宣佈紀律：不准交頭接耳，不准來回走動，不准串通案情，不准高聲喧嘩，不准……不准……等等。

　　才關進來的人驚魂未定，哪會注意聽？如今更想不起有哪些內容了。給人的感覺就是看守的語氣很嚴厲，甚至可以說有點殺氣騰騰。

　　按照幹警的要求，我們規規矩矩地坐著讀《重慶日報》。說是讀報，也只是照本宣科而已。想著前途叵測，生死不保，每個人都心事重重，誰還會認真聽報上那些重複的東西呢？

　　轉運站的公安不管思想改造，他們只承擔臨時看守任務。只要關進來的人不逃跑，不惹事，他們一般也不聞不問。

　　因為我原籍北京，普通話比較標準，所以被指定為讀報人。公安看我戴著眼鏡，像是有點文化，讓我兼任學習組長，也負責來人登記和維持室內秩序。好在多數在押人也是知書達理的，剛進來還有點恐懼感；沒人惹是生非，也很容易管理。

　　臨近九點，鐵柵欄門外來了一個女學生。我在靠近門口的位置，很容易發現她，也看得比較清楚。

　　她膽怯地在鐵柵欄門外轉來轉去，眼睛始終盯著我們這邊略顯黑暗的大房子，像是要找尋什麼人。她年齡二十歲左右，黑髮齊耳，眉清目秀。崗亭裡的武警對她走得這麼近，竟然也沒有干涉。

　　我們這邊，靠房間裡面坐著的一個小夥子忽地站了起來，往門前走了兩步，似乎想要去會見女孩。在離鐵柵欄門還有三米時，他猶豫不決地停住了腳步。我看他手扶眼鏡，不知所措。再看登記簿，是昨天下午八點多鐘送來的，西南師範大學三年級學生，右派分子，看來膽子挺小的。

　　旁邊一位年紀比較大的同學低聲問：「門口那個是你什麼人？」他答說：「女朋友。」這位年長的同學給他出主意說：「你儘管去，武警要問，就說是你妹妹。勞動教養沒有剝奪公民權，不能拒絕探視，跟他們講道理。」

　　小夥子這才走到門口，隔著兩道鐵柵欄和那個女孩打招呼。左邊那個武警面無表情地喝道：「你是幹什麼的？」小夥子大聲回答說：「她是我妹妹，問我要什麼衣服和生活用品。」武警說：「快點，不要耽誤時間。」

我坐在鋪上暗自好笑，這對戀人和我年齡相仿，隔著兩道鐵柵欄門，他們嘀咕了至少有十五分鐘，武警居然也沒再過問。

我想起了自己的女友，我深愛和尊敬的共產黨員劉鞏貽。誰知道她現在怎麼看我，而我的前途又在哪裡？

第三天，中午臨近的十一點，一輛吉普車停在門前。車上下來三個人，其中兩個走到崗亭前，拿出介紹信給值班武警。武警開了外面的鐵柵欄門又開了裡面的鐵柵欄門。隨後，一位青年提著行李進了看守所。兩道鐵柵欄門嘩啦嘩啦又關上了。

進來的這個人大約二十五六歲，身高一米八左右。他上穿鐵紅色運動衫，下穿藍灰色體操褲；膚色黝黑，胸肌飽滿，肩平背直。他臉上兩道劍眉如墨，雙目炯炯。我不禁讚道，好一個英俊的小夥子。

他進得門來，向前跨了一步，仍然提著行李不動。只見他上上下下打量這個房間，一副怒氣未消的神態。我想，這樣子怕是從批鬥會上下來的。

我主動招呼他登記，他反駁說：「登什麼記！」我又解釋了一遍：「這裡是轉運站，進來都要登記，公安幹警要點名。」

他聽了未置可否，依然忿忿不平地站著，還微微地搖了搖頭。

我只好繼續問：「你的名字是？」

他說了名字，我寫在紙上；如今我已經想不起來了。

我再問：「什麼單位送來的？」

他顯得很不耐煩地答道：「一機校。」

我會心一笑：「一機校，國防系統的。是右派吧？」

他把手裡的行李重重地往空著的鋪位上一摔，怒目而視說：「右派怎麼了?!」

我告訴他：「我也是國防系統的，右派，前天才來的。」

他態度一下子親切起來：「你也是右派？」

「怎麼？不像麼？我來了兩天了。這間屋裡一半以上是右派。」

他目光橫掃過房間，好像在問：「怎麼這麼多右派？」

我招呼他坐到木板鋪上來，問他：「才開的批鬥會？」

他點頭說：「全是亂扣帽子，一機校不講理！」

「不單是一機校，都一樣，全國都一樣。本來是一家人，從來沒想過要反黨，反社會主義，卻偏要說是向黨進攻；一股勁兒地要把同志說成是敵人。敵人多了有什麼好處呢？我真不明白這是為什麼。」

他氣憤地說：「〈這是為什麼？〉一派胡言！一派胡言！」

我提醒他小聲點，隨後我們悄悄地談起來。我告訴他那邊的幾位是西南師範大學的，對面鋪上的幾位是重慶大學的，還有296廠（建設機床廠）、256廠（西南車輛廠）、456廠（長安機器廠）、152廠（江陵機械廠）等兵工廠的。看到這麼多人，他搖頭哀歎，怒氣漸漸消了。

他是四川體育學院畢業的，在重慶第一機械製造工業學校擔任體育教師。1958年反右補課，無中生有地被安上罪名，成了右派分子。

還是這一天，吃過午飯，兩個身穿警服的看守從後院過來。我們這個大房間已經住滿了人，他們挨個兒巡視了一遍，逐一點著人說：「你」、「你」、「你」……站這邊來！

房間裡總共四十來個人，看守挑了三十個，全是身強力壯的，然後說：「出去參加勞動！進來了就要接受改造，積極勞動，爭取早一點摘掉帽子。」他又對我說：「你還是組織大家學習，讀報，規規矩矩的啊！」

門口的值班武警打開了鐵柵欄門，剛才被挑中的「同學」陸續走到街沿的人行道上，重新站隊。那兩名幹警清點了人數，一聲令下：「向右轉！齊步走！」三十個人的隊伍沿著下半城公路走遠了。

晚上七點，天還沒黑，勞動的人們回來，只有二十九個，少了一個。這些人擁到後門打飯，每人得到一大碗空心菜煮稀飯。稀飯還比較稠，可以吃飽。

飯後，天已經黑了，吊在房梁上的電燈只有四十瓦，光線不夠，也就不讀報了。我悄悄問回來的人：「怎麼少了一個？」有人答說：「不知道，派我們到朝天門碼頭撈木材，上游發了洪水，順流漂下來的木筏子有的被沖散了。零散的木料漂浮在回水沱，大家在齊腰深的水裡把木料拖上岸。人人都很積極，爭取摘帽子呀！只顧埋頭幹活兒，沒有顧及左右。六點多鐘上岸集合，清點人數才發現少了一個。」

他接著說：「不知道是被洪水沖走了，還是逃跑了。洪水季節兩江匯合處

水流很急，漩渦特多，在水裡逃跑的可能性不大。」

我在想，要是逃跑了還可以抓回來繼續「改造」，要是被洪水沖走了，可就慘了。為了在水裡撈一根木頭而喪生，卻還戴著右派分子的帽子。我和他的年齡相近，今後的路很長，不知道還有多少激流險灘等著我……陰曹地府的小鬼對右派會另眼看待嗎？

第四天，上午大約九點，兩位幹警陪同一個膀大腰圓的中年人又來挑人。這回是手裡拿著名單，先叫名字，然後核對單位、工種、技術等級。連我在內一共選了十八個人，都是技術工人或技術員。我想，這回大約不是到長江裡撈木頭了。幹警喊我們收拾行李，開門列隊，再點一次名。

這時我看見門外停著兩輛大卡車，前面一輛已經裝滿了人，或立或坐，有男有女，也不知道是從什麼地方拉來的。我們上了後面一輛車，這輛車的車廂大，上車人員不多，也不擠。

從看守所裡又開出一輛中吉普，停在我們後面。三輛車同時啟動，向西駛去。我從車內向外望，一路經過了菜園壩、李子壩、化龍橋、小龍坎、沙坪壩，楊公橋，直奔歌樂山方向。

莫非要把我們送到「中美合作所」的白公館、渣滓洞關起來嗎？要命的地方呀，我不禁一陣寒慄。

二、歌樂山下的監獄工廠

提起重慶的歌樂山，人們難免會想起「中美合作所」，那是令人毛骨悚然的地方。1950年我在北京參觀過《白公館、渣滓洞展覽》，在我腦海裡留下了恐怖印象，也激發了我對美帝的仇恨。

中美合作所，原是抗戰期間中美兩國進行軍事情報合作的機構。但在1950年代，它成了「美蔣罪行」的代名詞。國民黨當局原來在歌樂山下設立了兩個關押政治犯的監獄，一個是白公館，一個是渣滓洞，二者都被稱作是「中美合作所集中營」。1954年這裡建成了歌樂山紀念館，它也曾一度名為「中美合作所集中營美蔣罪行展覽館」。

從1958年到1959年底，我在這裡被關押了將近兩年，住宿就在原軍統局所屬的一個院子裡。它坐落在梅園下面的楊家山附近，1960年代後已被拆毀。

在這裡，我和周紹文等八九個人被安排搞設計，以便擴建監獄工廠。我們要為新建的車間提供設備圖紙，勞動地點就在梅園。這裡曾是中美合作所副所長、美國人梅樂斯的辦公場所，那時已經得知中美合作所不是宣傳所說的那麼回事，但也不敢透露。

為什麼要增建監獄車間，原因是犯人越來越多。從1951年開始，隨著鎮反運動的深入，重慶的監獄已人滿為患。白公館和渣滓洞這兩個監獄，加起來只能容納三百餘人。於是在歌樂山的磁器口、五靈觀、楊家山一帶原軍統局舊址上建起了松山化工廠和新建機械廠。這兩個地方既是監獄，也是勞動改造場所。兩個廠裡可以容納數千犯人，就關押人數而言，比當年的渣滓洞和白公館擴大了十多倍。

松山化工廠主要生產輕質碳酸鈣、重質碳酸鈣和活性碳酸鈣等化工產品；其原料就是當地山上的石灰石。生產過程要經煅燒、水化、碳化、脫水、乾燥、磨粉等工序，產品廣泛用於橡膠、油漆、塗料、造紙等行業。當時的設備簡陋，大部分工序都是手工操作。人工碎石，碓窩捶粉，操作人員常年與灰塵相伴，勞動條件十分惡劣。

新建機械廠則規模更大，它主要生產礦山機械，包括煤礦用斗車、球罐，後者是一種鋼製球形容器，主要用於貯存液體或氣體物料，製造有一定難度。除此之外，這裡的產品還有小火車機車、柴油機、煤氣機、鼓風機、汽車配件等。

新建機械廠是重慶市勞改系統的重點企業，當時的廠長王貴恒是老公安，他和重慶市各個看守所都比較熟悉。王廠長喜歡有才華的專業人士，他事先就和各看守所的負責人打了招呼，一旦有技術員、技術工人，或者是文藝界人士如京劇、川戲演員被抓進了看守所，要優先通知新建機械廠。這位廠長重視技術人才，也喜好戲曲藝術。

我的勞動教養生活即從新建機械廠開始。

三、三類廉價勞動力

在新建機械廠裡上班的，有三類人，都是廉價勞動力。第一類是被關押的服刑人員，大約有一千多名。第二類是服刑期滿而被強制留隊裡的「就業人員」，也有將近一千人，這兩類人員清一色的都是男性。第三類則是新增的勞教人員，平均年齡不過二十多歲，大約有三百多人。他們都是在經歷了反右運動後被原單位清理出來，1958年發配到這裡；其中還包括十餘名女性。

這三類人中，第一類即正在服刑人員成分複雜，其中既有大量以「歷史反革命」罪判處徒刑的原國民黨軍政人員，也有所謂「一貫道」成員、吸毒販毒者、貪污盜竊等刑事犯；還有少量交通肇事、醫療事故等過失犯。他們的年齡以三十到五十歲居多。

按照勞改局內部規定，每個犯人每月費用為十七元（當時大米每斤是一毛錢），其中八元為伙食費，不發給本人，交食堂統一使用。另外，還根據獄中表現、技術水準等級別，再發給本人兩元到六元不等的零用錢。犯人可以用於購買肥皂，牙膏等個人物品。此項零用錢從1961年起縮減了，犯人不分等級每人每月只有兩塊五毛錢。文革開始再削減為一塊錢。這些費用之外則為服裝費等雜項開支，用獄方統一掌握。按規定，犯人服刑期間必須穿囚服；一年發一套單衣，三年發一套棉衣。

屬於第二類的「就業人員」，就是服刑期滿者。哪怕只服刑一年，刑滿後也不會釋放，都是強制留廠就業。除極個別人以外，絕大多數者就別想離開。這就叫「風都吹得進來，雷都打不出去」。

就業者和犯人有如下區別：

第一，凡是沒有剝奪政治權利的，名義上還有公民權。無從行使就是另一回事，他們也不能加入工會。

第二，離開了監室，居住在就業人員宿舍。

第三，有家眷的週末可以回家團聚，但平時不准在外留宿。

第四，每個月有幾十元工資，比社會上同等級別的工資大約低一半左右。

就業人員通常也被稱為「二勞改」，很多人的內心充滿痛苦。勞改犯還盼

著混滿刑期，就業人員有什麼盼頭？「二勞改」是沒有期限的。

記得1959年底，我被調往成都；熱處理車間的就業人員方則正和我含淚話別。他因小額貪污，在「三反」、「五反」運動中被判刑三年，1954年刑滿留廠就業。他說，你們到了成都可能會摘帽子，我這頂就業人員的帽子不知道什麼時候才能摘掉呢！我被判刑，老婆答應等我三年。可現在三年滿了又過了五年，相當於抗戰八年了，還是離不開勞改隊。孩子生病沒錢醫治，死了；老婆在外面承受各種壓力，等了八年，離婚了……

我知道他所說的就是多數就業人員的命運。

回來再說新建機械廠，它在1958年後開始收容第三類勞動力，也就是像我們這樣的第一批勞教人員。

這個廠裡原本有一批技術人員，多半是國民黨時期留下來的。他們年齡偏大，知識未免老化。廠領導意識到，新來勞教的這批「右派分子」和「反社會主義分子」中，有相當一部分年富力強的技術人員和技術工人；其中一些年輕人具有大中專文化程度。他們認為這些人有利於新建機械廠的發展，因此向四川省勞改局申請接納勞教人員，於是便有了前面描述的那一幕。

重慶工業基礎比較堅實，有多家工廠從事製造業。相比之下，新建機械廠雖然是勞改企業，其技術實力卻是名列前茅。在當時，新建機械廠能夠製造球罐、鐵路機車（窄軌）；該廠鑄造的道奇汽車發動機缸體和缸蓋還可以出口。1958年，廠裡製造的先進牌小轎車在北京展覽會上展出。廠裡的犯人和就業人員中，有相當一部分人確實有真才實學。

例如總工程師周紹文，他1940年代從同濟大學機械工程系畢業，就職於重慶第二十九兵工廠（重慶鋼鐵公司前身），曾任少校技正。國民政府時期兵工廠的技術人員都是有軍銜的，通常本科畢業為中尉，碩士畢業為上尉，博士畢業為少校。少校技正相當於高級工程師。1951年「三反」、「五反」運動中，周紹文因「星四聚餐會」一案，被判處有期徒刑二十年。

這個案子當時有過新聞報導，其中說：「重慶公安機關破獲一個反動奸商的地下指揮機構『星四聚餐會』，五人被捕」，「該組織是重慶一批著名資本家組成的，他們合謀策劃收買國營企業工作人員和主管幹部，壟斷政府按計劃分派的加工訂貨，有組織地掠奪國家財產達120億元（舊幣，相當於幣制

改革後的120萬元），嚴重損害了國家經濟。與其相關的週邊組織『星五聚餐會』、『星六聚餐會』、『造船小組』、『十一廠聯絡處』、『會計師座談會』等亦被取締」。

此案曾上達毛澤東，可見《毛澤東選集》第五卷第58頁；一時成為鐵案。實際上是另有冤情：

1951年周紹文任重慶鋼鐵廠基本建設處生產科長，陳松柏工程師負責外包工程。他們與重慶市工商局副局長孫濟世、西南工業部經理處科長錢紹武和幾個承包工程的設備製造廠負責人時有聚會，有時共進午餐或晚餐。「三反」、「五反」運動中他們被認定有舞弊行為。這個案子就被定名為「星四聚餐會」，相關人員都被一網打盡，投入勞改。

周紹文知識面廣，且極為敬業。他為新建機械廠的發展可謂殫精竭慮。這個廠從不足百人的作坊發展到上千人的非標準設備製造廠，還承擔了重慶多數廠不能承擔的任務，都與周紹文的努力分不開。由於他不可替代的作用，他在新建機械廠也享受著特殊待遇：

1. 可蓄髮，不強制剃光頭。
2. 允許穿普通服裝，不必穿勞改囚服。
3. 准帶家屬，在監舍外居住。他妻子被安排在廠醫院，是藥房的司藥，兒子在附近就學讀書。
4. 有一定數額的工資。
5. 他身份雖是犯人，對外則稱總工程師，廠內所有技術文件均須經他簽字認可。

這在當時是很了不起的事，一是說明建國初期的確需要人才；二是表明新建機械廠的黨政領導也重視人才；三是說明共產黨的政策還是有伸縮性的，在他那裡就顯出了相當的靈活性。

周紹文也充分利用了他良好的人脈關係，他從重慶相關工廠主管人員那裡獲得了大量圖紙資料。我當時設計的台車式退火爐、化鐵爐等，都借鑒了他得到的圖紙。

周紹文比我年長二十歲，他卻不恥下問。認識我後，他竟提出向我學俄語，以便閱讀俄文版的《旋轉活塞發動機》，為廠裡開發新產品作準備。在

1960-1970年代，廠裡引進法國發動機製造技術和日本設備，他又自學了法語和日語，達到了能夠閱讀技術資料的水準。1984年我在重慶與他相遇，他已能流暢閱讀俄文原版的《普希金詩選》。他說這是因文革期間關押在牛棚裡，他有時間研讀俄文版的《毛澤東選集》。在技術人員中能夠閱讀英、德、俄、法、日等五國語言者極為罕見，他是我所見過的惟一一人。

由於是毛澤東欽定的案件，周紹文一直沒有得到減刑。他1971年刑滿就業，直到1984年案件才得以甄別澄清。周紹文平反後回到重慶鋼鐵公司，恢復了名譽，時已年近古稀。

李經文，1930年代大學畢業，長期在兵工廠從事技術工作。1940年代後期任某兵工廠所長，相當於車間主任。1948年李經文屬下一位中共地下黨員被捕，中共執政後懷疑李經文是舉報人。1950年李經文被捕入獄，判處七年徒刑。

李經文性格謹慎，工作兢兢業業。他鑽研齒輪刀具設計，成為這方面的專家。當時中國齒輪加工技術落後，而新建機械廠卻能夠生產各類汽車齒輪和變速箱主軸、副軸，在全國都有點知名度；李經文對此做出了貢獻。

李經文在這裡勞改、就業，前後長達三十四年。直到1984年才查明，那位被捕者的舉報人不是他。李經文得到平反時已年屆耄耋，回到原來所在的兵工廠辦理善後事宜時，他的職稱依然是技術員。他昔日的同事中，有人擔任了總工程師，有人是高級顧問。這十餘位年逾花甲的老人在廠裡夾道歡迎他，臨別時又列隊相送。有人從廠中心走了一里多路，一直把他送到公交車站。昔日的同事都知道，他實乃一介書生，木訥少言，不問政治。他們當時就懷疑可能是冤案，但三十多年裡，誰也不敢聲張。

新建機械廠關押的高級技術人員還有：原德國容克飛機廠的工程師康泰洪、留學歸來的重慶機床廠總工程師王德法、重慶市唯一的焊接技師馬立道、經驗豐富的鑄造技師韓尊習等。在1950年代初期，他們都是國家建設極為難得的人才，但因各種冤案，他們的人生歷程改變，淪為監獄裡的廉價勞動力。這個廠之所以能夠在1950年代開始柴油機的設計製造，並生產很多技術難度大的產品，就是因為有這樣一大批勞改、勞教犯人。在他們奠定的基礎上，該廠後來發展成大馬力柴油發動機製造廠，並在改革開放後被世界知名企業美國康明

斯（CUMMINS）看中，成為了康明斯在中國最大的重載和大馬力發動機專業製造工廠。

四、集體生活

1958年5月，新建機械廠開始收容勞教人員。起初人數不多，到我進去後，總共也不過四五十人。我們這類人每月可以得到生活費十五元，這個標準與服刑期間的犯人大體相當。區別在於，犯人只發零花錢，他們的伙食費和服裝費等均由管教幹部掌控。而勞教人員的生活費包括了伙食費、服裝費和零用錢。

再說住房，新建機械廠是按照監獄的思路設計修建的。關押犯人的監舍在高牆電網之內，四角都有崗樓，有持槍武警晝夜監守。犯人進出都必須有公安幹警率領。

我們勞教人員是沒有判刑的，因此不能和勞改犯人住在一起。但我們的行動又受到限制，不能隨意外出；這與就業者的待遇不同。獄方為了便於管理，避免混淆，所以也不讓我們與就業人員同住。

初到廠裡，我們被安置在一套臨時騰空的家屬住房之內。這是一座紅磚小樓，空徒四壁，木質地板，室內沒有床也沒有桌椅板凳。勞教分子們一個挨一個地擠在大約八十平方米的地鋪上，每人佔用面積不到兩平方米。不少有家有小的中年人，在這裡又被迫過起了集體生活。

儘管有諸多不便，但也有一條好處：右派在原單位遭人冷眼，連家屬和孩子也受歧視，每個人心理壓力都很大。來到這裡一律平等，這讓大家得以暫時放下一肚子冤屈，斗室之內居然時常泛起笑聲。的確，剛開始人們還很樂觀呢。報上不是說嗎，勞動教養是按人民內部矛盾處理，只是行政處分。在這裡低個頭、認個錯，不消一兩年又可以成為清白的公民。有的人甚至還想著重新入團，入黨，那麼勞教也不過是一段人生插曲吧。

沒過多久，幻想就破滅了。從進新建機械廠的第一天起，公安幹部就指定了編組並任命了組長。我很快發現，所謂組長，多數是因男女關係或偷盜而被勞教的人員；沒有一個右派當上組長。據幹部對組長們說，他們是屬於人民內

部矛盾；而右派則不同，右派雖然也有公民權，實際上屬於敵我矛盾。各組長要加強對右派分子的監督，隨時向政府報告。

這些組長們聞聽此言，不免喜形於色。儘管和右派分子同吃同住，卻有了高人一等的感覺。右派分子們只能自認倒楣，被勞教者之間的監督告密之風也開始盛行。

我們住下之後，大約每隔一周，又有新「同學」被押解進來。廠方騰出了一個庫房給新同學住。很快那裡也住滿了，又要想辦法騰房。

過了一周，在廠房旁邊的空地上搭建了一座大席棚。這個棚子是以捆綁起來的粗毛竹作為支架，四周包以竹席。有斜坡的屋頂覆蓋著油毛氈，從頂架上再吊一個電燈下來照明。席棚內分出許多隔斷，像是火車的臥鋪車廂。每個隔斷可以睡六個人，整個席棚能夠容納二百四十人。

1958年8月中旬，我們這些勞教者從幾個分散的住地全都搬進了大席棚。一下子住進了大約一百二、三十人，鋪位還空著一半。此時還是夏天，席棚可以遮陽但能透光通風，人雖多也並不覺得很熱。但遇到下雨天就有麻煩了，屋頂雖然不漏，地面的水卻能從外面流進來。因此地面上不能放東西，不然就會被浸濕甚至沖跑。

時值9月上旬，大席棚已經住滿了人。加上另外居住的女勞教，新建機械廠的勞動教養人員接近三百人了。我算了一下，在兩個月內，在押人員增長了七倍。

10月中旬，所有的男勞教再一次遷居，搬到了國民黨軍統局留下的院子裡。此地位於梅園下面不遠的楊家山附近，是一個磚柱磚牆的三合院。院子後面是山，院子前面有操場，它可以容納四五百人。

在這個院子裡，三棟房屋成凹字形分佈，加起來的總面積大約有六百平方米。每個屋子裡同樣沒有床鋪和桌椅板凳，也沒有任何一件可以稱得上傢俱的物品。勞教分子一個挨一個地睡在梆硬的三合土地面上，除了列與列之間留了大約半米寬的走道以外，每個人僅占地一個平方米。無論老幼，不管你是教授還是文盲，大家一律平等。

我們的行李都差不多，大致是一床鋪蓋，幾件換洗衣服，衣服疊起來就是

枕頭。大約一半的人還帶著書籍，各人把自己的書排成一排放在兩人之間。本來就不寬的睡眠位置因此更窄，也就只剩下半米左右了。

秋來轉涼，我們還在光禿禿的地面上住著。就這麼過了半個月，管教股從附近的農民那裡買到一些稻草。全體勞教人員到水田埂上，每人取兩捆。大家把稻草抱回來，鋪在又冷又硬的地面上。第一晚睡上去，簡直就像今天睡在席夢思軟床上一樣。

這麼多人怎麼吃飯？在我們所住的三合院左側二十米開外，有一間臨時搭蓋的房子，面積約八十平方米，這就是廚房。兩個犯人被調去做炊事員，其中一位的腿有一點跛。

廠裡原來有兩個食堂，一個是犯人食堂，另一個是就業人員食堂。少數公安幹部因家屬不在廠內，也到就業人員食堂去買飯。勞教人員來了以後，起初也用著就業人員食堂。到1958年8月以後，勞教人員激增，公安幹部就另立爐灶了。廠裡為他們專門建立了小食堂，僅供幹部就餐。

搬到楊家山大院後，隨之有了勞教人員專用食堂。至此，廠裡共有四個食堂，分別為「幹部食堂」、「就業人員食堂」、「勞教分子食堂」和「勞改犯食堂」。四個食堂層次分明，等級森嚴。

去食堂的人，看服飾就能判斷是哪一類。幹部穿警服，佩戴警徽。就業人員的衣服不統一，胸前佩戴橢圓形銅質徽章。勞教分子的衣服也是自己的，在衣服的左胸位置佩戴一條垂直的白色布條。勞改犯人穿囚服，左胸橫向佩戴一黃色布條。

勞教和勞改者佩戴的布條雖有不同，時間長了也難免褪色泛黃或沾染其他顏色。當各類人員一起勞動或開會的時候，從旁望去，這些類別也混淆不清了。

三百多勞教分子在這樣的環境裡住了一年多時間，直到1959年底調離歌樂山。

五、勞教三無

我很想寫一下勞教的含義，但仔細回想，有關勞動教養只有指示和決定，

並無具體的法律條文。正如毛澤東所說「和尚打傘，無法無天」；至少就我自己的體會，它在三個方面都是虛無含混的。

首先，勞教無具體期限。

1958年初進勞教場所的人，多數都看過1957年8月3日由國務院頒佈的《關於勞動教養問題的決定》，其中和右派相關的條款見第一條的第二款：「（2）罪行輕微，不追究刑事責任的反革命分子、反社會主義的反動分子」……這些人屬於「應當加以收容實行勞動教養」的。

追溯起來，這件事正是發生在反右之後。1957年7月18日，毛澤東責成周恩來：「要搞個勞動教養條例，除了少數知名人士之外，把一些右派都搞去勞動教養。」國務院的這個《決定》是毛澤東耳提面命、周恩來言聽計從的產物，也是針對大多數右派分子的決策。在法律規定中，刑事犯罪中最輕的處罰是六個月有期徒刑。那麼，與之相比，勞動教養收容的則是「罪行輕微，不追究刑事責任」的人員。那也就是說，他們的罪行之輕微，都沒達到需要判刑的程度。以此推論，勞教關押的期限不應該超過半年。

然而，由於沒有明確規定勞教的期限，無數人被勞教的時間遠遠超過半年。而像我這樣勞教釋放後依然受到監控，其後又蒙冤被判刑者大有人在。很多人失去自由的時間竟長達一二十年。

再則，勞教人員是否犯了罪；對此無明確定性。

勞教者中有各種罪名，僅以其中占多數的右派為例，毛澤東曾將右派定性為敵人，但又說按人民內部矛盾處理，這在理論上就製造了混淆。在〈一九五七年夏季的形勢〉在這篇文章中，他說：「反共反人民反社會主義的資產階級右派和人民的矛盾是敵我矛盾，是對抗性的不可調和的你死我活的矛盾。」「向工人階級和共產黨舉行猖狂進攻的資產階級右派是反動派、反革命派。」但在不同場合，毛澤東又說，對右派分子要按人民內部矛盾處理，他甚至指名道姓地說，不要開除譚天榮、林希翎等右派學生。周恩來在當年的〈政府工作報告〉中也曾說：「右派分子能夠幡然悔悟，接受改造，社會主義改造的大門對他們是開著的。」《人民日報》1957年7月8日發表社論〈鬥爭正在深入〉，文中也說到：「對大多數右派分子，懲前毖後，治病救人的原則還是適用的」。

從高層傳達下來的精神（*當時把上級文件指示統稱為「精神」）是這樣自相矛盾，監獄幹部也莫衷一是。1991年我曾回到新建機械廠，拜訪了當年的技術科長高國恒。他是老共產黨員，談及往事時他就說到：「到底怎麼對待右派，分寸不易掌握。」名義上右派還有選舉權，業務上都是新建廠的技術骨幹，因此不能視為敵人。但上級又一再強調右派反黨，是敵我矛盾、專政對象，必須與之劃清界限；我們又不能不視右派為敵人。就這樣，不是犯「左傾」錯誤就是犯「右傾」錯誤。

　　還有，勞教人員是否在「特赦」之列？對此也無具體規定。

　　1959年10月，中共中央為慶賀建國十周年發佈特赦令。我們勞教者中，眾多右派分子暗自高興，以為自己一定會被赦免；只有幾位年長者持觀望態度。

　　該特赦令的特赦範圍包括：

一、蔣介石集團和偽滿洲國的戰爭罪犯，關押已滿十年、確實改惡從善的，予以釋放。

二、反革命罪犯，判處徒刑五年以下（包括判處徒刑五年）、服刑時間已經達到刑期二分之一以上、確實改惡從善的，判處徒刑五年以上、服刑時間已經達到刑期三分之二以上、確實改惡從善的，予以釋放。

三、普通刑事罪犯，判處徒刑五年以下（包括判處徒刑五年）、服刑時間已經達到刑期三分之一以上、確實改惡從善的，判處徒刑五年以上、服刑時間已經達到刑期二分之一以上、確實改惡從善的，予以釋放。

四、判處死刑、緩刑兩年執行的罪犯，緩刑時間已滿一年、確實有改惡從善表現的，可以減為無期徒刑或十五年以上有期徒刑。

五、判處無期徒刑的罪犯，服刑時間已滿七年、確實有改惡從善表現的，可以減為十年以上有期徒刑。

　　特赦令由中華人民共和國主席劉少奇於1959年9月頒佈，最高人民法院和高級人民法院執行。

　　可是，就我看到的情況，得到特赦的僅僅是高級戰犯如杜聿明、廖耀湘、宋希濂等人，還有偽滿洲國皇帝溥儀。戰犯都可以赦免，右派又犯了多大的罪

呢？但在新建機械廠，沒有一個犯人享受了特赦；勞教人員更無人問津。

　　而就四川全省來說，1957年被劃右派者有六萬餘人，這還不包括1958年10月後劃的右派、右傾分子等，也不包括檔案中的所謂「中右」、「暗右」等數萬人。1959年的特赦令發佈後，省裡第一批摘掉右派帽子的僅有袁明亮等六人。其後三年裡：1960年，沒聽說什麼人摘帽；1961年和1962年上半年，有一批右派分子相繼摘帽；1962年下半年後，連摘帽工作也趨於半停頓狀態。

第七章　初到成都

一、調往成都

　　1959年12月的一天，我們一批勞教者被調離新建機械廠。晚上七點，列車從重慶開往成都。

　　在那個年代，重慶和成都之間只有一條成渝鐵路。商品經濟不發達，來往人員很少。這趟列車滿員可容一千四百人，上座率不足百分之七十。列車行駛速度也慢，平均每小時還不到四十公里。

　　一百多勞教分子擁擠在一節硬座車廂裡，列車晃蕩了一夜，終於在清晨6點抵達成都。

　　車停下後，我們奉命滯留不動，讓其他旅客先走。直到一長串人流奔向出站口以後，才讓我們收拾行李下車。

　　到了月臺，突然出現了五六個押運人員。他們右手插在褲兜裡，目光警惕地監視著每個人的舉動。接著是列隊，清點人數，確認勞教人員一個不少；大家魚貫而行，出了成都火車站。

　　清晨，站前旅客不多，壩子裡已經停著幾輛敞篷大卡車，儼然有什麼不同尋常的事情發生。卡車周圍又有幾個身穿便衣的人來回巡視，以防閒雜人等接近。

　　我們這些勞教分子大都二十多歲，動作靈活敏捷。大家都抱著到成都摘帽子的心情，只用了幾分鐘的時間就登上了卡車。

　　汽車沿著人民北路南行，許多人都是第一次來成都。我站在擁擠的車廂內好奇地東張西望。成都街道不寬，但是平直，不像重慶街道那樣要爬坡上坎。街道兩旁也沒有什麼高樓大廈，多半是兩三層的建築，四層高的紅磚樓房就算是鶴立雞群了。

公路上來往的車輛也少，除了自行車以外，人行道上不時出現幾輛人拉的架架車，間或駛過一兩輛腳踏三輪車，偶爾才有一輛小汽車或運貨的卡車。公車的頂上背負著鼓鼓囊囊的橡膠大氣包，幾乎和車身一樣長。據說這是因為缺少汽油，改用了石油氣。

公路兩邊的便道上，行人稀稀拉拉。臨街的店鋪還沒有開門，似乎也沒什麼生意。一些小茶館開了門，稀疏的燈光籠罩在濛濛晨霧氣中。顧客散坐在茶桌四周的竹椅上，其中多是中老年。或許是天氣比較冷的緣故，整個城市好像還沒有完全甦醒。

卡車行過昔日的皇城後子門，眼前豁然開朗。一條穿城大道縱貫南北，路面寬有六十多米，長數公里，平坦筆直。這裡是成都的標誌性道路人民路南段，後來改名叫人民南路。

我記得1956年在《人民日報》上讀到一篇文章：〈瞬息千變話成都〉，作者是當時的成都市長米建書。文中描繪成都風光旖旎，引人入勝；我早想來成都看看，卻一直沒有機會。沒想到當了右派後，因為勞改企業的需要而調來成都。

二、勞改企業大發展

卡車在人民南路上行駛了幾分鐘，便到了目的地，成都新南門附近的一個巷子，門牌好像是建國西街75號。

停下車，我們被驅趕進一個佈局雜亂的院落。院子的大門口沒有掛牌，勞教人員將要住在這裡。依然是簡陋的房間、潮濕的地面，房內空無一物。原來，這就是我們的宿舍。我們在地上鋪了一層稻草，下班回來就在這地鋪上睡覺。由此，開始了我在成都七年的勞教生活。

我上班的地方最初叫「勞改局加工廠」，它是四川省勞改局1959年才組建的工廠，其中收容了一百多個勞動教養人員。廠裡的生產車間在住地附近的同興上街六號，勞教者百餘人擠在簡陋的廠房裡，承接來料加工，按圖製造機械用品。該廠規模不大，卻已有點名氣。一是關押犯人，引人注目；二是廠裡確有能工巧匠，搜羅一點破舊機床，經他們的手就可以整舊如新。

1959年底，毛澤東極力宣揚「大躍進」、「超英趕美」，運動已經轟轟烈烈進行了一年多，報紙上說農業大豐收，鋼產量翻了一番。但是成都市場蕭條，不僅生活資料奇缺，生產資料也十分緊俏。機械廠買不到機床、工具、量具、刃具。而在這個廠裡，勞教人員憑藉嚴師傳授的車、鉗工技術和幾把簡陋的卡鉗，就製造出了簡易車床。廠裡賴以起家的那十多台仿C618的車床也出自這些技術能手。車鉗工尤其是鉗工離不開銼刀，市面上無貨供應，一位勞教工匠柳師傅靠鋤頭、鑿子就做出了粗細齒的銼刀。他們所用的工具，那些鋤頭、鑿子也都是自己一件一件製造的。

後來我瞭解到，就在同時期，四川省勞改局還組建了勞改勞教人員建築工程隊，承接大型工程。成都市引為驕傲的錦江賓館1958年興建，1960年完成，就有他們參與。這類工程隊也投入到監獄設施擴建項目中，對獄方來說，用在押犯人修監獄，便於保密和管理；而對「兩勞」人員，實在也有諷刺意味，令人想到作繭自縛，自作自受。

進入1960年代，勞改、勞教的人員規模繼續擴大，監獄、看守所人滿為患。名不見經傳的「勞改局加工廠」遇此良機，突飛猛進地發展。我們最初在新南門上班，那裡廠址狹小，工廠於1960年搬遷到青羊宮對面的通惠門。

由此，占地面積一下擴大了十倍。它依然保留加工廠建制，同時成立了鑄造、鍛造、機械加工、裝配四個車間；又新組建了汽車修配分廠，擁有員工三百餘人。原來的勞改局加工廠只是百十來人的簡易作坊，在半年多的時間裡，它擴大成為總體規模近千人的機械製造廠。

這個廠起初只為公安、檢察、司法等部門修理汽車，承接委託加工。繼而發展到為勞改農場和工廠提供技術裝備，如為德陽機製磚瓦廠製造大型磚機等等。1960年，廠裡開始製造平面磨床，1961年初具規模，可以成批生產幾種型號的平面磨床。這個以勞改犯人為主的工廠後來居上，躋身於全國十大磨床廠之列。由此，勞改局加工廠正式更名，成為四川磨床廠。

1963年，磨床產量日益增加，又需要大型鑄造車間；通惠門場地也不夠用了。於是，廠方在成都北門外天回鎮附近另行徵地，按照監獄佈局建造了新廠。由此，磨床廠成為一個獨立單位遷出通惠門。

原來的汽車修配分廠留在原地，隨之這個分廠也擴大規模，增添人手，並

定名為通惠汽車修配廠，我則一直留在這個廠裡。

通惠汽車修配廠保留了汽車修配業務，又將生產規模擴展到消防產品；生產滅火器、消防栓、消防泵等。最後，能夠製造出整體的消防車，並在成都龍泉驛又大面積徵地，建立了水泵分廠。到了1964年，原來的通惠汽車修配廠更名為四川消防機械總廠。

1960年代初，柴油機等物資緊俏。四川省勞改局在成都外北駟馬橋徵收了數百畝土地，再從磨床廠、消防機械廠、新生電機廠等勞改企業抽調人員，創辦了動力機械廠。這個廠當時是成都市最大的機械廠，可容納八九千人勞動改造。

綜上所述，在短短的五、六年時間，一個百十來人的勞改局加工廠，就發展成了四川磨床廠、成都動力機械廠、四川消防機械總廠、通惠汽車修配廠這四個中型工廠，總共可容納萬餘人。勞改企業的發展速度堪稱驚人。不僅如此，而且，成都市還有新生電機廠、新生機電工具廠、新生印刷廠、成都勞動工廠等等；這些冠名「新生」的工廠均屬勞改企業。

成都市的工業基礎比較薄弱，1950年代初期，幾乎沒有規模較大的工廠。勞改企業的長足發展，給成都市增加了十來個企業。成都市後來興建了鋼鐵廠、成都無縫鋼管廠、成都量具刃具廠、四川化工廠、四川棉紡織品一廠，還有位於成都東郊的幾個軍工電子產品廠。在1960年代又陸續從沿海地區內遷了飛機製造、發動機製造等行業，成都市的工業才有了堅實基礎。在機械製造系統，勞改企業在相當長的一段時間內佔據著舉足輕重的地位。

從1959年底到1966年11月，我在成都又生活了七年。其間可以分為兩個階段，1961年12月22日以前，我的身份是右派、勞動教養分子。1961年12月22日，我被摘掉右派帽子，也解除了勞動教養。我依然被強制留廠，一直到1966年9月30日。最後兩個月算是尾聲，我的身份再次成為在押犯人，此係後話，下卷中詳述。

到成都後的這幾年，我經歷了大饑荒的降臨，思想也發生了重大轉變。

三、饑寒交迫的日子

1959年我二十三歲,正當年輕。那年冬天氣溫偏低,或許是因為腹中無食,感覺特別冷。我們的糧食定量是二十一斤,每月還要支援災區節約兩斤,就只剩了十九斤。才二十幾歲的小夥子怎麼吃得飽呢?平日的菜蔬也很少,每人每天供應半斤到一斤蔬菜,大半是蘿蔔纓、厚皮菜和空心菜。豬肉也是按計劃供應,每人每月只有四分之一斤豬肉,後來又改成八分之一斤,而且有好幾個月沒有供應。計畫食品還有四分之一斤菜籽油、八分之一斤糖果。除此之外,就沒有其它副食品了。

偉大領袖號召「低標準,瓜菜代」,可我們去哪裡去找瓜和菜?農民都在挨餓,城裡人也沒有菜吃了。勞教人員終日被關在高牆之內,連瓜菜的影子也看不見。

記得1960年新年,《人民日報》發表了元旦社論〈展望六十年代〉。連續十多天裡,我們每天晚上都要學習這篇社論。我們技術科裡十幾個勞教分子骨瘦如柴,大家散亂地坐在凳子上,揣著兩隻手,蜷縮著身軀;人人都是心不在焉。

臘月裡,成都晚間氣溫低到零度左右。因為買不到玻璃,破爛的窗戶只能用舊報紙暫時糊上。窗外陣陣寒風,報紙簌簌作響。無論元旦社論說得多麼好,我們心裡也沒有一點暖意。

社論中說:「過去的十年經歷了偉大的、深刻的變化,而新的十年在我們面前展現著無限的光明和希望。」多麼誘人的無限,可是,我們只要一點點光明和希望,那就是一個簡易的烤火爐和一頓飽飯。1956年說跑步進入社會主義,已經三年多了,怎麼糧食越來越少,肚子越來越空?

社論裡還說,人們的疑問都被解除了。是的,廬山會議上批鬥了彭德懷,有疑問就是反黨。誰還敢存半點疑問?

社論又說:「1959年的工業總產值大大超過了國家的計畫,其中鋼產量達到一千三百多萬噸,即比1958年增長了五百萬噸以上,或者60%以上。」

我參加過1958年大煉鋼鐵,知道那是什麼鋼。收走居民煮飯用的鐵鍋、住

戶的鐵門，甚至收走橋樑和公路的欄杆，各種材料放在「土高爐」裡熏一熏，燒一燒，搖身一變成了中國特色鋼，都計入產量了。即使這樣東拼西湊，也並沒有達到一千七百萬噸鋼的預定指標。

與此同時，成都市買不到牙膏、鞋油、打火石、圓珠筆、縫衣針。至於進口貨（食品）更是奇缺少見。

初到成都，個別勞教人員休息天可以請假外出。我也請過幾小時的假到書店買書。進入1960年後，獄方敵情觀念增強；連這點可能都沒有了。所有勞動教養人員平時不能外出，星期天也不再准假。個別因工作需要而必須外出者，如汽車修理的試車人員、供應科的提貨、發貨人員和採購員等，均須由公安幹部帶領。在廠門口值班室，公安幹部打招呼說：我帶幾個勞動力出去。值班人員將人名登記在冊，始能走出大門。

我當時正為廠裡籌建理化實驗室，需要購買各種化學試劑和玻璃儀器。因此有機會出門，也目睹了大饑荒時期的成都市容。

市內的食品商店很冷清，店鋪裡的玻璃貨櫃擦得乾乾淨淨，裡面擺放著精美的食品匣和糖果盒；看上去琳琅滿目，實則都是空的。也有的櫃檯裡放了點真實的糖果點心，旁邊卻貼著警示「非賣品」。顧客對這些可望而不可即的食品，只能白嚥一口唾液。

菜市場裡，別說雞鴨魚肉，連豆腐、豆芽也看不到。少得可憐的幾種蔬菜也是限量供應，在最困難的1960年，每家一周只能買兩斤菜。

1961年，糖果店裡出現一種「高級點心」。它的模樣比要用糖果票買的普通點心更精緻，味道也好，價錢卻是普通點心的十幾倍。我記得，最便宜的一斤也要十來塊錢，貴的甚至高達三十或五十塊一斤。那時候，一個大學畢業生轉正後的月薪不過五十多元；也就是一斤多高級點心的價錢。

在食品店裡，這種高級點心放在特設櫃檯，由專人售賣。我看見幾個年輕姑娘，似乎還略施薄粉，穿著白色工作服；高度警惕地看著進店的顧客。逛街的人們到食品店看這種高級點心，一時竟成了風氣。每個步入者都是一邊看一邊盤算，買還是不買，頗費思量。

一個冬日的星期天，我徒步進城，走到總府街一家寄賣行門口，想看看有

沒有便宜的舊衣服。突然聽見周圍一聲喊叫，激動、高亢，其間還有急促的喘氣聲。轉過身去，只見一個戴眼鏡的中年人抓住一個衣衫襤褸的老者。他推推搡搡，著急地喊著：「你怎麼這樣啊！大白天的就搶人哪！」

老者看上去六十多了，瘦骨嶙峋。他大冬天還赤著腳，腰裡一根布帶子紮著破衣爛衫，一頭花白的枯髮亂蓬蓬，遮住了大半張臉。只見他手捧一個紙包，從中年人的牽扯裡掙扎出來，一邊疾步小跑，一邊吃著搶來的東西。中年男人緊追不捨，想從老者手裡搶回來。頃刻間，紙包扯破，幾塊桃酥落到地上。老者連咳帶喘地跪在地上，用身子護著那塊地方，兩隻手狠狠地抓拿已經破碎了的桃酥。中年男人眼看著點心收不回來了，一下子坐在食品商店的臺階上，哭號道：「怎麼這樣啊！」

搶他點心的老者吼著，喘著，跪在地上爬來爬去。他撮起一把一把混著浮土的桃酥，把那帶著蔥油的香酥碎塊往嘴裡塞，看都不看中年人。

幾個過路人趨前詢問才知道，中年人的老父病危，臨走前想吃塊點心。做兒子的考慮再三，終於下定決心給他買了。說著，他放聲大哭道：「他搶走了，我哪裡還有錢再買啊？」

類似的例子還有，成都的擔擔麵物美價廉，一毛錢一碗，色香味俱全。碗裡有奶白色的麵條、嫩綠色的豌豆尖，再加上醬油、芝麻醬、香醋、鹽巴、熟油辣椒、大頭菜粒或芽菜末、碎米花生、花椒麵、味精、蒜泥、薑汁、蔥花、芹菜……正宗的還要用雞湯，外加油酥過的肉末。一碗擔擔麵配了十幾種佐料，美味襲人。

而在那三年困難時期，一碗麵要收去寶貴的二兩糧票；其中的佐料也可免則免。芝麻醬、碎米花生、雞湯、肉末消失了，熟油辣椒也去掉了熟油，僅留下辣椒。至於大頭菜、芽菜、芹菜，一樣也沒有，只有鹽巴的分量不變。而豌豆尖則換成小白菜葉或萵筍葉子。儘管如此，一碗擔擔麵依然是難得的享受。但吃麵的這個時刻。難保不發生意外。

飯館服務人員從廚房把麵端出來的時候，通常先會看看有沒有閒雜人等，然後才敢往外走。她把麵碗一放在顧客的餐桌上就退下，再不對這碗麵負責。

顧客剛拿起筷子，突然從他預料不到的方向伸過來一隻手，飛速抓起滾燙的麵條，用兩隻手換著捧著，唏呼唏呼拼命往嘴裡送，連湯也不剩下。

有經驗的顧客看到麵端出來了就要萬分警覺，而麵碗一落在桌子上，就要埋頭遮住麵碗，並用兩隻手護著。這時還要再看看前後左右，確認沒人才可以動筷子。要不然就趕快把這碗麵倒在事先準備好的搪瓷缸子裡，蓋上蓋子，端回家去慢慢吃。那個年代，在飯館吃麵的人都有這一套經驗。

　　回鍋肉是大眾川菜，也是老少咸宜的家常菜肴。這個菜要用肥瘦相連、肥多瘦少的豬後腿肉作為食材，佐以郫縣豆瓣、甜醬、紅醬油、青蒜苗等爆炒而成。那幾年裡，農村的豬吃的是野菜，它不長肉，餵一年也難達到兩百斤。豬肉供不應求，回鍋肉竟成珍品。市場上偶爾有走街串巷小販，他手挎小竹籃，上面蓋一塊乾淨的藍布或白布，外加一條花毛巾來擋灰和保溫。竹籃裡插著一雙筷子，露半截在外面。

　　看見這麼挎著小竹籃的人，那肯定是賣回鍋肉的。1960年的行情是一塊錢一片肉。那片肉大約三釐米寬，五釐米長，兩釐米厚。買的時候，小販掀開毛巾和蓋布，先讓顧客看一眼。再取出筷子，蓋上籃子，掀開半邊蓋布，讓顧客自己探囊取物，避免挑肥揀瘦。顧客憑手感夾出回鍋肉，放在小盤裡，小販則一一數著：一片一片又一片，一元兩元共三元。

　　我每月只有十九元的收入，從不敢問津回鍋肉。知道他們是這樣交易，也只能敬而遠之。

第八章　忍辱負重

一、籌建理化室

1960年，勞改局加工廠已搬到通惠門。廠裡選定生產技術含量更高的平面磨床，並於1960年底開始試製。

一台機床，金屬構件要占總重量的百分之九十五以上。按照行業要求，必須對大部分金屬材料進行化學分析和物理性能測試，否則不允許生產。因此，成立化驗室為當務之急。

一天，技術室主管幹部馮四葦在晚間學習會上問：「你們誰能搞理化分析工作？」

當時的技術室清一色全是勞教分子，十幾個人你看我，我看你，一時無人回答。

馮四葦又說：「製造正規機床，必須有理化檢測手段，沒有理化室就不具備生產機床的資格，上級不發許可證。我們廠要儘快成立理化室，看你們誰能幹？」

我環顧四周，想了想：這十幾個人當中絕大部分是學機械的，只有我學的是熱處理。雖然不是分析化學專業，相對而言，化學知識略多一些。我對理化實驗也有興趣，而且這個工作是獨立的，人員少，技術性強，沒有複雜的人際關係問題。在需要處處設防的勞改隊裡，獨立的工作環境就算世外桃源了。

於是，我大膽回答馮幹事說：「我來。」

他看著我，停了大約兩三分鐘後說：「明天你就開始籌備成立化驗室，拿出一個計畫來；看需要多長時間？多少經費？」

我答應三天之內交方案，但所需經費我說不清楚。因為在勞改隊關押了三年，與世隔絕，對化學儀器和試劑的售價毫無瞭解。我要先做市場調查，整個

籌建過程大約需要三個月的時間。

馮幹事說：「你好好想想，明天上午到我辦公室來仔細研究。」

大家接著讀報，談體會。九點散會，各自拖著疲憊的身體回住處。我們不洗臉也不洗腳，躺在地鋪上就睡覺了。

第二天早上八點，剛剛上班，我就等在馮幹事辦公室門口，他也準時來了。

當年馮四葦也不過三十歲，他原來在公安系統的報紙做過記者和編輯，算是知識分子。把他調到勞改局加工廠技術科，是要體現有文化的幹部來監管右派分子的思想改造。他這人比較開明，說話也隨和。只要不違反監規紀律，他不憑空找麻煩，也不多管閒事。

馮幹事打開辦公室的門，徑直走進；我緊跟其後。他示意我在他對面的椅子上坐下，開門見山地問：「你有幾分把握？」

我說：「沒有十分把握，不會毛遂自薦。」

他說：「你很自信哪，根據何在？」

我說：「山中無老虎，技術科這十幾個人當中，我學的化學知識要多一點。普通化學、半微量定性分析、定量分析都用的是蘇聯的大學教材，課本都還在。在學校的時候我的化學課考試成績都是五分，對化學實驗的操作技巧也有一些體會。工作以後我在理化室實習過一個月，平時業務上和理化室聯繫也較多。我當時的女朋友就是長江電工廠理化室的化驗員，所以我有信心承擔這個工作。」

馮幹事聽了問：「現在你和她還有聯繫嗎？」

這分明是問我和女朋友的關係，我不知道他為什麼問這個問題，有點後悔剛才脫口而出，提到了幾年來心中的隱痛。我低下頭，突然情難自禁，眼淚奪眶而出：「她是共產黨員，我被打成右派」……唏噓之聲，再也忍不住了。

這一刻，我腦海裡滿是劉鞏貼的影子。我們曾真心相愛，滿懷憧憬。我們正準備成家，還計畫把孩子培養成科學家……如今，我和她早已失去聯繫，也不知道她處境如何。

馮四葦坐在那裡不說話，起來倒了一杯水給自己，也給我倒了一杯。

我擦乾眼淚，回到剛才的話題，向他報告了我的計畫以及需要。

比如，至少需要四間房子：

一間化學分析室，因為實驗會產生有毒和腐蝕性氣體，需要通風良好。

一間精密儀器室，放置天平和分光光度計等，需要避震和防止腐蝕性氣體。

一間碳硫分析室，內置高溫爐和氧氣瓶，需要注意安全。

一間儲藏室，保管易燃、易爆和有強烈腐蝕性以及劇毒的化學試劑。

以上房屋，面積不需要很大，但必須各自獨立，按照化驗室的技術要求進行改造，不能共用一間大屋子。

成立化驗室第一步是，對當前工廠急需的鋼鐵材料中碳、錳、矽、硫、磷五大元素進行化學分析。順利的話，三個月可以正式投入使用。

第二步是將分析項目擴展到有色金屬及合金元素，銅、鋅、錫、鉛、鋁、鎳、鉻、鎢、鉬、釩等等。這大約也需要三個月的時間。

與此同時，準備建立硬度、力學性能和金相實驗室。

再下一步是籌建計量檢測實驗室，逐步發展到包括理化、金相、計量、熱工儀錶等與中型機床製造廠相適應的理化實驗室。

工欲善其事，必先利其器，也就是說必須有必要的實驗儀器。

我接著強調，房屋、儀器固然重要，但是更重要的是人。在籌建理化室同時，要挑選、培養人員。人員至少要有中學文化程度，態度嚴謹，勤奮好學。

我談了大約一刻鐘，他一邊聽一邊在紙上寫幾個字。我說完了以後，他接著說：「今天下午我們就出去做市場調查，回來你抓緊時間寫籌建方案，越快越好。要交給廠長審查，在廠務會議上討論。」

從馮四葦的辦公室出來，我急忙在我那幾箱書裡找有關分析化學的資料，準備寫籌建方案。我暗暗發誓，本著因陋就簡的原則，要在較短時間內建起理化實驗室。而且，設備可以簡陋、技術必須先進。

1960年代，成都市醫藥公司就在祠堂街，從通惠門走路過去也就是十來分鐘。當天下午，馮四葦帶著我走出了勞改隊的大門。

很久沒上過街了，好像到了另外的世界。

醫藥公司營業面積不小，顧客不多。營業大廳寬敞明亮，下設化學試劑部、醫療器械部、實驗儀器部、玻璃器皿部等。我逐一地觀看並瞭解購買手

續，例如購買有毒試劑需要什麼介紹信、付款與提貨方式等等，還記錄了部分產品的規格、型號和價格。馮幹事一直和我在一起，他到處看，一言不發。我不知道他心中默默盤算著什麼。

出了醫藥器材公司，我請示馮幹事說，我去新華書店看看。他慨然允諾，帶著我朝位於西御街的書店走去，這也只有幾分鐘的路程。

我找到化學專櫃，逐一搜索。馮幹事則駐足於政治和文藝類書籍專櫃。這一趟收穫頗豐，我買了好幾本理化分析方面的書籍，回去後也沒向公家報帳。

這一整天，連吃飯走路我都在考慮方案。第二天下午，我就把籌建方案和預算交給了馮四葷。因為上面催得很緊，所以廠長秦鳳梧一聲令下：「趕快行動，先把牌子掛出來。」

很快，廠裡就把離廠部辦公樓不遠的一個獨立的小院劃出來。這個小院的房屋和廠部一樣，也是一樓一底的磚木結構。樓上是勞教人員宿舍，樓下的四個房間歸理化室。我測量了面積，畫了平面圖，反覆琢磨後確定了平面佈置。蒸餾水器、乾燥箱、分光光度計、定碳爐、通風櫥、電光天平、金相顯微鏡、各型電爐以及室內照明等等都需要電源插座；洗滌槽、硬度計、天平台等需要水泥砌築。還有試驗桌、通風櫥、試劑櫃需要木工製造。當天我繪製了圖紙，向主管幹部彙報、解說以後，就交給了施工單位；我請他們力爭十天內全部完工。

緊接著，我編製了儀器和化學試劑的採購計畫明細表；也通過多種渠道收集了實驗儀器、玻璃器皿、化學試劑的產品目錄。還要詢問價格，貨比三家。比如酚酞、甲基橙、石蕊、溴甲基酚藍等，這些都是化學分析中不可或缺的著色指示劑，價格不菲，但是用量甚少；小規模的化驗室一年也用不到一克，而醫藥公司開票寫的是二十五克一瓶。我到成都東郊八裡莊庫房提貨時發現，也有五克一瓶的。為了給廠裡省錢，我又多跑了十幾里路，返回醫藥公司，重新開票，換成了最小包裝的。

所有貨物我都是自己提貨，原來我連自行車也不會騎，為了提貨方便，我學會了騎三輪。普通酸鹼試劑的庫房在八里莊，劇毒物品和易燃物品的庫房在十餘里外的龍潭寺。我騎著一輛小平板三輪車到處提貨，十分辛苦。尤其那還是1961年，我們依然是食不果腹。有一次到八里莊取硝酸、硫酸，回來剛剛進

入市區，突然眼前一黑，我什麼也看不見了。緊跟著我感到心跳加速，四肢震顫。驚恐中我連忙把車停在路邊，扶著車把手站在那裡，一動也不敢動。我心說，莫非雙目失明了？我才二十幾歲，這可怎麼辦呢？

就這樣過了三、四分鐘，我才緩過勁來。後來有人告訴我，這是因為飢餓、勞累導致血糖過低。從此，我就把每月供應的二兩（62.5克）糖果票留了下來，需要外出提貨時用它買點糖帶在身邊。如果糖果票用完了，只能忍著心痛買上一塊高價點心，用以應急。所謂忍痛，因為那時我的月薪才十九元，扣除伙食費等，每月留下來的零錢不到八元。可是買一塊高價點心就要花掉一元，怎麼捨得！為了建成化驗室，也只能付出了。

房屋按照圖紙改造好了，化學試劑準備得差不多了。天平、分光光度計、定碳爐、馬弗爐、烘乾箱、蒸餾水器等各就各位。我逐一調試儀器，可以進行實驗了。此時離開工還不到五十天，我一個光桿司令承擔了所有籌建工作。

1961年3月，我開始做鋼鐵中碳、矽、錳、硫、磷五大元素的試分析。我參照了多種文獻，用了重量法、容量法、比色法來反覆實驗和比較。我的目標是保證分析精度，同時也節約時間和藥品。最後我選定了「碳硫聯合測定」和「矽錳磷三元素聯合測定」兩種方法，並逐步地掌握了操作要領。根據親身實踐，我編寫了操作規程。為了磨床廠的化驗室，我真可以說是殫精竭慮，嘔心瀝血了。

如今時間已經過去五十餘年，據我瞭解，四川磨床廠理化室現在仍然採用著我當時確定的分析方法和操作規程。

二、管教與學員

1961年仲春時節，上面又派來了兩個人，一位是即將上任的化驗室主管幹事黃季夏，另一位是年近六旬的黃德渠，他剛剛被投入勞教。

黃德渠1930年代畢業於四川大學化學系，幾經輾轉，後在四川省中藥研究所工作。他體弱多病，略有口吃，不善言談。三年困難時期，為求多買點吃的東西犯了錯誤，被送勞動教養。黃德渠手腳不太靈活，可能有點帕金森綜合症，他右手發抖，只能做些輔助性工作。我想他是化學系本科畢業，基礎知識

應該還是扎實的，能夠提供一些理論指導也好。

就這樣，理化室有了三個人。一個公安，兩個勞教分子。經我繼續要求，第四位成員被派來，他是雷貴田，被戴了一個反社會主義分子的帽子。雷貴田年約三十歲，原是重慶某煉鋼廠的四級化驗工。他熟悉鋼鐵分析的一般操作，相當有經驗。

從開始籌建理化室，我就搬出了集體宿舍，單獨住在理化室內一個陰暗的小房間內。這個房間面積大約五平方米，我找了幾塊木板搭床鋪，又安放了一張三屜桌，用以沖洗照片，因為做金相檢驗需要照相。在桌旁我擺了一個臨時做的多層木架，存放才買回來的化學試劑和玻璃儀器。這間房既是暗室又是庫房，還是我的臥室。雖然潮濕黑暗，但在勞教隊裡能單獨居住，就是破例的優待，令很多人羨慕。

管教黃季夏第一天來上班的時候，給我的印象不好。那天早上，老資格的管教幹事魏建芬領著她過來，魏幹事對著我和黃德渠說：「今後化驗室由黃幹事管，你們要服從她的領導。」我抬頭一看，是一個身材不高的小姑娘。她似乎剛洗了頭，披肩的長髮還沒有乾。她一邊用左手攏著頭髮一邊用右手梳著，只是看了我和黃德渠一眼，什麼話也沒說。我心想，年紀輕輕的女孩子，披散著頭髮來上班，成何體統？魏幹事走了，我轉身進了化驗室的另一間屋，坐在那裡修理照相機鏡頭，把這位新來的主管幹事晾在了一邊。

第二天，我還是在那間小屋裡琢磨鏡頭。1960年代，什麼東西都緊俏；市場上沒有金相顯微鏡，我想在普通顯微鏡的機身上配一個攝影鏡頭。而改裝鏡頭，需要反覆實驗。

第三天，黃幹事主動找我談話了。她讓我彙報化驗室的籌建情況和近期計畫，我如實相告。原來報給廠長的計畫是半年正式承接鋼鐵分析，現在才三個多月，我想已經可以做了。我說，當務之急是培訓化驗人員。三個月前我就提過，現在還沒有調人進來，請黃幹事向上反映一下。

第四天是十號，按照勞改隊的規矩，幹部每週休息，勞教人員逢十休息；一般幹部逢十那天也不會來上班。但黃季夏來了，儘管她只是坐在辦公室看書，卻也是按時上下班。我感到她還是忠於職守的，對她印象好轉。她主動跟

我說，有些化學課程，你給我講一下。

我說行。這樣每天上班後，我大概給她講一個鐘頭。我用蘇聯的大學教材，有格林卡的《普通化學》、涅克拉索夫的《普通化學教程》。這個內容比普通非化學專業的化學要深一點。我兩本對照著給她講，她覺得有幫助。

前面說到的魏建芬，是1961年初調入的管教幹部。她接替了原來的主管領導馮四葦，成為我經常打交道的人。魏建芬是河北省人，年近五十，有二十多年的黨齡，她丈夫是四川省勞改局的王副局長；對我們犯人來說，堪稱位高權重之人。

1961年2、3月間，魏幹事找我談話。她開頭就問：「你最近想些什麼？有什麼思想？」我回答說：「我沒有思想，只有努力工作。」

她笑了笑說：「我來了兩個多月，你從來不彙報思想，挺傲慢的。我看你不是糊塗人，怎麼會沒思想呢？」

我說：「沒有思想最好了，只知道吃飯睡覺，什麼都不管，就不會犯錯誤。」

她說：「我看你對五七年的反右運動耿耿於懷吧？不解決這個思想問題就不會接受改造，對你的未來沒好處。你要好好想想五七年的後果是怎麼造成的，不能對黨有埋怨情緒。」

她這番話雖然也是滿嘴教條，畢竟不像某些管教幹部那樣蠻橫，開口「反動」，閉口「頑固」。因此，我也就不再開腔了。

大概半個月後，魏建芬又找我談話。她拿出一封我母親的來信，並告訴我說母親不久前寄出的包裹（裡面裝的主要是食品）被退回了，理由是單位拒收。魏幹事接著說：「你媽媽心裡一定很難受。你給家裡回封信，讓她在收件人一欄寫我的名字。收到包裹後，你再到我這兒來拿。」接著，她又提醒我一定要認罪。

我不禁對她說：「魏幹事，您想聽真話還是假話呢？說假話就是我認罪，罪大惡極」……

她說：「好了好了，我聽真話。」

我說：「真話不好聽，忠言逆耳。」凡事都有根源，我就把廠裡的鳴放反右說了一遍，我問：「就憑我發言劃我右派，說我篡黨奪權，我奪了誰的權

呢？誰失去了什麼權呢？看看運動的結果，黨組織毫髮無損，只有我失去了人身自由。三年了，我無論怎麼檢討也想不通。」

魏幹事耐心聽著，她沒有明確表態，只是說：「你多檢查自己，要相信群眾相信黨。有些想法不能到處亂說，要爭取早點摘掉右派帽子。

不久，廠部從車間抽出四位女勞教，派到理化室學技術。這四個人是劉抗年、陳乃貞、陳亞英和王翠蓉。

劉抗年原來是小學教師，被劃作反社會主義分子。陳乃貞畢業於重慶電力學校，罪名與劉相同。陳亞英才初中畢業，是工人，被定為壞分子。王翠蓉是大學二年級學生，被定為反社會主義分子。

理化室總共有了八個人，一下子熱鬧起來了。

我注意觀察幾位新學員，劉抗年老成持重，言語不多，工作認真。我安排她先跟雷貴田學碳硫分析。陳乃貞敏而好學，頭腦靈活，先學一般化驗，今後側重學金相。陳亞英文化程度不高，先學硬度和機械性能檢測。王翠蓉重點掌握鋼鐵中各個元素分析的一般操作。我總的要求是，每個人都應一專多能，要通曉中型機械製造廠的常規檢驗項目，以後能獨立完成各項任務。

初始階段我讓她們先練基本功，如熟悉各個器械的名稱和用途，清洗玻璃儀器，學習使用天平、電爐、分光光度計的方法，認識各種化學試劑等等。

大約過了一個月，彼此熟悉了；我問她們感覺怎麼樣。陳乃貞說：「剛來的時候有點高興又害怕，高興的是可以學點技術，害怕的是都認為牛立華嚴肅得很，不苟言笑。」

我說：「嚴格要求是我長期養成的習慣，有時候態度不好，求全責備了。前幾年在重慶新建機械廠，把一位姑娘楊容才還吵哭了。但你們只要肯動腦筋，我不會亂發脾氣的。」

我們都還年輕，相處很融洽。黃幹事在的時候，大家都一本正經的。她不在的時候，我們偶爾還說句笑話。我跟陳乃貞最談得來，到後來，她連私事也都跟我說。

陳乃貞是重慶人，她父親叫陳文宏，右派，她就因為右派子女被送勞教。她很珍惜學技術的機會。比如用燒杯互相倒水，燒杯都有一個嘴，但三角瓶就

沒有嘴。她就問為什麼，我說這是因為三角瓶上頭有時要放橡皮塞；有個嘴就漏氣。她馬上回答，不會，你把那個直的部分弄長一點，它就不會漏氣了。

好景不長，她們來了不到兩個月又被調走，分配到汽車修理車間當雜工和噴漆工去了。化驗室又恢復了老氣橫秋的樣子。

陳乃貞後來調去磨床廠，她有時還悄悄和我聯繫。她愛上了一個人，原來是成都話劇團的演員，長得也比較帥。有一次演出，冬天跳舞穿著裙子，一到後臺冷得很。這位青年拿了大衣給她披上，把她的心給俘虜了。她告訴我說，兩人都已解除勞教，準備大年三十那天結婚。

我想，多少我要表示一下。那時錢又少，跑了好幾個店，買了一對枕頭套。花色還不理想，圖案是徐悲鴻的馬，那叫挑繡還是什麼，品質還可以。可是三十晚上她又回到通惠門找到我，有話要說。

我跟她出了廠門，到了對面的青羊宮。在一個有走廊的地方，她坐下後哭了。我說怎麼了？她說，磨床廠那兒有一位女工病故；有人收檢她的東西時發現，箱子裡頭有一迖子信。寫信的人就是陳乃貞的男朋友，內容和寫給她的信一樣。

陳乃貞擔心男朋友用情不專，感到很痛苦。我盡力勸解她，最後她也回心轉意了。

第二天，我陪她去四川人民藝術劇院，我們看了一場話劇。那天演的是《膽劍篇》，曹禺、梅阡、于是之編劇，以曹禺為主。這齣戲不像曹禺原來的《雷雨》、《日出》、《北京人》那麼出名，但我們依然看得很投入。印象中有些台詞寫得很深刻，好像是在諷刺大躍進和毛澤東的錯誤。

三、材料試驗機事件

在籌建理化室階段，我要買什麼東西，只要說明用途和必要性，黃季夏幹事都簽署「同意」；廠長也都批示「准予購買」。我心情舒暢，全力以赴，似乎忘記了頭上的右派帽子。

1961年秋，訂購的三十噸級材料試驗機到貨了。機器整體高度接近三米，需要加高房門，才能將其安放於室內。拆建房門之前，只能將它暫時停放在露

天場地。機器雖有木箱包裝，我仍怕它遭受雨淋，額外為之加蓋了油毛氈，又每日巡邏檢查。

不幾日，材料試驗機搬進了房間。接下來就是安裝、調校、試車。四位女學員調走後，廠裡派了一名二十幾歲的小夥子朱邦國來；朱邦國是某中專學校畢業的。我們兩個著手安裝，電工接好線，開始空載試車。

試車期間我發現，標明「升」、「降」、「停」的三個按鈕不大靈活；要多按幾次才動作。於是，我請了電氣專業的幾位技術員來看是怎麼回事。他們多方檢查後都說，大躍進的產品就是這樣，先用一用再說。其中有人建議，在磁力開關的摩擦部位，塗一點潤滑油。

我向幹部作了彙報，但沒有進一步檢查，就決定負載運行。額定滿載是三十噸，試車途中，負載剛剛加到十二噸，磁力開關突然跳閘且冒出一股煙霧。我立即拉掉總閘，切斷了電源。我也馬上對朱邦國說：「保持現場原狀，等待幹部檢查。」

大約過了十來分鐘，管教股幹部來了。他們不問青紅皂白，掏出一副手銬，立即把我銬起來。我被押送到隱蔽在幹部食堂背後的禁閉室，在那裡關押起來。

十來天後，我聽說了發生事故的原因：電工何文博在接電源線時誤把380伏當做220伏，這才造成跳閘事故。但我仍被關在禁閉室，大約三個月之後才放出來。

這以後，我再也不能回到理化室，而被下派到勞教農場去挑糞，種菜。農場在成都市郊龍爪堰（又名周家碾）那個地方，又幹了三個多月。

這件事對我觸動很大，我意識到，不管我如何努力工作，我都是被當作敵人看待的。儘管已經查明了事故的責任人，我依然受到懲罰，想起來都寒心。

不久，理化室的硬度計出了故障，需要檢查修理。廠裡才又把我調回理化室。這時，廠門口已經掛出了四川磨床廠的招牌。後來，理化室隨磨床廠整體搬遷至新址，而我則被留在通惠門。

四、再建一個理化室

磨床廠搬走以後，原址改稱通惠汽車修配廠，爾後又改名為四川消防機械廠。

廠裡有四百餘名勞教和就業人員，生產消防水泵等器材和消防車。這裡仍然需要理化檢驗，大概這是沒把我調往天回鎮的原因。

廠部決定把原來勞教食堂的大廚房改做理化室，三間房都需要徹底改建，我又一次投入了緊張的籌備工作。理化室不允許屋頂掉落灰塵，必須設置天花板和通風櫥；還要砌築水泥工作臺，以便放置天平等需要防震的儀器。我需要繪製平面佈置圖，確定電器位置和功率、進排水點等等。

在籌建磨床廠理化室時，我已經積累了一些經驗。這次算是輕車熟路，但難度又大得多。我要思考整個佈局，又要協助現場施工；忙得不可開交。經多次反映，廠部派了一位曾在中學教過化學的老師廖宗祥和我共同工作，他也是解除勞教者。

房子修整得差不多了，我們開始採購實驗儀器和化學試劑。我又開始天天跑化學試劑公司，往返於八里莊、龍潭寺等地的庫房，開票，付款，提貨。

女管教張邦碩，負責監督我和廖宗祥的工作。這位張幹事五短身材，披肩髮、戴副近視眼鏡，據說是高中文化。她丈夫也是勞改局的幹部，她本人曾在勞改局當會計。

張幹事平時表情嚴肅，態度冷漠，說話頗有點尖酸刻薄，階級鬥爭意識極強。她怕理化室的毒煙毒氣，所以不常來實驗室。大半時間她都是和幾位幹部坐在與理化室隔窗相望的辦公室，一邊打毛線，一邊監視我們的一舉一動。

理化檢驗屬有毒有害作業，按規定是有崗位津貼的。而在勞改勞教單位則全免了，只給我們配了一台風扇，說是可以排煙。每逢操作產生有毒有害氣體時，我和廖宗祥就把風扇打開；而對面的張邦碩連忙關窗戶關門。有時我們氣不過，故意在窗臺上放一小杯氨水，再放一小杯鹽酸，風扇一吹頓時白煙四起，算是提醒對面。她們嚇得趕緊關閉窗門，也顧不上監督階級敵人了。

1963年到1964年，全國各行各業掀起一股大比武的高潮。我從《理化檢測》雜誌上看到川渝地區也有此活動，請示張邦碩幹事後，我就聯繫報了名。

　　組委會通過四川省機械工業廳理化檢測中心，給我們發來有關表格，還有兩小瓶樣品；其中一個是灰鑄鐵，一個是合金鋼；要求我們在規定期限內，上報化驗結果，並注明化驗方法。

　　我和廖宗祥忙碌起來，他負責碳硫分析，我負責矽錳磷分析。我們仔細檢查了所用儀器設備，確認處於正常狀態；也重新校準了天平。然後我們取雙樣連同已知成分的標準樣品，重複化驗了兩次。選取兩次結果的平均值，我們詳細寫明了所用儀器、試劑和化驗方法，按時報了上去。

　　我和廖宗祥忐忑不安地等待著判定結果，既興奮也坦然。我們只想驗證一下自己的工作，並沒有追逐名次的想法。畢竟，眾多國營大企業設備精良，技術力量雄厚；我們又怎麼比得過他們？能夠獲准參賽，藉此瞭解外界的水準，我們已經很感滿足。

　　過了大約十天，省機械工業廳來了通知，要求消防機械廠派一兩名代表，到重慶鋼鐵公司參加技術競賽評比大會。

　　消防廠領導指派管教幹事張邦碩參加，為此，我和廖宗祥給她演示了兩次化驗操作過程，又逐字逐句給她講解操作要點。她這才知道，鋼鐵中幾大元素的含量原來是這麼測定出來的。

　　幾天後，張幹事從重慶回來了，她臉上竟然露出了一絲笑容。她簡述了會議情況，並讓我們做好準備。因為重鋼的理化室主任說了多次，他一定要到名不見經傳的消防廠理化室來看一看。這次參賽的共有三十八個企業，多數是國有大型廠礦，如重慶鋼鐵公司、重慶機床廠；還有四個大型軍工企業，即296廠、456廠、791廠、132廠。而成都無縫鋼管廠、成都量具刃具廠更是近萬人的知名企業。與之相比，我們消防廠的理化室只有兩個人，設備簡陋，分析方法也相對簡單，但化驗準確度卻高居第七名，成績引人矚目。

　　我和廖宗祥聽張幹事說完，也感到欣慰。我們的勞動成果總算得到了社會的肯定，這給了我們信心。我們決定重點研究簡易快速的分析方法，爭取有所突破，給勞教人員爭口氣。

第九章　摘帽賤民

一、解除勞教和摘帽子

　　1961年12月22日，我記得那天是冬至，好像是星期五。我們都是十天休息一次，所以一般只記得十號、二十號、三十號，幾乎沒有了星期的概念。

　　下午六點鐘下班，我還沒有走出理化室的小院。有人轉告我說，管教幹事有通知，七點在幹部食堂開會；讓我務必參加。我尋思著，又出了什麼事？通常很少在幹部食堂開會呀！

　　我拿上碗筷到勞教食堂打了飯菜，回到理化室旁邊的小屋子裡。我慢慢吃完晚飯，又喝了一大碗熱開水，增加一點飽足感。飯不夠，水來湊嘛。

　　六點五十五分我離開小屋，朝幹部食堂走去。進門一看，稀稀拉拉的幾個人坐在飯桌旁邊的凳子上。大家相互點了個頭，都不知道要開什麼會，有點莫名其妙。

　　大約七點十五分，管教科的周以貴科長嘴裡叼著一根煙捲進來了。他巡視了一遍食堂裡的人，只有六個，便說了一聲：「來齊了。」

　　接著他說：「你們六個，從宣佈之日起解除勞動教養，摘掉右派帽子。每人準備兩張一寸的證件照，到管教科辦理出門證。」

　　周科長說話時面無表情，隨之又講了一大堆套話，什麼這是黨和政府對你們的寬大，並不意味著你們已經改造好了。從明天起你們作為就業人員，更需要加強改造……要給其他勞教分子起示範作用。

　　坐在屋裡的六個人各想各的，誰也沒聽他那一套。

　　宣佈解除勞教，摘掉右派帽子，就這麼簡單吶！沒有一張通知書，也不用簽字畫押，甚至不用一個一個地喊名字。周以貴一張嘴：「你們六個！」我們頭上的政治標籤一股腦兒就沒了？這是真的嗎？我還在琢磨著，周以貴喊了一

聲：「散會。」

當天被宣佈摘帽子的除了我之外，還有何文清、章計然，另外三位難友我不太熟悉，就沒記住他們的名字。只有何文清比較激動，周以貴剛剛出去，她就對我說：「牛立華，你有煙沒有？」

何文清是四川體育學院的學生，1957年也就二十一二歲。我們平時很少接觸，所以也不知道她為什麼被劃成右派。作為一個女士她是不吸煙的，看來今天她太興奮了。我連忙回答說：「有煙。」

我請她和其他幾位一起到化驗室小院坐一會兒，時間還早，也就七點半。要到九點，晚上的政治學習才結束。我們總不能在幹部食堂擺龍門陣吧，這兒可是勞教分子和就業人員的禁地，坐在那裡感覺很彆扭。

大家隨著我到了理化室，我拿出煙來招待朋友，又打開電爐燒水。我沒有茶葉，只能白開水待客了。那時紙煙屬於緊俏物資，憑證供應，普通老百姓每人每月大約供應四包劣等紙煙，一毛五分錢左右一包。牌子多半是「都江」、「金葉」、「草堂」等，都是成都捲煙廠出品。我平時也不吸煙，為了不浪費票證，我還是買回來，原價轉讓給煙癮大的難友們。不料今天派上了用場。我也陪著大家吸了一兩支，除了頭暈以外不覺享受，還惹得一陣咳嗽。

坐定後，大家如夢初醒。一位難友操著四川話說：「格老子，怎麼解除勞教連一張紙飛飛都沒得呀？關了三年多，一句話就算放了嗦。」

我問他：「你有被放了的感覺嗎？我怎麼找不到這種感覺？好像還是在籠子裡呢。」

另一位說：「明天找管教科要，總得有個手續嘛。」

我說，送我進來時就沒有書面依據，沒有通知書也沒有判決。我也沒簽過字。現在解除勞教也沒有任何手續。我估計當時定的是勞教三年，現在已經多關了五個多月。

章計然說：「摘了右派帽子，換成就業人員的帽子。只要在勞改隊，就還是專政對象。這頂就業人員的帽子還不知道什麼時候才能摘掉呢。」

另一個人插話說：「耍雜技的帽子戲法，手了拿著三四頂帽子，換來換去來回戴。」

大家就這樣七嘴八舌，議論紛紛。摘帽是個喜事，但我們前途渺茫，誰也

高興不起來。臨近九點，各自回宿舍休息。

第二天我照常上班，第三天上午，我向主管幹部黃季夏請假。

她驚訝地看著我說：「你要出去？上哪兒去？」看來她還不知道我已被宣佈解除勞教，以為我提出非份之求。我只好直說：「我摘帽了，需要照相片，辦出入證。」她眼睛一亮，隨即說：「好！馬上走。」她帶我到廠門口，跟值班武警打了招呼，我們一起走出了戒備森嚴的大門。

摘帽和不摘帽有什麼區別呢？

以前我是勞教分子，按照政策我還有公民權。在選舉「區人民代表」那一天，我有權在選票上畫個圈。其實作為選民，我既不知道被選舉人長什麼樣兒，也不知道人家是幹什麼的，甚至連問都不敢問。畫個圓圈只消幾分鐘，如果動作遲緩，旁邊還有管教幹部催促。幾年一次選舉，享受了幾分鐘的公民權後，立即恢復成為專政對象：不得離開勞動場所和指定的活動區域，來往信件、包裹均被檢查，嚴禁私自交寄信件。

解除勞教後，仍然是右派者，是為戴帽就業人員；而摘掉右派帽子的叫做無帽就業人員。前者行動自由受限制，週六下班及周日休息，必須經主管幹部批准才能出廠門。而後者下班後自由多一點，可憑出入證出門。

不到一個星期，管教科副科長張育新找我談話。他先問：「黨和政府給你摘了帽子，你是怎麼想的？」

我說：「沒什麼想法，幹好工作就是了。」

他說：「人家摘掉帽子對黨和政府感恩戴德，感激涕零，你好像無動於衷，麻木不仁。這是為什麼？」

我答說：「本來我就不該戴這個帽子。因為我從來沒有反黨反社會主義的思想和行為。平白無故挨了一頓打，打累了就不打了；我屁股還在疼呢，怎麼感謝？」

他搖搖頭，繼續問：「你們摘帽子那天，幾個人到理化室幹什麼去了？」

我猛然一驚，是誰彙報了那天我們幾個抽煙、喝水的事？幸好沒說什麼過激話。

我說了那天的緣起，又補充說：「高興嘛，也算是感謝黨和政府吧。要是有酒就好了，可惜買不到。」

張育新沒有再說什麼。

二、精神慰藉

在那段飢腸轆轆的日子，讀書給我最大的慰藉；也讓我忘掉了物質貧困和命運的坎坷。

我喜歡逛書店，摘帽和解除勞教後的每個周日，我大部分時間都是在書店度過的。當時成都西御街有一個以科技圖書為主的新華書店，春熙路有一個綜合性的新華書店，還有一個外文書店。只要休息，哪怕是落雨，我都要去這三家書店看書或者買書。

我的工資依然少得可憐，每月除吃飯外只有幾塊錢結餘。儘管如此，幾年下來，我也買了數百冊專業書籍。

我在書店裡看到過的一個情景，深深地刻入了記憶。那是1961年一個夏天的中午，我在春熙路新華書店找書看；這時，數學書櫃前也有一個人在專心閱讀，他大約三十歲左右，身體精瘦，面孔黝黑，戴著一副黑色塑膠邊框的眼鏡。他身穿著一件洗得泛黃的白布對襟背心、一條鬆垮垮的紅色短褲，肩上還搭著一條半新不舊的毛巾。這是一副地道的拉架架車的打扮，和他聚精會神的樣子很不相稱。

他翻閱的是一本精裝書，我從旁觀察，原來是數學家華羅庚教授的《數論導引》。這本書是1957年出版的教材，我當時是看不懂的。我心想，這位讀者起碼得是數學系本科的高年級學生。只見他左手托著書，右手懸在書頁上方，偶爾似有所得，便用中指和食指輕輕地在空中點一點。

我在內心感歎，此刻，這個人的思緒完全沉浸在高等數學的海洋，他也不想想今天的飯錢掙夠了沒有，下午要不要去幹活，輪胎是否需要加固……一個人淪入底層，失去深造的機會，但所有生存的困厄依然無法阻擋他對數學的追求。

他也許和我一樣，是被政治風暴橫掃出科學殿堂的人。在成都大街上，還有多少苦力像他這樣癡心不改？想到世界上仍然有這種人的存在，我也有了繼續求知的勇氣。

三、難道我要當一輩子賤民嗎？

1962年過去了，我依然仍被拘押在勞教工廠。從戴右派帽子到摘帽，歷時五年有餘，據說是回到了人民行列，卻連個普通職工都算不上。

我吃飯在就業人員食堂，睡覺沒有床，依然和兩百多人一起擠地鋪。就是撒尿拉屎，我們也和幹部嚴格分開，各上各的廁所。

歷經五年多強制改造，周圍的同伴沒有一個服氣的。只是在槍桿子底下，不能不委曲求全。想來想去，畢竟我才二十七歲。我希望通過自己的努力，在社會上找到存身之地。解除勞教和右派摘帽後，我向四川機械工程學會主辦的刊物《四川機械》投稿，先後發表了〈淬硬鋼的磨削損傷問題〉、〈某些水溶性淬火液的冷卻特性〉、〈淬火液的溫度與淬火裂紋〉等論文和譯文。機械工程學會召開年會還給我發來了通知，但消防廠不允許我參會。

1961年，中科院西南分院力學研究所舉辦硬度計實用技術培訓班，還印有講義。我依據蘇聯才出版的兩本硬度計的專著和美國早期出版的《硬度試驗法》等書籍，編譯了《硬度計的使用與維修》。那時我國硬度計的使用已很普遍，但還沒有一本講述硬度計使用技術的中文專著。於是我攜帶部分初稿去到成都水碾河附近的中科院西南分院，請專家審閱。

接待我的人是晏祥玉和易林英，兩位都是研究員。他們十分熱情，並說要送我的文稿給北京力學所薛正平總工程師來審閱。我說若能出版，可以不用我的名字，我也不要稿費，我實在是想填補國家硬度計研究的空白。

過了十幾天，我再去水碾河。他們告訴我說，薛總看了初稿評價較高，建議盡快出版。我只好告訴他們，作為摘帽右派出版困難。我可以提供文稿，以他們的名義出版為好。他們表示說，可以研究。

當時我的想法是，只要書出了就行。我不圖名利，但希望能引起專業人士重視。我想離開專政機關，做一個普通公民，靠本事吃飯。

回到消防廠後，我向管教幹事張邦碩彙報了全部經過。我也請她到力學所去瞭解。一周後，她和我一起到了水碾河。她避開我去和他們談，也不知道說了些什麼。從那一天起，我再到力學所，連辦公室也進不去了。我只能在傳達

室說兩句不痛不癢的話。

我反覆想，政府說對右派分子沒有剝奪公民權；而我摘掉帽子三年多了，仍然被視為專政對象。我熱愛專業，只想有個存身之地，這對共產黨的政權沒有絲毫損害。但我找不到任何專業發展的出路，難道我要做一輩子賤民嗎？

1964年全國展開了「四清運動」，勞教單位裡人人過關。我寫了一份檢查，第一句話就是我不翻案，也不因為個人問題否定偉大的政治運動。我還承認說，1957年的後果是自己造成的，不把責任推之於黨。我只希望黨瞭解我在長江電工廠的表現，給予諒解和寬恕，讓我可以在專業上發揮作用。

我這份檢查既未在小組會上宣讀，也沒有受到任何批判。檢查交上去後，我與四清運動算是擦肩而過。

四、緣分

在通惠門待了將近七年，也到了應該成家的年紀。

這裡女性勞教者不多，結了婚的女性，可能有十來個。沒結婚的女性大概只有七個，我和前妻李詩慧就是在這裡相遇的。

認識李詩慧也是有點緣分，理化室有一間房，放了一台硬度計，由我來操作。隔壁就是李詩慧她們七個人的宿舍。

李詩慧的父親曾經在某個縣當過縣長，可能在鎮反運動中被處決了。她自己小學畢業，去了重慶銅罐驛罐頭廠當工人。後來罐頭廠出事，就說是她破壞的：在出口的罐頭裡加了水。

有沒有加水這件事？我問過她。她也承認加了水，但不是故意破壞。她說我們在罐頭廠喝水，全用罐頭瓶子。我們喝不慣罐頭汁，那個太甜，都是沖了水才喝。喝了水的罐頭瓶子，她順手放在桌子上。她們生產車間跟檢驗車間當中隔著一堵牆，留著個小窗口。兩個車間的人不能來回走動，在小窗口那兒有輸送帶，將合格的罐頭傳送到這邊來貼標籤兒，準備出廠。

李詩慧在前面這道工序，不知道誰把她喝水那個瓶子打窗口送到那邊去了。輸送帶上的罐頭，凡是重量不合格的，啪的掉下來了。那個瓶子根本就沒有到合格品當中去，也沒有造成任何損失。儘管這只是一個小小的失誤，她還

是被定成了反革命。

　　當時在磨床廠裡，我穿個白大褂搞技術，好像有點特殊，一般女性對我的印象就比較好。一天吃完飯，我上街去買肥皂；回來時就看到，李詩慧在我們辦公室，正和另一個同事聊天。我跟她以前還沒說過話，她說想向我借《外國民歌二百首》。

　　我說這個歌本我也是找別人借的，答應了人家一個禮拜就要還，只能在這兒看。說著鈴響了，晚上要學習她就走了。第二天我碰見她，我問：「來唱歌嗎？」她果真就來了。她喜歡唱歌，唱得還可以。

　　我也喜歡唱歌，她翻那本歌曲選，翻到某一頁停下了。那是一首烏克蘭民歌《黑眼睛的少女》。那時我們都是看簡譜，我看了以後必須練幾回才能唱出來。她拿起來就能唱：「少女的眼睛，黑色的眼睛，烏黑的眼珠明亮晶瑩。看不見你呀，我這樣傷心，看見了你」……最後一句我還記得歌詞：「黑色的眉毛，美麗的頭髮，我癡心渴望著你的愛情。」唱到這一句時，她看了我一眼。我感到不大尋常，記得那天是星期五。

　　我不願意在勞教單位交女朋友，想離開這裡後再解決婚姻問題。雖然我和一些難友關係很好，但只是作為朋友。李詩慧這一來，我覺得我應該向她說明我的想法。

　　當時，我正和另一位女難友羅國英交往。羅國英練過雜技，原來在重慶市雜技團教小演員。她才二十歲，比我小，身高一米六三，又是練過柔術的，形象姣好，追求她的人也很多。

　　我跟羅國英認識後，就送了她一套高中的語文和數理化課本。她們同寢室的一個女孩跟我說：「牛立華，那套高中課本是你買的吧？你給羅國英頂多買連環畫。」她們住一個寢室，當然比我瞭解。但我對羅國英還抱著希望，她才初中畢業，我給她高中課本。我想讓我們努力學習，提高水準，今後想辦法跳出勞改單位。

　　羅國英那時還沒解除勞教，開始我還不敢和她公開交往。她也是偶爾過來辦公室，說兩分鐘話就走。1963年，好像在六一兒童節（編案：中國的兒童節）那天，她被摘帽和解除勞教，我們的關係就公開了。

　　廠裡人都知道，我們倆在耍朋友。但她跟我說的話是真是假，我到現在也

分不清。她說父親是鐵路局的黨委書記，母親是重慶市一個區醫院的醫生。這樣的家庭出身還是不錯的，我也很認真，而且把她的照片給父母寄了一張。他們看了也認為很不錯。

李詩慧唱的歌有那麼一句：「我癡心渴望著你，你的愛情。」我感到不安，怕對不起她。那陣上海魔術團到重慶演出，我就約她去看魔術。在路上我問她：「你現在個人問題怎麼考慮的呀？你是不是跟哪個人在好？」她說：「不是，都是亂說。」我說：「你們那天在找羅國英，羅國英其實在我房間。」

她就明白了，我也是想告訴她，我不能三心二意。我說雖然我跟羅國英還沒有很多感情基礎，也缺乏共同語言，但是她對我不錯。我希望用我的力量，把羅國英從這個險惡的環境中拉出來。

看了雜技回來，李詩慧開始迴避我。在路上遇到，連頭都不點，一拐彎就走了。

我心說，好，這才是作風正派。我也想把同事周恩光介紹給她，周恩光是個高個兒，性格內向。他對李詩慧的印象也很好。一個星期天我就約了他們倆一塊兒到春熙路，但回來以後周恩光說他們倆沒說到一起。

周恩光對李詩慧很好，他把存摺拿給李詩慧說：「你愛買什麼東西就用。」當然勞教本身也存不下多少錢，一兩百塊錢就算多了。李詩慧一分錢沒用，完璧歸趙。周恩光就說我跟她不行。

到1964年，廠裡有了一個決定：所有沒結婚的女性，無論是否解除勞教，通通調往動力機床廠。這個廠在成都郊區駟馬橋那兒，磨床廠在城裡的通惠門。調走那天，我幫羅國英捆行李，上車，忙得滿頭大汗。

李詩慧也要調走了，臨行道別，才算跟我說了一次話：「我在這兒呢，你生了氣。」我說：「不，不，沒有生氣。」這樣我們又開始說話了。

羅國英調走以後，我去動力廠看她，結果沒找到。第二次我又去，動力廠比較遠，要坐兩次公車才能到，還是不在。當時有朋友就告訴我說，羅國英過來就變了。

我不相信變化來的那麼快，我也沒有對不起她的地方。這位朋友就說羅國英已經和別人好了。我不願意接受這個事實，又去了第三次；還是沒見著。我

想到原來她解除勞教後，一天三頓飯都到理化室來吃。那時我在理化室，有電爐，有時候自己做點菜。我想她在車間搞汽車的油漆工作很辛苦，我總是把飯打好先回來，熱了飯，再做個湯。她也覺得很好，要不是調走，我們兩個就成了。

我就給羅國英寫信，表示了我的挽留。我說我不勉強任何人。你來我歡迎，你去我歡送。再來，我還歡迎。我只希望能見一面，你來這邊或者我去看你。那時我們是星期二休息，她們休息星期三。結果她來了，到了通惠門汽車站。

我終於見到她了，就在汽車站那兒。剛說了兩句話，她就上車要走。我想我和她的關係完了，算了吧。但心裡總是放不下，還是惦記她，想把她拉回來。結果我又一次去了動力廠，一到那兒，還是不在。

我就在廠門口徘徊，這事怎麼辦？這時，李詩慧從門口出來了。

李詩慧穿著一件黑色的西裝外套，很有風度。我們就在駟馬橋路邊上說話，那兒有石頭桌凳。李詩慧說：「你跟羅國英好不成，這是大家公認的。陳乃貞公開跟你說過，你都不相信。你看你現在，人也瘦了。」

她這麼說著，也打動了我，讓我覺得她關心我。我們談得比較融洽，然後我回到通惠門。過了兩個星期，門口值班的來了電話：「牛立華，外匯。」我想，什麼外匯？我也沒有海外關係啊，我就往外走。

走到門口一看，原來是李詩慧在那兒站著呢。平常我們不能出門，我就又回來找幹事開出門條。平時我可以以理化室買用品的名義出門，但那天不是星期天，我也沒有買東西的任務。為了出門，我就去找付幹事，嬉皮笑臉跟她說了半天。一直等她吃完飯，我才拿到出門條。打開條子一看，只給了我一個小時：「十二點出去，一點回來。」當時真想把條子撕了。

李詩慧還在門口等著，她說等了有四十分鐘了，我再不出來她都想走了。我說我喊了周恩光，李詩慧坦率地對我說，周恩光人是好人，但她不想進一步交往。我們走到不遠處的青羊宮，我身上只有六毛錢，花一毛錢買了兩張門票。我們倆都沒吃飯，看見有賣麵條的，我買了兩碗麵，兩毛錢一碗，那會兒麵裡已經有點肉了。我們一人吃了一碗麵，又坐到一個樹蔭底下聊。

她對我表示了好感，說我比較誠實。我說那我們以後加強聯繫。回來後見

到周恩光，他說：「李詩慧對你是比較好。你去吧，別管我的事。」這樣，我跟李詩慧確定了關係，那是在1964年。

五、傷逝

1965年3月8號，李詩慧所在的動力廠有人過來，說動力廠所有沒結婚的女性，一律調往峨邊縣沙坪農場。我當時還沒聽說有這件事，來人告訴我說，那天汽車開過去，他們看著上車的，只聽得一車的哭聲。

那時就算是勞教，在成都也習慣了。誰願意去沙坪農場？它在距成都三百公里之外的峨邊縣，環境十分惡劣。現在大家都知道，大饑荒時餓死了六千多人，場長梁村夫被判七年徒刑。

那兒還有少年勞教犯，據說是死了兩千六。這是很嚴重的事件，當地的老百姓告到省政府，才把場長給抓了。但是他還沒改造到一年就調走了，聽說調到了德陽機製磚瓦廠當廠長，也是一個勞改單位。這人原來是部隊的一個營長，心壞！一般的勞改農場有那麼大的困難，稍微有點人性的就會採取措施。糧食不夠吃，可以減少勞動強度啊；而他卻還逼著犯人幹活。

李詩慧調到沙坪農場，我想這就麻煩了。但我也不會因此對我們之間的感情置之不顧。我趕快給她寫了封信，讓她在沙坪安心；我說我不會變。

我想李詩慧在山區一定很寂寞，就給她寄了書。當時也沒什麼好看的書，寄去的書有《山鄉巨變》、《金光大道》、柳青的《創業史》。我還寄了徐懷中的《我們播種愛情》、姚雪垠的《李自成》。此外我還買了《茶樹病蟲害》和《茶葉檢驗學》給她，這兩本書是安徽農學院的教授寫的。

拿到這兩本書我先仔細看了一下，雖然我不懂茶葉，但在某個地方還是發現了差錯。作者說檢驗茶要看湯色，淡綠色是最好。這種湯色的深淺要用比色計來檢查，根據光電比色計電流的快慢來定湯色的深淺程度，由此判斷茶葉等級。我也有點自高自大，看到這兒，我就拿鋼筆在書頁上寫了：「電流沒有快慢，只有強弱。電流快慢的提法是不對的。」不管直流電還是交流電，都是一個速度。你一按電鈕，燈馬上就亮。不是說距離遠點，燈就亮得慢點兒，沒有這個差別。

接著我收到李詩慧的來信，她告訴我說羅國英出了問題，現在被關在一間黑屋子裡，身體也垮了。你給她買點營養品，寄給我，我能給她。

羅國英發生了什麼事？原來，她在動力廠時認識了一個男朋友，那位原來可能是運動員。他們倆相愛以後，羅國英不久就懷孕了。她個子比較高，旁人看不出來。女勞教轉到沙坪從事農業勞動，割草的時候彎著身子，再起身背上背篼；天正下雨，一下滑倒了，下身流血。馬上去醫院檢查，這就暴露了未婚先孕。

在當時那種情況下，未婚先孕是大醜聞，哪怕是雙方相愛，也會被汙為「亂搞男女關係」。不僅女性遭到羞辱，男性甚至會被以「流氓罪」判刑。羅國英發現自己懷孕後，就在五一勞動節那天逃跑了。她想逃到成都，把孩子生下來。

羅國英從沙坪農場下來，要走山路。走到山下是大渡河，河上牽了根鋼絲繩，繩上有個鉤，鉤子鉤著的另一根鋼絲繩牽著一隻船。這船隻能順著鋼絲繩往另一邊滑，光靠船是無法渡河的，因為水流湍急，會把船沖跑。

羅國英到了河邊，那兒有人值班。農場早已打電話過來：有人跑了，你們注意。人一到大渡河邊，馬上扣起來。

天下著雨，羅國英渾身淋濕，在河邊被抓回場裡關押起來。

我收到信後趕緊上街，給羅國英買了兩瓶奶粉、兩袋葡萄糖，又釘了個木箱去郵局寄給李詩慧。結果，東西還沒寄到，噩耗傳來，羅國英死了。

沙坪農場抓回羅國英就通知她，已經定了時間，必須到醫院做流產。強迫流產引起大出血，那年，羅國英才二十一歲。

一直到現在，想到羅國英我都痛心。

第十章　風暴襲來

一、我的疑問

　　1965年1月1日，《人民日報》照例刊登元旦社論，標題是〈爭取社會主義主義事業新勝利的保證〉，內容全是空談，不著邊際。

　　三年困難時期熬過去，1964年才吃了幾頓飽飯。進入1965年，我已經被關押了七年多。過了而立之年，我依然看不到一點兒出路。我只想做一個自食其力的普通公民，可還要在牢籠內待多久呢？連與父母通信的自由也沒有，勞動也是在槍桿子底下。當時革命口號是：「把他們打翻在地，再踏上一隻腳，讓他們永世不得翻身」，這裡說的「他們」莫非就是我們？

　　我認真讀了《毛澤東選集》，越讀越糊塗。毛澤東說得頭頭是道，實際做的都是反其道而行之。

　　1966年初夏，文化大革命開始了。廠長張志超曾任四川某法院院長，我向他彙報我的真實思想，以求解決疑問。

　　我問，為什麼黨非把不反黨的人打成反黨分子、右派不可呢？據我瞭解，很多右派也許是有缺點，說過錯話，但都沒有達到反黨的程度。勞教這麼多年了，滿腹冤屈無處訴，案子也拖得曠日持久。毛主席說的化消極因素為積極因素，何時才能兌現呢？

　　我還提出，在處理勞教分子時明確說過，「對他們同樣實行按勞動成果給工資報酬的原則」，但我們實際上每月只得到十五元生活費。摘帽和解除勞教了，還是每月十五元。因物價上漲，到1963年才增加為每月十九元。而我原來的工資是六十九元。如果說同工同酬，我在勞教隊工作難度更大，任務更重，但直到1964年我才拿到四十一元。這是「按勞動成果給工資報酬」嗎？毛主席說：「世界上怕就怕認真二字，共產黨就最講認真。」我希望能夠認真執行毛

主席的最高指示。

　　張志超對我的質疑未作解釋，也沒有批評。他只是讓我好好工作，展望未來。而我何曾想到，未來還有更大的風暴襲來，我對它沒有一點思想準備。

二、沙坪探親

　　1966年2月春節，我是在沙坪度過的。除夕前，我給李詩慧買了書，並向幹部請假探望未婚妻。儘管春節放假，離廠還是要報批。時間已在臘月廿九，幹部牛澤益還比較通情達理，他給我批了條子。

　　牛澤益的父親是國民黨的一個師長，他自己打籃球很出色，進了勞改廠的籃球隊。後來就轉到磨床廠，管我們這些留廠就業人員。他在條子上寫道：牛立華到沙坪農場跟李詩慧結婚。

　　看到他寫的事由，我說，牛科長，我沒想結婚。他說，你沒想結婚也拿著。用不著，你再給我退回來。我想那就還是帶著它吧，這樣我就上路了。

　　我也不知道去沙坪具體走法，就先坐車到了峨嵋。從峨嵋再轉長途汽車到峨邊的馬嘶溪，那是個渡口。

　　在峨嵋我認識一個人，他是郭沫若的堂弟郭開封。1961年清放勞教人員時，把他放回去了，可能跟郭沫若的影響有點關係。郭開封喊我住到他家，他說你要停留的時間長，我帶你遊峨嵋山。我說不行，我的時間很緊，我只想去沙坪農場。他就告訴我路怎麼走。

　　第二天一早，我買了碗麵吃就走了。走到馬嘶溪，坐鋼絲繩牽的船過了大渡河。過河後行人很少，地方挺偏僻。找了半天終於遇著一個人，我問他怎麼走，他說有兩條路，一條是大路，沒有柏油，也沒有什麼人。這條大路比較繞，你順著它往上走。還有一條小路近一些，但你不熟悉，迷了路了出不來。我謝謝他後，決定走大路。

　　當時我心情很急切，想儘快見到李詩慧。沿著大路走啊走，總算到了太陽坪中隊。這個隊算是離渡口比較近的，還有些勞改隊離得更遠。

　　當時已經是臘月三十了，我看見有幹部在那兒，坐在籐椅上；有女孩子在練跳舞唱歌，其中就有李詩慧。她們正在排節目，準備晚上開春節晚會。我拿

出牛幹事開的介紹信給幹部看，還真管用。他就喊了另外一個女孩，也不知道叫什麼名字，看上去也只有十八九歲。他說，你帶牛立華到場部去辦手續。

到了場部，其實沒什麼手續，就是告知沙坪農場有人來探望，準備結婚。那邊簽個字：准許。一分鐘都用不了。

待場部的幹部簽完了字，我準備出辦公室的門，一下就癱在那兒了。不知道什麼毛病，反正渾身出虛汗。我就跟那個小女孩說，我走不動。她說，那怎麼辦？我也背不動你。我說不行，趕快給我找點吃的。她說這兒哪有吃的東西？要走，你走到那邊，有個小賣部。我說行，我就在這兒坐一會兒。她先下去，一會兒她就喊我說，那兒有一家生著爐子呢。那是一對夫妻，勞教滿了允許結婚，他們就在農場安家，生了小孩。他們家有個爐子。

我過去跟人家要了一杯開水，那女孩給我買了幾個點心。那點心硬得跟石頭一樣，簡直吃不下去。但實在是餓，我嚼一口，慢慢抿著，喝點開水。等到能走了，再回到太陽坪中隊。演出隊已經排練完了，李詩慧這才陪著我。幹部給我找了個住處，那是一間草房，有個小鐵匠住在裡面。因為女子隊也需要農具，就找了一個小夥子在那兒打鐵。他住的屋子大概有五平方米，就在那裡頭拿木板、草，給我搭了個鋪。

李詩慧還回她們宿舍住，我就住那個小草屋裡。第二天大年初一，勞教隊發了麵粉，也發了餃子餡。每人分到一份，自己包餃子。

李詩慧不大會做飯，我說我來。我在她們宿舍現做，那兒大概有三十個人左右。我來和麵，揪几子，借了個擀麵杖擀皮兒。她們那兒北方人少，不像我們包餃子很熟練。同舍房的人就說：「李詩慧，你找的這個人，看來還不是白面書生呢。」「這人還行啊」，大家誇了一陣。

她們中大部分人我都記不住名字，只有一個我記住了，複姓慕蓉，全名慕容文華，大概有三十多歲。為什麼記得她？因為說錯了一句話。我當時問她：「您小孩兒多大了？」我想表示關心，結果她還沒結婚。我問得不合適，感覺有點對不起她。

吃完餃子，李詩慧陪著我到處去轉。我出發之前，帶了個照相機。勞改隊哪裡有玩照相機的人呢？我也是借的，萊卡相機，檔次還挺高。我和李詩慧走

到哪兒照到哪兒，沙坪山上風景非常好。

當時給李詩慧和她的朋友們都照了照片，還沒沖洗呢，幹部知道了。他們怕我照了勞改隊的秘密，其實一張都沒有。他們通知李詩慧，讓我把膠捲交出來。

我可以把膠捲曝光了，但我沒有；我還是抱著做順民的態度。我仔仔細細地把膠捲取出來，交給了幹部。他們沖洗後知道我照的都是風景，沒什麼違禁的東西。

所謂違禁，就是怕我照了南瓜山。那是在醫院背後的一個地方，羅國英就埋在那兒。我確實是想拍下羅國英的墓地，但帶我去場部的那個小女孩說，她也沒去過墓地，可能是埋在南瓜山。我知道在那個方位，但是沒找到，那兒都是荒山野嶺的。找不到我就放棄了，我也想過，當時很多人都是軟埋，羅國英應該也是，挖個坑就埋了。

我第三天就離開了，為什麼沒有多待幾天？一個是不方便，再一個也不自在。住房就一間草房，幹部打了招呼，晚上李詩慧必須回到監舍，過年也要學習。她不能不回去，就留下我一個人在鐵匠屋裡。

初二，李詩慧送我到山上一個路口，我就不讓她送了。我們商量好了結婚的事，她要找機會回成都。到五一節她就請了假，從沙坪農場到了通惠門。

當時磨床廠對我還比較客氣，馬上給我找了一個房間。有個女幹事還問要不要鋪蓋，可以從招待所借。我說不要，我自己準備了枕頭、被裡被面。李詩慧來了，我們就辦結婚證，照結婚照。

我那時一個月有四十一元，她在沙坪一個月有二十元。除了買書，我還存了一百多塊錢。作為結婚紀念，給李詩慧買了一件毛料的西服外套，咖啡色的，當時是十六元一件。

她還要求買個口紅，我說買口紅幹啥呢？那會兒我也不知道有口紅。她說女孩都有口紅，不信你看，她就指給我看。

口紅也便宜，五塊錢。顏色還挺多，在大商店才有賣。

我事先寫信告訴過我爸媽，當時家裡也很困難，但父母收到信，還是給我們寄來了六十元錢。媽媽信裡說，大家都很喜歡李詩慧。她說結了婚，一定要

好好過。

婚假只有四天，李詩慧待了十天，最後不得不回沙坪。

她臨走前，大概是五月八、九號，我買回兩個漆盤，黑漆底色燙金的花。我說你拿一個回去，我留一個。等你回來，咱們倆盤子就湊到一塊了。我參加工作時買了一個牛皮箱，也給了她。

我應該送她，起碼送出廠門，結果，管教科不讓送。文革快要開始，廠裡氣氛已經有點緊張了；再過幾天，「五‧一六」通知就下來了。沒辦法，我只好請鄰居幫我送她到汽車南站。

李詩慧回去後就來信了，信裡還說，她以為兩人一結婚就會有小孩；回到沙坪，沒有小孩……她難過地哭了。我說，你在沙坪一個人，帶著孩子很麻煩。等你調回成都，咱們再考慮孩子、傢俱等。雖然屋子很小，但買張桌子是可以的，咱們要有一個溫馨祥和充滿生活情趣的家。

三、那天早晨

1966年7月12日，星期二，我像往常一樣，黎明即起。

宿舍在廠區的中部，一樓一底，長約三十六米、寬約十米。底樓是廠房，那裡有車床、銑床、刨床……晝夜轟鳴，樓上是就業人員的住地。

大約三百六十平方米的空間裡住著兩百多號人，都是留廠就業人員。宿舍裡沒有床，人們一律睡在地板上，整個房子的地板就是一個大統鋪。每個人的鋪位大約六十釐米寬、二百釐米長，相當於一個小棺材的面積。

兩個鋪位之間沒有隔離，也不准懸掛布簾。人和人之間就像兩口子似的挨得很近。

這兩百多人一個挨一個的沿著大房子長度方向排成四排，兩排中間留有一條寬約一米的過道。躺在地上睡著了的人體，就像一排排堆積了多年的存貨。

宿舍白天關燈，晚上卻燈火通明，徹夜不息；這樣方便公安查房。

我從鋪上爬起來，快步下樓。樓下院子邊上有一個長方形的水泥槽，上面安裝了七、八個自來水龍頭，終年提供冷水。兩百多號人大部分早上起來不洗臉，需要洗臉的無論冬夏都在這兒速成。

我只用了兩分鐘就完成了洗漱，然後在房子背後一塊空地上，練了十幾分鐘太極拳。

天還沒完全亮，空氣中瀰漫著輕紗似的薄霧。一抹又一抹血紅色的泛光在東北邊灰藍色的天幕上忽隱忽現。西南方有兩三堆烏雲時聚時散，這天多雲間晴，有風。

食堂已經開門，我迅速跑回宿舍拿碗筷。我在食堂買了一碗稀飯、一個饅頭；總共一角錢、二兩糧票。為了省錢，清早這頓我都是不吃菜的。用不了五分鐘，饅頭、稀飯一掃而光。回去整理一下鋪蓋，我就準備上班了。

我在技術科搞機械設計，辦公室在路邊一排平房中間。房子是磚木穿斗結構，柱子是磚砌的，牆是竹篾編的。竹篾兩面糊著泥巴，刷了石灰。牆的表面不光但是很白，也能夠遮風擋雨。

說起來我們科總攬全廠技術工作，但科長和副科長都是公安幹部。他們不懂技術，也不在這間屋子辦公；只在佈置或檢查工作時才來。真正做設計、工藝、技術管理的只有七個人，都是被無端勞教後的就業人員。我們之間各司其職，相互配合，其工作效率之高，非一般國有企業所能比。

一間大約二十四平方米的房子裡擺了七張辦公桌，除了我以外，同處一室的還有以下六位：

徐炳泉，學徒出身，技師，六十多歲，經驗豐富，擅長機械製造與維修，所謂「反社會主義分子」。

余華年，技工學校畢業，三十五歲左右，工人技師，擅長車工、銑工，也能設計製圖，曾經的「反社會主義分子」。

陶冶，四十多歲，原重慶通用機械廠生產科長，機械製造專業，右派尚未摘帽。

劉洪福，三十八歲，長春汽車拖拉機學院調幹生，1956年畢業，原軍工企業技術員，汽車製造專業。他仍然戴著反革命帽子。

周恩光，三十二歲，上海交大1956年畢業，原軍工企業技術員，機械製造專業，英語基礎好，依然是反革命分子。

肖祖貽，三十二歲，重慶大學機械系1956年畢業，原航空設計院技術員。和我一樣摘掉了右派帽子。

七個人當中一個共產黨員、四個共青團員、兩個非黨人士，黨團員比例占了百分之七十。本來都是中共內部所謂革命隊伍中的同志，當時上級也說了「工人當中不反右」；結果，提意見的工人還是成了反社會主義分子，技術幹部被打成右派，而歷史或家庭出身有點問題的就是反革命。

　　到1966年，技術科內這七個人連勞教帶就業，被關押時間長達八、九年。這比抗日戰爭的時間還長，而且也看不出獲釋的跡象。大家都有一個疑問：不知還要熬到何年何月啊，什麼是毛澤東說的「給出路」？

　　幾個月以來，「文化大革命」如火如荼。揭露「三家村」，批判《燕山夜話》……報刊文章讓人目不暇接。「憤怒聲討」……「徹底摧毀」……「橫掃一切」……，口號越叫越響。「牛鬼蛇神」的帽子滿天飛，不知道哪天就會落在誰頭上。

　　勞動教養單位雖然有封閉性，但從報紙文章中，人們也預感到，這場政治風暴來勢洶洶，其猛烈程度絕不會亞於1957年的反右。

　　短時間內，自殺事件接連發生。檢驗工李興貴觸電身死，電器維修工賴培榮服毒，技師徐炳泉服毒，還有一位我只記得姓李忘了名字的人自刎。徐和李被發現後，經搶救才活下來。這些消息增強了運動來臨的恐怖氣氛。

　　6、7月份，廠裡接連召開兩次逮捕大會。余洪熙、左湘、朱元善等七、八個人相繼被捕，罪名都是「偷聽電臺」。余洪熙當過小學教師，朱元善是車工，左湘是木工；他們喜歡裝配收音機，水準高的能收到一點外電節目。他們被捕後，一時間人人自危，不知下一步會發生什麼。

　　當日，離上班時間還有半小時，我匆匆進了辦公室。我需要儘快完成混砂機的圖紙繪製，總圖已經畫好，我打開圖紙，審視一個一個部件……接下來還要繪製零件圖。

　　六個同事陸續進來，一天的忙碌即將開始。屋外電線杆上的高音喇叭忽然響起：所有人員八點半到大禮堂集合開會。

　　又來了什麼緊急事情？

四、「把牛立華押上來」

那天早上，我對即將發生的事情毫無預感。如前所述，我才結婚兩個月，滿心憧憬著家庭的未來。為了婚姻的穩定，我決心往後靠技術吃飯。我不想關心國家大事，今後更要遠離政治，按照共產黨的要求「夾著尾巴做人」。如此，再大的政治風暴也不至於落到我頭上。

八點半到了，四百多名就業人員席地而坐，擠滿了大禮堂。所謂大禮堂實際上是一個可以擋風遮雨的大房子，長約四十二米，寬約十米。房間前面有磚木結構的「舞臺」，供幹部訓話，批鬥，抓捕，宣判之用。偶爾大禮堂裡也放電影，節日裡或有就業者自排的文藝演出。房間後面是勞教和就業人員廚房，當中是一塊空地，鋪著灰褐色的三合土，沒桌子也沒椅子。

往常，大會一般由管教股股長周以貴或張育新主持，今天換成了一車間的主任王偉。往常是廠長張志超講話，今天換成了不認識的人，據說是從成都市西城區法院派來的駐廠工作組組長。管他誰呢，人為刀俎我為魚肉。他們換來換去都是勞改隊的幹警，我等依然是專政對象。

會議開始了，王偉高聲喝道：「今天是對『反改造分子』牛立華施行逮捕的大會，把罪犯牛立華押上來！」

王偉突如其來的叫喊聲讓人疑惑，也震驚了我。我犯了什麼罪？我站起來，不知道什麼時候我身後出現了四個全副武裝的彪形大漢。他們押解著我，走到大禮堂側門。我還沒有登臺亮相，也沒人對我宣佈逮捕，更談不上簽字或其他手續。一個武警不由分說，狠狠地給我戴上了手銬。

我站在禮堂門口，極力讓自己平靜下來。看看周圍，這是我忍辱負重七年的地方，也是我嘔心瀝血籌建了兩個理化實驗室的地方。我在這裡刻苦鑽研技術，尋求報效國家，結果卻是鐐銬加身！這究竟是為什麼？

從1958年到1966年，我一直被關押，從沒有任何有損於社會的行為。「無產階級專政」是發瘋了嗎？

這時，管教幹事戴付卿來到我旁邊。我和他目光相遇，他倒背著雙手，眼

神難以名狀。過了兩分鐘，他走向武警，小聲說了什麼。那個武警過來，打開我的手銬鬆了兩扣。這時，我的兩隻手都已紅腫不堪了。

戴付卿轉身而去，只看見他的背影慢慢移動，走出了我的視線。戴付卿還健在，他住成都文廟後街四川省公安廳宿舍大院內，或許他也能回憶起當時的情景。

在辦公室裡，我還有兩個大書架，上面裝滿書籍。宿舍裡還有我的鋪蓋和衣物。我向武警提出要收撿，他怒目而視，吼道：「用不著你管！」

過了一會兒，記不清是誰了，給我拿來一個用麻繩捆好了的行李捲，丟在我旁邊的地上。這人看我一眼，搖搖頭，沒說一句話就匆匆走了。

押解我的武警下了命令：「走！」

我彎下腰，用戴著手銬的雙手提起行李捲。往左拐就走出了禮堂旁邊狹窄的巷道，來到廠內的主幹道；前面不遠處停著一輛中吉普。

我回頭看到，四個武警緊緊地跟在我後面。他們不是槍上肩，而是橫端著槍，槍上插著明晃晃的刺刀。

直到八十年代我平反後，一位當年的管教幹部才告訴我內幕。晚上，在他家，他關了窗子，還特別關上燈。黑燈瞎火裡他問我：「今天，就我們倆人，你知不知道你為什麼被捕？」我說不知道。他說：「是一車間的主任，要打倒廠長張志超，才以你為藉口，說張志超重用右派分子。」

再說我被捕那天上午，我還記得，武警押著我離廠；走著走著，對面來了一個工人，是一張熟悉的面孔。平時我們沒有交往，但都知道彼此是同類。在距我一米多遠的地方，我們雙目對視。只見他用氣流和嘴唇的動作發出了「保重」兩個字。我條件反射似地也用唇語回答道：「放心。」至今我都不知道這位難友的名字，只記得他好像是車工。四十多年了，再也沒機會見到他。

我上了車，這車外面用軍綠色帆布遮得嚴嚴實實，內部有鐵欄杆。車開後行駛不過十分鐘，停下了。

外面的太陽有點晃眼睛，我下車後抬頭再看，車停在一條僻靜巷子裡；迎面是一個拱頂門洞，有鐵柵欄門攔住外人。門楣上釘著一塊小小的門牌：寧夏街186號。再看左右，一道磚牆橫亙於前。這圍牆長約一百米，高約五米，牆

頂上密佈電網，兩端均有崗樓。灰黑色的高牆幾乎佔據了這條街道的一半，這裡就是聞名全川的寧夏街監獄。

第十一章　在寧夏街監獄

一、初進寧夏街

　　寧夏街位於現在成都的一環路以內，據有關史料記載，清朝雍正六年（西元1728年）天津總兵盛瑛之子盛九功率領寧夏騎兵入川，在成都西北角城牆邊上的一塊空地修建了公館，初名盛家口。公館落成後，盛九功和隨軍部下以及他們的眷屬居於此地。因其中寧夏人居多，老百姓稱之為寧夏街，沿襲至今。

　　清光緒三十三年（西元1907年），大理院正卿沈家本奏請改良監獄，聘請日本獄政專家小河滋四郎來華講學，擬定了中國第一部獄政法典《大清監獄律》；並提出各省新造模範監獄一所，作為施行新政的準備。宣統二年（西元1910年）四川按察使在成都境內小北門西來寺（今寧夏街成都樹德中學所在地以南）勘官地四十畝，按照日本圖紙動工修造監獄。

　　這時的監獄分內監（關押已決犯）、外監（關押未決犯）、女監、病監四部，民間號稱四大監；總共可容納五百多人。民國時這裡改名為四川陸軍監獄，以後又更名為四川省第一監獄。

　　新中國成立後，四大監由成都市公安機關接管，改建為成都市公安局看守所。那個時代的人們對看守所和監獄並無明確概念，凡是關犯人的地方，老百姓都稱之為監獄。

　　2001年以後，看守所遷至成都遠郊郫縣。原房屋拆除後，該地塊竟無人願買。據說是死人太多，陰氣甚重。後由政府規劃修建新城市廣場，沉壓在累累白骨和無數冤魂上的主體樓高達三十五層。如今，寧夏街一帶已成繁華商業區。

　　那天，我第一次來到寧夏街監獄，看到的情景是這樣：大門左側是傳達室和崗亭，前方有一條兩米多寬的甬道直通後面的深宅大院。在右邊的牆角，掛

著一個白底黑字的舊木牌，上面寫著：成都市公安局第二看守所。

押送我的武警打開手銬，我提著小小的行李捲站在一旁。從監獄裡面出來兩個人辦理交接手續，然後我聽到一聲喝令：「走！」

這兩個人穿著警服，沒帶長槍，一個在前面帶路，一個在後面緊跟。幾彎幾拐我當時沒記清楚，同年11月份離開看守所的時候，我有意數了數：從臨街大門進入監舍，一共要經過八道門；其中，還需穿過廚房的兩道門。也就是說，即便能逃跑也逃不過炊事員的眼睛。整個通道戒備森嚴，進去的人就休想越獄。

後來我聽說，其實寧夏街還真跑過人。那個未決犯頭腦靈活，他被武警提出監舍後，在牆根下面站著等候審訊。這時他看見旁邊有一輛自行車和一頂草帽，便逕自過去把草帽戴上遮住了光頭，又推起自行車往外走。他連過了幾道門，據說出大門時還和警衛點頭示意，他越獄成功了。

我隨著幹警走進一個院子，感覺它面積不小，長約四十米，寬二十多米，足以容納一千人。院子裡的三面紅磚圍牆有五米多高，上面也架設了電網，兩個角上的崗樓比圍牆還高出一截。

正是盛夏7月，高牆之內陽光滿地，靜若平湖。

進門右手方向，橫向並排著三棟平房，那就是監舍了。監舍中間巷道的鐵柵欄門正對著院子，在第二棟監舍的門口，迎面可見灰白色的木頭牌子，上面寫著：「二巷道」。再上三步臺階，順一米寬的巷道往裡走，兩邊也是單間監舍。各房間都關著門，看不到裡面的動靜。幹警的步伐很快，我也快速跟上。最後，我們在監舍盡頭的倒數第二間停下了。

「把身上的東西掏出來！」警察喝令。夏天穿的衣服不多，我翻遍所有的衣兜，掏出十七塊兩毛五分錢。他又說：「錢暫時保管，手錶呢？」我答說：「沒有。」他看我的確是兩手空空，便不再追問。

下一步是讓我把褲腰帶解下來，我不知道這是要幹什麼，也只好服從。繫褲子的皮帶和繫內褲的布帶都要解，我的內褲是鬆緊帶就免了。解下來的腰帶又不知道往哪兒放，拿在手裡猶豫之間，抬頭看到舍房外面的牆壁上有一個掛鉤，上面已經有好幾條腰帶；我把我的褲腰帶也掛了上去。後來才知道，這是為了防止自殺。

警察取出鑰匙，打開鐵鎖，拉開鐵栓，用力打開厚重的木門。他腦殼一揚嘴一努，我領會這是讓我進屋。我前腳剛踏入監舍，後腳還懸在空中，只聽得咣當一聲，木門被緊緊關上了，門板差點兒打到我的腳後跟上。

　　又聽得嘩啦一聲，他拉過鐵栓；咔嚓一聲，門鎖上了。

　　在這深庭大院裡，巷道寂靜無人。「咣當」、「嘩啦」和「咔嚓」的聲音顯得那麼突兀和沉重。

二、十七號監舍

　　我還是第一次進入正式的監獄，心裡不免好奇。站在門內，我上下左右巡視了一遍，心說原來這就是監獄啊。

　　這是一間正方形監舍，長寬都是三米。兩邊有一通到頂的磚牆，右邊牆上貼著一張《監規紀律》。正對著門的後牆上開了一個窗戶，長不過七十釐米，高不過五十釐米。和住家戶不同的是，這個窗戶的位置很高，離地面足有兩米以上，窗戶上面的邊沿已經接近天花板了。

　　窗戶裡邊又豎排著七根大拇指粗細的鋼條，外面是不透明的玻璃。再回頭看那個門，完全是實木，厚實而沉重。門當中有一個窺視孔，它是包著鍍鋅鐵皮的喇叭口形。裡面的人看不到外面，外面卻可以看到裡面。

　　房間裡鋪的是木地板，地面擦得很乾淨。沿牆根一個挨著一個，一共坐了十二個人。靠牆角的位置放著一個有蓋子的馬桶，蓋子上面垛著個臉盆，裡面盛有半盆水。

　　靠門口坐著的一個人，冷冷地喊了一聲：「坐下！」

　　牆邊幾位室友挪了挪身子，騰出空檔，我擠著坐進去。

　　就這麼九平方米的監舍內擠著十二位室友，每個人都面無表情。

　　靠門口的那位再次發話：「你叫什麼名字？」說著他拿出一個本子來準備記錄。我以為他可能是組長，後來才知道這個角色叫「召集」。

　　監獄裡由公安幹警指定小組或舍房的負責人，都不叫組長。可能是因為「長」字與首長、局長、廳長的「長」字相同，有的地方管這個角色叫值日或值星員，可「員」又犯了司令員的諱。寧夏街看守所裡對組長改稱「召集」，

這就避免了以上兩種麻煩。

「召集」問我叫什麼，我答：「牛立華。」他在本子上寫了一個「劉」，四川口音牛（niu）劉（liu）不分，姓劉的比姓牛的多得多。我伸頭一看不對，馬上糾正說：「不是劉，是牛，牛－鬼－蛇－神－的－牛。」

我周圍坐著的幾位聽到這話，都忍俊不禁。

這位「召集」姓嚴，據說是小學教師，因姦污幼女被捕。此人不苟言笑，又說了一句：「接著學習」。我對面一位戴眼鏡的室友拿起一張舊報紙，一板一眼地讀著。那還是《人民日報》1966年6月1日的社論〈橫掃一切牛鬼蛇神〉。

讀報聲中，門外傳來一陣腳步。我斜對面的室友側耳靜聽後說：「文武張。」接著一陣響動，門開了。門外的人指著剛才的讀報者說：「你出來！」

讀報者站起，扶了扶眼鏡，到門口穿上了放在過道裡的鞋，出門了。

我問：「喊出去幹什麼呀？」

剛才說「文武張」的那位室友答說：「不像是提審，『文武張』事兒多，沒事找事。」

「剛來那個幹部姓文？」我又問道。

「他姓張，文武路派出所調過來的。」這位室友接著說：「送你進來的那個幹事姓章，立早章。」

這位室友名叫衡孝泉，他又告訴我，被喊出去是張敏，來自動力機械廠；也不知道為什麼再次被捕入獄。

正說著，又有了腳步聲。大家立即閉嘴，擺出一本正經的樣子。門開後，張敏進來。剛才帶他出去的「文武張」對著我說：「你出來！」

我奉命站起，差點掉了褲子。我連忙把褲子提緊，穿鞋跟他出去。路過巷道兩邊，我在心裡默數，一邊各有十間舍房，共二十間；我所在的是十七號。

出巷道，下臺階，再往右拐，進了幹部辦公室。

張幹事進去後，坐在籐椅上；他讓我坐在小板凳上，高低相對。他問：「你進來幹些什麼？」他的語調很凶很急促。

我才進來十幾分鐘，幹了什麼？連泡尿也沒撒。

張又問：「你說了什麼話？」

我答：「沒說什麼話。」

他勃然大怒道：「你老實點！進來就不老實，看我怎麼收拾你。」

我重複道：「報告張幹事，真沒說什麼。」

他瞪了我一眼：「你說什麼牛鬼蛇神？」

原來是這句話，我只好對他解釋了一遍：「本來是黃牛的牛，但說了怕犯錯誤。革命的老黃牛是形容老幹部的，我被掃進監獄，只能說牛鬼蛇神的牛。」

他還是一副氣勢洶洶的樣子，教訓我說：「進了監獄要嚴格遵守監規紀律，老實交代問題，坦白從寬，抗拒從嚴」……總之，都是我耳熟能詳的那一套。

三、囚徒日常

回到監舍，張敏他們還在繼續讀報。過了一會兒，巷道裡有響動。有監舍門被打開，接著是雜亂的腳步聲。一位室友對大家說：「放風嘍！趕快解大便！」

我奇怪了，怎麼不在放風的時候到廁所解，而要在舍房解呢？豈不是臭氣熏人？室友們七嘴八舌地告訴我放風事項和舍房的規矩。

放風就在後面小院，每次只有十分鐘。洗臉刷牙，解手倒馬桶，洗碗洗衣服，活動身體以及呼吸新鮮空氣……都必須在十分鐘內完成。外面廁所蹲位少，二十多人一下放出去，解手必然要排隊耽誤時間。十七號舍房的先驅們摸索出來，在放風之前要抓緊解手。每天安排兩人倒馬桶，一人擦地板。這樣，其餘的人出去就可以幹別的事情而不是排隊上廁所。

通常放風從一號監舍開始，巷道左邊單號，右邊雙號，一次開放兩個舍房。至於哪兩個舍房一塊兒放風，則由幹部臨時決定。今天是一號和二號，明天可能是一號和四號。這樣做的目的是，避免囚犯相互串通。我算了一下，兩個舍房重複放風，在理論上的概率是二十八天一次。

這天擦地板的室友已經開始工作，他拿起抹布在那半盆水裡浸濕，先擦門，然後從牆根起擦地板。他擦到誰的面前，誰就會主動地拿起自己的小鋪蓋

捲兒給他騰地方。九平方米的舍房，他很快就擦完了。

從一號開始放風，輪到我們十七號，中間需要一個半小時。等待放風的這段時間是最輕鬆的。這時不用讀報，也不必正襟危坐。十三個人在這狹小空間內可以站起來，活動一下身體。

輪到我們舍房開門的那一個小時裡，有五個室友挨個兒去大便。那馬桶直徑半米左右，高也有半米。出恭時你不能坐也不能蹲，只能兩手扶著桶沿兒來個騎馬蹲襠式。這樣的當眾解手，一屋子人也都習以為常。

只有放風的時候才能用水，可以洗碗，洗澡和洗衣服。輪到「立早章」值班，他就不管閒事。要是「文武張」值班，你還得注意不能和別人說話，否則會挨罵甚至取消放風資格。

終於輪到我們舍房放風了，今天好運，正是「立早章」值班。打開門後，提著馬桶的兩位室友最先出門，擦地板的端著臉盆緊隨其後。其餘十個人陸續走出，來到放風地。

寧夏街看守所這三棟平行的監舍是直通式的，每棟監舍的巷道兩端都有鐵柵欄門，前門對著大院子，後門通向狹長的小院。平時兩頭的鐵柵欄門緊鎖，放風時，前門上鎖，後門打開。

小院寬度五米左右，對面和左側攔著高牆電網，高牆下面有長方形水泥槽，安有四個水龍頭。院子長有三十米，右邊就是敞篷廁所。說敞篷，即廁所只有屋頂，沒有圍牆和隔斷，如廁者人數和狀態，看守盡收眼底。在廁所旁邊有一間十平方米大小的洗澡房，裡面沒別的，只有一根黑色橡膠水管拖在地面上。

兩間舍房一塊兒放風，囚犯就有二十六七個人。兩位室友用竹刷把緊張地洗刷馬桶，前後沖了三道水，可稱是一絲不苟。

廁所裡四個蹲位都有人，旁邊還站著七八個犯人等著。如果一個人拉屎需要三分鐘，排在最後的那位至少要等六分鐘。那麼十分鐘的放風時間就耗去了大半，甚至不等拉完，放風就結束了。我不禁讚歎起十七號舍房訂下的規矩，真是太實用了。

我在水泥槽洗了把臉，然後在小院兒裡來回走走看看。洗澡房裡有五個犯人脫得精光，用涼水沖身子。院子裡還有七八個犯人，一個大高個兒站在監舍

門口，背貼著牆，一動不動，目光呆滯。其他幾個人則在小院兒裡舒展身體，做深呼吸，擴胸踢腿。在這失去自由的高牆內，我竟然想起一首流行的蘇聯歌曲《祖國頌》，其中唱道：

> 我們祖國多麼遼闊廣大，
> 她有無數田野和森林。
> 我們沒有見過別的國家，
> 可以這樣自由呼吸
> 人們可以自由走來走去
> ⋯⋯

一聲哨子響，放風結束。馬桶抬回來了，水盆裡換上了乾淨水，也依然垛在馬桶蓋上。十三個人全部回到舍房，「立早章」清點人數，「咣當」、「嘩啦」、「咔嚓」三聲，木門再度關上。

大家坐好，接著讀報，還是〈橫掃一切牛鬼蛇神〉。舍房裡沒鐘也沒表，無法確定準確時間，憑我估計是到十一點半了。室友說，要開飯了。他告訴我吃飯的規矩：三頓飯，一天定量七兩。早晨二兩乾飯，中午三兩乾飯，晚上二兩稀飯。基本沒吃過肉，每人每天大概有一斤蔬菜。

說到菜的分量，去掉水分就沒多少了。新鮮蔬菜含水量高，蘿蔔、白菜的含水量都在百分之九十以上，綠豆芽含水量更高達百分之九十五。這些菜炒了去掉水分，可能就只剩半斤了。半斤菜分三頓吃，每頓就只能攤到幾口。儘管如此，有一小碗飯、一小撮缺油少鹽的菜，還要算不錯了；至少不會餓死。

嘩啦一聲，鐵柵欄門打開。跟著就聽見鐵軲轆車的聲音。衡孝泉起身走到門口，貼近門縫聞了一下說：「炒綠豆芽兒。」

又過了半個鐘頭，小車才推到十七號舍房。裡面已經排好了隊，每個人手裡拿著兩個碗。我排在最後，手裡只有一個搪瓷缸子。門開了，犯人挨個把碗遞出去。外面一個炊事員盛飯，另一個炊事員盛菜，果然是綠豆芽兒。

到我了，我說明是今天才到的，向炊事員要了一個碗、一雙筷子。

大家坐回自己的位置上，雖然肚子早餓了，誰也捨不得狼吞虎嚥；一口飯

都要咀嚼幾十下才捨得嚥下去。

吃了飯午睡，下午兩點半繼續學習。說是午睡，多半都睡不著。成都夏日午間氣溫在攝氏三十幾度，室內密不透風，實在悶熱難耐。十三個人多數都赤裸著上身，只穿了一條短褲，個別人還穿著背心。大家頭腳交叉地擠在鋪上，竟沒有傳來腳臭味兒。大概是因為人們在室內整天都光著腳，也難得走動，反而避免了出汗誘發腳氣吧。

下午兩點一刻，電鈴聲大作，我嚇一跳。室友說，這是起床信號。

上午讀過報紙，下午便是討論。坐在門口的「召集」宣佈：結合上午學習的社論檢查自己。

我進勞教隊多年，自我檢查都是例行公事；但我再也沒說過「我有罪」。消防機械廠的所有人都知道：牛立華是不認罪的。好在都是朝夕相處的熟人，他們明白這都是兒戲，當不得真。如今在寧夏街初來乍到，難道我要在陌生人面前檢討認罪？我打算先聽聽別人怎麼檢查再說。

正在思索中，隔壁傳來了「咚咚」的聲音。室友說，又打起來了。原來隔壁在開批鬥會，上演了全武行。

十七號監舍的十三個人，年齡從二十歲到五十歲都有。文化程度有人小學有人大學，案情也各有不同，但誰都不贊成打人。無仇無冤被關在一個屋，各有各的苦處，就別再給其他人增加痛苦了。

大家東拉西扯，時間過得很快。送飯的車軲轆聲再度響起，又是開門，遞碗，一人一瓢。晚上是稀飯，有道是「端在手裡燙，一搖一個晃，走起路來浪，一吹一個氹，喝在嘴裡燙，吞到肚裡脹」。顯然就是中午的剩飯剩菜加水，也可能還加了一點米煮成的。

晚飯後還是學習，不准談各人案情更不准談審訊過程，大家只有天南海北瞎扯。到九點後睡覺，次日如法炮製。

住了幾天，彼此也就熟悉了。姓嚴的「召集」據說被判了七年徒刑，轉移到已決犯監舍；十七號的氣氛更輕鬆了。

不久，新關進來一個人，他面帶恐懼之色，渾身不停地顫抖。約莫過了一刻鐘，情緒才稍有穩定。仔細瞭解才知道，他竟是負有命債的殺人犯。新犯人姓黃，本是四川齒輪廠的武警班長，共產黨員。某日值夜班，他見一人奔廠門

而來，立即喝道：「站住！不許動！」那人繼續前行，他沒問明情況就舉槍瞄準，扣了扳機。子彈出膛，來人應聲倒地。

槍聲驚動了保衛科，現場勘察確認人已死。黃某被羈押，翌日逮捕送到寧夏街。連續幾次提審，審訊員的態度都很凶。他害怕得很，嘴裡不停地念叨：「可能要被判死刑啊，結婚一年多，小孩還不滿三個月啊。」說著說著他就嚎啕大哭，嘴裡喊著說：「我真的不是故意的呀！」

難友們都勸他說，無論審訊員多凶，都不要亂說。你只堅持說「舉槍，瞄準，扣扳機」，三個動作成了習慣；而不是故意謀殺。只要判過失傷人，頂多坐幾年監獄就可以出去，絕對不會被判死刑。

在我印象中，十七號監舍的難友都有同情心，也從來不窩裡鬥。

第十二章　從開庭到判決

一、正式預審

　　進入寧夏街的第二天，早上，剛吃過二兩糙米飯和一小撮鹹菜；文武張和立早章都來了，隨同的還有兩個武警。他們逐一打開牢門，把昨天才關進來的人喊出來，在巷道裡排成一列。接著只聽有人喊了一聲：「走！」我隨著人流走到壩子裡。

　　左右一看，一共是十三個人；年齡大約在二十歲到三十多歲之間，其中四個人戴著眼鏡。大家互不相識，都沒有言語。

　　院子東牆前面擺著一架外拍相機，旁邊放著兩個凳子。原來是照登記像，這是必要的入獄手續。

　　一會兒來了一個人，身穿藍布大衣，背著一個黑色帆布包。文武張朝他點點頭，又衝著我們說：「按照我喊名字的順序，過來理髮！」

　　最先過去的人把凳子擺好，坐了下去。不用圍單也不用鏡子，來人拿起推子，三下五除二，新犯人的滿頭黑髮墜地。他又用推子沿著嘴巴掃了一圈，長短不齊的鬍子也被掃蕩殆盡。

　　緊跟著是填表：姓名、年齡、籍貫、案別等等；還要按上左右手十個手指的手印。兩個獄卒在一旁嚴密監督，表格的下半部分現出一片斑駁的血紅色。

　　隨後理髮師退位，換上穿著藍布大衣的攝影師。他動作熟練，我們十三個人拍照只用了十五分鐘左右。只聽得一聲又一聲按快門的聲音，「咔嚓」、「咔嚓」……大功告成；十三個新剃的光頭回到各自的舍房。

　　如今過了五十多年，我沒看過自己入獄並受髡刑後的第一張照片，也不知道它在哪裡。它是我在中國那個特殊時期的寫照，肯定有歷史價值。

　　一直到這個時刻，我還是不知道，到底為什麼給我加碼，竟然被送進

監獄。

就這樣過了一個多月，到8月18日，獄方對我進行了正式預審。這次換了一個預審員，增加了一個書記員，我不知道他們的姓名。

審訊員只是蜻蜓點水似地問一下，時間總共不到半小時。有些問題與事實有出入，但還不是不著邊際；我對這類問題均未申辯。還有一些是毫無根據或顛倒黑白的控告，我不得不做些說明。

審訊終結時，預審員讓我看了記錄。我覺得不夠完整，某些地方甚至有較大出入。為免誤解，我請求補充和更正。預審員極為反感，我才寫了幾個字，他就在一邊連聲催著：「快點！快點！」。幸好另一位書記員允許我繼續寫，我也只對個別問題作了簡略補充，許多失誤我都沒有來得及追究。

我想，澄清事實需要時間；有些問題可以留待下一次，我將繼續申辯。待預審結案時，事實應該可以得到最後認定。

誰知預審以後，再沒人審訊過我。不僅沒有預審結案這個步驟，也沒有檢察院審查與核實過程。出庭前我連起訴書都沒看到，突然得到通知：1966年9月7日對我進行開庭審判。

二、所謂「開庭」

9月7日，說是開庭，也沒有去任何法院。這個法庭就設在寧夏街看守所內。獄警把我從監舍帶出來，到了外面的院子。我又經過那堵青磚砌築、高約五米的牆，再走到前面的一排平房，就進入了審訊室。被提出來的嫌疑人都面對高牆站立著，等待提審。

我在牆下站了大約十分鐘，看守押送我進了審訊室。

房間大約有二十平米，在我前面是一個高約二十五釐米的木製平臺，上面一字排開三張辦公桌，那是審判員和陪審員的位置。下面的空地中間放著一個凳子，這是被告的位置。我坐下以後才發現，那凳子是固定在地面上的，不能移動。我估計這是防止被告怒不可遏時抄起凳子襲擊審判員。

一位胖胖的女審判員坐在中間，年約四十多歲；在她左邊是一位面目清

瘦的老頭兒，右邊是一位身材矮小的老太太。男左女右，兩位人民陪審員坐好了；門口站著法警。

開庭伊始，審判員宣讀了起訴書，全文如下：

四川省成都市人民檢察院起訴書

（66）檢勞訴字第027號

被告牛立華，男，三十歲，漢族，北京市人，家庭出身資本家。一九五七年在重慶長江電工廠猖狂向黨進攻被劃為右派。因不服監督改造，一九五八年被送勞動教養，一九六一年十月摘掉右派帽子，解除勞教，留通惠汽車修配廠就業至今。

被告牛立華，因反革命一案，於一九六六年七月十二日，由成都市公安局依法逮捕。預審後移送本院審查起訴，經審查判明其犯罪事實如下：

被告牛立華，解除勞教後，一貫堅持反動立場，極端仇視黨和社會主義制度，惡毒地全面系統地攻擊黨的各項方針政策，誣衊說「三面紅旗下面執行過左」，「總路線的基本點已經變了，還在喊總路線萬歲」，「大躍進的成績是虛的……」。攻擊肅反、反右鬥爭說「肅反擴大化，搞錯十萬人，翻案是不會停的」，「中國現在被劃的敵人太多了，以後要出現修正主義」。並狂妄地說「中國不出現修正主義我就自殺」。

被告還極力醜化社會主義，美化資本主義制度，宣揚資產階級「自由」，說「今天社會就是不自由」。攻擊毛澤東思想是言行不一致「理論上是一套，做的又是一套」，誣衊無產階級文化大革命是「想批判哪個就找哪個的材料。若不想批判那個，問題再大也不了了之」。

被告因被劃為右派分子不認罪，一九六五年以來經常狂妄叫囂要翻案，說「我要告到中央去」。當其他就業人員勸阻時竟說「我一不怕苦，二不怕死，三不怕燙，捨得一身剮，敢把皇帝拉下馬」，又說「既然黨把我看成敵人，視我為草芥，我就視你為寇仇」，反動氣焰十分

囂張。

　　綜上所述：被告牛立華，一貫堅持反動立場，惡毒地攻擊黨的各項方針政策，誣衊無產階級文化大革命，狂妄叫囂翻案，在就業人員中造成極壞影響。根據中華人民共和國懲治反革命條例第十條一、三款之精神，應依法懲處。

　　此致

成都市西城區人民法院
檢察長陳清雲

1966年8月26日

　　臺上這位女審判員用成都方言讀完了起訴書，法警把副本交給我。我從頭到尾看了一遍，怒火中燒。身為檢察長的陳清雲，把我在不同時間、不同地點和不同人說的話以及從未說過的話，各取一句或幾個字，拼湊、編造在一起，捏造了這份起訴書，只有流氓和無賴才會採取這種手段。我又想起毛澤東說過的：「世界上怕就怕認真二字，共產黨就最講認真」。在共產黨掌控的檢察院，怎麼能如此不講認真？

　　與此同時，我心裡也有了底。就起訴書所列罪狀，不過是一點言論或者思想問題，沒有任何犯罪事實。按照公開發佈的政策，根本不足以判刑。

　　我鎮定了一下情緒，對審判員說：「起訴書中的絕大部分內容都不是事實。」

　　她「啊」了一聲，惡狠狠地問：「哪一點不是事實？」

　　我答說：「除了開頭我的姓名、年齡、民族和籍貫外，以下都不是事實。我父親是會計，或者說主任會計。他沒有資本，怎麼叫資本家呢？頂多算是小資產階級職員。」

　　沒等審判員說話，旁邊那位老太太搶先說：「小資產階級就是資本家。」

　　女審判員用右手在桌子底下做了個動作，不讓她多嘴。接著對我說：「你家裡劃的什麼成分？」

我答說：「大城市沒有劃成分，你是成都人，成都市劃成分了嗎？沒有吧？北京也沒劃成分。如果劃了，資本家也好，地主也好，土豪劣紳也好，軍閥也好，我全接受。如果沒劃，就不能任意寫一個成分。」

那位不甘寂寞的老太太又說了一句：「解放以後都劃了成分。」

審判員搖頭，用手衝她擺了擺，那位老太太再不插話了。

我當時就想，如果真的尊重人民，就應當聘請有文化水準、有法律常識和陪審能力的人來。像這樣走形式，不是視陪審如兒戲嗎？不是侮辱人民陪審員的稱呼嗎？

事後我才打聽清楚，法院聘請陪審員時並不考慮別的，只是從街道辦事處的軍烈屬名單中找幾位家庭困難的老頭、老太太來做陪襯。他們每參與一次陪審，法院給付五毛錢勞務費。這個數可以買四斤多大米，夠一家人吃兩三天的。如此既照顧了軍烈屬，又減少了居委會救濟金的負擔。

我想就起訴書所列內容逐條申辯，審判員對此不感興趣，她只是來走個過場而已。儘管如此，我依然提出：「我請求調查瞭解，查清事實再作處理。」

三、批駁起訴書

8月18日預審完畢後，我就決定要申訴。那時還不知道何時出判決。待9月7日所謂庭審之後，我繼續寫申訴信，至9月10日完成，我對起訴書所列的各條罪狀，逐字逐句作了說明。

材料交上去了，我也沒法留底稿。監獄裡每逢「元旦」、「五一」、「十一」，獄方都要搜查。犯人的鋪蓋、枕頭被翻來覆去地摸一遍。獄卒特別注意其中的文字記錄，查「反動筆記」是他們的主要任務。別說申訴，就連一張小紙條，幾乎也保留不下來。我寫這個回憶錄時，很多東西只能憑記憶追述。

我記得申訴題目大概是：〈請求繼續審理，切望查明事實〉，內容大體如下：

「家庭出身資本家」——

我祖父是北京遠郊的農民，農忙務農，農閒在門頭溝煤礦做礦工；1942

年即病逝。我父親是北京某地毯廠的主任會計，母親是織地毯的工人。家庭出身資本家一說，不知從何而來？請依照當地政府劃定的成分確定，不可隨意認定。

「1957年在重慶長江電工廠猖狂向黨進攻，被劃為右派」——

在反右運動中，我除了被迫寫過檢討以外，沒有貼過一張大字報。我只在由黨支部書記主持、指定的小組會上就指定的題目發過言，至今看來毫無反黨痕跡。

「因不服監督改造，1958年被送勞動教養」——

監督勞動期間，我沒有受過任何批評，更沒有不服監督改造的事例。此問題不涉及本次案情，無需多說。

「1961年10月摘掉右派分子帽子，解除勞動教養，留通惠汽車修配廠就業至今」——

這個時間是1961年12月22日，起訴書誤寫成10月。作為法律文書，不應該如此疏忽。

「被告牛立華因反革命一案，於1966年7月12日由成都市公安局依法逮捕，預審後移送本院審查起訴，經審查判明其犯罪事實如下」——

8月18日預審當日我就提出異議，檢察院既未詢問被告，也未核對事實。預審一周以後就擬就了起訴書，何來「審查」、「判明」？

「被告牛立華，解除勞教後，一貫堅持反動立場，極端的仇視黨和社會主義制度，惡毒地、全面系統地攻擊黨的各項方針政策」——

事實恰恰相反，我對黨的各項方針政策，不僅沒有攻擊，而且「始終非常信任」，「要求堅決執行」；有以下事實證明：

中央政策明確規定，除判處管制勞教的以外，對一般右派分子並沒有剝奪政治權利，但在勞動教養場所，我們不但被剝奪了政治權利，還被剝奪了人身

自由、通信自由和通信秘密權；我們個人的申訴權、檢舉權也受到極端壓制。對此，我要求執行。

再如，政策說了「同工同酬」；劉少奇主席還說：「他們不是勞改犯，政治權利並未剝奪，勞動多少照給工資，基本上按勞付酬，改造好了再回到社會上去」。

對此，我及時提出了我的意見。

「並狂妄地說『中國不出修正主義我就自殺』」——

既然是「狂妄地說」，必然會有許多人聽到過，應當有人證和檢舉材料。然而我從未和任何人議論過，只是向廠長一個人做過思想彙報。

前面我簡單提到過，1966年6月1日，我在極端苦悶中主動地找到消防機械廠廠長張志超，傾訴我的思想痛苦。那幾年我感到政治上沒前途，技術上沒出路，生活堪稱窘迫，談戀愛也被人拋棄。我曾悲觀失望，痛不欲生。直到1964年下半年，通過學習毛主席著作；我才放棄了自殺的想法。但我仍有許多想不通，一個是我對1957年的「罪」認不下去，因為實在是檢查不出來。另一個也是最大的問題是：我認為許多部門沒有按照毛主席的指示辦事，我希望在文革中求得徹底的解決。

這哪裡是說「中國不出現修正主義，我就自殺」呢？張廠長是惟一的當事人，他應該能夠作證。1966年7月我寫的書面材料也做了說明，這也可以對證。而且，聽其言還要觀其行；即便說了一句「我要自殺」，就是犯罪嗎？何況我既沒有說過起訴書上編造的那句話，也沒有付諸行動。我還打算更好地活下去，我在1966年5月結了婚就是明證。

「被告還極力醜化社會主義，美化資本主義制度，宣揚資產階級『自由』，說『今天社會就是不自由』」——

前面三句都是大帽子，我只說明「今天社會就是不自由」這句話是怎麼來的。

1965年10月，原單位的一個就業人員張文憶對我進行「幫助」，想瞭解我

究竟有哪些思想問題。我說，1957年以前，圖書館的科技書刊基本是自由借閱的，但現在不行了，許多書一般人都借不到；而且手續繁多，要各種各樣的介紹信。我想起馬克思寫《資本論》時在大英圖書館查閱資料，如果是在中國，他就借不到書。他寫的是反對當時制度的書，都還有查閱資料的自由；我寫的只是科技論文，有利於社會而不涉及政治，卻沒有借閱自由。我和張文憶的談話，也向主管幹部作了彙報。這是犯罪嗎？

「攻擊毛澤東思想是言行不一致『理論上是一套，做的又是一套』」──

這條罪狀中，前面沒加引號部分是公訴人的推論，後面加了引號的部分的確是我的原話，相關事實如下：

1. 我懷疑現在有些人是以毛主席之名而行反毛主席之實（見1966年6月的檢查材料）。
2. 我懷疑現在有些人執行政策過左，這種左是不符合毛主席教導的（見1966年的檢查材料）。
3. 我最大的思想問題就是覺得，現在某些部門沒有完全按照毛主席的指示辦事（1966年6月1日和張志超廠長的談話）。
4. 現在某些人沒有堅決執行黨中央的政策，毛主席批評過這樣的人是「僅僅把箭拿在手裡，握來握去，連聲讚曰『好箭、好箭』卻老是不願意放出去」（見1965年12月寫給廠長的書面材料）。

這不但不是攻擊，而且是信仰、崇拜、維護毛澤東思想，怎麼能成為罪狀呢？

我還認為，起訴書中的這句話語法邏輯上是不通的。只要弄清楚「理論」、「思想」、「言」、「行」這幾個詞的含義，就知道如何不通了。只能說某某人言行不一致，怎能說某種思想言行不一致呢？

「誣衊無產階級文化大革命『是想批判哪個，就找哪個的材料，若不想批判哪個，問題再大也不了了之』」──

這也是1966年5月19日我向主管幹部暴露的思想，當時尚未宣佈改組北京市委，也不知道毛主席主持制定了偉大的歷史文件《五一六通知》。我說：北

京出了這麼大的問題，鄧拓、吳晗、廖沫沙等市委高級領導都成了反黨、反社會主義分子，難道彭真沒有責任麼？往重了說就是有意安插，往輕了說也是官僚主義，怎麼沒有人敢揭露一二呢？我看中央如果不點他的名，誰也不敢整他的材料。

我還在學習小組會上說過：曹禺在1961年寫了一個劇本《膽劍篇》，對時政之諷喻不亞於《海瑞罷官》和《燕山夜話》。吳晗原來是緊跟毛主席的，反右時批判章伯鈞、羅隆基立了大功。現在一查，吳晗竟是幾十年的老反革命。而曹禺的《膽劍篇》包含著不少譏諷反右和大躍進的隱喻，他還是亞非作家代表大會中國代表團副團長，要是成心批判他，問題也少不了。

總之我認為，當時還沒有把一切反毛澤東思想的現象都揭露出來。1966年6、7月間，文化大革命方興未艾，問題的暴露需要時間，這是可以理解的。現在是1966年9月，從監獄裡發給我們的報紙上可見，每天都有新的牛鬼蛇神出現。彭真、羅瑞卿、陸定一、楊尚昆等跟了毛主席幾十年，這些老革命也成了暗藏的反革命。1966年8月，毛主席發表了〈炮打司令部——我的一張大字報〉，揭露了黨內的資產階級司令部；說他們玩弄「舍車馬，保將帥」的伎倆，掩蓋了許多真相。

就此而言，我說錯了什麼？以上這條罪狀是不能成立的。

「被告因被劃為右派分子不認罪，1965年以來經常狂妄叫囂要翻案，說：『我要告到中央去』」——

我的確是不認罪，但我想到中央去反映情況不是要翻案，而是想讓黨中央瞭解，下面某些部門的做法不妥。有關此事，我只和一個人說過。他告訴我：即使你親自去北京也很難見到中央負責人，下面就把你擋住了，發回四川處理。你不但解決不了問題，反而會惹禍。因此我也就一直猶豫不決，並沒有真的去上告。結婚以後，我更抱著「明哲保身，但求無過」的態度，也打消了上告的念頭。退一步來說，即使真的想到黨中央去反映情況，能說是犯罪嗎？

「當其他就業人員勸阻時竟說『我一不怕苦、二不怕死、三不怕燙，捨得一身剮，敢把皇帝拉下馬』」——

事情的真相是，1966年初，「其他就業人員」（我所在的消防機械廠技術室劉洪福、陳章燕、余華年等人）認為，我竟敢公開說廠領導沒有認真執行黨的政策，這似乎是「攻擊領導」，有「危險」。他們半開玩笑地對我說：「廠裡燙得很哪。你不怕燙嗎？」我答說：「社會上的人為了捍衛毛澤東思想，可以『一不怕苦，二不怕死』，我還能怕燙嗎？毛主席教導我們說：『捨得一身剮，敢把皇帝拉下馬，我們在為社會主義、共產主義而鬥爭的時候必須有這種大無畏的精神。』」這話我是在學習會上說的，當時許多人在場。只要略加調查，就會知道起訴書中是把兩段話湊在一塊，斷章取義。

「又說『既然黨把我看成敵人，視我為草芥，我就視你為寇讎』，反動氣焰十分囂張」──

　　文化革命開始後，我主動在小組會上作檢查，意在表明今後要像毛主席所說的「夾著尾巴做人」，謀求平靜生活，不再要求什麼前途了。我檢討自己不服罪時引用了孟子的話：「君之視臣如手足，則臣視君如腹心；君之視臣如犬馬，則臣視君如國人；君之視臣如土芥，則臣視君如寇讎」。我認為孟子的話有道理，僅此而已。只要稍微動動腦筋也能明白，誰會在勞教就業人員的學習會上狂叫「我就視你為寇讎」呢？那不是找打嗎？

「綜上所述，被告牛立華，一貫堅持反動立場，惡毒地攻擊黨的各項方針政策，誣衊無產階級文化大革命，狂妄叫囂翻案，在就業人員中造成極壞影響。根據中華人民共和國懲治反革命條例第十條一、三款之精神，應依法懲處。」──

　　這段話應該改成：綜上所述，起訴書中所列各條罪狀，均不符合實際情況。我請求忠於毛主席革命路線的司法人員，切實調查，糾正錯誤。

　　以上是我根據回憶寫出的大體內容，那時我對共產黨的政策、對文革的指導性文件《十六條》全都深信不疑。《十六條》有關右派的處理十分明確：

「對反黨、反社會主義的右派分子要充分揭露，要鬥倒、鬥垮、鬥臭，肅清他們的影響，同時給以出路，讓他們重新做人」。

「在運動中，除了確有證據的殺人、放火、放毒、破壞、盜竊國家機密等現行反革命分子，應當依法處理外，大學、專科學校、中學和小學學生中的問題，一律不整」。

「即使是真正的右派分子，也要放到運動的後期酌情處理」。

　　這些條款，墨跡未乾；我當然認為自己夠不上重刑，何況我沒有上述任何一條罪行呢。

四、判決前後

　　大約半個月以後，成都市西城區法院再次審訊我。這次乾脆取消了人民陪審員，法院節省了一元錢勞務費；而審判員依然不能駁倒我的自辯。

　　我再次申辯說，我想向黨中央反映情況，目的是希望得到黨的理解與任用。這件事我只和一個人說過，怎麼能說是「經常狂妄叫囂翻案」？

　　審判員反駁說：「我知道你就要鑽字眼兒！」

　　審訊終結時，我請求補充審訊記錄。審判員把記錄甩給我說：「你拿去補充！」她起身就走，留下我一個人和身邊的法警。看她急不可耐，我疾步向前對她說：「我請求調查，查清楚再處理也不為遲。」

　　我還請求說，我全部問題均係主動交代。被劃為右派分子後，無論是勞動教養還是留廠就業，我多年來一直努力工作。七八年中，我從沒有造成過任何事故或損失；請念及我沒有任何反黨反政府行為，對我從輕處理。

　　我之所以這樣低姿態，是因為5月我才和李詩慧結婚成家。這是多麼艱難的愛，又是多麼寶貴。我幻想保住小家庭，為了新婚妻子，我不能不卑躬屈膝。可這位女審判員聽了我的請求，沒有任何表情，一句話也沒說。

　　1966年9月27日，我再次呈交了申辯材料。我期待他們逐一查明我的「罪狀」，然後再依法判處。

僅僅過了三天，1966年9月30日上午八點半，我被提出監舍。我想到，西城區法院應該看了我的材料，但我還必須當庭力爭。

九點整，法警將我押解到審訊室。室內正前方的桌子後面坐著一個陌生的中年男性，他嘴角下撇，眼珠突出，似乎患有甲亢病似的。怎麼不讓前兩次開庭的那個女審判員來審案了？這一切豈不是要重新來過？男審判員見我進來，沒等我坐下就說：「現在宣判：」他立即宣讀了判決書。

全文如下：

成都市西城區人民法院刑事判決書

（66）法刑字第448號

公訴人：四川省成都市人民檢察院檢察長　　陳清雲
被　　告：牛立華，男、三十歲，北京市人，資本家出身，本人成分學
　　　　　生，捕前在本市通惠門汽車修配廠留廠就業。

牛犯立華被控反革命一案，本院依法公開審理完結，現查明：

牛犯在一九五七年整風運動中，因惡毒攻擊我黨被劃為右派分子。在監督勞動中，抗拒改造，一九五八年被送勞教，一九六一年解除勞教留廠就業。但牛犯仍頑固地堅持反動立場，極端仇視我黨和社會主義制度，美化資本主義制度，攻擊偉大的毛澤東思想，對我三面紅旗、肅反、反右、無產階級文化大革命等政治運動和各項方針政策進行系統全面的污蔑和攻擊。不僅如此，牛犯還狂妄叫囂翻案，並策劃其他就業人員翻案，反動氣焰十分囂張。

根據以上事實，本院認為牛犯立華一貫堅持反動立場，勞教就業期中仍不悔改，繼續進行反革命破壞活動，罪行嚴重，情節惡劣，應予從嚴處理。據此，特依據中華人民共和國懲治反革命條例第十條三項之規定判決如下：

判處牛犯立華徒刑拾伍年。

如不服本判決，可於接到判決的第二天起，十天內向本院提出上訴

狀及副本，上訴於四川省成都市中級人民法院。

代理審判員　林錦惠

人民陪審員　張萬和

人民陪審員　吳穆英

1966年9月30日

判決書宣讀完畢，雙方落座。法警拿來判決書讓我簽字，我看了一眼就說：判決未依據事實。既然法律依據是《中華人民共和國懲治反革命條例》第十條三項，請你說說它的原文。如果說不出來，請你把這個條例拿出來給我看看，以便我瞭解判決的法律依據。

他說：「我沒帶來，你不服可以上訴。」

這就是判決全過程，我看多說無用，就在判決書上簽了一行字：「判決未依據事實，我要上訴。牛立華。」

這份判決書我保留至今，法院如果也保存著審訊記錄，還有我的兩次書面答辯和宣判記錄，敢不敢公之於眾？

十五年徒刑，對一個才三十歲的年輕人，是多麼重的懲罰！但它沒有讓我感到威懾，反而起了振聾發聵的作用。我對區法院的信任，被這些人的枉法行為一掃而光。

那時我還抱著幻想，我想這也許是個別現象；因為西城區法院院長就是文革初期駐我廠工作組的負責人，是他決定對我逮捕嚴辦的。那麼，這些審判員自然會順從領導。我幻想中級法院沒有這層關係，政策水準會高一點；於是我決定繼續上訴。

宣判後我被押送到那堵青磚牆跟前，現在我由未決犯成了已決犯，估計不能再回原來的監舍。按照之前和室友們的約定，我在高牆上刻下刑期。這樣有人被提審，就可以看到。我用指甲用力在青磚上刻下記號：「牛 15」。這算是我留給十七號監舍難友們的告別。

在青磚牆下等了十來分鐘，「文武張」過來了。他問：「提審完了沒有？」我答：「完了。」他說：「回去！」

我竟然又被帶回十七號監舍。

一進門，大家就圍攏來。我說：「判了，十五年。」眾人不信，七嘴八舌地說：「宣判了就不能回來，你別瞎扯了。」我把判決書拿了出來，室友「大舌頭」說：「哎呦，我的媽呀，說幾句話就判十五年！」

小黃說：「我不信，可能是印錯了吧？」

衡孝泉說：「你趕快收拾東西。『文武張』沒搞清楚你已經宣判，馬上就會回來讓你轉移舍房，咱們後會有期了。」

果不其然，一會兒，外面響起了急促的腳步聲。接著開鎖，打開房門，「文武張」連聲喊道：「牛立華，快點，快點！」

我只有一床薄薄的被子、三四件換洗衣服和吃飯用的搪瓷缸子，早已收拾好了。我穿上鞋，取下掛在牆上的褲腰帶，提著簡單的行李出門。文武張鎖好門，我隨他快步通過巷道，出了第二棟監舍鐵門。

外面一個獄警等著我，又拐彎抹角走了大約三分鐘，我來到已決犯的關押處。

五、上訴與駁回

這也是一個大院子，迎面看到的是一塊水泥磚鋪設的空壩子，周圍有二十幾棵兩米高的小樹。初秋時節，樹葉不多了。

院子裡頭的監舍區，一共是五棟平房，排成放射狀，十分奇特。如果從空中看，應該是五條輪輻的形狀。輪輻的中心是一個崗亭，可以容納五六個人，站在裡面的武警轉轉身子就可以環視五個巷道。我想，只要一挺輕機槍就可以封住五個監舍的門。

我被關押在第一棟舍房一號門，緊挨著監舍大門。這房間大約四米寬、五米長，面積比未決犯監舍大多了。依然是磚牆、鐵窗，但光線不好，陰暗潮濕。地板上有多處破損，靠門邊放著一個馬桶。

我進來時房間裡已經關了十五個人，來了新人，大家總想聽到一些新聞。其實我們都在同一個監獄，除了指定報紙外，誰也沒有新聞可報；有的只是不同解釋而已。比如1966年7月16日毛澤東在武漢暢游長江，看到消息，有人認

為這是毛澤東喜歡游泳，又有人說這是展示身體健康；還有人認為是在向對手顯示大權在握。

已決犯都是短期關押，等待往勞改隊發配。這裡不准交談案情，每天還是讀報學習，但管理沒有對未決犯那麼嚴格。每天也放風，只是在院子裡透透空氣。這裡也沒有洗澡的地方，實在覺得髒得受不了，只能趁放風時端一盆涼水進來擦擦身子。結果，這兒的蝨子防不勝防。七尺之軀，無奈小蟲作亂，也只好漠視加忍耐。

這天是9月30日，中午吃的是一小碗糙米飯、一小瓢南瓜湯。大家都在想著，共和國國慶日來臨，是不是能夠打個牙祭，沾點葷腥？我已是三個月不聞肉味了，而早來的老難友說，他們還是在春節時吃過幾片回鍋肉。

時值國慶，北京的人民大會堂總要舉辦國宴，觥籌交錯。犯人也是國民，毛澤東說過：「對勞改人犯，我們也用這個辦法對待，從團結的願望出發。」既然講團結，國慶日也得給點肉吃啊。

等啊等，等到下午6點鐘，從巷道裡推進來一大桶藤藤菜稀飯，且比往常更稀，每人也只發一瓢。犯人那點微不足道的願望也得不到滿足，又一個幻想破滅了。

第二天國慶日，監獄竟然停止放風。據說這是遵照毛澤東的指示：「人民大眾開心之日，就是反革命分子難受之時。」不過，中午開飯時間到，送飯的車子給眾人帶來一點驚喜。車一進巷道，就飄來一股辣子的味兒；這也是久違了！炊事員打開門，每人三兩米飯，加上一小瓢涼粉。涼粉是用碎米浸泡後磨成漿，煮熟後加少量石灰水凝固冷卻而成，上面還飄著幾點油星和辣椒麵。在沒肉沒菜的日子裡，這點兒涼粉顯得多麼美味！

我依然沒什麼胃口，內心滿腹委屈。我沒有犯罪卻被處以十五年重刑，這究竟是為什麼？法院怎麼不講道理？報紙上說得好聽，下面根本不執行。我還想繼續上訴。

同室難友聽說我要寫上訴，紛紛勸告說沒用。他們說，這麼多年沒見一個上訴的減刑。文化革命以來，刑期越判越重，動不動就是十五年、二十年。法院最討厭上訴，看守所則認為上訴者都是反改造，還要開你批鬥會。有的人上訴不成，反遭加刑。我感謝大家的關心，但無法接受判決。我必須要上訴，加

刑也無所謂，頂多是個死，死也要上訴。

　　過了一周，到10月7日上午。我寫好上訴狀，又反覆看了幾遍。10月7日下午三點多鐘，我將這份不足五頁但份量沉重的上訴狀，交給了查房的看守。

　　在上訴狀中，除了申明理由，我還特別強調：現在全國人民都在活學活用毛澤東思想，應當以毛主席的指示作為判斷是非的最高標準。

　　下午六點來鐘，看守又來開門，喊我出來。我隨著他走到院子外面的審訊室，只見一個五短身材的男人在辦公桌前抽煙。他穿一身藏青色毛嗶嘰中山服，約莫五十歲的樣子。我一進門，他甩掉嘴裡的半截紙煙，連我的名字都不問就高聲說：「現在宣判」。他乾咳了兩聲後，立即用四川方言迅速讀完了判決書。

四川省成都市中級人民法院
刑事判決書

（66）刑上字第八十三號

　　被告人：牛立華，男，三十歲，北京市人，家庭出身資本家，本人成分學生。牛犯一九五七年趁我黨整風之機進行惡毒攻擊，被劃為右派分子，送勞動教養。一九六一年解除勞教後，留本市勝利西路汽車修配廠就業生產。

　　牛犯立華因反革命罪，經成都市西城區人民法院以（66）法刑字第四四八號刑事判決書，判處牛犯徒刑十五年。宣判後，牛犯對原判認定的事實，全盤否定，上訴本院。

　　查：牛犯立華係右派分子，一貫堅持反革命立場，敵視我黨和社會主義制度，攻擊人民領袖。同時，對黨的各項方針政策和三面紅旗進行惡毒地攻擊誣衊，竭力吹噓修正主義，美化資本主義制度，妄圖實現資本主義復辟。此外，牛犯積極為反壞分子，出謀劃策，大肆叫囂翻案。牛犯在逮捕入獄後，仍堅持反革命立場，頑抗抵賴，拒不交代，反革命氣焰十分囂張。

　　上述事實，是牛犯藉開會暴露思想和藉口向管教幹部暴露思想公開

講的反革命言論，又有其他就業人員寫的大量檢舉材料，並經反覆查證屬實，鐵證如山。牛犯在上訴中，對其所犯的反革命罪行，全盤否定，叫囂他「無罪」，「冤枉」，並狂妄地提出「對我的問題暫緩處理，我還要申辯」等等。反動氣焰囂張已極。必須指出，對於這種堅決與人民為敵的反革命分子，只能堅決實行專政，嚴厲懲辦。原審法院判處牛犯徒刑十五年完全正確。牛犯妄圖翻案，現在辦不到，將來也辦不到。如果牛犯膽敢繼續進行反革命活動，或者無理取鬧，結果只能是受到國法更嚴厲的懲辦，絕不會有好的下場。據此，本院特決定：維持原判，駁回上訴。

　　此判！

　　　　　　　　　　　　　　　本判決是終審判決，不得上訴。

　　　　　　　　　　　　四川省成都市中級人民法院刑事審判庭
　　　　　　　審判長　呂昌永　審判員　馬永年
　　　　　代理審判員　史紀鈞　書記員　熊長碧
　　　　　　　　　　　　　　　　1966年10月7日

　　他讀完了，法警把判決書交給我，讓我簽字。

　　從我交出上訴狀到宣佈駁回上訴，中間僅僅間隔了三個小時。判決書上赫然寫了四個人的名字，說是組成了刑事審判庭，既有審判長，又有審判員，還有代理審判員和書記員。局外人看來似乎鄭重其事，但事實是根本未進行任何審訊。這個中年人大概就是判決書上名列首席的所謂審判長呂昌永吧？可是，別說他不瞭解我的案情，連原審法院是哪一個都沒弄清楚。在審訊記錄上，他竟然將「西城區法院」寫成「金牛區法院」。可是，這就是「終審判決」，而且我「不得上訴」。

　　至此，我對法院的幻想全部破滅了。

　　試想，從下午三點半到六點，看守應該將我的上訴呈交看守所主管。主管要轉中級法院，由中級法院再調取卷宗，組織合議庭。審理法官要閱讀案卷，核實證據，最後討論量刑與否。再來擬定判決書，交領導審核。就是領導批覆

了，還要由打字員打字油印，再到院長辦公室簽章發文。所有這一切，連個過場也沒走，我怎麼能夠信服！

我從小接受共產黨的教育，對毛澤東的崇拜依然是我的精神支柱。我想，法院實在是冤枉了我，但是這些做法黨中央和毛主席絕不會容許，這個錯誤早晚會得到糾正。

宣判結束後，我對這個宣判人說道：「無論何時何地，我都會用毛澤東思想進行自我改造。但我請求原告及法院保留一切書面材料，不得銷毀，以備上級日後調查。」

我質問道：「為什麼不經審訊就判決？」

宣判人說：「對你就是要實行專政！」

我反駁說：「我從來不反對人民民主專政，但專政只能針對敵人，不能毫無根據，更不能編造罪名專政！」

他說：「證據多得很，單是檢舉材料就有這麼多！」他用兩隻手比劃了一尺多高的樣子。

我說：「既然檢舉材料這麼多，應該有百餘萬字；單看一遍材料就要十幾個小時吧？何況還要查證虛實！為什麼這麼快就判決？你還說是『反覆查證』，這能讓人相信麼？」

他惡狠狠地說：「像你這種態度，不但要關你十五年，而且要關你一輩子！」

我問他：「按照判決書說的，我的犯罪事實是『向管教幹部暴露思想』，今後有了思想問題，還暴不暴露呢？」

他說：「哪個要你暴露？靠你自己解決！」

我接著說：「是共產黨讓我暴露的呀！無論在社會上還是勞改隊裡，從中央到地方，各級領導都要求職工『交真心，說實話』。既然自己解決就是自我改造，那就不需強制。何必還要管教幹部？何必還要判我徒刑？」

他來了句「你少跟我囉嗦」，便迫不及待地站了起來，竟然不顧他審判長的身份和體面，拽著我的胳膊，要拉我在記錄上按指紋。

我請求看記錄，他不得已拿給了我；我看到他已經在上面替我簽了名字。我本不打算按指紋，轉念一想，也行；今後上級調查時，可以從這份記錄中看

他們是怎樣「審訊」和「判決」的！於是我按了指紋，以防今後他們偽造記錄。有我的指紋，起碼造假時會有點顧忌吧？

這份記錄應該也保存在成都市中級法院的檔案櫃裡，儘管極不完整，許多對話都沒有記錄在案，但審判長呂昌永寫錯的區法院名字和越俎代庖替我簽的名，卻是他的筆跡，無可抵賴！

一個重大的「反革命」案件，就這樣捏造出來結案了。

這個呂昌永，很多人都會記住他。我進了勞改隊以後得知，經他駁回上訴的案件很多，都是以反革命罪判處重刑。如四川大學經濟系二年級學生李盛照，當初被呂昌永判定二十年徒刑。僅在苗溪茶場十三隊，經他駁回上訴維持原判或延長刑期的就有十餘位！

「四人幫」倒臺以後，這個人仍在成都市中級法院，身居要職。1980年代，呂昌永年老退休後自辦律師事務所，依靠他和法院的特殊關係「悶聲發大財」。他這一生在極左路線的卵翼下，幹了多少傷天害理的壞事？我在寫回憶錄的時候，聽說他二十多年前亡故了。臨死前回首往事，他是否有所懺悔呢？

六、認罪之辨

1966年9月30日下午，趕在國慶日前宣判的幾十名在押犯人，陸續轉移到已決犯監室，等待到勞改隊服刑。這也算是各級法院向中共建國十七周年獻禮吧。

第二天就是10月1日，下午六點多鐘，看守所的彭所長召集新判決的犯人開會。我們剛喝完那一瓢清湯寡水的藤藤菜稀飯，就被集中到水泥地面的壩子裡。我看到大約有六、七十人列隊站好，周圍有武警持槍把守。

彭所長五十歲左右，身高一米七以上，形象端正；不像多數獄卒那樣帶著一股凶煞之氣。不過他的嗜好就是愛訓話，隔三岔五就要讓犯人集合，聽他演講。

他開始說了：「今天是建國十七周年國慶日，是舉國歡慶的日子。今天上午，在偉大祖國的首都，舉行了規模盛大的國慶遊行。偉大領袖毛主席再一次接見紅衛兵，這已經是第四次，這次接見了一百五十萬紅衛兵。偉大領袖毛主

席身體很好，精力非常充沛……我們在這裡敬祝偉大領袖毛主席萬壽無疆！萬壽無疆！你們在監獄裡，也和全國人民一樣，應該感謝中國共產黨，感謝偉大領袖毛主席……」

好不容易他的話題才離開天安門，說到了看守所：「你們趕在國慶前夕被判了徒刑，即將投入勞改。勞改是一個長期艱巨的任務，必須過好三關，第一是認罪關，第二是服法關，第三是脫胎換骨關……。你們被判處徒刑，有的認了罪，有的還沒認罪，大概還有百分之二十到三十沒有認罪，需要到勞動改造單位解決這個問題……

人民政府之所以判處你們徒刑，是因為你們犯了罪。人民政府刀下留人，給你們出路，改惡從善，前途光明。刑期的長短是根據你們的罪惡大小決定的，也是根據改惡從善需要的時間決定的，時間短了，你們就不可能改造好……」

他說了大約半個多小時，沒喝一口水。可我的小便幾乎憋不住了，最後終於聽到他說：「今天晚上不學習了（其實那天是星期六，本來就不學習），天安門廣場正在放焰火……」

一聲「散會」，各舍房的人規規矩矩回到監舍裡。

又過了十多天，大約在10月中旬，也是一個星期六。下午四點多鐘，值班看守突然把各監舍的人都放出來，犯人一個挨一個坐在水泥壩子裡，像是要開大會。

我問有經驗的難友：「這是要幹什麼？」

他說：「不是訓話就是批鬥會，沒事找事。階級鬥爭要年年講、月月講、天天講。」

秋日晴和，太陽還沒有落山。天空湛藍，遠遠近近有些稀疏的白雲。在黑屋子裡關久了，看著天空感覺很晃眼睛，我不由得用力眨了眨眼。再看周圍，密密麻麻的兩三百人占了整個壩子三分之一的面積。四、五米開外有三把籐椅，彭所長坐在中間；左邊坐著不知姓名的看守，右邊那把椅子還空著。

彭所長開始講話，我希望他最好從國際到國內講它兩個小時，我們也好在外面曬曬太陽，多呼吸一些新鮮空氣。等他講到六點鐘，我們好回去喝稀飯。

不料，他直接說到認罪，還沒講兩句就指名道姓地說：「牛立華就還沒有

認罪。」

接著他喊道：「牛立華站出來！交代為什麼不認罪！」

我應聲而起，站在一眾犯人前面。怎麼才能度過這個批鬥關？我心一橫想，沒有過不去的火焰山，我要從容應對。

我承認自己至今還沒認罪，接著我說：「判了罪不認，這是很痛苦的。我願意儘早認罪，但過關需要一段時間。我沒有亂說亂動，只是寫了一份上訴狀。但不認罪的人多著呢，怎麼只開我一個人的批鬥會呢？」

旁邊那把籐椅上坐著的看守說：「誰說不認罪的還多？有好多？」

我說：「彭所長給我們國慶訓話時還說，有百分之二十到三十的人沒有認罪，不是只有我一個人。」

那位看守打斷我說：「彭所長是說百分之七八十的人都認了罪，你是個知識份子，是百分之二三十多，還是百分之七八十多？」

我說：「一斤大米裡只要有十幾顆沙子，就可以說『這米裡的沙子真多』。要是有二十幾顆沙子，甚至可以說『這米裡的沙子多得不得了！』不一定非要沙子比米多才說沙子多，我就是一顆沙子嘛。」

有犯人笑出聲。

彭所長說：「你老實交代，為什麼不認罪？」

我說：「我不敢在這兒交代。」

彭所長說：「為什麼不敢？暴露你的反動思想，才能接受改造。」

他說了「暴露」二字，正合我意。我就此講開：「我沒有參加任何反革命組織，也沒有殺人、放火、放毒、破壞等反革命行為。按照9月30日才拿到的判決書，我所有的犯罪事實就是：『藉開會暴露思想和藉口向管教幹部暴露思想公開講的反革命言論。』所以我再也不敢暴露了。我要再暴露，豈不是重新犯罪？而且還會多出一條罪行：『藉開批鬥會之機暴露思想。』那就還要加刑吧？十五年刑期已經夠長了，我不能再犯罪了。」

我扭過身子對坐在地上的難友們說：「我在這裡奉勸各位『同改』，今後千萬不要暴露思想，既不能開會暴露，也不能向管教幹部暴露。千萬不要再犯罪了。」

籐椅上那位看守說：「不准打胡亂說。」

我從衣服口袋裡掏出判決書衝他念了判決書上的那一句：「『上述事實，是牛犯藉開會暴露思想和藉口向管教幹部暴露思想公開講的反革命言論』，這就是加給我的唯一罪狀。」

　　彭所長還是不依不饒，他問道：「不認罪就是反改造，不會有好下場，你為什麼進了監獄還不認罪？」

　　我答說：「法院判我十五年，就是說我需要十五年才能改造好。學生可以跳級，犯人沒有跳級的吧？我才服刑半個多月，還早著呢。如果一進來就認罪，那不是已經改造好了應該放出去了嗎？何必還要關我十五年？十五年，生個娃兒都初中畢業了。」

　　後面有難友竊竊私語，我聽不清楚。我也不管不顧地繼續說道：「一進監獄就認罪，說自己罪惡滔天⋯⋯都是假的。我沒認罪，就老老實實地說沒認，這才是交真心。我這輩子在大事情上沒說過謊話。」

　　監獄裡開批鬥會，許多時候對被批鬥者都是拳打腳踢的。這次對我算文明了，一番口舌往返，彭所長竟然改變了主意。他坐在籐椅上又講了半個多小時，終於說到最後一句：「散會！」

　　回監舍的路上，不少難友向我點頭。一天到晚關在黑屋子裡，開批鬥會也算透透氣吧。

　　不久，已決犯就被分批押送到勞改隊去了。

　　1966年11月6日，我也離開了寧夏街；去往我人生的下一個監獄。

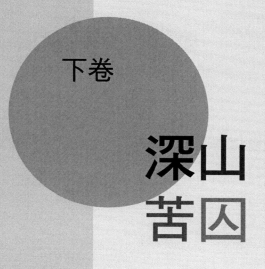

下卷

深山
苦囚

第一章　押到苗溪

一、川西監獄群

　　1950年代初期，在川西地區，即原西康省所屬的大小涼山一帶，興建了許多監獄。2009年上演的電視劇《冷箭》，就涉及到這段歷史。公安部門之所以選擇這一帶作為監獄基地，是因為這裡地勢險峻，人煙稀少，交通不便，與外界極難聯繫。這裡少數民族雜居，漢人與少數民族的語言多有不通；被關押的犯人不易逃脫。不僅如此，更重要的是，大小涼山及甘孜、阿壩、攀西一帶礦藏豐富，而開採鉛、鋅、汞、硫磺、石棉、雲母等礦藏，多為有毒有害作業。犯人和勞教人員在這裡強制勞動，封閉管理，即使缺乏特殊勞動保護，他們也無處投訴。

　　從1950年代初起，大小涼山域內監獄繼續增加，密度和規模空前。部分荒涼地區幾乎是一個監獄緊鄰另一個監獄，且占地面積寬廣，動輒數十平方公里，關押萬人乃至數萬人。由於環境惡劣，勞動強度大，犯人精神肉體倍受折磨。尤其是1957年後至大饑荒時期，死者不計其數，荒山白骨纍纍。從上世紀末起，地處深山的監獄紛紛外遷，名曰便於管理，以前很多冤獄的真相漸漸湮沒。

　　據我向親歷者瞭解並查閱相關資料，在西康地區的監獄如下：

1. **蕎窩農場**：蕎窩農場始建於1951年9月13日，是四川省在涼山地區建立的第一所大型監獄。它位於涼山彝族自治州普格縣蕎窩鎮，距西昌59公里，距普格縣城17公里。該地海拔高度1,360至2,150米，幅員面積五十餘平方公里，山路崎嶇，交通不便。從1951年開荒建場至1958年，數萬犯人在山坡上開墾出梯田17,200畝，蘋果等林木地2,400餘畝。以後規模陸續擴大，除農林田地以外，場裡還開辦了磚瓦廠、石

灰廠、煤礦、果酒廠等。在勞改系統裡，蕎窩農場以獄卒兇惡、管理嚴格聞名。

2. **雷馬屏農場：**雷馬屏農場始建於1952年，監獄地跨雷波、馬邊、屏山三縣，因此得名；其內部名稱是「四川省第一監獄」。它位於川滇交界處的金沙江畔，三面環山，一面臨江，水流湍急，萬難泅渡。監獄包含大小山頭數十座，只有一條公路與外界相通。它面積約五十餘平方公里，總部設在雷波縣西寧鎮，農場下屬有8個大隊、42個中隊、160個分隊。中隊與中隊之間相隔數里或數十里，鼎盛時期關押了三萬餘人。本世紀初，監獄總部遷至峨眉市符溪鎮。

3. **龍日農場：**龍日農場始建於1954年，位於阿壩藏族羌族自治州紅原縣龍日壩，即傳說中的雪山草地。平均海拔3,600米，勞改隊在此種植小麥、油菜、青稞等作物，均因氣候不適宜，以失敗告終。後此地改為畜牧場，擁有草場面積31萬畝，可用草場面積25萬畝。1975年移交四川省農牧廳，改名為四川省龍日種畜場。

4. **鹽源農牧場：**位於涼山鹽源縣境內，海拔高度在2,300至2,800米，緊鄰小金河，河水深不可測，浪高水急；又背靠高山，森林密佈，囚犯插翅難逃。兩萬餘名犯人關押於此，開墾荒地，種植糧食和果木（此地盛產蘋果）。鹽源監獄的獄卒兇狠，捆綁吊打成風，被關押的犯人慘死者眾多。

5. **力馬河農場：**位於理縣境內，數千名犯人在此開荒種地。附近有小型鎳礦，勞改隊多次議論開採，終因缺乏技術能力，未能如願。

6. **新都橋農場：**位於貢嘎山西北、川藏公路一側的甘孜康定。規模不大，關押著數千勞改犯人。

7. **沙坪農場：**沙坪農（茶）場始建於1955年，在峨邊彝族自治縣境內宋家山周圍。農場占地四十餘平方公里，海拔1,300米以上，高山區海拔2,500米，擁有大小山頭數十座。農場背靠原始森林，面向大渡河。氣候寒冷潮濕，長年雨霧。1958年後以「改造」右派分子為主，最多時關押人員有兩萬人。在佈滿草叢荊棘的荒山上，囚犯們開墾出一萬餘畝茶園。

8. **灣丘農場**：灣丘農場在攀枝花市米易縣境內，原名「西康省公安廳勞改農場」，大量右派分子曾集中在這裡勞改。文革時期在農場原址改建成四川省級機關的「五七幹校」。詩人白航、張志傑、藍疆、楊牧等都曾在這裡長期勞動。

9. **甘洛農場**：農場位於甘洛縣大渡河以南的崇山峻嶺中，關押著上萬名犯人和刑滿後強制留場的就業人員。

10. **西河磚瓦廠**：地處西昌市遠郊西河鄉，始建於1958年，全名為「四川省西昌新生機製磚瓦廠」。男犯燒製磚瓦，女犯加工服裝。

11. **西昌礦山機械廠**：位於西昌市近郊，關押中、長刑期的犯人數千名。

12. **西昌冶煉廠**：隸屬於攀西監獄，冶煉鋅、鉛等有色金屬，在西昌市近郊。

13. **雅安交通機械廠**：地處雅安市郊，關押上千名重刑犯，生產各種汽車配件。

14. **會東鉛鋅礦**：1958年興建的勞改企業，位於涼山州會東縣境內。企業集採、選、冶為一體，數千犯人在極易鉛中毒的環境中辛苦勞作。它的經濟效益居四川省勞改企業之冠，其利潤大部分上繳，為四川省司法局、勞改局積累了大量財富。本世紀初，西部礦業集團公司以22億元之價款，買斷它的80%股權，勞改企業撤離。

15. **甯南鉛鋅礦**：位於甯南縣，它在四川省西南部，涼山彝族自治州南部東側，金沙江與黑水河之間。該地區鉛鋅礦密佈，可開採的礦點達四十餘處。但礦產品位較低，地質結構複雜，消耗大量勞動力。數千犯人在井下挖掘，人力運輸，極為艱苦；大饑荒時期死亡眾多。

16. **通安銅礦**：1952年2月建立，位於距會理縣城100公里的深山峻嶺中，1954年更名為西康省地方國營通安銅礦、西康省公安廳西昌勞改支隊第四大隊，隸屬西昌勞改支隊。1957年7月更名為四川省地方國營通安銅礦、四川省第一勞動改造管教隊。當時全國大辦工業，原料工業紛紛上馬，雷馬屏農場、築路支隊的部分幹部、犯人和就業人員被調往通安銅礦。由於條件艱苦，事故頻發，死亡甚多。1962年10月，通安銅礦合併到會東鉛鋅礦。

17. **烏坡銅礦**：在涼山彝族自治州昭覺縣境內，距縣城約16公里。它是小型銅礦，礦產依靠人力採挖、人力揹運，用氯化銨浸出精選，屬有毒有害作業；勞改死亡者眾。

18. **新康石棉礦**：地處雅安專區石棉縣境內。建礦五十年來，數萬名犯人在此服刑。興盛時期年採挖一百餘萬噸礦石，年產三萬噸石棉纖維及多種石棉製品。採挖石棉、加工石棉製品，粉塵嚴重，礦區屋頂均呈灰白色，勞改和勞教人員除了口罩沒有其他防護用品，得矽肺病者甚多。2008年四川省勞改局以資源枯竭的理由宣告新康石棉礦破產，在押犯人遷往綿陽。

19. **天全硫磺礦**：始建於1957年，位於天全縣高寒山區。該地常年陰霾密佈，環境惡劣。1958年礦產大躍進，萬餘勞教、勞改犯被發配到此，從高山上採挖礦石，揹運到山下的冶煉廠提煉硫磺。由於設備簡陋，經常發生事故；一次大火即燒死數十人。1958年大辦鋼鐵，原始森林被砍伐一空，再加上亂採亂挖，地貌遭到嚴重破壞。1962年夏天一場暴雨導致泥石流爆發，山洪裹挾著礦渣泥石呼嘯而下，勞教和勞改人員住的簡易工棚被淹沒，據說死亡兩千餘人。比較起來，其慘狀超過2010年8月甘肅舟曲縣之特大泥石流（舟曲當時死亡及失蹤一千七百餘人）。天全硫磺礦不得不停辦，泥石流造成的事故未見公開報導。

20. **窪裡金礦**：位於鹽源縣北部，距縣城135公里。該地盛產黃金，清宣統元年（西元1909年）在這裡曾發現一塊重達15.5公斤的自然金，由此名聲大作。勞改系統進入後盲目開採，掠奪資源，好景不長。現已衰微破敗。

21. **鹽源水銀礦**：地處鹽源與雲南寧滇交界處，1958年在鹽源縣金河鄉建立了一支勞改隊開始作業。開採汞及汞製品毒害嚴重，勞動條件惡劣，死亡者甚多。

22. **丹巴雲母礦**：位於甘孜藏族自治州丹巴縣境內。1952年大批服刑人員被押送至崇山峻嶺之中，開挖雲母礦，五十年來生產工業雲母3萬多噸。後因嚴重破壞地表地貌，2003年發生滑坡，造成人員傷亡。2005年山體大滑坡，丹巴縣城一半以上被泥淹沒；丹巴雲母礦不復存在。

23. **四一五築路支隊**：由勞教人員組成的成昆鐵路建築隊，成立於1958年4月15日。因毛澤東急於修建成（都）昆（明）鐵路，而沿途山高水急，地貌複雜，施工困難重重。時任四川省委書記李井泉責成四川省勞改局抽調年齡18歲以上、35歲以下的青壯年「右派分子」和「反社會主義分子」八千餘人（其中右派分子占七成）組成築路支隊，承擔艱險路段施工。築路支隊共有27個中隊，4個直屬隊。從1958年建隊到1974年撤銷的16年間，據不完全統計，先後死於工傷、飢餓、逃跑、自殺以及被處決的不少於三千人。

以上農場和廠礦企業均隸屬於四川省勞改局，也是正式掛牌的單位。此外監獄單位還有涼山煤礦、四坪煤礦、溪口水銀礦、熊爾農場、烏依鉛礦、西洛農場、黃聯監獄、涼山監獄、會理監獄、西昌監獄、青山嘴監獄、攀西監獄、布拖監獄、昭覺監獄等等。這些監獄分屬於各地市縣，難以盡列。

二、押送苗溪茶場

前面沒有說到苗溪茶場，因為我後面將會詳細敘述；就是在這裡，我被關押、勞改長達十三年時間。

1966年11月6日，那天早上，天還沒有大亮就提前開飯了。關押在看守所內的犯人是沒有鐘錶的，只能唯命是從。早飯以後，本來應該在各個監舍學習；突然有哨音大作，衝破了沉寂。隨後是一陣雜亂的腳步聲，十多個看守在五個巷道裡逐個點名，讓犯人收拾行李，緊急集合。

我和幾位新判刑的難友不知道怎麼回事，心裡有點緊張。關押時間較長的難友說：準備上山；這意思是要送我們去勞改的地方了。

十分鐘後，一個個已決犯手提簡單的行李，沉默地站在了壩子裡。人們愁眉苦臉，也一籌莫展。中國有的是深山老林，進去容易出來難；準備活受罪吧。刑期長的，只怕死活難保。

崗樓裡的武警持槍，高度戒備地監視著這個手無寸鐵的群體。十餘個看守在四周巡視，如臨大敵。

那天有陽光，也許我們在潮濕的黑屋子裡關得太久；感覺天空顯得特別

亮，空氣也格外新鮮。我做了幾次深呼吸，緊張情緒漸漸散去。地球總是要轉的，管它去哪兒呢，反正是一條命。

彭所長又出來訓話了，他要求一切行動聽指揮，不許亂說亂動。接著又是你們必須認罪守法、接受改造一套。我終於知道這是準備出發了，心裡一塊石頭落下。

點名編組後，我們到院子外面上車。只見八輛蒙著深綠色篷布的大卡車並排停著，周圍也站著全副武裝的武警。卡車旁還有四輛中吉普，大概是押解人員專用的。我聽到點名，上了第三輛大卡車。車內有四名荷槍士兵分坐在車廂四角，駕駛室內除司機外，還坐著勞改隊的一個獄警。

看守再次清點人數，關上了高高的後箱板。我們三十個犯人擠坐在行李上，心中不禁猜測，這是要把我們送去哪裡？一個人悄悄說：我看車牌是川字當頭，不會出四川。另一個人說：我看來人走路時腳抬得很高，絕對是山區。

我靜靜地坐著，似乎什麼也沒想，又似乎想了很多。往事歷歷，如在目前。

從1958年開始，我一直在監獄工廠裡。這些企業好歹是在城市，現在我要被流放到哪裡？還會遭遇哪些折磨？漫長的十五年我將怎麼度過？

汽車啟動了，東轉西拐地開出了看守所大門。透過後車廂沒有遮嚴的篷布縫隙，我看見了久別的成都市容。沿街商鋪和民宅的牆壁都被油漆刷成血紅色，中間依稀可見有黃色的字跡。

街上行人稀少，汽車向西郊飛奔，我密切注意著一閃而過的公路標牌和地名標誌。我記得經過了溫江、崇慶、大邑；從平原進入淺丘陵、深丘陵地帶，最後到了名山縣境。

山勢漸高，我感到陣陣涼意。從成都開出已經過了三個多小時，應該走了一百多公里吧？汽車在名山縣一處開闊地段突然剎車，停穩以後，荷槍士兵先行下車。隨後，帶隊獄警命令犯人下車。

我們又依車次站好隊，到路邊的公廁解手。不解手的則站在原地活動半麻木的軀體。押解武警尋找著有利地形站在四周，都是荷槍實彈。附近高地上，竟還架設著四挺輕機槍。視力好的難友東張西望，在離廁所十多米的公路邊上看到了站牌：名山縣黑竹鎮。

路上行人雖然不多，卻幾乎全停了下來，伸著脖子看這邊的車隊、士兵和機關槍。他們驚詫的目光也掃視著一排排犯人，我們中不少人戴著眼鏡，年輕者甚至稚氣未消，年老的還有步履蹣跚者，沒有一個人是兇神惡煞的樣子。行人心裡會不會有一個問題：這樣的人怎麼都成了罪犯呢？

二十分鐘後，各車清點人數，上車。車隊進入雅安境內，此地山勢更高了。汽車改向北行至一峽谷，只見兩岸岩壁陡峭，高逾百仞。峽谷中霧氣瀰漫，水流湍急，後來得知此地名為飛仙關，過了飛仙關就是蘆山縣境了。

車內一位難友小聲說：「快到了，苗溪茶場。」其他人用懷疑的眼光看著他，他說：「蘆山縣有個大監獄，能關兩萬多人。從早上八點出來，過了四個多小時還沒給中午飯吃，說明前面路不遠了，只能是苗溪茶場。」眾人半信半疑，默不作聲。

至下午一點多鐘，汽車駛進縣城。我看到車外的街道狹窄，房屋低矮。最高的房子只有兩層，冷冷清清。稀少的行人中，有些人頭上纏著青色或灰色的布，挽成一坨，不知道是哪個民族的裝束習慣。

不到五分鐘，汽車穿城而過。路兩邊皆是農田，車隊又顛顛簸簸地跑了一陣才停下。果不其然，我們到達了目的地：苗溪茶場。

車外人聲噪雜，我們被令下車；分組站隊。

我所在的這一隊有四十餘人，在六七名獄卒的帶領下，我們順著一條碎石路步行。犯人兩邊是八名武警，後面還跟著一輛摩托車。約十分鐘後，我們進入了苗溪茶場第十三中隊管區，這就是我的服刑地點。

三、苗溪概況

苗溪茶場始建於1952年，那時是中國監獄建設起步時期；其監獄總部在雅安專區蘆山縣境內。

蘆山縣位於四川盆地西部，屬偏遠山區，地處龍門山地震斷裂帶邊緣。它距成都市180公里，北部與汶川連界，西鄰寶興、天全兩縣。站在這一帶的空曠處可遙望夾金山、二郎山，那裡終年積雪、人跡罕至。它的東部與邛崍、大邑接壤，東南與雅安相鄰。

據說在1949年前，苗溪一帶的廟宇甚多；廟子都是依山傍水而建，故此地原名廟溪。勞改隊進駐後破除迷信，拆毀了廟宇，此地改名為苗溪。

監獄對外稱苗溪茶場，內部名稱是川西監獄，也叫川西勞動改造管教支隊。監獄地跨天全、蘆山、寶興三縣，幅員面積43.24平方公里。各勞改中隊分散在靈鷲山、紗帽山、金龍山、大坪山這四座大山中，歷年來的犯人先後開墾出來八千餘畝茶園；到1958年，總面積已超萬畝。這些茶園都分佈在海拔1,000至1,400米的山坡上。

文革期間，這裡最多時關押了兩萬餘人，幾乎占了蘆山全縣人口的五分之一。

1975年開展「農業學大寨」運動，我被推選為十三中隊的檢查評比代表。在八天時間裡，由勞改隊幹部率領，我搭乘汽車跑遍了茶場的二十四個中隊。我觀摩了各隊「改田改土」的成果，也有機會觀察到苗溪茶場的全貌。它的基本情況如下：

在苗溪勞改的這個支隊，依地區又劃分為四個大隊。各大隊下面合計有二十四個中隊，分佈在五十六個監管區。中隊是根據在押犯人的判刑性質、刑期長短、性別等等編成的，中隊下面的各分隊合計又有一百多個。

一般來說，重刑犯多被關押在高山區。那裡海拔高，地域偏僻，條件更艱苦；而其餘中隊則分佈在半山腰。每個中隊的規模不一，關押人數從三百多到六百多不等。

場部、獄政管理、製茶廠、機修廠、磚瓦廠、醫院等集聚在山下較平坦的地區。場部距縣城數公里，有簡易公路通行。

四座山峰中，靈鷲山監管區規模最大。它又依地勢分為兩個部分，即苗溪上區和苗溪下區。靈鷲主峰為苗上區的最高峰，海拔是1,575米。清代建造起的廟宇大殿已蕩然無存，空餘望鄉台等遺跡；四中隊的數百名犯人就在這裡。

苗上區還有十五中隊、十六中隊，其中也都是重刑犯。我在寧夏街看守所認識的衡孝泉，因「倒賣布票、非法獲利」之罪名被判處十五年，他即被發配到十五中隊。寧夏街一別後，我再也沒有見過他，也不知他後來的處境。

苗上區的中上部有二十三中隊，山腰之間分佈著二中隊、三中隊、五中隊、十四中隊、十七中隊，這些均為茶葉中隊。其中二隊、十四隊、十七隊為

女隊，一共關押著一千九百餘名女犯。

苗下區地勢較平坦，這裡有兩個中隊。一中隊關押軍犯，十三中隊關押十五年以上刑期的「反革命」犯，兩隊均為農業中隊。此處又有基建隊、機修隊。擔任警衛工作的解放軍某連部和位於古廟淨智寺內的醫院也在苗下區。

大坪山區有六中隊、七中隊、八中隊、九中隊、十八中隊、十九中隊，都是種茶中隊。這裡崗巒起伏，環境荒涼，但土質肥厚，作物產量高。區域裡最高的擂臺山地處海拔1,400多米處，均歸天全縣管轄。

金龍山與紗帽山這個區域合稱金紗區，在這裡的各中隊裡主要是刑滿後留場就業人員。

紗帽山有十一中隊、十二中隊、二十中隊、二十二中隊等，人員以種茶為主。這座山的頂部高度在海拔1,771米，終年雲霧繚繞，出產的茶葉品質最好。紗帽山原係林區，勞改隊進駐後砍伐山林，昔日的參天大樹毀於一旦。1975年我乘車經過時，依然能看見山坡上遍佈直徑一尺餘的樹樁。

金龍山有十中隊、二十一中隊，都是農業中隊。此地茶園較少，周圍有民居；其中又有茶葉科學研究所，即二十四中隊，它直屬場部管轄。

茶場還擁有不相連屬的雙石煤礦和銅頭場水電站。

多數中隊駐地均有圍牆，個別中隊的高牆上還裝有電網。

大部分勞改中隊的主業是種茶，同時還需種菜，養豬，以自給自足。為此中隊轄區裡又修建了一些豬舍、牛圈。為看守山林及農作物，也修建了一些簡易的工棚。

各中隊之間距離較遠，管理嚴格，人員彼此很少聯繫；犯人和就業人員之間更不准相互串通。每個隊大約有十餘名獄警，他們分別擔任指導員、中隊長、分隊長、司務長、管教幹事等。各中隊都配置有十到二十名部隊編制的武裝警察，統稱管理員。

毛澤東死亡之前，中國所有監獄都是易進難出。苗溪茶場是四川省乃至全國的重點監獄之一，地處偏僻山區，交通閉塞，管理更是嚴格，真是「風都吹得進來，雷都打不出去」。

四、十三中隊

從場部出發，沿碎石路向東南而行，迎面就可以看到山上的果樹、山腰的耕地和山腳下的梯田。步行大約十來分鐘，就進入了十三隊的地界。

我被分配到十三中隊，該隊關押有四百多反革命犯，刑期都在十五年以上；這裡也是茶場的重點監管區。

茶場大部分中隊以種茶為主，十三中隊例外，它是二十四個中隊裡最大的農業隊。種植的農作物種類繁多，糧食作物有水稻、玉米、小麥、紅薯等；經濟作物有棉花、甘蔗、煙草、花生、西瓜等。另有栽培果樹的園藝組、專門種菜的蔬菜組，負責養豬、養鴨、養魚的飼養組。另有滅螺組、雜務組。

農田種植面積約一千多畝，其中三百畝的小塊梯田，可以種植水稻；其餘均為坡地。犯人按作業區和工種分成小隊，勞動地點大致分佈在五個山頭。

一工區在萬家山，這是一條東西走向的山梁。南面山坡比較陡且背陰，不宜種植莊稼。坡上稀稀拉拉地生長著一些小柏樹，只有零星的小塊旱地，上面種了一點玉米、紅苕。南面山坡下就是十三隊隊部。

萬家山的北坡是蘆陽公社萬家山生產隊所在地，山梁的西半段被勞改隊佔用。山上也有旱地百餘畝，勞改犯在上面修建了豬舍，可容納八十頭豬；還有一個牛圈，可關養十五頭牛。

萬家山的山下是水田，有四五十畝。這裡的土質黏重，無自然水源。夏、秋季澆灌就靠積存的雨水。而冬、春乾旱，人畜用水均需人力背負。犯人在山下取水，木桶容量百斤，將這一桶水背上山，勞動強度甚大。

二工區在管家窩，大約四五十名犯人常年在此勞作。這裡地勢低窪，原係管姓人家聚集之地。苗溪監獄進駐後，管家村民遷移至異地。此地的一百餘畝田（水田）土（旱地）俱歸勞改隊所有；此外這裡也有一個豬舍和一個牛棚。

三工區佔據了兩個山頭，其一為胡家坪，其二名字較奇特，叫「美女曬羞」，不知何以得名；勞改隊沿用至1966年後改名為向陽坪。兩個山頭都比較陡峭，但山上有小股流水，山下有一寬約三米的河溝。胡家坪有田土百餘畝，山上建有三個豬舍、一個牛圈。向陽坪有旱地數十畝，多半是文革中進來的新

犯人開墾的荒地。在這個山梁上也修了一個豬舍。

四工區是水田組，勞動地點分散在各個山梁的下部。這裡勞作的犯人較年輕，因為經常要在水田作業，容不得老弱病殘。

蔬菜組有二十幾個犯人，菜地在十三隊山下周邊。隊裡的農副產品、新鮮蔬菜首先都是供應幹部和武警，剩下的才給犯人伙食團。

飼養組統轄三個牛舍、六個豬舍。這裡大約有五十名犯人，他們熟悉農活，也都是隊部認為不會逃跑的人。犯人多數要離開監舍，住在外面的工棚，也就是牛圈和豬圈旁邊，以便照料牲口；他們也負責看守莊稼和飼料。

十三隊附近就是場部，幹部生活區與犯人生活區截然是兩個世界。在場部，路邊的緩坡上栽種著一叢一叢的慈竹，綠竹掩映下有二十餘間平房。房子是木椽結構，灰瓦白牆，這都是勞改犯修建的，裡面住著獄卒及其家屬。

平房前面是一個長方形的院子，院子周圍又是萬年青、七里香等灌木叢構成的綠色籬障。春天鮮花盛開時，香氣襲人。

獄卒居住區的下面，又有一個近乎方形的壩子，長寬約五、六十米；地面是堅硬的三合土。在收穫季節，壩子用來翻曬稻穀、小麥、玉米、油菜。而獄卒淫威大發時，也在這裡召開公審、宣判大會。如果在壩子裡開會，這裡能容納三千犯人。遇上一月一次打牙祭，犯人也在這裡席地而坐。

壩子北邊是四面敞開的庫房，它只有磚柱和頂棚。遇到下雨，人們可以很快將曬壩裡的東西搶收入庫。庫房的西邊是犯人廚房，每到開飯時，犯人就在窗口外排隊打飯。

壩子南邊有大約兩米高的石頭堡坎，堡坎上面是一樓一底的風乾房。它是磚柱灰瓦竹木結構，樓層之間不是地板，而是排列著一根根荊竹。竹竿間上下通風透光，踩上去喳喳作響。樓上用於風乾某些農作物，樓下用做飼料加工、存放化肥。

風乾房西邊有一排平房，分別是提訊室、外調室和司務長的辦公室。

壩子的東面有一堵五米多高的白色磚牆，當中有一道包著鐵皮的大門。門洞上面有崗樓，持槍武警晝夜值班。和所有監獄一樣，白牆上寫著十六個大字：「坦白從寬，抗拒從嚴，改惡從善，前途光明」。

這座白色磚牆之內，就是犯人的居住地。

犯人居住的大院子斜倚在山坡上，院子從東到西長約五十五米，南北之間寬約二十五米。

因地勢高低不同，院子裡又分成三個梯級，每個梯級的落差大約兩米。

南牆居高臨下，有角門與院內相通。南牆外面是管理員住房和值班室，常駐一個班，有十餘名武警負責監守院子裡的犯人。

南牆根下面是一個寬約三米的平地，往下又有一個卵石砌築的堡坎。此地嚴禁犯人攀登，只供管教幹警點名訓話，發號施令。

院子裡絕無僅有地保留了一棵四米多高的桂花樹，我不知道它樹齡多少，來自何地；也不知道它何以逃出了各種砍伐。雖無人施肥管理，桂花樹依然頑強生長，伴隨著我們這些重刑犯們。每逢仲秋，院子裡飄散起桂花的清香，所有進來的人都忍不住要深深呼吸一口。香氣待人是平等的，這要感謝大自然的恩典。

在高約兩米的堡坎下面，又有一塊寬約八米、長約五十五米的院壩。這就是犯人的室外活動場所，但從監舍到院子去必須喊報告。這裡不准犯人三五相聚，不准交頭接耳，不准東張西望，不准東遊西逛……禁令如此之多，也就沒什麼人過去了。

壩子的堡坎下面就是監舍了，監舍長約三十米，寬五米有餘，是一樓一底的木結構樓房。這裡關押著十三中隊的三百多人。

監舍面向南，迎面一米就是高約兩米的卵石堡坎。監舍的後牆距電網圍牆很近，距離也就一點五米左右。建場初期，勞改隊大肆砍樹建房，於是有了這座全木結構的監舍。到1972年，一樓一底的舊監舍被拆除，在原址上擴建。新監舍是單層的磚柱磚牆，而從舊監舍拆下來的木料竟然沒有用完，由此可見當初是何等的浪費。

在大監舍西邊有一排平房，這兒有六個房間。頭一間是醫務室，裡面的衛生員名叫廖覺先。他刑滿就業，半路出家，一個人負責全中隊幾百名犯人的醫療。其餘五間屋子是特別修造的禁閉室，用於關押「不服管教」的犯人。

在監舍的東邊是廁所，它只有屋頂，沒有圍牆；以便崗樓裡的武警監視犯人。

以上說起來複雜，其實在這個院子裡就只有三個建築物：一座兩層的監舍（1972年以後改成了平房），住著犯人；一排低矮的平房，是衛生室和禁閉室；再加一個敞開式廁所。

　　院內任何一處，都在崗樓的機槍射程之內。如果還有子彈射不倒的東西，恐怕就是那棵孤零零的桂花樹了。

第二章　獄卒群像

一、寬嚴中隊長

犯人在這裡，一切都要聽從管教；他們在犯人的日常生活世界裡起著主宰作用。

勞改隊的管理人員有兩類，一類是屬於司法系統，即監獄系統的幹警。他們直接負責監管犯人。按他們各自職務，犯人稱其為中隊長、指導員、司務長、幹事等。這類人員大部分是部隊轉業的，因此熟悉也習慣於軍事化管理。

另一類管理人員是有部隊編制的現役武警。無論其職位高低，犯人均稱呼他們為管理員。武警主要負責監獄的內外警戒，站崗放哨，防止越獄。他們不參與對服刑人員的具體管理。

十三隊的獄警獄卒約二十人，時隔多年，一些人的名字我已想不起來了。但有幾個人的名字我記得很清楚，首先浮現在腦海裡的，是兩個中隊長。一個待犯人比較寬鬆，另一個則相當苛刻。

中隊長張成英是河南人，農民出身，1940年代入伍，二十三歲就在部隊當上了連長，也是共產黨員。此人性情寬厚，只要不違反監規，他不多管閒事。犯人餓慌了用衣服向當地老鄉換點吃的，或偷吃一點地裡的菜蔬，他睜一隻眼閉一隻眼，頂多貌似嚴厲地訓斥幾句。

1970年，有小道消息說，跟了毛澤東幾十年的陳伯達被軟禁，受批判了。張成英得知此事，自言自語地說著：「自稱『小小老百姓』的人成了大大野心家，被打入冷宮嘍。」關心時政的犯人一聽就明白，陳伯達遭整了。但在公開場合，誰都不敢議論。

張成英不打罵犯人，有人搞捆綁吊打時，他總是避開。然而他也不敢公開反對，唯恐被戴上右傾帽子。服刑人員不怕他，願意聽他的話。即使偶有冒

犯，他也不追究。

有一年收小麥，麥子差四五天才能充分乾黃。張成英卻認為接下來可能有連陰天，因此決定開鐮。結果，小麥還沒有完全成熟，收下來的麥穗都是濕潤的，難以脫粒。我們十幾個人圍著一台脫粒機，連續幹了二十來個小時，全都疲憊不堪。

下午六點鐘，他還在喊：吃了晚飯繼續加班。我說：「報告中隊長，今天不能幹了。在脫粒機旁邊打瞌睡很危險，已經有人受傷了。我們需要睡覺。」

麥粒脫不下來，其他管教看他的笑話。他心裡著急，對我發脾氣說：「你什麼人？」我明白他那意思是說我沒資格發言，只能服從。但我實在累了，就頂了一句說：「我中國人」。

旁邊的十幾個犯人都愣住了，見他氣得說不出話來，以為他要對我動大刑。張成英知道自己理虧，也沒有懲罰我。吃過飯後他改了決定，當晚不加班了。「牛眼鏡」、「中國人」從此成了俏皮話，流傳了很久。

中隊長景益春就和他個性不同了，他也是河南人，五短身材，體型偏瘦。我到苗溪時他已年近花甲，頭髮也灰白了，滿臉皺紋，戴個老花鏡。

景益春喜歡喝酒，他不常打人，但特別愛罵人。尤其他喝了點酒以後，真是借酒發瘋，把犯人罵得狗血淋頭，好像有人挖了他家祖墳似的。

景益春打心眼裡認為判刑必然正確，犯人必定有罪。他不承認有冤案，從不懷疑上級有錯。

景益春出身農民，生活上很節儉，對服刑人員特別苛刻。他喜歡看犯人沒完沒了地幹活兒，見不得他們休息。在我們眼裡，他就屬於那種「既要馬兒跑，又要馬兒不吃草」的刻薄地主角色。

有一年夏秋之交，上午八九點鐘時，我在山上割草。按規定每天要割四百斤背到牛圈過秤，完不成任務就要繼續幹。因為頭天才下了雨，山上的泥土鬆軟，山地坡度又大。我把割下來的草緊緊壓實裝在背架上，再套在身上。猛然一起肩，腳底哧溜一下子滑倒。頓時我右腿膝蓋一陣劇痛，怎麼也站不起來了。

幸好工地離隊部不遠，難友田成義把我背回監舍。我完全無法走路，連上廁所都要人背。醫生檢查的結果是半月板破裂。如果那時有現在的醫療條件，

還應該做核磁共振造影，確定破裂方向、大小、形狀，做半月板切除或修補手術。

可是在監獄裡，只是當天下午沒出工，沒有任何治療可言。幸好十三隊有一位姓高的難友熟悉草藥，我託他在山上扯了點活血化瘀的藥草，搗爛了敷在傷痛部位，又用一塊舊布把膝蓋關節包紮起來。

第二天，這位景中隊長就跑到監舍院子裡大聲喊我說：「地裡的活兒不能幹，手還能動嘛，出去捆葉子煙。」

我只好忍著巨痛，夾著雙拐，一步一挪地走到壩子裡的庫房；再費力坐到地上，整理那些煙葉子。這些新鮮煙葉要三片三片地疊在一起，再一串一串穿在草繩上；繼而送去庫房晾起來陰乾。待葉子蔫了，顏色由綠轉黃，白天再拿出去曬太陽，晚上收回庫房吸潮。如此反覆兩三次，趁煙葉乾而不脆之時，把它大把大把地捆起來，用草繩子裹緊，堆進木桶裡發酵。七八天後，它就成了金黃色的葉子煙。

那時候物資供應緊張，紙煙價錢既高又要定量。而且，那時的煙絲裡還摻雜了大量的菜葉子。有的捲煙廠門口公然貼著收購甘藍葉子的佈告。大部分山區的農民和勞改隊的獄警，都抽這種自製的葉子煙。

我就忍著疼痛這麼幹，一直幹了十三天。這時，景中隊長又來了：「你休息半個月啦！可以下地了，準備秋播耕地。你去牽牛，耕地！」

我哪兒敢違抗，只得一瘸一拐地到牛圈去牽牛耕地。使牛的人倒是有一個好處，在中午和晚上可以得到犒勞──廚房多給一勺菜。這對於常年吃不飽的犯人來說，也算是恩賜了。

二、酷吏指導員

1966年，十三隊的指導員是周金仁。他來自雅安寶興縣，從部隊轉業後到勞改隊當上了幹部。雖說他文化不高，但能背下幾百條毛澤東語錄。

他經常掛在嘴邊的話就是「對於反動派，必須實行獨裁」，「革命不是請客吃飯」，「階級鬥爭要年年講，月月講，天天講」，「橫掃一切牛鬼蛇神」，「凡是反動的東西你不打他就不倒」，「誰污蔑偉大領袖毛主席，就砸

爛誰的狗頭」……

周金仁每逢當班，晚上必然要訓話。隔兩三個月，他還要發表長篇演說。他的發言稿其實都是犯人寫的，反革命犯王地山是周金仁的主要撰稿人。

王地山是南下幹部，共產黨員，原《四川日報》記者。他是遼寧瀋陽人，十六歲參軍，1949年夏隨西南服務團入川。1957年在四川大學中文系進修期間被打成右派分子。他不認罪，且發表過歌頌中國與南斯拉夫友誼的詩文，於是想到南斯拉夫大使館尋求政治庇護。

王地山未經批准，自行去了北京，到南斯拉夫大使館申請赴南留學。使館以禮相待，但未接受其請求。他走出大使館不足百步，被便衣扭上汽車送到公安局，旋即押回四川。

就這樣，王地山被安上「投敵叛國」的罪名，判處二十年徒刑。入獄後鐐銬加身，備受折磨，不得已低頭認罪。

在勞改中，王地山被評為「積極分子」，在雜物組給幹部打雜。1980年代他刑滿出獄，與當地一喪偶的農民結為夫婦。經右派改正，案件平反，王地山調回成都市，在省委機關任一閒職。他著有《走出豆豆溪》一書，記錄了獄中生活。2010年他診斷出癌症，住進了省人民醫院的離休幹部病房。我前往探視，那時他已不能進食，靠輸液維持生命。我在寫作途中驚悉王地山病逝，火化後葬於妻子的故鄉蘆山縣沫東鎮。

回頭來再說周金仁，他拿著王地山幫他寫的稿子，唸得結結巴巴，偶爾還要念別字。他把「肆無忌憚」念成「肆無忌談」，「怙惡不悛」念成「古惡不俊」；甚至有一次把「泰國」念成了「秦國」。誰也不敢給他指出來，只有背後苦笑。

那會兒苗溪茶場的黨委書記是董霞雲，他偶爾來十三隊遛達；周金仁必老遠跑出來相迎。場長姜同海來的時候，他更是畢恭畢敬的樣子。

文革進入到1967年，周金仁造反奪權。董霞雲和姜同海都被打成走資派。董霞雲下放到十三隊，姜同海下放到大坪山區。場裡兩個主要領導被監督勞動，周金仁職務沒變。他披一件狗毛領子軍大衣，昂首闊步，還越發神氣了。

1969年中共九大以後，董霞雲和姜同海都官復原職。周金仁奪權後沒爬上去，還是十三隊的指導員。

1971年9月中旬以前，周金仁講話一定少不了那一句「敬祝毛主席的親密戰友林副主席身體健康，永遠健康」。10月份以後沒有這句話了，敏感的犯人因此想到林彪可能出事了。接著又是批林彪的「克己復禮」、「五七一工程紀要」、「批林批孔」，周金仁十分積極。1975年，周恩來病重，鄧小平復出。周金仁大讚鄧小平，不久又「誓死捍衛江青同志」，深入批鄧。再後來發生了「天安門事件」，周金仁為鎮壓喝彩，對在押犯人更是兇狠。

終於到了1976年9月，毛澤東死了；周金仁如喪考妣。10月，「四人幫」被捕，政壇風雲變幻，周金仁照樣「擁護華主席」。

政治觀點隨風倒，這在管教幹部中不足為奇。周金仁最讓人痛恨的是，他在十三隊大興捆綁吊打之風。手銬腳鐐是他慣用的工具，折磨犯人的小監也是他督造的；我深受其害，後面還要詳述。

1986年我在重慶第二機床廠偶遇苗溪茶場的採購人員，聽他們說，周金仁當上了苗溪下區的大隊長，終於升官了。

周金仁後來退休，依然住在場部附近的宿舍區內。

三、打手一：唐炳南

十三隊的各個工區都有分隊長，官階比中隊長低一點。一工區分隊長是轉業軍人田家倫，他忠於職守，不甚苛刻。犯人只要勞動積極，完成任務，他不多管閒事。

二工區的分隊長唐炳南，那就是個屬害角色了。他顴骨高聳，嘴歪眼斜，戴著一副矯正視力的眼鏡。他對犯人好似有深仇大恨，整起人來心狠手辣。他的口頭禪就是「死了當毯疼」，「死十個，數五雙」。他整人的辦法刁鑽古怪，最兇狠的一手就是收拾精神不正常的犯人。

十三隊都是政治犯，那麼怎麼會有精神病人？因為那時很多政治罪名都是強加的，犯人被關押時間久，有冤無處申，遭受折磨而精神崩潰者，並非罕見。對於獄卒來說，他們也不會去區分精神病和神經病，誰要是表現反常，一概當作反改造來收拾。

唐炳南說，神經病不知道冷熱。嚴冬之際，他讓瘦弱不堪的精神病患者脫

了上衣，裸露著肋骨突出的胸部，跪在凹凸不平的鵝卵石地面上。寒風凜凜、滴水成冰的季節，凍得這些人渾身戰慄，上牙打下牙。就這樣唐炳南還手持一根荊竹條子，不時地抽打他們幾下。他邊打邊問：「冷不冷？」看著被打的人快要倒地不起了，才讓其他犯人拖進屋去。隔幾天他就這麼來一次，他說這是治療精神病。

1967年到1968年間，唐炳南「造反奪權」，似乎進了監獄革委會，至少在十三隊掌了點權。他和周金仁一樣，也愛披一件帶狗毛領子的軍大衣，趾高氣揚，專揀人多的地方走。犯人見他來了，連忙閃避。

十三隊每年栽種近百畝紅苕，可收穫二十餘萬斤。紅苕不易儲存，因此從9月底到11月中旬，犯人的主食不再是玉米，而改為紅苕。玉米相對容易儲存，可以留下來餵豬。

唐炳南沒掌權時，吃紅苕是不定量的。雖然一天吃三頓紅苕胃酸多，也單調，畢竟給人飽足感，對常年處於飢餓狀態的犯人來說，這就是難得的享受。

唐炳南掌了權，吃紅苕也由他說了算。紅苕本來就是犯人種的，眾人精耕細作，用心管理，產量才不斷提高。那時一畝地至少收穫兩千斤紅苕，年成好的時候甚至可達四五千斤。唐炳南掌權後卻要實行定量，他說，偉大領袖教導我們，「對敵人的仁慈就是對人民的殘忍」。據此，他宣佈：「每頓四兩玉米折合為兩斤紅苕」。

可是，犯人吃玉米的時候，每頓還有一斤左右的蔬菜。吃紅苕的季節取消了蔬菜，只有一點鹹菜湯。頓頓如此，勞動又繁重，人人感覺腰酸腿軟，全身無力。無奈，只能背後罵唐炳南歹毒，不得好死。

一個多月以後，終於把紅苕全吃完了，食堂這才給犯人恢復了蔬菜供應。

到1969年下半年，唐炳南奪來的權終於被別人奪回去了。犯人吃紅苕也才不定量了。

唐炳南之歹毒，我還記得一例。大約是1968年1月30日，農曆春節的正月初一。唐炳南值班巡視監舍，見犯人夏永昌蹲在監舍門口。夏永昌曾在國民黨軍隊中任中尉，1949年起義，但在1955年肅反運動中依然被定為歷史反革命。他被判刑十五年，已經服刑十三年了。

夏永昌左手端一個小土瓷碗，右手拿著一雙筷子，低著頭夾起一根根深

綠色的東西，樂滋滋地往嘴裡送。唐炳南上前責問：「你吃什麼？」夏永昌答說：「昨天在山間河谷割牛草時，挖了幾株薺菜；回來加了一點鹽巴，當菜吃。」唐炳南勃然大怒道：「今天是什麼日子？」夏永昌不知其意，站起來立正回答：「報告唐隊長，今天是春節，大年初一。」

唐炳南大聲吼道：「你個龜兒子，大年初一吃野菜！你他媽的故意醜化社會主義！」夏永昌還想分辯，唐炳南不由分說，馬上喊兩個犯人，把夏永昌捆起來。捆繩子的時候夏永昌疼痛難忍，連聲叫喚。唐炳南拿竹竿順手從地上挑起一塊包腳布，讓打手塞到夏永昌的嘴裡。他要防受刑人喊出聲音，破壞春節氣氛。

在唐炳南主管的二工區有四十多個犯人，至少一半挨過他的打，二十餘人挨過捆繩子，十多個人被他戴過手銬、腳鐐。百分之百的人挨過他的罵，提起唐眼鏡，莫不恨之入骨。

某日，他又在工地上訓斥犯人，日媽倒娘地亂罵。那個犯人年逾花甲，體弱多病，任憑唐炳南呵斥也默不作聲。這可以說是服從管教了吧，但唐炳南仍舊不依不饒，一口一個「格老子」，看今天晚上怎麼收拾你！

他的話終於把老人家激怒了，只見老人揚起手中的鋤頭奔唐炳南而來，一邊走一邊喊：「罵了半天你還沒罵夠？老子跟你拼了！」唐炳南連聲大叫：「狗日的，你敢打國家幹部！」他又喊其他犯人：「把他捆起來！」

在旁邊幹活的十幾個犯人，全都裝作沒聽見，概不回應。眼看老者舉著鋤頭越走越近，唐炳南二話不說，撒腿就跑，頭都不敢回。

唐炳南現已退休，筆者寫這段文字時打聽到，他仍住在苗溪。他唯一的兒子害白血病死去多年了，如今他是孤身一人。冬天裡，有人見他依然穿一件舊的軍大衣，在茶館喝茶。那些年他作惡多端，如今不知有無懺悔之意。

四、打手二：徐紹華

十三隊的打手徐紹華也是部隊轉業，好像當過班長。此人鷹鼻鶹眼，面部骨骼清晰，在部隊練過武術和擒拿摔跤，肌肉發達，腰腿矯健。

徐紹華在十三隊算是年輕的，他是當地人，老婆是農民。平時她在家裡種

地餵豬，帶著一個幼小的兒子。每逢兩三個月，她來探親一次；住上個把星期後就返鄉了。徐紹華一個人，樂得逍遙自在。

徐紹華管人態度殘暴，三工區的犯人至少有三分之一挨過他的繩子。在那個時代，捆的人越多，就表示階級鬥爭觀念越強，對毛澤東的革命路線越忠誠。但是愛捆人終究不是什麼好名聲，徐紹華便換個方式使壞，借他人之手整人。

1968年2月，寒冬季節，山區比平原更冷。我半夜起來解手，按照規矩，先向崗樓報告，然後順著屋簷前面的小路跑向廁所，解完後回來再喊一聲：「牛立華報告，解手完畢」。

喊完後我正在往回走，崗樓上突然大吼一聲「上來！」我只得上了幾步梯坎站到壩子裡。這時南牆的角門開了，走出一個黑影。到了燈光底下我才看清，來人是穿著軍裝的管理員。

他厲聲問道：「你叫什名字？」我忙應答：「牛立華。」他又問：「犯的什麼罪？」我心想，管理員通常只負責武裝警戒，今天是怎麼了？於是含含混混地答說：「反革命。」他還不放過我，接著喝道：「為什麼要反革命？」

我回答不了他，劉少奇都是反革命，誰能說清楚為什麼！

不過一兩分鐘的時間，他面露猙獰之色，直接從堡坎邊上走到壩子當中。他拿著一根捆繩，惡狠狠地喝道：「站好！」隨之扯掉我身上的棉衣甩在地上，把繩子搭在我肩上，展示了他熟練的捆人術。

寒更半夜，我裸露著上半身，僅穿著一條短褲，光著腿站在冰涼的卵石地上。手臂上的繩子一陣比一陣緊，就像是在往肉裡鑽。豆大的汗珠浸出了額頭，刺骨之痛難以忍受。

夜深人靜，為了不吵醒別人，我咬緊牙關，低聲呻吟。那個管理員站到牆根抽煙，約莫過了一小時，他才走過來罵罵咧咧地說：「不認罪就要收拾你！」然後他解開繩子，喝令一聲「下去！」

我揀起地上的棉衣，穿上鞋回到監舍。躺在稻草鋪上，迷迷糊糊回想著剛才的一幕，究竟是什麼原因呢？

天亮起床，幾個難友過來問。有人悄悄說：「徐紹華搞的鬼。」還有人說：「昨天那個人姓梅，是個班長」。

我尋思著，對於管理員，我一向是敬鬼神而遠之。冤獄不是他們造成的，用不著跟他們講道理。平時我儘量做到「禮多人不怪」，報告聲大點兒，管理員叫勤點兒。我不惹事，不出風頭，怎麼突然找起我的茬兒來了？百思不得其解。

　　沒想到，這個姓梅的一周值一次夜班，連續三周，逢他值班我必挨捆。每次把我捆起來以後，他就躲一邊抽煙，從來不跟我多話。我和他無冤無仇，這其中必有蹊蹺。捱到三月中旬，夜半，又是這個姓梅的值班。我心一橫，豁出去了，非要跟他講個道理。

　　這夜他把我捆起來以後，打開角門竟自回去了，讓我有話也沒處說。整個壩子裡就我一個人被五花大綁著，昏暗的燈光在電線下面晃晃悠悠，寒冷的夜晚更顯陰森。

　　不一會兒，角門吱扭一聲打開了，出來一個軍人。這個軍人留著短髮，皮膚較白，他走到我前面的堡坎上看了看，問道：「你犯的什麼罪？」我答說：「我沒犯罪。」看他態度沒那麼兇狠，我不禁多說了幾句個人經歷。我還特別告訴他，我哥哥姐姐（*與我同父異母）都是共產黨員，哥哥在濟南軍區政治部工作，姐姐在中央機關幼稚園，弟弟在甘肅軍區，妹妹在黑龍江建設兵團。我為什麼要反革命？

　　他聽著我說，若有所思，又再問道：「你為什麼被判刑？」我解釋了一番。他接下來問：「你為什麼要組織暴動？」我大吃一驚——這可不是鬧著玩兒的，我連忙分辯說：「我在外面都沒想過暴動，在監獄裡面怎麼會搞暴動？我又沒有槍，要搞暴動非讓管理員打死不可。死了還好，免得活受罪，打個半死不活就麻煩了！」我說要是你值班，請瞄準一點，一槍見紅最好。

　　我故意說些涮罈子的話，想緩和氣氛。他聽後沒說什麼，走過來給我把繩子鬆開了。這次捆了不到半小時，我回到舍房還睡了一會兒。

　　過了幾天姓梅的那個王八蛋調走了，十三隊又消停了一點。事後我才弄明白，真是徐紹華搞的鬼。他平時和姓梅的有點交情，就對梅說牛立華怎麼怎麼反動，要組織暴動，讓他狠狠地收拾我。後來出現的軍人是副排長，下來檢查工作。虧得他不失惻隱之心，我才得以解了繩子。

　　還有一次，大約是1970年春節。大年初一這天，按照四川習俗是吃湯圓。

勞改隊沒有湯圓，便給犯人每人配給200克糯米，由大廚房蒸成糯米飯。

我們十二個人打來一臉盆糯米飯，蹲在地上圍成一圈，一勺一勺地把臉盆裡的飯分成十二份。寒風不解人意，早已把糯米飯吹得冰涼。我們分完飯再接著分糖，所謂糖，並不是甘蔗或甜菜提煉的糖，而是10月份吃紅苕季節留下的甌腳水。大廚房把蒸紅薯剩下的那點甌腳水收集起來存在罐子裡。大年初一放在鐵鍋裡熬一道，其狀如瀝青，那就是糖。這糖看上去是紅褐色，微苦帶甜，還有點酸澀的味道。每份糯米飯上倒一瓢，即是我們的年飯。

三工區有個犯人王義雲，四川大邑人。他在農村是泥水匠，砌牆壘灶的手藝不錯。文革伊始他被打成反革命，送來勞改。偏偏他患有胃病，雖然肚子餓得咕咕叫，看著這一年才見到一次的糯米飯，卻不敢動口吃冷的。

王義雲端著搪瓷盅子回到舍房，把它悄悄放在爐臺上，想等爐火煨熱了糯米飯慢慢吃。這時徐紹華進來查房了，他走到爐子邊上，幾個勞改積極分子連忙起身讓座。他逐一打開爐臺上的盅子，裡面開水居多；突然他看到了糯米飯，厲聲問道：「這是誰的？」

王義雲連忙站起來回答：「報告徐幹事，我胃疼，不能吃冷東西；稍微熱一下。」徐紹華吼道：「不准煨煮，你知不知道？」王義雲低著頭不做聲。徐又問：「你說怎麼辦？」王義雲答道：「徐幹事說怎麼辦就怎麼辦。」徐立即喊：「楊應椿，拿去餵雞！」

犯人楊應椿應聲而起，站在那裡猶豫了一兩分鐘。徐不耐煩地說：「快點，端走。」楊看了王義雲一眼，使個眼色，意在讓王義雲告饒。不料王義雲性格倔強，他一屁股坐在鋪上，咬緊牙關不言語。

楊端著飯盅下樓去了。徐跟著喊：「回來！」我們以為徐紹華改變了主意，大年初一放王義雲一馬。誰知楊應椿回來後，徐讓蹲在爐子旁邊的李海山抓了把爐灰，丟在飯盅裡攪了一攪。原來要防止楊應椿在路上偷吃！

讓人盼了三百六十五天的年飯啊，就這樣讓徐紹華給糟踐了。

徐紹華三十多歲，夫妻兩地分居。他對犯人耀武揚威，見了當地的女老鄉就嬉皮笑臉。犯人對他的各種惡行敢怒不敢言，幹活時都希望高家山那位寡婦快來。她一來，徐紹華就躲入工棚，「軍愛民來民擁軍」，他倆擺龍門陣去了。犯人樂得免於挨罵，完成任務就按時收工。

五、幹事、管理員等

管教幹事向義文是學農的，畢業於西昌農業專科學校。他喜歡寫點文章，還能吹笛子，拉胡琴。1960年代末他被分配到勞改農場，起初是技術幹部，調到十三隊後當上專職管教。管教幹事雖然連個芝麻官都算不上，但新官上任三把火，火總是要放的。

林彪事件之後，監獄裡指使犯人辦壁報。我也響應號召，寫了一首應景的歪詩：

> 碧空如洗萬里晴，殘雲驅盡玉宇清。
> 全黨義憤逐叛逆，舉國歡欣除禍星。
> 狠批野心天才論，怒斥陰謀政變經。
> 狼奔豕突終有報，折戟沉沙惡滿盈。

這首詩得到向義文的肯定，准予抄寫刊登。在他看來，十三隊關押的都是重刑政治犯，雖然大多是農民弟兄，文盲和半文盲也占多數；但畢竟還有幾十個大學生、中學生，還有幾位教授學者。比起其他隊，十三隊平均文化程度還要高一點。因此他要求十三隊的壁報辦出高水準，這也能突出他管教幹事的成績。

此後，每逢辦壁報我必然寫一兩篇交稿，既給向義文捧場，也做點文字遊戲。但在勞改隊，寫文章難，寫詩更難。幾個立功心切的「勞改積極分子」隨時窺測著，想找到別人的錯來為自己撈好處。我的詩句開頭「碧空如洗」這幾個字，本是出自宋代張元幹〈水調歌頭〉一詞，很多人沿用，已相當普及。這時卻有人說：「碧空如洗涉嫌一貧如洗，不當，不當。」幸好管教幹事未予追究，我才躲過一劫。

1970年代初，苗溪茶場又搞「學毛主席著作，促思想改造」活動。由女二隊的犯人章詒和現身說法，彙報改造經歷。

會場設在十三隊，各中隊組織了近三千名犯人，坐地聽報告，壩子擠得滿

滿的。章詒和演講不卑不亢，幽默風趣。犯人聽後一笑了之，幹部聽後充分肯定。向義文比較敬業，隨即召集十三隊的犯人王地山、許誠和我開會；聲稱十三隊也要拿出像樣的東西來，掀起一個加速思想改造的高潮。

他安排我們三個人，一人寫一篇，三天後交卷。我們不得不服從，也樂得三天不出工。各人搜腸刮肚，每篇寫了將近兩萬字，按時交了卷。

過了兩天，向義文又召集我們三個人開會，劈頭就來了一句：「我看了兩天，全都不及格，語彙貧乏，枯燥無味。你們三個都沒有敞開思想。」「這個水準見不得人。」他一邊說還一邊搖頭。

我心裡暗自好笑：言為心聲，趕鴨子上架，通篇說假話，怎麼能有好作品呢？沒想到向幹事接著竟說了一句：「比較起來，牛立華這篇稍微好一點，但還是不及格。」

王地山打圓場說：「向幹事，您給他點撥點撥，就讓牛立華準備發言得了。」向義文聽了馬上說：「不行，不行。他是全場聞名的不認罪，上不了台。」

最後他決定，由王地山來綜合三篇底稿，重新整理一篇，準備下次典型發言。我一下鬆了口氣，真是謝天謝地。

許誠和王地山走了以後，向義文站在院子裡對我說：「不認罪是個大問題，你解決了認罪問題，公開低頭，我給你想辦法。」

我說：「向幹事，謝謝你，你要是給我搞一份減刑三年的裁定書，我給你退回來。」

他瞪了我一眼說：「為什麼？你說說看。」

我回答：「接受減刑裁定書就等於承認判決正確。欠我十五塊錢，只還三塊，還要我表示感謝；我想不通，也辦不到。我無犯罪事實，判決沒有法律依據，我只能服刑，不能認罪。」

他咬著牙用手指著我說：「你呀，你呀！」

1976年元旦，《人民日報》刊發了毛澤東的詞二首〈重上井岡山〉和〈鳥兒問答〉。勞改隊的壁報也登滿了犯人的贊歌，我寫了奉命之作：

紅日照海內，春色滿人間，東風送來華章，字字扣心弦。緬懷崢嶸歲

月，縱覽馳騁風雲，豪情貫筆端。

讀罷思潮湧，頓覺胸際寬。駕驚風，逐亂雲，劈狂瀾，能排五洋惡浪，敢攀萬仞山。一任蓬雀啁啾，更鼓鯤鵬扶搖，壯志在九天。猛振垂雲翼，開拓新紀元。

獄卒們挑不出毛病，幾位難友看了點頭微笑，心照不宣。

過了幾年，終於等到了右派改正和冤案平反；我在十三隊竹林下面和人閒聊，向義文老遠走過來，雙手抱拳，連聲道：「恭喜！恭喜！」

走近後他悄悄說：「我原來認為你很固執，現在覺得你有韌性。有了韌性幹什麼都能成功，可以搞寫作。」

我告訴他：「我熱愛專業，可能還是搞老本行金屬熱處理。」寒暄了幾句，我們握手告別了。

三十五年過去，我們再沒見過面。他該是古稀之年的老人了。我印象中的向義文，人性未泯。我在他面前說過真話，也沒挨繩子；勞改隊這樣的幹部不多。

十三隊大約有二十個屬於勞改局系統的幹部，除了以上六位，我記得的還有丁司務長、宋司務長、黃會計、李幹事（主管醫務室和滅螺組），追捕組的周幹事。除了周金仁、徐紹華和唐炳南特別能整人，其他的多數都是當差吃飯而已。

主管農業技術的陳伯愚、林健吾，兩位均畢業於四川農學院，反右運動受了衝擊。陳伯愚在勞改隊埋頭技術，有敬業精神，在推廣雜交水稻等方面成績卓著。十三隊的水稻畝產從兩百公斤躍升到五百公斤左右，他居首功。

林健吾則混天度日，情緒變化莫測，臉色喜怒無常。多數犯人視他為精神病，在工地勞動時有誰喊一聲「瘋子來了」，眾人立即鴉雀無聲。

他東轉西轉、左看右看一陣，無人理睬，蹭到鐘點便下山去了。

1979年後，這兩位的右派問題都獲得了改正。

我們和管理員即武警一般不直接接觸，但除了捆我的那位，還有個別人壞得令我難忘。

武警在十三隊駐有一個班，其中有農村兵也有城市兵。多數管理員只管站崗放哨，點名查鋪而已。只有少數不甘寂寞者，以戲弄犯人為樂。

　　一個夏天的中午，集體勞動的犯人們已經吃過飯，回到舍房。單獨勞動的夏聯松，當日收工晚一點，他一個人蹲在壩子裡啃玉米饃饃。夏聯松是農民出身，當過志願軍，朝鮮停戰後被遣返回鄉。

　　管理員的眼睛真好用，他在崗樓上吼道：「你碗裡那紅色的是什麼東西？」

　　夏聯松報告說：「幾個辣椒。」

　　夏聯松平時言語不多，他肯幫忙，人緣好。那天走到萬家山工棚，恰遇摘辣椒，有人就給他抓了一把。

　　那個年輕武警陰陽怪氣地說：「你還吃得舒服呦。」他命令夏聯松：「把辣椒吃完了再下去。」

　　夏聯松不敢違抗，只有在烈日炎炎下嚼辣椒。那種辣椒非常辣，吃得他腦殼上的汗不停往外冒，管理員還催他快點吃。我在舍房裡，看著他在壩子裡受罪，誰也不敢管。過了二十分鐘，張中隊長過來了。他在夏聯松面前問了問情況，板起面孔吼道：「叫你嘴饞，該罰！給管理員認個錯，趕快出去幹活兒！」

　　夏聯松面向管理員立正報告：「我錯了。」崗樓裡喊了一聲：「滾下去！」他這才回到舍房，趕緊要水漱口，然後撈起鋤頭出工去了。

第三章　囚犯群像

一、老頭「反革命」

在十三隊住了一陣，彼此逐漸熟悉；我因此瞭解了所謂政治犯、特別是判了重刑的政治犯都是怎麼回事。

到達苗溪茶場的第一天，我站在隊伍裡來來回回地看，從成都一起過來的這四十多人中，三十歲左右的占多數。待服刑期滿，這些人都年近半百或過半百了。

分組之後，已臨近下午三點；還剩下十來個老頭兒站在那兒。幾個獄警嘀咕了一陣，把他們歸入了我們這一列。原來，這幾位犯人雖然刑期不夠十五年，但獄警擔心他們年老體衰，恐怕走不到他們應該去的大坪山。若是上到半山爬不動了，會給獄警增加許多麻煩。這樣監獄長就決定，將他們暫時寄押在山下的十三隊。

這幾個老頭兒編在一個組，也不上山幹活兒。白天他們就在十三隊的壩子裡勞動，晚上住在樓下的舍房裡。許多人都好奇，這麼大歲數怎麼也會是反革命？

吳根祥（音）是成都郊區人，孤身一人的五保戶，六十五、六歲，一米六左右的個兒，被判了五年。他衣衫襤褸，鬍子巴茬，站都站不穩的樣子。我印象最深的就是他有點口吃，某日晚九時許，管理員逐室點過了名，幾個人依次上廁所；各自報名解手。吳根祥站在監舍門口，一個小夥子正在報告：×××報告解手轉來。吳根祥馬上跟著他喊道：「吳吳根祥報報告解手轉轉來」，緊接著他又補充一句：「噢，我還還沒沒屙。」引得舍房裡一陣大笑。崗樓上的管理員罵了一聲：「你個老糊塗！」吳根祥提著褲子趕緊向廁所跑去。

吳根祥學習時不發言，不做檢查，也不批判別人；就好像沒他這個人一樣。幾年後他調出了十三隊，我就不知其下落了。

　　劉大爺，成都人，六十多歲，在一個巷子裡經營日雜用品。據說，他的小鋪就十來平方米的面積，裡面堆滿了掃把、撮箕、泡菜罈子、碗筷等生活用品。附近都是老鄰居，生意過得去。老頭兒看守店鋪，老伴買菜煮飯；兒子進貨，兒媳帶孩子。

　　文革初期某日，兒子回來時在鹵肉攤子上給老爸買了點豬頭肉。老頭笑嘻嘻了，拿出老白乾兒來準備喝上兩口。顧客進進出出，看著劉大爺獨自小酌，都衝他笑笑。

　　這時遠處響起了鼓樂，有人問道：「劉大爺，你看誰來了？」劉大爺搖搖頭說：「我不認得，我就認得我的兒。」敲鑼打鼓的人走近了，原來是街道組織的秧歌隊。人們高舉著毛像歡呼毛主席發表了最新指示。可憐劉大爺就這樣犯了攻擊偉大領袖之罪，被判了七年徒刑。

　　老頭中有還曹克明，四川大邑安仁鎮人。他年五十許，為人仗義。1965年四川美術學院雕塑系教師趙樹同、王官乙帶領學生奉命到大邑，以揭露大地主劉文彩欺壓農民為主題，創作大型泥塑群像《收租院》。四川省委派了彭縣川劇團演員到現場，按照創作組的意圖，現場造型表演，攝照存檔，作為素材。創作組也聘用了當地部分老鄉當模特，現場製作了一百一十四個真人大小的彩塑人像。

　　《收租院》中有一個殺人霸產的故事，說的是劉文彩的狗腿子曹克明把三個正在田裡栽秧的貧農打死在田裡。這個故事是編造的，有張冠李戴的成分，據記者採訪，那三個人不是農民，和劉文彩也沒有關係。而曹克明被找去充當《收租院》的模特，從此就被稱為劉文彩的「狗腿子」。後來文革興起，曹克明真的被當作「狗腿子」被捕。也有人說是因為他為劉文彩辯護，說劉文彩莊園裡沒有水牢，他因造謠罪被捕。

　　苗溪是血吸蟲病的重災區，釘螺是血吸蟲的中間宿主，我認識曹克明時他在滅螺組。那時他已經六十幾了，又乾又瘦的一個老頭，每天在水田裡找釘螺。拿手也好，拿木頭棍也好，慢慢撥。釘螺就大米那麼大，找到釘螺後，就地處理。

我也得過血吸蟲病，渾身酸軟，不能幹活，嚴重的時候肚子變大，拉稀。每年都要檢查一次，化驗大便。患上血吸蟲病可以休息，平時吃包穀饃，這時可以吃麵條、稀飯。衛生員還拿來一種藥，叫銻劑。吃了很難受，拉肚子。我當時年輕，覺得可以不勞動真好，病也無所謂。

我跟曹克明關係還好，過年吃湯圓，勞改隊發一點糯米麵，我就拿水果糖，砸碎了和起來做湯圓心。曹克明住我上鋪，我就喊曹老頭，咱倆一塊兒包湯圓，每人十來個。

冬天，一個隊有一個小爐子晚上取暖，發一點焦炭。過春節那幾天白天也有爐子用。大廚房有碳，豬舍有碳，我們也偷一點炭。每人都有一個鋁鍋，有大有小。犯人都想煮一點東西，也想辦法買把掛麵。掛麵是六毛錢一把，兩斤的分量。那兒老鄉都知道勞改犯需要掛麵，天天有賣的。

曹克明人很老實，他沒跟我談過案情。勞改犯裡有人說他是狗腿子，他就頂回去說：「老子連根狗毛都沒有，啥叫狗腿子？」可見他內心是不認罪的。

毛澤東死後，經反覆查證，大邑地主莊園內的「水牢」、「地牢」等情節都是虛構的。法院以量刑過重的名義改判曹克明五年，那時他已經被關押了近十四年。

出獄後曹克明到縣法院去申訴，辦案人員說：「《收租院》不否定，我們就不敢給你平反。」曹克明繼續往上告，還是同樣答覆。悲憤交加的曹克明，1982年在大邑縣人民法院門口服毒，自殺身亡。

老犯人中還有銀兆良，我喊他銀大爺。他快七十，頭髮全白了，被判十五年。他難以到山上勞動，只能打打草鞋，幹點兒雜活。平時少言少語，一問三不知。

1978年平反冤假錯案逐步展開，某日來了兩位外調人員，追問銀兆良：「你為什麼說秦始皇見了毛主席要甘拜下風？」銀兆良答道：「秦始皇只能平定六國，毛主席是全世界人民的偉大領袖，秦始皇見了毛主席當然要甘拜下風嘍。」這是銀兆良被判「惡攻罪」的主要理由，兩位外調人員無言以對。銀兆良後來被宣佈無罪釋放了。

二、老弱病殘犯

十三中隊的雜務組裡，多數是老弱病殘犯人。這裡有木匠、瓦匠、鐵匠、理髮的、殺豬的、編草鞋的，還有炊事員和守庫房的人。組中能人很多，一位來自農村的老木匠什麼都能做出來，從扁擔、鋤把、犁杖、水桶到桌椅板凳。他粗識文字，脾氣溫和，樂於助人。

草鞋組有四五位殘疾人，其中有兩位教授，一位是失去一條腿的張澤厚，一位是雙目近乎失明的張紫葛。他們一個月要編製四五百雙草鞋，基本上可以保證全隊每人每月一雙草鞋。

原四川省商業廳廳長張懷正在犯人伙房當炊事班長，原南充地委農村工作部部長張宣和是造反派，被判十五年；中隊長照顧他體弱多病，讓他看守庫房。

我印象比較深的是張宣和。

有天晚上學習，許誠、張武林等為了掙「表現」大放厥詞，批判我不認罪。屋外下著小雨，室內昏暗的煤油燈閃爍不定。我坐在地鋪上用被子蓋著腳，只管閉目休息，突然不知誰大喝一聲：「牛立華！」我抬起頭左右望去，一時沒回過神來。想了想才說，感謝大家的批判，感謝張武林和許誠兩位同改，我要……力爭早日認罪。

九點學習結束，第二天還要繼續。張宣和的鋪位在我對面，他在地鋪上整理鋪蓋時看了我一眼，嘴裡念出李商隱的詩句：「何當共剪西窗燭，共話巴山夜雨時。」李商隱原詩中的「卻話」他念做「共話」。我心領神會，感謝他以這種方式傳遞一點精神安慰。

我離開苗溪時他還沒有出獄，後來也平反了。

還有八九個老頭在滅螺組，植物學家刁正俗也在其中。他生於1914年，祖籍山東，在山東大學任教，專攻植物分類學。1940年代他以學者身份加入國民黨，被選為立法委員。1960年代初被定為歷史反革命，判了二十年。

在監舍裡他住上鋪，我也是上鋪，就在他對面。我見過他在草紙上畫草，手裡拿個放大鏡，畫得很細緻，花蕊有幾根，花粉什麼形狀都要畫上。還要寫

出野草的名稱、科屬。他不愛理人，不參與擺龍門陣，我喊他刁老師，他不反對，也不答應，點一下頭就是。

平時他一句話也不說，成天在水田裡泡著。我知道他利用查找釘螺的機會搜尋水田雜草，又帶著老花眼鏡寫生描圖。但他不願意我留意他在幹什麼，總是說你走開吧，別看了。

1975年他得到特赦出獄，在重慶北碚中藥材倉庫當保管員。1982年，年近古稀的刁正俗調入渝州大學，1983年他出版了《中國常見水田雜草》一書，他在勞改時的觀察積累都派上了用場。1990年他的學術專著《中國水生雜草》出版，其中收入了農田雜草420個品種，自繪標本寫生圖322幅。這本書引起轟動，並被翻譯成英文。1994年，刁正俗年屆八十時得以晉升為教授，不久後病故。

三、「瘋子」們

我數過，三工區有四十餘名服刑者，其中十二人患有輕重不同的精神病或精神分裂症。在整個十三隊四百名重刑「反革命」中，有精神病症狀者大約有五六十人。他們在勞改隊裡被叫做「瘋子」或「半瘋兒」。

按照現在修訂過的《刑法》第十八條，有關精神病人的刑事責任、鑒定程序和處罰衡量，都有明確的規定。但在文革期間，隨便扣一個反革命帽子，精神病人也成了政治犯。而真正因為政見不同而入獄的人，也有的被整瘋了，成了真正的精神病。

迫於酷刑威脅，無論先前有沒有精神病，「瘋子」們大都很規矩；並不會滋生事端。但由於精神失常，他們所受的折磨又更令人心痛。以下就是我記憶中的幾位瘋子難友。

舒開昌是傷殘軍人，四川人，年近花甲，沒結過婚；入獄前他在榮軍療養院療養。據管教幹部講，舒開昌反對文化大革命，打倒劉少奇的時候他竟然要求將自己名字改為舒少奇，並且詆毀毛澤東。這樣，他被判刑十五年。

我最初覺得奇怪，舒開昌認字不多，只會寫自己的名字，怎麼會這樣？後

來我才知道，他當過新四軍，劉少奇曾任新四軍政治委員。即使從來沒見過首長，劉少奇依然是舒開昌崇敬的人。

舒開昌參加過渡江戰役和抗美援朝，身上留有四十餘處傷疤，他還給我看過，從肩膀到腿都有。他腦部也受過傷，有時神志不清。但他能生活自理，也不打人罵人；只是常常自說自話，說到高興處自己笑一陣。

我很想瞭解舒開昌的身世，有時候便主動和他攀談，他始終講不清楚。我故意激他說：「你是國民黨的榮軍！」他氣沖沖地反駁：「你才是國民黨，光會打敗仗」。我又逗他說：「你現在是反革命」。他馬上回嘴說：「你才是反革命」。

1979年我平反出獄了，舒開昌還在服刑。那時他已經六十多了，據說一直沒有人為他申訴，1980年初他在獄中死去。

母勝才，四川筠連人。他從小失去父母，成為孤兒。小學畢業後在家鄉務農，十八歲由公社推薦參軍。入伍後在某野戰部隊當炊事兵，除了做飯他還要養豬，上山砍柴。他一米八的高個子，年輕力壯，且又勤勞儉樸，工作甚為出色。1968年文革高潮中，母勝才要求入黨。他交了申請書，卻不見組織上有動靜。母勝才不由要想，這是為什麼？原來入黨的都是城鎮兵，他們雖不如他努力，但和指導員、連長的關係好。這些戰士回家探親返回部隊時，給首長帶了土特產和五糧液。母勝才舉目無親，靠部隊有限的津貼也買不起五糧液。幾年也不能入黨，令他感到苦悶。

那時候部隊裡也有一些傳聞，說江青是個三流演員，還有人傳一些影射江青的典故，什麼殷紂王寵妲己、烽火戲諸侯等。

母勝才聽到這些傳說，就在《毛澤東選集》的空白之處，用他歪歪曲曲的筆劃寫上了謾罵江青之詞。有好事者偷閱他的紅寶書，發現了這些文字。事發後母勝才被捕入獄，他總共寫了不到二十個字，判了他有期徒刑二十年。

入監初期母勝才很少與周圍人說話，其他人也都各受各苦，無暇他顧。母勝才熟悉農活兒，服從安排；也並未顯出異樣。過了大約三四年，他開始嘟嘟囔囔，聽不清在說些什麼。休息時他也是一個人獨坐，自顧自地咬牙切齒。再後來，母勝才的症狀更加明顯，他兩眼發直，反應遲鈍，挨打的次數也更多。

最後，他被關進了與外界完全隔絕的黑屋子裡。

大約是1978年的夏秋之交，獄中人對「撥亂反正」的口號也有耳聞。雖說多數冤案都還沒有得到平反，但江青已經被捕了。母勝才是因為罵了江青入獄的，他的案子也較早進入平反之列。

某日下午，監獄來了兩個年輕軍人；他們奉上級命令接母勝才回部隊。苗溪茶場十三隊的獄警得知，這才把母勝才從黑屋子裡放出來。

那天我正在山上放牛，下午，我回隊部領取飼料鹽，恰恰看到這一幕：母勝才衣衫襤褸，弓腰駝背，與一年之前判若兩人。之前的他是個人高馬大的青年，這時的他瘦骨嶙峋，一頭亂蓬蓬的長髮遮住了臉頰，直披到肩上，連鬍鬚也有三四寸長。他臉色煞白，目光呆滯；嘴也閉不攏，頭也抬不起，兩隻手臂緊貼著身子，站在那裡不停地抖動。

兩位軍人大概是母勝才的老戰友，見此情景，驚愕而不知所措。足足有兩三分鐘，他們才喊了兩聲：「母勝才！」「母勝才！」母勝才站在原地，毫無反應。

看著母勝才人不像人鬼不像鬼的，兩個軍人商量一番，不敢接回去；悒悒然地離開了十三隊。

隔了幾天，部隊開來一輛軍吉普。這次來了三個軍人，還帶了一套新軍裝過來。他們好說歹說，給母勝才理了髮，洗了臉，換了衣服。然後攙著母勝才上了吉普車，急速駛出監獄。

以後，我再未聽到母勝才的音信。

吳明新，四川儀隴人，入獄前在青海部隊當司機，駕駛榴彈炮的牽引車。不知道在什麼情況下受了傷，右手失去了兩個手指。從此不能繼續開車，復員回到家鄉，靠有限的救濟金維持生活。他家裡還有年邁的老母親，由於貧困以及傷殘，吳明新一直沒有成家，到後來精神失常。有一天他竟把剛領到的救濟金燒了，據說辱罵了當地幹部。這是很容易上綱上線的罪狀，吳明新被判處十五年，投入勞改。他拒不認罪，又被加刑五年。

在苗溪茶場十三隊，吳明新被安排在二工區，遇上心毒手狠的分隊長唐炳南。吳明新缺了食指和中指，割草等農活就幹不好。唐炳南硬說這是「偷奸耍

滑」，他派吳明新去幹更髒更累的活，清牛圈，背糞肥等。吳明新完成了規定的重量和趟數，但他總是一邊走一邊念念叨叨，有時候突然冷笑兩聲。唐炳南又說這是「裝瘋賣傻」，需要「狠起收拾」。

所謂收拾，就是戴銬子，捆繩子。在唐炳南手下，吳明新一年至少有半年是白天出工，晚上回來被戴手銬。幾乎每個月他都要挨繩子，夏天裸露著上身挨捆，冬天扒了棉衣挨捆。天寒地凍時節，他跪在凹凸不平的鵝卵石地面上，直凍得怦然倒地。難友把他抬進屋裡解開繩子，半個多小時他才緩過氣來。我們大家實在看不過，多方反映唐炳南的惡劣，中隊長才把吳明新從二工區調到三工區。

在三工區，吳明新跟我一個舍房，我們這邊屬於徐紹華管。後來，我和其他幾位難友當了三工區的值星員，其中有伍大雲——國民黨空軍起義人員、陳長兼——國民黨海軍起義人員、賀心禹——成都市第九中學老三屆高中生，我們的刑期都是十五年。我們同情這些患精神病的難友，儘量不讓他們惹事，也不讓別人欺負他們。這樣大家就過得相對比較平靜。我離開十三隊以後，再也沒聽到吳明新的消息。

王文才，四川成都人，五短身材，1965年畢業於成都紡織工業學校，在四川棉紡織一廠任質量檢驗技術員。他出身教師家庭，文革中成了造反派寫作班子的成員。但他也膽小，只管抄寫北京等地傳來的大字報，印成小冊子，不設一謀。後來王文才被打成反革命抓進監獄，他想不通，開始絕食抗議。

在《紅岩》、《上饒集中營》這類革命小說中，有對共產黨人在國民黨監獄裡絕食的描寫。為瓦解絕食者意志，獄方用回鍋肉、魚香肉絲來誘使絕食者放棄。甚至還派出能言善辯之士去宣揚「螻蟻尚且貪生」，「留得青山在，不愁沒柴燒」等。而文革時期的監獄哪裡還要用這一套？任絕食者餓上三天，然後捆在木板上強制灌米湯。王文才被反反覆覆插了幾回橡膠管子，留下創傷和後遺症。他鼻孔有一邊缺了一塊，看起來造孽得很，說話也甕聲甕氣的。

王文才進了十三隊，不到半年就精神失常；被編入了「瘋兒」一夥。瘋子也要勞動，完不成任務難免挨打。後來他被派到三工區。

王文才個子不高，才二十多歲，他也想找個對象，他敢跟我說。他說，十

三隊沒有女人。我只能哄著他說，女人都在二隊、十七隊、十四隊，那都是專門的女隊。你想找個女人，我慢慢給你找啊，總要找個合適的人。

王文才說過也就忘了，平時他不惹事，也不說任何與政治有關的話。就這樣在監獄裡過了十多年，文革結束後他得到平反出獄了。2012年我聽說有人在成都東門大街看見過他，精神病尚未痊癒，仍需要家人監護。

劉光宗是名山縣百丈鎮百丈人民公社的社員，一個老實農民。他生於1940年，初中文化，當過大隊會計。1958年農村大搞公共食堂，不許在家開伙，每家的鐵鍋也被收繳去大煉鋼鐵。劉光宗父母年老體衰，住家離食堂有三里多路，一日三餐來回就要走幾個小時。他們也吃不慣大鍋飯，請求公社書記開恩，讓他們回家煮飯。結果被安上反對公社食堂的帽子，再不敢有二話。

劉光宗對食堂的弊端深有體會，他悄悄寫出《食堂開飯記》。文中記錄了公社幹部的特殊化，他們開小灶，吃大米飯、雞鴨魚肉；普通社員只能吃到玉米粑、水煮厚皮菜。強勞力每人每天一斤糧，弱勞力只有七兩，社幹部及其家屬卻不定量。

劉光宗沒向外透露不滿，見到公社書記依然畢恭畢敬。書記的兒子初中畢業，替代了他的位置，劉光宗被貶到民辦小學當教師。

有一天在食堂吃飯，樹上的高音喇叭正在播放《大海航行靠舵手》。劉光宗看著碗裡漂浮著的幾根豆芽兒，聽到廣播裡唱著「萬物生長靠太陽」，他順口就說了一句「發豆芽兒就不要太陽。」結果被人聽見了，立即逮捕，以「反對毛主席」的罪名判了十五年。

到十三隊後，劉光宗常暗自落淚。不到兩年，聽說他老婆提出離婚，把年幼的兒子也帶走了。劉光宗不哭了，成了精神病。隔三差五他就要挨繩子，戴手銬。一直到我離開苗溪，劉光宗還在服刑。

在我印象中，被認為精神不正常的還有：

趙梓勳，解放軍某部少尉副排長，主管營房建築。三年大饑荒時期，父母在農村餓死。趙梓勳悲憤之極，嘴裡常嘟嘟囔囔。首長認為他揚言造反，定他為反革命分子，判了二十年。進入勞改隊後，他還不時聲稱手下有十萬精兵，

要遠征歐亞幫老百姓收糧食，讓人民吃飽飯。

曾朝文，一位體型瘦小的流浪藝人，他沿街叫唱，被認為是宣揚封資修，判十五年。投入勞改後他異常積極，還時常檢舉別人，如誰偷吃了蘋果，誰拿衣服跟老鄉換了包穀饃饃。他說話語無倫次，顛三倒四的；獄警不信他，眾人也煩他，都當他是精神病。

劉秉清，成都某中專學校剛畢業，因為造反成了反革命，判了二十年。他不會幹農活，只好去背糞，背石灰。人們常見到他嘿嘿地傻笑。

韓錫智，看起來很老實的一個人，說話有點女孩子氣。中師畢業，剛分到成都某小學任教師。1967年被打成反革命，判十五年。初來時神情無異，大約一年後目光漸顯呆滯，終日不語。某夜，已經熄燈了，多數犯人都已入睡；他突然從地鋪上站起來高喊「打倒毛澤東！」驚煞整個舍房。兩個積極分子把他按住，報告幹事。獄警徐紹華馬上用繩子把他捆起來關入小監，不到三個月，韓錫智被活活關死。

炊事員送飯，傳出信來：小監死人了。消息一下子就傳開了，有的人不開腔，也沒有害怕的感覺，反正覺得自己早晚也是死；也有的人難受得掉下眼淚。

四、「我這兩顆門牙」

李盛照是四川隆昌人，三十多歲，前志願軍戰士。朝鮮戰爭結束後，他被選送到四川大學，就讀於經濟系。1957年因反對個人崇拜被劃為右派分子，留校監督勞動。

大躍進開始後，李盛照沿成渝鐵路做社會調查，據實給中共中央農村工作部寫信彙報。鄧子恢辦公室還給他回了信，讓他向西南局反映。結果，西南局收到他的反映，送他去勞動教養。

李盛照拒不認罪，並控告西南局第一書記李井泉執行極左路線，造成四川全省大饑荒，餓死一千萬人。最初他被判十五年，後來加刑到二十年送來苗溪。

李盛照也被整得有點瘋了，當時勞改隊有個集訓隊，各個隊最反動的人，

都集中到三角莊整治，李盛照是其中之一。他從集訓隊出來調入十三隊，一來就被關入小監，戴起鐐銬。

在我心裡，凡是關小監的，都是好漢。但是也見不到人，小監黑不溜秋的，平常也不能進去。有時走到門口，那裡有個窗戶洞，我也會往裡看一眼，模模糊糊的，感覺有個人在那兒。

有一天，我路過那裡，啪的一聲，裡頭丟了一張紙條出來。我彎腰撿起紙條，上面寫的具體內容記不清了，大概意思是：我沒有罪，我是向中央反應情況，受到李井泉的迫害……他讓我把這個紙條給他抄幾份，在隊裡散發。

在勞改隊裡哪能抄這個！我想這個人可能不太正常，我就把紙條撕了。沒給他抄，也沒給他散，只是對這個人有了印象。

過了大概六七年，獄方才把李盛照從小監裡放出來。他那樣子看起來可怕得很，因為一直關在黑屋子裡，眼睛都綠了，像個鬼一樣。

我那會兒也被看作反改造，也是出了名的不認罪。但我在生產上態度很認真，我還買了《土壤學》、《蔬菜栽培學》來鑽研。後面那本是科學院院士級別的人寫的，有一寸多厚，精裝本，內容相當好。我天天看這些書，對種莊稼也漸漸比較在行了。十三隊有好幾次事故隱患，全是我發現的。因為我擔任著值星員，負責安排幾十號人幹農活。

李盛照分在三工區，我想這個人是條好漢，又有點精神不正常，要儘量照顧他。當時派活，我沒讓李盛照幹過太累的。但是他理解不到，他認為世界上的人全是仇人，都是害他的。我慢慢跟他說，又不能說深了。我說，你還是要識點兒相，不要給好不知道好。我的意思是有些事你不能瞎說，你說反而引人注意。

他當時還是不停地說：「我沒罪。我是向中央反應情況，李井泉害我。」反正也不連貫，也說不出道理來。我心裡明白是怎麼回事，因為李井泉也害了我嘛。我要他少亂說，他不聽，反而認為你這個人軟弱。

那天早上出工，我安排活路。他說我不舒服，有病。我說那你找衛生員，給你開個條，交給徐幹事。跟幹部說了，你可以在家休息；但是我沒有權利讓你休息。

我對他的態度一直都挺好，看他不去，我就拉他說：「你不幹活，你找個地方坐著，你睡著，都行。上了山就歸我管，不幹活就不幹。但是你還是要出去，你不出去，幹部要找我的麻煩。」

　　我一拉，他砰地就給了我一拳。我完全沒有防備，他一拳打到我門牙上，兩個門牙當時就掉了，嘴裡也流血了。

　　我罵了一聲：「你個狗日的！」他勁頭還大，我從地上把兩顆牙撿起來，當然我那兩顆牙本來也是鬆的，在勞改隊嘛，也沒法保護牙齒。他一看，不說話了。我也沒還手，還是讓他出工；他跟著我出工了。

　　掉了牙，好像也無所謂。勞改隊醫院可以裝牙，那兒有兩個牙醫，女醫生叫朱豔華，大概是學過點。男醫生叫成兆勳，原來是峨眉電影製片廠的攝影師。我去看牙，朱豔華就喊成兆勳來給我打麻藥。朱豔華為我好，讓打兩針。他第一針打對了，第二針還打錯了位置。不管怎麼樣吧，他們給我把兩顆門牙的殘根都給拔了。

　　後來我也沒去裝假牙，一直到1980年我回到北京，我爸說「你牙要補一下」，我才補了牙。

　　平反後我也去看過李盛照，那已經是1990年代初期了。李盛照結了婚，回到了原來工作的單位隆昌糧食局。他看到我很高興，他也在寫回憶錄，題目是《黑牢寫真》。

　　我說「你不要惹事了」，可他還照樣惹事。居民當中的事他要管，依然關心國家大事，愛打抱不平；別人還喊他瘋子老頭。

　　我後來還去看過他一次，我特意問他：「我這兩顆門牙就是你打掉的，你還記得嗎？」他說「不記得了」，我說「你他媽的！」

第四章　整治「反改造」

一、手銬腳鐐

在管教眼中，不管哪種犯人都是階級敵人。稍有不順眼，就叫「反改造」，必須懲處。懲處措施包括戴手銬、腳鐐；捆繩子，關禁閉室。

手銬和腳鐐不叫刑具，叫戒具。一般的手銬有兩個可以開合的金屬卡環，中間有一根大約三十釐米長的鏈子或一塊連接板。它表面比較光滑，多為鋼製，外面鍍銅或鉻。這個叫「洋手銬」。

我所在監獄多半用的是「土手銬」，它由粗鋼鍛打而成，凡有鍛工的監獄均可自製。其結構簡單，兩個半橢圓形鐵環，底端有孔，合在一起形成一個橢圓形的空間，中間穿一根鐵栓然後上鎖。

土手銬的空間尺寸小，粗鋼硬性擠壓著手腕。犯人的兩個手腕擠在這個橢圓環裡貼得緊緊的，沒有一點空隙。兩隻手無法活動，微血管循環被阻斷，很快就感覺雙手麻木。戴銬時間一長，皮膚潰爛，必然落下殘疾。時隔五十年，我的手腕兩側疤痕猶在。

腳鐐通常有鐐環和鐐鏈兩部分，鐐環套在犯人腳踝上，環上配有鎖具或者鉚釘孔，通過鐐鏈連接犯人雙腳。由於鐐鏈短，犯人邁步艱難，且走動有響動，便於監控。

腳鐐還有輕重之分：一種是重鐐，重量不低於三公斤，這多用於重刑犯。據說有文件規定，對被判處死刑等待執行的囚犯，採用九公斤重的鉚釘式死鐐。重鐐對腳踝勢必造成傷害，犯人常使用舊布纏繞以減輕痛苦。戴腳鐐的人行走時，如果可能，會用繩子繫在錨鏈中間的環扣上，然後把繩子套上脖子上或拴在褲腰上，以分擔腳下的重量。

另有一種輕鐐，主要是限制犯人步幅。據說西方國家普遍使用的腳鐐屬於

此種類型，鋁合金材質輕而鐵鍊短，整體重量為兩公斤左右。我們在電影中可見有犯人戴著腳鐐還能一路小跑，其分量之輕由此可知。

而在苗溪監獄，腳鐐有不同重量級，都超過了九公斤。我認識的難友中，李盛照戴過重達十四公斤的腳鐐，胡世富戴過二十公斤的重鐐；費宇鳴、王地山戴的是十二公斤腳鐐。據說雲南昭通監獄還有一副六十四公斤的腳鐐，兩個碩大的腳箍之間有七節錨鏈。難友王志仁說他和陳禮昌都戴過這副腳鐐，它幾乎超過犯人的體重。回憶此事時，他們稱這個腳鐐為「定海神針」，雙足鎖定不出半日關節就會被磨破，根本不能行走；至多只能在地面上一寸一寸地平移。據說四川旺蒼縣看守所也有重量與此接近的腳鐐。

有的地方，腳鐐中間不是錨鏈而是一塊長約尺許的扁鋼，或者是一根鋼筋。在雷馬屏農場，獄卒管它叫「一字鐐」。

鐐銬不僅有輕重之分，還有不同的戴法：

前銬：被銬上的雙手上可舉過頭頂，下可達兩腿之間。犯人此時尚能生活自理，如拿勺吃飯，拿碗喝水，解褲腰帶，洗手洗臉。

背銬：又稱反銬、後銬；雙臂在背後被銬上，中間沒有鏈環，兩手緊貼後的活動範圍上下只能在臀部和腰間，左右只能在兩胯之間。此時手還可以拿筷子，但搆不著嘴，拿起來也沒用。吃飯只能像豬狗一樣用嘴去啃。

雙背銬：將犯人雙手反背在身後，一副手銬束縛雙臂的上部，另一副銬著左右手腕。

蘇秦背劍：又稱扁擔銬。一隻手從肩膀上舉到脖子後面，一隻手從下方伸到背後，兩隻手銬到一起。

胯下之辱：又名騎馬銬、抱腿銬。一隻手從前方伸到兩腿之間，一隻手從後面伸到兩腿之間，將兩手銬緊。

手腳並銬：人坐在地上，兩手腕與兩腳腕貼緊，用兩副銬子把手腕和腳腕銬在一起。更殘忍的銬法是犯人低頭彎腰，雙手左右交叉和左右腳銬在一起，不到一小時，腰部就有斷裂的感覺，三個小時就造成昏厥。最令人痛苦的是**四馬攢蹄銬**：那是將犯人俯按在地上，將雙臂背銬後再和腳鐐連在一起。

此外又有連物銬、抱物銬、背向物體（樹幹或電線杆等）反銬等，後一種多用於現場展示。

通常，手銬和腳鐐僅用於逮捕和押解途中，限制罪犯活動能力。被關押在看守所或監獄裡服刑的犯人一般是不必戴手銬腳鐐的。《紅岩》中描寫的渣滓洞、白公館監獄也只是對死刑犯戴手銬腳鐐。小說中其他犯人還可以在囚室繡紅旗，排節目。而我親歷的監獄之殘酷已遠遠超過了小說家的想像。

二、捆綁吊打

十三中隊至少一半以上的犯人挨過繩子，捆綁的花樣繁多，受害者眾，必須記錄下來：

小綁：只綁雙手，身體其它部位不著繩索。被綁者兩手的手心相對。幹部或指使幫兇用細繩在受害者兩個手腕部位緊緊纏繞三至五圈，再將繩子穿過兩臂之間空隙，緊緊纏繞三至五圈，然後打結。這種捆法多用於臨時捆綁，還可牽引行走。也有人被這種繩子吊在樹上、房屋的橫樑上，遭受暴打。苗溪茶場大坪監管區一位犯人高萬志（音），年約二十五六歲。他因逃跑被抓回來，吊在樹上，管理員親自動手，用亂棒將其活活打死。兇手致人死命後被調離。

押解式捆綁：又叫「穿小麻衫」。犯人從頸到肩至大臂都被捆綁，小臂與雙手不綁，大臂被向後縛緊，且與頸、肩、上身固定在一起。此時身體無法活動，只有小臂和雙手可以勉強自理生活。如在押解途中尚能吃飯、喝水等。

四馬攢蹄：與前述鐐銬方式相同，只不過時鐐銬換作繩子。

五花大綁：通常用棕繩或麻繩，先把七米左右的繩子對折，或在對折處作一小繩圈；把繩圈搭在被綁者的後脖頸上，然後向前順兩肩拉過，像獻哈達一樣，繩子垂在胸前；再把繩子從兩腋下穿至後面，在上臂纏繞兩或三圈，下臂纏繞兩圈，把繩子兩頭拉到後背中間合併，向上引過後脖頸的繩圈。如此，將穿過後頸繩圈的繩子向下拉，把被縛人小臂向上拽。被綁者兩大臂反向叉攏，雙腕在背後向上交叉。繩子至兩胛之間，用拉下來的繩子牢牢捆住犯人手腕，最後打死結。

無論哪種捆綁方式，被綁者的痛苦和遭受危害的程度取決於捆人者的力道和態度。在毛澤東時代，管教幹部天天受階級仇恨教育，施刑根本無所顧忌。如逮捕人時，對準被捕者的腿肚子冷不丁地橫踹一腳，再像捆柴一樣把倒地不

起的人捆緊。如果幾個獄卒一擁而上，當場就能捆得人昏死過去。別看只是一根繩子，其實有致命的殺傷力。

捆綁之外，再加懸吊，吊也有幾種吊法：

正吊：捆住受難者的雙腕吊起，更惡劣的是用鐵絲捆住人的兩個拇指，懸吊在橫樑或樹幹上。1962年我在四川磨床廠集訓隊時親眼所見，打手如此逼迫一個年輕人承認偷了別人的毛衣。一個人的身體重量，有時還有施刑者施加的重量拉墜，會導致手腕或拇指斷裂，胸腔因牽拉而變形，繼而呼吸窘迫致死。

倒吊：把受刑者的腳腕或大腳趾用繩子或鐵絲捆緊然後懸吊起來，其它指趾關節因承重而被完全拉斷。受難者頭部充血，昏厥甚至七竅流血。

懸浮吊：將受刑者吊到僅僅足尖著地的高度，人既不會速死，又不能借力著地。

猴子抱樁：將人兩手前綁（也可只綁拇指）抱住被迫彎曲的兩膝，從膝彎處插進一根棍子，在棍子兩端用繩索吊起，或將棍子架到一定高度。受刑人的臀部、陰部和腳心完全暴露，施刑者可以肆意虐待。人的手腕（拇指）、膝關節、腰部、頸部都被擠壓和扭曲。

大掛：將受刑者雙臂反綁（或雙拇指反綁）吊起，用其自身重量造成肩關節脫臼；容易導致終身殘疾。

坐飛機：有的地方叫「鴨兒鳧水」。與大掛類似，區別是反綁四肢而不僅是雙臂，橫吊在空中。

其他捆綁、懸吊類的酷刑還有**「吊半邊豬」**（只吊一側肢體）、**「仙人指路」**（綁吊雙腳和一臂）等等。

從1958年我被關押入獄起，到1979年出獄止，監獄和勞改場所濫用刑罰，捆綁吊打成風。至文化大革命期間，更是達到頂峰。犯人因此被打傷致殘、致死的例子屢見不鮮。

三、關小監

獄方建有單獨關押的禁閉室。各地叫法不一，有的稱小監、獨居或小號。

文革結束後的1982年，公安部頒發了《監獄、勞改隊管教工作細則》，其

中對禁閉室有如下規定：

> 監獄、勞改隊應當根據實際需要，設置禁閉室。每間禁閉室的使用面積不得少於3平方米，室內高度不得低於3米，窗子不得小於零點8平方米。門窗、電燈都應裝置防護設備。室內要防潮保暖，通風透光。北方烤火區要有防寒設備。

> 禁閉期限，除死刑待批和正在審理的犯人外，一般為7至10天，最長不得超過十五天。

> 關禁閉的犯人，糧食定量按不參加勞動犯人的標準供給，不得剋扣並保證供應開水。每天要放風兩次，每次半小時至1小時。禁閉室應當保持清潔衛生，經常消毒。

> 對關禁閉的犯人，除死刑待批和有特別危險的以外，不再戴戒具。

而在我坐牢的年代，小監情況大都是保密的。很多人在勞改場所五六年，直到離開也不知小監的內幕。我在四川磨床廠和苗溪茶場十三隊都坐過小監，也聽難友說過其他監獄的情況，以下是我瞭解的情況。

四川磨床廠進門右側是辦公樓，靠裡面一點，有一排南北走向的平房，那是幹部食堂；隱蔽在幹部食堂後面就是小監。

這個小監和幹部食堂共用一個屋頂，隔牆把小監和食堂分做兩個部分；中間有一條大約一米寬的通道。十個小監室連成一排，每間面積約為三平方米（一米五寬，兩米長），高約兩米。小監室裡沒有床鋪，沒有桌椅板凳，也沒有窗戶。

在門的中間，開有一個通氣孔，它距地面一米六左右，寬約二十二釐米，高約十五釐米；通氣孔外面釘著拇指粗細的鋼條。

室內無燈，只能借用通道裡的燈光照明。吃飯有人送，大小便去小監外面的廁所解決，權當放風。這還是我住過的條件最好的小監。

磨床廠裡的監管人員是獄警從就業人員中挑選出來的，他們是所謂「靠攏政府」、「接受改造」的積極分子。

成都動力機械廠在駟馬橋附近，老地名叫荊竹壩。它占地數百畝，關押了

數千名勞教分子和強制就業人員。據說按照規劃，這裡可以關押一萬人。

在廠區一角，緊靠武警駐地，也有一個神秘的院子。小院大門緊鎖，間或有兩三位獄警出入。這裡被稱為集訓隊，沒有掛牌，卻是監獄中的監獄。此地看守嚴密，一般犯人不得靠近。

此院子深處有一排平房，中間是個較大的屋子，可容納二十人，供訓話、開會之用。靠東是較小的空房和辦公室。靠西為漆黑的禁閉室，一間比一間低矮而且陰暗。最裡面的一間，高度僅一米左右。犯人像狗一樣鑽進去，蜷伏其中交代問題。這裡是用來關押「反改造分子」的。誰是反改造分子？全憑管教幹部一句話。

在苗溪茶場的十三中隊，這樣的小監一共有十間；都集中在一棟平房裡。這棟平房鄰近圍牆的頭一間房是醫務室，房間寬三米，進深四米，半路出家的衛生員廖覺先在這裡當上「保健醫生」，要服務三四百號犯人，挨著這間醫務室的就是特別設計的小監。

前面五個小監面對院子，犯人收工以後，需要看病的，要路過這五個小監的門口才能到達醫務室。後面的五個小監面對高牆和電網，除了送飯的炊事員和倒馬桶的犯人以外，一般犯人都不允許到後面走動。

不僅每個隊有小監，場部還另有直接管理的禁閉場所。苗溪附近兩山之間自然形成的夾溝內，就是直屬場部的集訓隊所在地，那裡專門監管屬於「場級」的「反改造分子」。這些人由各個分隊裡挑出來，集中在這裡挨整。難友王地山在集訓隊關押數月，落下終身殘疾。據聞還有多名死難者，我不知道名字。

2000年苗溪茶場遷至成都龍泉驛，定名為川西監獄；昔日小監已不存在。

四、殺威棒

以前在公案小說裡讀到所謂「殺威棒」，進入苗溪不久，我就體會了這個東西。不僅新犯人要被暴力震懾，而且，酷刑的陰影還會長年籠罩我們。

到達苗溪的第二天清晨，我們就出工了。新犯人夾在一百多個老犯人中間，前去修公路。新犯多數是知識分子，在看守所裡已經關押了幾個月，一

個個都是瘦骨嶙峋、無精打采的。大部分人都不會用鋤頭，何況連走路都打偏偏，哪來力氣挑擔子。在管教眼裡，這些人第一天幹活就出盡了洋相。

槍桿子底下，誰又能不服從？絕大多數人都盡力支撐著。有些管教仍不滿意，他們大權在手，動不動就打人。下面這些難友的遭遇都是我親眼所見。

那天，我看到李盛照和張文玉一起抬碎石。張文玉當時才二十多歲，他是羌族人，初中文化，在機械廠當工人。他和幾個年輕人一起組織了一個馬列著作學習小組，批判共產黨的所作所為背離了馬列主義，因此被判了二十年。投入勞改後他拒不認罪，後被調到南充監獄，那裡是以關押無期徒刑者為主的監獄。我後來聽說，在文革鼎盛時期張文玉被判處死刑。

李盛照和張文玉放下擔子，剛準備歇口氣；監工的獄卒高聲吼道：「你們兩個要罷工嗎！才進監獄就不老實！反革命！」

兩個人連忙站起來，脫開衣服說：「肩膀磨起泡了。」獄卒大吼道：「第一天出工就抗拒改造！非收拾不可！」他喊了幾個老犯人，把李盛照和張文玉結結實實地捆了起來。李盛照大聲吼叫道：「我沒犯罪！我向黨中央反映的情況全是實情！」張文玉則只是哎喲哎喲地叫喚。

捆了大約一個小時，炊事員送飯到工地，獄卒才給他們鬆了綁。目睹這一切，我心說這裡連豬圈裡的公平都沒有。就是一頭豬，也不會被豬倌虐打！

還有一次林其明被捆，也讓我印象深刻。林其明是新津人，空軍某機場地勤人員。他性格孤僻，沉默寡言。1964年四清運動中，他被查出來出身地主家庭，因而被空軍清退。他在新津街道擺了一個鐘錶修理攤來維持生活。因服務周到，收費低廉，口碑甚好。文革中不知道為什麼被打成了反革命，判刑十五年，和我同在三工區。

1967年夏天，十三隊的西瓜成熟了。隊部派了六個人往場部送西瓜，按規定，每人每天要揹運六百斤。

林其明在上午儘量快走，回程幾乎是一路小跑。而在下午出工時，他就帶上了棉衣棉褲。他打算提前完成任務，到向陽坪下面的小河溝去洗衣服。

不知是哪個積極分子向獄卒反映說，林其明要逃跑。分隊長徐紹華立即令他停止背西瓜，改在田間勞動。當晚七點，隊裡召開批鬥會，強令林其明交代逃跑動機和目的。他說不出個所以然，就被捆起來，吊在一棵樹上。

林其明疼痛難忍，汗珠不停往下滴。他斷斷續續地交代說要跑到海邊，撿一個舊輪胎，然後跳海，飄到哪裡算哪裡。

　　這分明是瞎編的，徐紹華卻記錄在案。第二天在工地上我見到他，我說你怎麼亂說一通？他歎道，你沒挨過捆繩子，疼痛鑽心，痛得精神崩潰，控制不住了。

　　此後他更加沉默，終日像奴隸一般埋頭勞動。毛澤東死後，他得到平反回到新津，但家中老母親已去世多年，妻子也改嫁了。

　　徐紹華捆人厲害，但他也遇到過不低頭的犯人。

　　薛彪是成都某工廠的工人，高中文化程度。1968年因「攻擊偉大領袖」的罪名被判刑十五年。

　　薛彪年輕體健，但沒有從事過農業勞動。初進勞改隊，只能幹些簡單的體力活，如背糞、背煤炭、開荒等等。這些活體力消耗大，終日吃不飽，他難免有怨言。

　　某日晚，徐紹華讓薛彪檢查犯罪根源，薛彪站起來一言不發。徐紹華命幾個犯人把他捆起來，他還是沉默著。徐紹華把他吊在房梁上，可他就是不說話。只見繩子在他手臂上纏了幾圈，深深陷在在肉裡，薛彪咬緊牙關，對徐紹華怒目而視。

　　捆了他大約半個小時，薛彪閉著眼睛，看都不看徐紹華一眼。徐紹華最後沒辦法，還是讓人給他鬆了綁。從那天以後，徐紹華總是離薛彪遠遠的，躲著他怒火中燒的目光。

五、親歷毒刑

　　初到苗溪，對一切虐待犯人的行為看在眼裡，我不敢怒也不敢出聲。兩個月時間很快過去，獄中虐待有增無減，每天晚上學習都聽到慘叫聲，令人驚恐。

　　緊挨著我鋪位的是一位中學語文教師毛鴻文，他大約比我年長二十歲，頭髮都花白了，看上去依然強健，也沒戴眼鏡。

某日晚，臨近點名報數之際，他私下對我說：「這日子剛開始，以後怎麼過呀？不用說管教，幾個犯人打手就夠受的了。」我也悄聲說：「人過得去，你我就過得去。不惹事，少開腔，沒有過不去的火焰山。」我怕他有輕生的想法，便儘量寬慰他。但我也想著，總要有個辦法告誡一下打手們。

　　我們在胡家坪勞動，不知什麼原因，劉光宗和李海山吵了幾句。我好言相勸，李海山餘怒未消，惡狠狠地對劉光宗說：「看今天晚上怎麼收拾你！」李海山自己也是犯人，卻要充當打手。我實在看不下去，一句話脫口而出：「用文鬥不用武鬥！」

　　李海山聽得出來是在說他，斜眼看了我兩眼。我自知多言，但話已出口。當天晚上指導員周金仁訓話，好像就是針對我的：「用文鬥不用武鬥——那是對好人說的，是解決人民內部矛盾。對敵我矛盾可以文鬥也可以武鬥，愛怎麼鬥就怎麼鬥，主動權在我們手裡。你們只能規規矩矩，不許亂說亂動，誰敢亂說亂動，就砸爛誰的狗頭！」

　　散會後回到舍房，我找出1966年9月5日《人民日報》那篇社論，它的標題就是〈用文鬥，不用武鬥〉。我故意對著李海山高聲唸道：「鬥爭那些地、富、反、壞、右分子，也是這樣。」

　　當夜無話，第二天晚點名，周金仁又來訓話，他陰陽怪氣地說：「《人民日報》是人民看的，談的是社會問題，你們要正確理解。在社會上可以用文鬥，不用武鬥。但監獄是專政機關，刀把子在我們手裡，想怎麼鬥就怎麼鬥。這就是無產階級專政。誰敢反抗就讓他嘗嘗無產階級專政的厲害！」

　　當晚還是無話，我知道大禍臨頭了。事已至此，我還想用偉大領袖的話保護自己。第二天學習會上，我翻開《毛澤東選集》第二卷的725頁，對大家說：「〈論政策〉一文中明確地寫著：『對任何犯人，應堅決廢止肉刑』。偉大領袖說的是對任何犯人，那麼就包括老犯人也包括新犯人，包括積極接受改造的犯人，也包括還沒想通的犯人。毛主席說的是應堅決廢止肉刑，不是一般地廢止，也不是可廢止可不廢止。執行偉大領袖的最高指示不能夠打折扣。」

　　第三天是休息日，上午九點打掃衛生。周金仁從宿舍出來，端了把籐椅，坐在院子裡喝茶。當我們打掃到院子附近時，他突然發話：「牛立華，過來！」

我走到離他坐的地方三米多遠處，立正站好向他報告。

他從椅子前站起來，一邊打量著我，一邊吼道：「你不贊成用繩子捆人，今天就要用繩子教育教育你！」說著他從窗臺上摸出一根繩子來，喊了兩個犯人，給我來了個五花大綁。

這是我平生第一次挨繩子捆，眾人不知道發生了什麼事，也不敢走近；都在遠遠的地方看著我。

我忍著劇痛，暗自思忖，周金仁心毒手狠，又正管著十三隊。來日方長，我不能跟他硬頂，但也決不能向他求饒。

大約過了半個多小時，食堂開飯了。周金仁才喊了捆我的那兩個人給我解繩子，他倆告訴我，解了繩子以後千萬要活動手臂。一邊說著他們一邊幫我抻胳膊，活動關節，又用手掌側面，密密麻麻地敲打手臂的肌肉。其中一位叫李金友的難友還說：「我那兒有一點舒筋活血的藥酒，你來喝兩口，好好睡一會兒。」

李金友原來是四川彭縣山村小學的民辦教師，他三代貧農出身。因為大躍進那三年吃不飽，他就說：「人生下來就有吃飽飯的權利、受教育的權利。一個社會連這個權利都剝奪了，還像話嗎？」這些都成了反動言論，1961年，他被判刑二十年。

刑滿後他和當地老鄉結了婚，現居蘆山縣的萬家山。

話說當年，即使搬出了一句頂一萬句的毛語錄，卻還是挨了捆。但我心裡是不服的。從文革乍起的1966年到1972年底，那六年多裡，我們十三隊幾乎每天有人挨捆。一到晚上，淒厲的叫聲此起彼伏，陣陣哀嚎不絕於耳。我忍不住還是頂撞了管教，後果可想而知。

第五章　監獄五記

一、囚服記

　　按照規定，在監獄裡必須統一著裝即穿囚服。囚服的顏色和樣式便於識別犯人，有利於獄方防止外逃。我在苗溪時，每年得夏服一套、膠鞋一雙；每三年可申請領取棉衣褲一套、棉絮一床、被套一床。至於睡覺的褥子，沒有也不會發，均以稻草代替。領取服裝時必須交舊領新，平時的春秋衣服和內衣均需自備。

　　囚服所用的布料是當時價格最便宜的平紋藍布，大約三角錢一尺。樣式以省布為原則，上下裝均無口袋。上衣的左胸襟有白漆噴塗的「勞改」二字，老遠就能看得很清楚。

　　農場幹活多在室外山野，肩挑背磨，日曬雨淋。一套單衣如果天天穿，不消兩個月就破了。所以犯人很多時候都是脫了衣服幹活。

　　春寒料峭時節，所有的冬水田要重新糊一道田坎，再冷也要下水。老農民說，以往給地主幹這種活要選擇晴好天氣，還要有酒有肉，另備老薑紅糖水。而我們無論是天氣多冷，只要一聲令下，大家就得脫了棉衣，挽起褲腳下田。別說加餐了，飯都吃不飽。

　　夏季炎熱，犯人也常是赤膊幹活，只穿一條短褲。

　　6、7月份，玉米和甘蔗等作物長到一人多高。這時需要壅蔸，即在根部培土防止倒伏。此時不管天氣多熱，都必須裹一塊厚實點的布，把上半身遮擋得嚴嚴實實。否則裸露的皮肉會被葉子邊緣劃出血道道，汗水滲起，痛得毛焦火辣的。

　　9月上中旬打穀子，那時水稻都是人工脫粒。不少人只在腰間圍一塊塑膠薄膜，連內褲都不穿，光著屁股幹活兒。反正荒山野嶺人煙稀少，除了勞改犯

幾乎沒有外人。

到了冬天，人們將破衣爛衫統統裹在身上禦寒。再冷的話，腰間栓一根帶子或捆一根草繩防風。每逢開荒挖土鋤地時，人們就脫了棉襖，只穿棉褲幹活。而在揹運東西時，為了快步行走；又需要脫去棉褲只穿棉衣。

總而言之，犯人寧願皮肉受苦也要節約衣褲；否則早就衣不蔽體了。

在山區勞動，離不開揹運，幹揹運的活兒尤其耗費衣服。然而春夏乾旱時要背水上山，收穫季節要背糧入庫。冬日農閒還需背糞積肥，修建房屋時則要背磚、瓦、石灰，又要背負或肩扛木料。幹這些活兒需要額外的護具：墊肩和背墊。前者防止竹子編的背袢磨破肩膀，後者避免木製背桶擦傷後背。

犯人的墊肩都是用舊布自己縫製，做背墊還要攀岩附壁地尋找棕櫚。一般是先割下山棕的皮，再自己縫紮成護背的墊子。這兩件東西比衣服還重要，是幹活必備之物；但獄方一律不提供，只能自己節約舊布以及設法找樹皮代替。

監獄為減少開支，允許犯人自帶一些服裝，也鼓勵家屬送衣被鞋襪。但同時有規定：自備服裝必須經獄警檢查，還要列印上勞改標記才能穿戴。苗溪茶場是在衣服前胸噴「勞改」兩字，有的勞改隊則是噴在後背；就在古代兵勇背部的護心鏡位置。犯人背上一個直徑約七寸的圓圈，裡面嵌著一個「勞」字或「教」字，遠遠望去，也不知是什麼意思。

在通惠汽車修配廠就有過這樣一個笑話，某日，一勞教分子穿著背後有「教」字的衣服，開著摩托到廠外公路上試車。交警示意停車，並對他說：「你這個教練也合適點嘛！再開這麼快，罰你的款！」

監獄在犯人的自己帶來的衣服上噴字，自然引起不滿，犯人也想出辦法抵制；如在衣服的左胸襟先縫上大補丁，被噴字以後，就把補丁拆掉做包腳布。強行噴字行不通，1968年以後，獄方不再堅持這種做法。

在1960年代，被判十五年以上的反革命犯，妻離子散、家破人亡者眾，誰又能有多少經濟來源呢？衣服都是破了就補，補丁摞補丁。我有一條長褲，大大小小補丁四十多個，一件上衣也有二十幾個補丁。補丁形狀各異，顏色雜陳，像和尚的百衲衣。多數犯人都是這樣，當地老鄉見了戲稱「黴和尚」（犯人一律光頭，沒老婆，因此得名）。1979年平反時我沒將「百衲衣」帶出獄，留給其他難友還能派上用場。

雅安地區多雨，山間小路怪石嶙峋，非常費鞋。我們每月得到一雙草鞋組自編的草鞋，遇到天雨路滑，還要在草鞋底部綁上鐵腳碼子。它是用粗鋼鍛打而成，馬蹄狀，帶釘，可以防滑。爬山幹活，能夠得到一副適用的腳碼子，至少要偷著樂幾天。

可想而知，我們很少穿襪子，也買不起。特別冷的時候，就用舊布把腳包上。春夏秋三季，大家儘量不穿鞋，以免磨壞了沒換的。由於經常光腳走碎石路，腳底早已磨出老繭。小刺扎不進腳底的厚皮，大刺扎進去也不致於流血，有刺的話拔出來就是了。

除了草鞋，勞改隊一年發一雙布面膠底鞋。橡膠雨鞋的市場價是五到七元，如果要買雨鞋，至少要存半年的零花錢。

儘管如此，犯人每個月還得到一塊錢。當地農民更苦，茶場附近蘆陽公社萬家山生產隊，三分之一的農戶年底結帳是欠債。

二、覓食記

囚糧說來是由國家供應的，每人每月定量三十六斤。除了主食以外，隊裡連爛菜葉子也是定量供應。我在苗溪十三年，從沒吃過一個雞蛋。豆腐等副食品也極度缺乏，那時勞動強度大，就算吃足三十六斤還是餓得發慌。

那些年裡，倒還沒聽說剋扣囚糧。除少量鼠耗和倉儲損失外，每月定量尚有保證。主食多為玉米，一日三餐，每頓將近四兩。伙房通常將玉米麵做成橢圓形的饃饃，蒸熟了以後有小孩兒拳頭那麼大，三口半就可以吃完；接下來是四個半小時的重體力勞動。常年吃不飽，人人想法覓食自救，總結起來，有如下幾條，儘管也都困難重重：

（一）求助家人

這部分人不多，一是家中也不寬裕，尤其農村社員勞碌一年，所掙工分不足以糊口，甚至倒欠公社糧款，根本無力援手。二是很多犯人妻離子散，求助無門。三是犯人也內疚，本來就禍累家人，哪還能開口要吃的？四是家庭成員或已與犯人劃清界限，或誤信宣傳，以為監獄裡吃飽穿暖，因而不予援救。據

我數年觀察，犯人中能得到家庭資助者極少，可能不到百分之二或三。還有段時間監獄只收衣物，拒收食品。如果家裡寄來現金、糧票，一律要交給獄警保管。獄方嚴禁犯人攜帶現鈔，如確需用錢時，還要寫報告申請。

（二）變賣衣物

文革後進來的人，有人還帶了毛衣、呢褲等，飢餓時不免要設法變賣，找當地老鄉或就業人員換點東西吃。一件純羊毛的毛衣，頂多換十斤掛麵。而且還要避開獄卒和屁眼蟲——那些偽裝積極的舉報者。一旦被發現，難免挨一頓批鬥。不過這個錯誤還不至於挨打，畢竟換的是自己的東西，沒有侵害他人利益；且吃飽了也是給監獄幹活，獄卒們也就睜一隻眼閉一隻眼了。但老年犯人就沒辦法了，他們坐牢多年，除了一把老骨頭，沒有任何東西可以變賣。

（三）就地取材

在外面幹活，犯人都會留意，一旦看到可吃的東西立即塞到嘴裡。我吃過一種野地瓜，七八月間偶爾在地面露臉，香氣誘人。可惜數量太少，十天半月也碰不上三五顆。撿到手裡它也只有手拇指大，填不飽肚子。雨後，山邊地腳長出野蘑菇，顏色淺且有香味者，大都可食。顏色深、形狀奇特的菌子我則不敢碰，怕是毒菌。

9月份收穫紅苕，10月份駕牛耕地，打土，準備種小麥。從翻開的土地中多少能發現一些收穫時沒撿乾淨的小紅苕，那就是寶貝，撿起來趕緊塞在臨時縫製的口袋裡。耕地的人捷足先登，打土的人複查一遍，直到小麥出苗以後鬆土時，還有人細細查找；哪怕也就是手指粗細的紅薯根也是寶貝。

到了冬季地不封凍，田邊土坎有時能找到一點野菜。拿到河溝裡洗淨，可以生吃，鹽漬，或煮煮熟吃。

屋簷下的麻雀、水田裡的黃鱔、池塘邊的青蛙、糧倉附近的老鼠……全都是上等食品，不過機會難得不常見。彭世同擅捕麻雀，鄭萬果擅抓黃鱔，余大周擅捉蛙、蛇……都令人羨慕，傳為美談。

某年夏天，我也大有斬獲。我們六個人在胡家坪山上勞動，中午時分，我回隊部為大家領午飯。取到六個玉米饃和半桶南瓜湯後，我放在背篼裡趕緊往

山上走。半路忽見水田旁邊有一條菜花蛇，我大喜，悄悄向它靠近。誰知它十分警覺，突然竄向另一塊水田。如果它一路向西，那邊全都是水田，我只能無功而返。然而它竄向了東邊，那正是我的必經之路。我猛地一彎腰伸手抓去，剎那間抓住了離蛇頭不遠的七寸之處。抓住蛇後我立即換手到蛇尾，大力向空中猛掄。眼看著長約五尺、重約三斤的菜花蛇身子直了，而南瓜湯順著我的脖子流了一地。幸好，玉米饃還在背篼底部。我三步並作兩步，走回胡家坪豬舍；先把衣服脫下來洗了晾在竹竿上，然後向大家彙報捕蛇經過。我為灑了南瓜湯道歉，眾人連說：划得來！划得來！於是扒蛇皮，破蛇腹，取蛇膽，燉蛇湯。不一會兒，六個人圍坐在地上，啃著玉米饃，大快朵頤！

（四）順手牽羊

剛進勞改隊時，雖然飢腸轆轆，礙於斯文，總不忍去偷東西。農場的果樹有蘋果、柑橘，菜地裡有蘿蔔、茄子，瓜田中有西瓜、香瓜；那都是公家財產，再餓我也忍著。餓極了就喝一瓢冷水，多跑兩趟廁所。但餓了三年之後，終於也改了主意。「自己動手，豐衣足食」，吃不飽是沒辦法服完十五年長刑的。

春天，萬物剛開始生長，能吃的東西很少。夏秋之交，再不動手就是傻子了。集體勞動時犯人互相監督，有時還有獄卒現場監守，只有單獨勞動才有機會。當我一個人割草或者撿牛糞時，我就會留心菜地。找到目標後，我看準路邊的南瓜、茄子，一鐮刀砍下來；再到山邊無人之處，削去皮生吃進肚裡。瓜菜未成熟，雖然苦澀，也可以填肚子。但樹上的果子則不容易吃到，每一片果林都有老弱犯人看守。犯人之間是講究義氣的，想吃也不能給別人找麻煩。只能趁看守不在的時候摘一兩個，或撿幾個掉在地上的爛果子。

餓得心發慌，尤其是難得吃到肉，但對來路不正的肉還是不敢吃。十三隊附近的老鄉有少數人家養狗護院，當地人不吃狗肉，這給犯人提供了機會，四五元錢就可以買一隻狗殺來吃。不過買狗也要考慮周到：一要跟老鄉熟悉，二要借用豬舍的鍋灶，三要逃避獄卒，四來分吃狗肉的人數不能多。一年有那麼一回吃上狗肉，也算是幸事了。

按說我們就是種菜種糧食的人，何以不能以蔬菜補充主食之不足？下面再

說我們當時的蔬菜供應。

　　茶場每個中隊都要種菜，十三中隊海拔不高，離場部近，又是農業隊，除了供應幹部和本隊數百名人員以外，有一部分蔬菜還會調配到其他單位。

　　蔬菜組有二十多個人，他們在圍繞著隊部的十多畝土地上種植細菜，其中有蔥、薑、蒜、辣椒、番茄、茄子、黃瓜、萵筍、豇豆、扁豆、絲瓜、冬瓜、蒜苔、芹菜、韭菜等等。

　　各個工區也在自己的種植範圍裡預留出十幾畝菜地，種一些大宗菜，如白蘿蔔、胡蘿蔔、南瓜、甘藍、土豆、莧菜、苜蓿等。這些本是由飼養組作為青飼料種植的，首先要餵豬。如果還有多餘的，也可以抽調一些給犯人食堂。

　　由此可見，蔬菜來源充足，品種也算不少。問題在於犯人每月的伙食費只有九元，當時玉米一毛錢一斤，大米一角二分一斤，每月三十六斤糧食中，主食就要占去約四元。豬肉那時是七角四分錢一斤，每月供應半斤，需要大約四角錢。此外還有食油、鹽、佐料、煤炭等費用；剩下的菜金就只有三元了。我們平均每天的菜錢僅一角錢，每頓飯大約就是三分多錢；這個標準萬萬不能超。

　　在正常情況下，犯人每天每人大約有三斤蔬菜。主要品種都是產量較高且價格低廉的大路菜，如蘿蔔、包菜、青菜幫子和厚皮菜。就算是吃紅白蘿蔔，也是吃長在外面的蘿蔔纓子。原因是蘿蔔首先要餵豬，還要供應小廚房（幹警食堂）。吃甘藍也一樣，甘藍又稱蓮花白、捲心白或洋白菜，犯人從地裡砍下整窩的捲心菜後，先取出最嫩的白色菜心，送到幹部的小廚房；中間層留給豬舍去餵豬，最外層的青綠老葉子才是給大廚房犯人吃的。

　　今日讀者都吃過捲心菜，未必吃過它的老葉子。而在苗溪以及其他勞改農場，如雷馬屏、蕎窩、沙坪、鹽源……等地的犯人食堂都是以這個老葉子為主。犯人叫它「老梭邊」，不知是不是因為老葉子與「老爺子」諧音，不得不有所忌諱。

　　捲心菜本身不難吃，幾粒花椒、少許乾辣椒，用熱油大火猛炒的熗蓮白，顏色嫩白，香辣脆鮮；若加適量白糖、米醋、醬油、味精烹製，則酸甜爽口。但當時我們吃的老葉子，表面還有蠟質和粉狀白霜。它質地堅韌，纖維粗糙，味道又苦。即使餵豬也不能用這種單一的老葉子，而必須摻入一半以上的白色

嫩葉部分，或加上其他飼料。否則豬不吃，也不可能長肉。

捲心菜的青綠老葉子本來就應該剝掉，而不是留下來吃。但犯人的大廚房只得到這部分，這就要多出一道工序。首先把老葉子丟進水池，浸泡約一個小時；這樣除去施肥、打農藥殘留的怪味。勤快的炊事員可能會換一次水，遇上懶一點的他就不換水。只見他直接從原湯裡撈起老葉子，一陣亂刀砍成碎塊；再全部堆到大鍋裡，煮上個把小時。老梭邊不能炒，只能煮；炒的咬不動，煮的時間短了也咬不動。煮熟了臨起鍋時加鹽，每一百公斤菜葉子加一公斤左右的菜籽油。

剛出鍋的時候從菜湯裡還能看見幾點油星，用大鐵勺攪動兩下，油星瞬間消散。盛在碗裡的老梭邊呈暗綠色，吃在嘴裡堅硬苦澀，牙口不好的嚼不爛它。不過吃多了倒是經餓。

可就這樣的菜，每人也只有一勺。打菜的時候犯人生怕炊事員的手抖，哪怕是一點湯，最好也不要灑出來。有時收工晚了，多數人都開過飯，廚房還有剩菜，遇見對路的炊事員可能多給你一勺。那就需要點點頭，陪個笑臉，以圖下次還有這等美事。

開飯的時候，通常是犯人先集合排隊，向管理員報告人數。1977年以前還要背一段毛澤東語錄，經批准打飯以後，犯人列隊排在廚房窗口。每人一手拿著一個大土碗或瓦缽，另一隻手拿一個搪瓷缸子或鋁鍋。炊事員見到大碗就舀一瓢烏綠色的菜，再往碗裡扔進一個黃色的玉米饃；另一個炊事員站在大水桶旁邊往搪瓷缸子裡倒一小盅溫吞水。

領來飯菜吃飯，只有十分鐘時間。接著再次集合站隊，清點人數，面向崗樓立正背語錄。值星員報告人數後，列隊回舍房。

不久前看到俄羅斯作家索爾仁尼琴的小說《伊凡‧傑尼索維奇的一天》，他描述了史達林時期蘇聯勞改營裡的生活。那裡的犯人吃飯在飯堂裡，有粗木桌子，有並排坐五個人的長條凳。在盛著熱湯的大木桶裡，有時還能撈到幾條可以解饞的小魚。相比中國的監獄，簡直令人神往。

我在獄中二十二年，先後在五、六個勞教勞改單位待過，走遍苗溪茶場的二十四個中隊。無論是重慶、成都等大城市的監獄工廠還是荒山僻野中的勞改農場，一概只有做飯的廚房而沒有就餐的飯堂，犯人吃飯既沒桌子又沒凳子。

夏天吃飯找個蔭涼地方，冬天找個避風處，還要注意不能超越警戒區，蹲著或者坐在地上就把飯吃了。遇到下雨或太陽十分毒辣，經管理員允許可以把飯菜端回舍房，這就算他額外開恩了。

三、打牙祭

把吃肉稱為打牙祭，蓋因過去寒苦人家很少有機會吃肉。只有過年才殺豬，端午、中秋才割點肉吃。據說人們為了有理由吃肉，便以初一、十五（有些地區是初二、十六）祭祖為名，割一塊肉擺在祖宗牌位前，點香膜拜禮畢；再吃掉這塊肉，是為打牙祭。這個風氣從明朝中葉流傳開來，也成為民間生活的習俗。在鄉村很多地方，過去地主家請長年，甚至要把打牙祭的時間寫進合約裡。

1960年代，居民的肉食也是定量憑票供應；監獄裡的犯人更是難得吃一回肉。我記得從1966到1979年，每月只有一次肉菜，定量大約半斤；一般是豬肉。1960年以前入獄的老犯人說，三面紅旗最行時的那幾年，兩三個月才能吃上一次肉，每次不過二兩而已。打牙祭不但沒解饞，反而挑動了食慾，心裡更慌了。還有一年裡，長達六個月沒見過葷腥。

對犯人來說，打牙祭這一天是最重要的日子。不僅重要，甚至有點神聖。一般來說，頭天晚上就會通知豬舍，不准半夜餵飽食。第二天早晨，要提前把豬背下山來。

那時候餵豬以青飼料為主，精飼料如玉米，麥麩，米糠等很少，因此豬長得慢。餵一年才長到一百三四十斤。四百來名犯人再加上幾十名管教、武警，大小廚房打一次牙祭，要殺兩頭豬才行。

那年夏天，我上山割草時膝關節受了重傷，景隊長安排我在緊挨廚房的曬壩勞動。正好碰上殺豬，我有機會看到了殺豬的全過程。

從山上豬舍背下來的豬，四隻腳被捆緊，側臥在地上呼哧呼哧喘氣，偶爾發出一兩聲尖叫。

廚房水池旁邊的空地上，放著一個橢圓形的大木桶，還有一個很敦實的長凳。那長凳大約五尺長，兩尺高，面板有一尺寬、三寸厚。凳子的四條腿十分

粗壯，看著就很結實。條凳下面放著一個臉盆，裡面盛著清水和少量食鹽，那是接豬血用的。

左邊石板上擺著殺豬用的各式工具——尖刀、屠刀、砍刀、刮刀、鉋子、挺棍、抓鉤、掛鉤……刀具件件鋥亮，閃著寒光。廚房內大鍋裡水燒得滾開，熱氣騰騰。

殺豬匠來了，眾人點頭示意。他原來在農村以騙豬、殺豬為業，卻也犯下了反革命罪被判十五年。殺豬匠繫著圍腰，戴著袖套。他掏出火鐮，打燃火，點了一支自己裹的葉子煙。抽完煙，他喝下半碗水，一聲高喊：「開幹！」

四五個膀大腰圓的小夥子做幫手，有人將一根杉木桿子插進豬被捆著的四條腿中，齊聲「嘿」的一吼，四個人把豬抬上條凳。跟著是捉前腳，抓後腳，揪尾巴，提耳朵，摁豬頭。豬拼命嚎叫，又蹬又踢。殺豬匠手裡拿著一尺多長的屠刀，口中念念有詞。他往刀刃上啐一口唾沫，左手在刀面輕輕一抹，又用手在豬的頸部拍拍摸摸，然後站好馬步，眼睛一瞇，猛吸一口氣，左手像老虎鉗一樣緊緊地扭住豬拱嘴，又將豬頭緊靠左腿；隨之大喝一聲：「用力！按緊嘍！」他右手把殺刀端平，刀口朝外，迅速地往後一收。「吱溜」一下子，鋒利的屠刀已經挺進了豬的喉嚨。豬仍在垂死掙扎，比剛才的動作更猛烈。又跑來兩個人把它按住，慘叫聲比先前更高亢淒厲。只見殺豬匠又用力往前送刀，略一停頓，殺刀向內微收改向，再使力一頂，豬叫聲變沉悶了。

殺豬匠用腳將接血的盆子往前推，右手腕子微微抖動，屠刀旋轉了幾下拔出，熱騰騰的豬血噴出來，嘩嘩嘩地湧在盆裡。裝著鹽水的盆子周邊全紅了，豬血足足裝了大半盆，上面浮起一層泡沫。

豬血放完後，豬頭和四肢越來越蔫，嚎聲也漸漸弱了。過一會兒，豬的四肢猛然一蹬，不動了。

殺豬匠轉過身來，把屠刀放在旁邊的石板上，端起杯子含一口水。他漱漱嘴，吐出水，喘了一口氣；又拿起尖刀在豬後腿上割開一塊皮。他用一根四五尺長的鐵通條從割口捅進去，豬的背和兩邊都要捅透。繼而他用手捏起割口，鼓起腮幫子，使勁往豬身內吹氣。他每吹一口，豬身子就膨脹一分，眼看就把豬吹得滾圓滾圓了。這時他覺得差不多了，便用一根麻繩將割口紮牢實，鬆了手。他又拿起木棒，將豬全身狠狠捶打一通，讓空氣貫通到豬的各個部位。之

後，人們七手八腳把豬放進大木桶，倒進沸水。蒸汽瀰漫起來，果然是「死豬不怕開水燙」，豬在沸水裡一動不動，半沉半浮。

豬泡好後，人們把豬抬到條凳上刮毛。有人用手，有人用鉋子，有人用刀子……一袋煙功夫，豬毛被褪得一乾二淨。渾圓的豬體雪白雪白，豬肉任人宰割。

看了殺豬全過程，我想到，人真是最殘忍的動物。小時候常聽大人說老虎厲害，人比老虎厲害得多。

那四五個動作靈活的幫手，一直配合著殺豬匠忙活，開膛破肚，大卸八塊，砍肉剁骨頭。

指導員、中隊長來了，腰柳、臀尖、五花、三岔、前蹄、後膀、排骨等精華，還有豬腰、豬肝、豬肚、腦花、肥腸、筒骨等適合小炒或燉湯的，都是優先幹部和家屬的。小廚房也各取所需，拿走幹部食堂要的。剩下的豬肉骨頭過秤，再歸犯人的大廚房。

殺豬的消息，早已傳遍十三中隊的各個角落。在山上幹活的犯人手腳都比平日麻利，豬肉還沒吃到口，積極性就調動起來了。這天不會加班，下午準時收工；人們加快腳步往回走。六點左右，分散在各個山頭的犯人都來到隊部的壩子裡。先是集合排隊，報告人數，接著是十二個人一組，圍坐在曬壩的三合土地面上。所謂三合土，是熟石灰、黏土和爐渣配製的摻和料，與水混合後鋪築地面。經夯實，磨光，三合土地面質地堅硬，表面光滑，抗水耐磨。這是西南地區民間常用的地面材料，形同水泥。若是夏天太陽還沒落山，地面會有點燙，這時犯人不敢坐下，就只能蹲著。

值班幹部再一次清點人數，避免有人吃雙份。確認人數無誤了，便命令廚房開飯。這時，每組先派一個人從廚房端出兩個搪瓷臉盆，打牙祭這天不吃玉米饃，吃大米飯。每個臉盆裡有六份飯，二六一十二，由值星員或大組長把這十二份飯分到每個人擺在地上的大碗裡，然後把臉盆還給廚房。

準備分肉了，三十幾個臉盆擺放在廚房裡的大案板上。當班炊事員數一遍，再數一遍，炊事班長核實確認了，就從大鍋裡把紅燒肉（有時是回鍋肉）一瓢一瓢地分在臉盆裡，這個過程大約需要十幾分鐘。

圍坐在壩子裡的犯人默默等待著，這時候如果放一段歌曲就更容易打發時間了。大喇叭裡唱起「祝福毛主席萬壽無疆」、「毛主席永遠和我們在一起」，「千萬顆紅心在激烈的跳動」……都是當時最流行的歌曲，放一遍十分鐘就過去了。

　　炊事班把肉分好，幹部再次下令，每組派一個人到廚房端肉。圍坐著的人每人拿出一個小碗或小盤，擺成一個圓圈。到廚房領肉的人小心翼翼地端出盛肉的臉盆，放在圓圈的中心。犯人的鼻子早就有了感覺，不由得再猛吸幾下；十二雙眼睛也瞪大了，盯著那半盆肉。可是誰也不能動筷子，因為還要二次分配。

　　由值星員或這十二個人公認的比較公正的人擔此重任，他數一遍地上擺著的碗或盤子，然後一手拿筷子，一手拿一個小勺開始分肉。他先把盆裡的肥肉一塊一塊地選出來，逐一放到各人的盤子或小碗裡；再一塊一塊分瘦肉。夾肉只能用筷子，不能用小勺，小勺只起托送作用。這時也不能沾盆裡的湯，肉分完了分蔥薑蒜苗等作料，最後才用小勺分油湯。這個程序大約需要五分鐘。

　　臉盆裡的肉和湯都分光了，轉移到了十二個小碗裡。是不是可以開始吃了呢？且慢，還有一個重要程序。

　　分肉的人是選出來的，他的操作是在眾目睽睽之下。但是怎麼確認他沒有一點私心呢？誰能保證他沒往自己的碗裡多夾一片肉或夾了一片比較厚實的肉？誰能肯定他一點私人關係都不講，沒有往他熟悉的小碗裡多放了一勺油湯呢？還是用制度來約束吧，對此，犯人們創造了拈鬮法、背向定位法等。

　　拈鬮法就是用十二張顏色相同、大小相等的紙片，在紙片上分別寫1、2、3……12這十二個數位，然後折成小紙團，隨機推舉一人，把地上的小盤小碗重新排列一遍，並確定順序，指明哪個是1號。經大家認可，捏小紙團的人把紙團投擲在地上，然後每人拈一個。扔紙團的人最後拈，以防作弊。一切停當後打開紙團，按順序由值星員對號發放小盤或小碗。

　　如果是冬天，室外零度左右；肉早已經冷了。倘若當天氣溫在零下，肉就快凍上了。開始吃吧，紅燒肉已經變成了涼拌肉，再不吃的話就會成豬肉凍。一個菜變三個吃法，也算是勞改隊的特色。

　　有時候遇上值班的獄卒覺悟高，不許拈鬮，理由是毛主席號召要鬥私批

修，不能斤斤計較。那在槍桿子底下，犯人無奈，只得另闢途徑，這就用得上背向定位法。

這個法子就是分肉程序不變，分好以後，讓一名犯人轉過身去，以看不見裝著肉的小碗為準。由其餘十一人中的一人重新調整排列碗的次序，並指明哪個是1號，還要確定取物方向是順時針還是逆時針。這一切通常不用說話，而是手勢示意。眾人無異議後，由背向圓圈的人任意喊一個名字，此人即為1號，取走1號碗，然後從挨著1號的人開始，其他人逐一拿走地上的碗。此法省去了做紙鬮的程序，可以減少等待的時間。

讀到此處，您可能覺得犯人過於自私；吃一點肉竟大費周章，簡直可笑甚至可鄙。且慢，須知這些人原本不是錙銖必較者。如前所述，很多人都有不平凡的經歷，別說吃過美味佳餚，有人甚至在人民大會堂赴過國宴。過去文質彬彬的人，如今斯文掃地。能不爭不搶地分勻半盆肉，已經很難得了。

四、四害記

在苗溪茶場，還有許多東西與犯人長期共處：老鼠、臭蟲、蒼蠅、蚊子、跳蚤、蝨子、蟑螂、白蟻、血吸蟲等，每一種都令犯人苦不堪言。

老鼠：監獄，尤其是農場，一般不准使用劇毒藥餌，因此鼠害頻發。幹部住地大多養的有貓，犯人則無法逃避鼠害。牛圈豬舍裡，大白天也有老鼠，犯人監舍內，老鼠同樣是成群結隊，在房梁上跑來跑去。

臭蟲：臭蟲以吸食人和動物的血液為生，多隱匿於床架、帳角、牆壁、天花板、書籍、被褥、草墊、床席等的縫隙中，連糊牆紙裡面也有它。它白天休息，夜間等到人們熟睡它出來了，臨近拂曉最為猖獗。咬人時它先刺人麻醉，它吃飽喝足後，毒性才發作。當人感覺皮膚發癢時，臭蟲早已逃走。

臭蟲命長，幼蟲得不到血食，可活三十天以上。成蟲即使不吸血可活六七個月。我曾把捉到的臭蟲包在紙裡，放置了九個月。打開一看，紙上還有很多褐色點痕，那是它排出的糞便。臭蟲餓成了一個個半透明的薄片，它依然活著。冬天它躲起來，難尋蹤跡；夏秋兩季活動最頻繁，那是它吸血和繁殖的旺盛期。

勞改隊的臭蟲多到什麼程度呢？把任一床草席取下來，捲成圓筒形在地面上猛戳，立即可見大小臭蟲落下，數量不會少於三百個。我們的一間舍房面積約三十五平方米，上下鋪共住有五十人左右。五十床草席，臭蟲總數應在一萬五千以上。它們一分鐘可爬行一到一米五遠，可以說，整座監舍有近十萬「紅軍」在潛行。

　　為消滅臭蟲，犯人們想盡了辦法。有人摘取新鮮的四季豆葉子放在草席底下，第二天清晨可以看到，每張葉子上都有十餘個臭蟲趴著不動。是葉片上的細毛阻礙了爬行？還是特殊的氣味吸引了臭蟲？原因不明。這個辦法頗靈驗，但只能約束少量臭蟲，不能消滅它。

　　於是，大家繼續尋找藥殺法。農場時常使用農藥，幾個關心監舍衛生、文化程度較高的值星員又偷偷做起試驗。「敵百蟲」和「敵敵畏」殺滅臭蟲效果不明顯，「馬拉硫磷」、「倍硫磷」有劇毒。若遇到果蔬或莊稼需要打這類農藥時，他們報告幹部，請求用少量農藥消滅監舍害蟲。除少數心地特別壞的獄卒不允，一般都能獲准。

　　這時，犯人可以利用午飯後短暫的休息時間，背一個噴霧器進來；再由專人挨著床鋪噴射農藥。如果可能的話，七八天後再來一次，殺滅近幾日剛孵化出來的幼蟲。這樣滅殺臭蟲的效果，基本可管兩三個月。但問題在於，眾多犯人的衣物都堆放在床頭，很難一一清理。蟲卵隱蔽其中，不易滅絕。直到1979年我離開監獄，臭蟲依然健在。不知後來是否少了一些，沒有了犯人，它們喝誰的血呢？

　　蒼蠅：蒼蠅雜食，孳生適應力非常強。人糞、畜糞、腐敗動物、發酵植物、廚房下腳料等垃圾、污水環境，都是蒼蠅的孳生地。勞改農場裡每個工區都有豬牛圈，每個連片土地都有露天糞池，監舍大院內的廁所也是敞開式的。所以監獄內的蒼蠅真是應有盡有：家蠅、麻蠅、絲光綠蠅、大頭金蠅、灰腹廁蠅、麗蠅……各種蒼蠅得享樂土。好在犯人白天在山上幹活，蒼蠅一般不跟人。而在關押重刑罪犯的禁地，蒼蠅就最為自在。禁地沒有陽光，大小便又不出監室。

　　蚊子：十三隊的蚊子也多，遠近聞名。因為這裡地勢低窪，水田密佈，雜草叢生，再加上數百名血還沒有被榨乾的犯人。這裡的蚊子常常成群結隊而

來，驅之不散。

每晚七點政治學習，夏天暑熱之際，犯人大都光著上身，只穿了一條短褲。一百多人擁擠地坐著，房間不足二百平米。室內燈光昏暗，空氣中瀰漫著腳臭、汗臭，此時便能聽到「啪」「啪」之聲不時響起。起初有人一邊打蚊子一邊罵「狗日的」，「他媽的」……後來誰也不敢罵了。因為「狗日的」三個字說不定恰巧落在讀報人唸出的「毛澤東」三個字前後，遇見好事者，馬上就會上演一齣武打戲。

1969年以前，監獄裡不准使用蚊帳，以免影響管理員夜間查鋪，犯人也不敢有異議。1968年秋，十三隊連續死了兩個犯人。死者症狀相似，都是身弱無力，面色蒼白，伴有陣發性上腹劇痛和頑固性嘔吐；據說這就是瘧疾的症狀。1969年5月共產黨的「九大」召開之際，每人有幸得到蚊帳一床。它長寬高為1.9米×0.5米×0.7米，遠遠看去，就像一口口紗布棺材。無論如何，總算減少了蚊蟲騷擾。

五、監舍記

十三隊的監舍和禁閉室如今不知還有多少遺跡，聽說都承包給私人，變身為養雞場了。它當年留給我的印象，依然歷歷在目。

當時的監舍是木結構的兩層樓，我被安排在樓上。房間裡沒有天花板，舉目望去，屋頂、樑柱、椽瓦一覽無遺。在灰黑色的屋瓦之間，有些地方縫隙明顯，透進亮晃晃的光線。

環顧四周，樓中間是一條通道，寬約一米五。房內沒床，兩邊是連通的地鋪。這地鋪也就是在粗木地板上鋪著些稻草，稻草上面有犯人的草席和墊褥。犯人的被面多是深藍色的，上面補著各色補丁。

文革前，這個樓裡關押的人數在兩百人左右。一層樓就是一個長條形的大房間，長約三十六米，寬約五米五。中間有樑柱，無間隔。約一百人住一層樓，每個鋪位的寬度是0.7米。文革啟動後，大量新犯人入監，還是這座樓；關押的人數一度曾超過三百。到我進來的時候，每個犯人所占的使用面積就只有1.9×0.48＝0.912平方米了。

0.48米的寬度睡一個人不成問題，鋪位狹窄，冬天擠著暖和；夏天可以共同抵擋蚊子。

　　可是這種鋪位你不是睡一天兩天，而是要睡十幾二十年。一個大活人的軀體、所有的換洗衣服、鋪蓋鞋襪、缸子碗勺等生活用品，全都擁塞在不足一平方米的狹小空間，非身臨其境難以想像其難度。

　　1973年舊樓房被拆除，原地修建了新監舍。新房是磚木混合結構，監舍總長三十米，寬六米，分作五個單間，每間關押四十至六十名犯人。舍房中間的通道寬約兩米，兩邊設上下鋪。房間多長，通鋪就有多長。一層鋪睡十幾個人，每個人的使用面積平均為$1.9 \times 0.55 = 1.045$平方米。算下來，比以前增加了一丁點，大約是0.133平方米。

　　前曾述及，文革期間監獄裡也關有精神病人。少數人入獄前即有輕度的精神分裂症，多數是入獄後遭受摧殘而引發的。我所在的三工區，犯人的總數在45至52人之間，輕重不同的精神病患者約11至13人。在分配鋪位時，一般把他們安置在下鋪。通鋪約六米長，兩端安排給身強力壯的無病者。當中的十個鋪位以精神病患者的嚴重程度依次排列，輕者靠外側，重者居裡側，儘量防止夜間發生意外。

　　在每個鋪位的頭頂上，有一個類似於火車硬座車廂的行李架。這是犯人自己用竹子編的，可以存放少量物品。

　　監舍擁擠，自然也沒有學習的桌子。每人都將自己必備的《毛澤東選集》四卷本用塑膠薄膜包好，放在腦袋底下當了枕頭。至於寫檢查交代材料，趴在鋪上也可以辦到。如果要檢舉他人，只能偷偷摸摸地找個犄角旮兒去寫。

　　犯人沒有盥洗室，1973年以前，在舊監舍內有一個人工挖的小水溝，斷面大約0.2×0.2米。溝裡流的是從山上下來的水，時清時渾；只能趁水比較清澈的時候接一點洗洗衣服。水裡是否有牲口屎尿，誰也說不準，所以不能入口。

　　也因為沒有潔淨水，犯人極少刷牙。我十三年都沒刷過牙，自然談不上牙齒保健。及至耳順之年，牙齒全都脫落了。至於洗臉，絕大多數人也是能免則免。三百人一起起床，只有一個接水點，排不上號。人人都這樣，一月兩月不洗臉也看不出髒來。哪天出工走到小河溝旁邊，捧起水來抹兩把就算是講衛生的了。

更何況一個月的零用錢只有一元，要是天天洗臉刷牙的話，毛巾肥皂、牙刷牙膏的開銷早把錢花光了。多數人都是將零用錢留著的，有錢就可以找機會跟老鄉買個玉米粑，充飢為要。

1973年修建了新監舍後，在高牆外面建了一個蓄水池。從山上流下來的水經過池中沉澱、過濾，由一根自來水管引入監舍大院之內。在廁所旁邊同時也是武警的視線之內，終於安裝了一個自來水龍頭。就靠這一個水龍頭，三百多囚犯終於用上了自來水。較之以前用溝裡的流水，這也就算一大改善了。

洗澡也沒有浴室，要洗澡的話就去胡家坪工地下面的小河溝。那水面隨季節變化，寬時大約有三五米，河水清澈見底。4至10月間可以下河洗澡，一年四季都可洗衣服。唯此河溝屬三工區地界，其他工區的犯人不敢串工地。他們在夏天只能打一盆水，在廁所旁空地上沖一沖，冬天基本不洗澡。實在需要的話，在烤火爐邊上熱點水來擦擦身子。儘管如此還有人為此受批判，洗澡被說成是資產階級生活方式。

晾衣被也是露天，在監舍大院的壩子裡栽了幾根木桿，牽著鋼絲。若趕上老天不作美，突然下雨，監舍內的留守人員如病號或幹部指定寫交代或檢舉者，經管理員准許，可以幫大家收衣被，犯人回來後再逐件認領。倘若監舍內沒人，或者當天的管理員沒人性，不准上堡坎收衣被；那就慘了。到晚上睡覺被子是濕的，也沒乾衣服換洗，實在難過得很。

廁所是幾根柱子支著的頂棚，裡面開了一條抹了水泥的窄溝，下面連著糞池。犯人定期用糞桶將積糞背走，用做肥料。

犯人一律光頭，不准蓄髮，獄中自然也沒有理髮室。三工區三四百犯人配了一名兼職理髮員，他平時在雜務組勞動，需要時就帶著理髮工具上山，在田邊地角給犯人推光頭。理髮員科班出身，技術不錯，一小時至少推二十五個光頭。理髮工具只能用推子，不能用剃刀，怕的是犯人奪刀自殺。平時獄卒獄警和幹部家屬需要理髮，也是由他打理。

那年頭，每天都要政治學習，監獄裡又有那麼多有文化的犯人，但一個圖書閱覽室也沒有。1972年以後，壩子裡豎了一個讀報欄，兩面張貼《人民日報》。犯人可以利用下午收工後、晚上學習前僅有的一點時間，站在那裡看報。多數人都是一邊啃著玉米饃一邊看，到天黑為止。有關批林批孔、批

判黨內大儒、批判三項指示為綱、反擊右傾翻案風等文章，我都是在閱報欄讀到的。

　　家屬會見也沒有專用的房間，而會見本身就很稀罕。我在茶場十三年，只見過很少幾位犯人的家屬來過。許誠的老婆來過一次，她家在離蘆山不遠的天全縣。許誠是天全縣政府幹部，劃為右派後送勞改。那年他檢舉有功，評上了勞改積極分子。另一位有親人來探視的是羅國章，他是小學教師，才二十來歲，參加工作不久。他媽媽從兩百多公里外的成都過來，會見時間也就二十分鐘。學生犯人周繼恒的父親也來過，周繼恒坐牢十多年後患上肝癌；臨近刑滿時病故。當時，他年齡還不足三十五歲。他的父親是一位老教師，從成都來到茶場醫院，見面即是永別。

　　從生活到學習，十三中隊缺乏很多必要設施，禁閉室卻只多不少。為了懲罰這四百多犯人中的「反改造」分子，禁閉室少的時候十間，多的時候竟達十八間。

第六章　獄中之獄

一、關入小監

　　1968年8月11日，星期日，照例吃兩頓飯。下午四點，各監舍的犯人由當班的值星員清點人數，排隊，向崗樓上的持槍管理員報告，請求准予出去打飯。

　　按監獄規定，做任何事情之前必須背一段毛主席語錄。通常值星員先小聲向身後集合的犯人說「對於反動派」……這算是告訴大家背哪一段，然後他大聲喊道：「最高指示，毛主席教導我們說」；排著隊的犯人應聲背誦：「對於反動派，必須實行獨裁，壓迫這些人，只許他們規規矩矩，不許他們亂說亂動，如要亂說亂動，立即取締，予以制裁。」

　　背誦完畢，值星員再次立正報告，某某工區多少犯人出去打飯。一般來說報告完了不必等回答——從早到晚，犯人報告無數次，管理員都懶得回答。這時可以直接出圍牆打飯。

　　等到大家都拿到玉米饅饅，端著碗走到圍牆外崗樓底下，又要再次列隊背語錄：「領導我們事業的核心力量是中國共產黨，指導我們思想的理論基礎是馬克思列寧主義。」犯人值星員立正，報數。懂事的值星員都是老犯人，他會專選字數少的語錄來念，免得耽誤大家吃飯。

　　那天，空中灰濛濛的，一片晦暗，又特別悶熱。吃完飯，我站在監舍門口往外看。只見幾個內勤組的犯人從外面抬了三張條桌，又端了七八把木椅子進來院壩。平時幹部給犯人訓話，每天晚上集合點名，都是站在那個堡坎上面。有時候一訓就是半個小時，也沒見端桌子、椅子。我不禁想，今天又有什麼隆重的活動？

　　接著，指導員周金仁進了院壩，隨後來的還有小隊長唐炳南、徐紹華、田

家倫。場部也來了一個幹部，他外號小爬蟲，是比指導員還高一級的教導員。另外有三四個我不熟悉的幹部，這群人看上去陣容強大。

一聲令下，全體犯人集合，列隊站在那個坑坑包包的院壩裡。各小隊分別報告，一工區：「應到四十六人，實到四十六人」，二工區：「應到四十七人，實到四十七人」，三工區：「應到四十二人，實到四十二人」……一聲接著一聲的「報告完畢」；此時已有近三百人，密密麻麻地站在了狹長的土壩子裡。三個崗樓上的哨兵也都把身上背著的槍拿了下來，端在手中。

周金仁主持大會，他一聲高喊：「牛立華，站出來！」

我聞聲即起，站到前面的土檯子上，面對台下的一大片犯人。

周金仁兇神惡煞地喊著：「牛立華思想反動，現在宣佈關小監。」

沒有任何預兆，沒人指出我有任何違法行為或犯罪事實……二工區小隊長唐炳南拿出一副特製手銬，一下就把我兩隻手扳到背後，緊緊銬了起來。

不知道哪個公安喊道：「低下頭來！」

我左右看了一下沒有低頭，下面有犯人呼應著幹部對我吼道：「腦殼啄起！」我扭身回頭，掃了一眼後面的獄卒大聲說：「我不能向犯人低頭！」

當時我敢於以身抗命，理由有幾點：

第一，「士可殺，不可辱」。

第二，捫心自問，我從來沒有做過不利於國家的事，也沒有反對過共產黨，卻被當作了反革命，心裡早有積怨。

第三，勞改隊以手銬、腳鐐折磨犯人，我十分反感。

第四，周金仁、唐炳南和徐紹華心狠手辣，我不服他們。

第五，我對共產黨和毛澤東還有幻想，我認為下面的做法違背中央政策，我要以身試法，呼籲糾正亂整人的歪風。

我話音剛落，旁邊有一個獄卒，我都沒看清楚是誰；他飛起一腳踹來。我未加提防，又被反銬，一下子跌倒在地。緊接著就是一頓亂腳猛踢，我死命掙扎，力圖從地上站起來，但怎麼也無法做到。

這時候跑上來兩個「積極分子」，一個叫王經文，一個叫彭世同。他們一把將我從地上拉起，兩人一左一右站在我的兩側。不知是誰的一隻手按我的脖子，另一隻手反提著手銬往上拉。

王經文是中學文化程度，出生於地主家庭。據說1950年天全縣民眾自行組織反共隊伍，他是後勤部長。該組織後來被共產黨武裝殲滅，主要頭目均被鎮壓；而王當時只有十八歲，從輕發落判了二十年。彭世同，初中文化，1960年因飢餓而不滿共產黨統治；據說自發組織了一個「反革命」集團，成了其中的一個小頭目，也被判處二十年。

　　幹部周金仁繼續在臺上講話，他也沒有說出我有任何具體的反革命行動；無非都是講些大道理，什麼不接受改造就沒有好下場之類。

　　就這樣，我連為什麼也不知道，突如其來地被關進了小監。

二、背銬煎熬

　　進小監是下午大約五點多鐘。因手銬卡得很緊，陷在了肉裡，刺骨的疼痛令我難以忍受，哪怕想睡一小會兒也做不到。當晚，兩隻手背在後面彼此擠壓，動彈不得，自然是不能仰臥，而俯臥也難受得不行。我嘗試調整到一個可以休息的姿勢，但最多也只能勉強側臥。一夜之間，就這樣滾來滾去，輾轉不眠。

　　手銬卡緊會造成血痂，一般十天左右可以脫落，變成深色疤痕。通常三四年後就消失了，但嚴重的創痕則終身不褪。1968年至今，時隔四十餘年，我的兩個手腕上還能看到疤痕。

　　小監裡沒有燈，室內已是漆黑一片。躺在狹窄的地上我回想自己的一生，也才不過三十二年的歲月。我從來沒有想過要去反黨，怎麼會成了「反革命」？已經冤枉了送我來勞改，為什麼還要給我戴背銬關黑屋子？

　　陣陣閃電打斷了我的思路，緊跟著驚雷滾滾。外面下起了瓢潑大雨，我內心的痛苦和憤怒交織在一起。

　　好不容易挨到第二天早晨，犯人炊事員送飯來了。他打開鐵鎖，開門看到我。我兩手被拷在身後，無法拿碗。這個炊事員我不知道他的姓名，他年紀大約五十來歲，一頭白髮；外號叫白毛兒，心眼還比較好。他在我面前擺了一個瓦缽，把玉米饃饃和菜倒在瓦缽裡。一句話沒說，關上門，挑著擔子走了。

　　這時天已大亮，我巡視了一下室內。這個小監大約長1.8米、寬1.3米，空

間高度有兩米。我身高是1.73米，如果站起來，我的頭頂離屋頂只有一拃多長。躺在鋪板上，頭和腳可以同時接觸到兩端的牆壁。

也就是說，這裡有三面抹著白灰的磚牆圍繞著我的身體，第四面牆的左邊有一扇厚重的實木門，門高1.5米，寬0.6米。這面牆的右邊離地面1.4米左右處，開了一個長寬大約0.6×0.3米的窗戶；窗戶上自然少不了一根一根手指粗細的鋼條。這窗戶上沒有裝玻璃而是裝著木板，木板下方留了一個0.15米見方的洞，可以起一點通風透光的作用。小監室內沒有電線，沒裝燈，就全靠鐵窗下面的洞和木板與木板之間的縫隙透一點光線進來。靠窗戶一方緊挨著右邊牆壁安了一個固定的木板鋪，鋪寬0.6米，離地0.3米左右，上面鋪著已經黴爛了的稻草，散發著令人窒息的氣味兒。靠門的一角，有一個沒有蓋子的木桶，算是室內廁所。從此，我的吃喝拉撒睡就都在這不足三平方米的斗室之內。

面對缽子裡的早飯，我只能像豬狗一樣低著頭用嘴去拱，去啃。

據我所知，在這個小監裡關過兩個人，頭一個不久就沒命了，死因是「自我摧殘身體」。第二個也命在旦夕，四天前大部分犯人出工了，管教幹部把他押了出去，再也沒見他回來。誰都不知道他被弄到什麼地方去了，或許是進了醫院了，或許是上了天堂；沒有人敢問。

不管原先被關的人是死了還是得了傳染病，從來沒有人給小監打掃過衛生；更談不上消毒。那兩位從這裡離開，我就被關進來，睡在他們曾經睡過的稻草鋪上。

中午，炊事員又來送午飯。接著進來了一個幹事──勞改隊裡的公安幹部除了隊長、指導員，都叫幹事。炊事員打開門，一股熱風混合著臭氣沖著門洞噴湧而出，熏得那位幹事不由自主地往後退。由於他站在門後邊，只能側身斜眼往裡看；我則正對著門口怒目而視。他在亮處，我在暗處，我看他看得特別清楚。

我轉身拿那個瓦缽，是早晨用過的，沒有水，也沒法洗。我正準備交給炊事員盛菜和玉米饃饃，這位幹事喊了一聲：「出來！」

小監面對高牆，中間是1.5米寬的過道。我邁出小監的門，站在過道裡，太陽有點晃眼睛。我一句話沒說，看他要做什麼。

他走到我身後，拿出鑰匙把手銬上的鎖打開了。由於昨天下午手銬戴得非

常緊，鐵銬陷在肉裡，已經和手腕連在一起了。他這一開，我立即感覺到一陣撕裂的痛，不禁倒吸一口冷氣。

鎖打開了，放鬆了一扣，又重新鎖上了。我回到小監內，身後的門重重地關上了。

我背著身子把瓦缽放在木板鋪沿上，然後轉過身子蹲下，又一次像豬狗一樣一口一口啃完了玉米饃饃和菜；然後斜靠著牆坐在地鋪上。

犯人都出工去了，院子裡死一般的寂靜。高牆外面傳來陣陣蟬鳴，知知不休的聲音，像是告訴我世界上還有生命。

牢房、冤獄、蟬鳴，我不由得想起了駱賓王的〈在獄詠蟬〉：

> 西陸蟬聲唱，南冠客思深。
> 不堪玄鬢影，來對白頭吟。
> 露重飛難進，風多響易沉。
> 無人信高潔，誰為表予心。

過了一會兒，又有一陣腳步聲從遠到近，在我這個小監門前停住，卻沒人開門。我警惕地聽著，幹什麼來了？

一陣乒乒乓乓的聲音之後，奉命而來的這個人用木板把鐵窗下面的那個通風口封死了，屋子裡頓時暗了許多。

我被關在後面，這裡本來就十分僻靜；現在連通風口也給堵死了。我聽著外面的腳步聲從近到遠，逐漸消失。而其他幾個房間沒有傳出釘板子的聲音。也就是說，那幾間房的通風口保持原樣，我卻被特殊對待了。

三、暗無天日

我就這樣被留置下來，小監的房門日夜上鎖；室內陰暗潮濕，從來不放風。

我被關進去的時候是8月份，身上只穿著汗衫和短褲。雅安號稱雨城，「巴山夜雨漲秋池」，室內濕度大，氣溫又高，濕熱難當。我一身酸臭，衣服

黏在身上，兩隻手被固定在背後，只有靠全身扭動、抖動甚至跳動，讓黏在身上的衣服換換位置。

小監裡沒有任何用水設施，關在裡面的人不洗臉，不刷牙，更別說洗澡了。四川有句俗話：「磨皮擦癢」，牛癢了在樹幹上來回蹭，豬在圈裡摩擦磚牆。我身上癢得厲害，只能在牆上蹭，每天要蹭無數次。

犯人本不准蓄髮，關進小監後也沒人來給我理髮，只能由著頭髮自由生長。日復一日，不洗頭不理髮，頭皮又癢得不行，我在門框上來回蹭，蹭完了前面蹭後面，再轉過身子左右兩邊蹭。

日久天長，門框下積累了很厚一層頭皮屑。這小小的玩意兒竟然還會發黴，又長出灰白色的絨毛毛。若不細看，地面上像是鋪了一小塊法蘭絨毯。

暑往寒來，眼看到了12月份，雅安地區的氣溫已經降到零度左右。我還是8月份那套汗衫和短褲，冷得渾身發抖。經多次要求，臨近元旦了，我才回到原來的監舍裡拿來棉衣、長褲。戴著背銬，我也無法穿衣；只能把破棉衣披在身上，兩條腿伸到棉褲裡。

木製馬桶上沒有蓋子，大小便後氣味全部存在室內；十天八天才有人來倒一次。他倒了馬桶從不沖洗，夏秋之際，糞便生蛆，小小的囚室真是惡臭熏天。秋冬雖冷，惡臭依然。

小便好辦，大便要脫褲子，很簡單的動作對我也是難上加難。更不用說擦屁股了，不僅是手搆不著，根本就沒有紙。我被關了九個月，過了兩百多天拉屎不擦屁股的日子。

蒼蠅蚊子本來就多，現在更是飛揚跋扈。我兩手被銬無法動作，只能任它囂張。蒼蠅的個頭挺大，翅膀震動起來特別有力，嗡嗡的聲音驅散了密室的寂靜。我眼睜睜看著它們飛翔，隨著它們在空中遨遊的蹤跡轉動頸部，也算是一種鍛煉。直到現在七十多歲，我竟然沒有犯過頸椎病。

白天小監是蒼蠅的天下，到了晚上蚊子當仁不讓。跟蚊子夜夜鬥法，我終於也摸索出經驗來。它在我前面叮咬，我用嘴把它吹跑。叮我背後，就只能用背撞牆。

夜晚沒有燈，白天如果天氣好，從上午九點到下午四點左右，窗戶縫裡可以透進一點光線。我後來拿到紙筆，就靠著這點兒光線來寫字。其餘時間我閉

目養神，與回憶相伴。為了記住日子過了多久，我每天用手指甲在牆上劃一條痕跡，一共劃了二百七十條左右。

在小監裡關久了，竟然適應了戴著背銬吃飯，但苦於沒有水喝。我試著對送飯的炊事員說：「給點水吧。」那個外號叫白毛兒的炊事員沒有回答，但在第二天上午將近十點鐘的時候，他挑著擔子進來，加送了一次開水。他用一個鏽跡斑斑搪瓷杯給我裝了水，放在馬桶對面的牆根附近。我始終記著這位沒有留下姓名的難友，從此每天好歹有了一杯水我可以自由支配了。

好景不長，送飯的白髮炊事員換成了徐國權。徐是邛崍或大邑縣一帶的農民，據說還是共產黨員，不知道因為什麼被打成反革命，判刑十五年。他在勞改隊表現良好，被安排到廚房。當炊事員有一大好處，天天能吃飽飯；一般犯人很難謀到這個職位。

徐國權來小監送飯卻不送水，我三番兩次地央求他給小監犯人送一點水，他就是不理我。一天中午，聽到外面的腳步聲，我知道有人送飯來了，便起身等著開門。可是他不像往常一樣按房間順序送飯，而是把我這個房間跳過去了。直到送完了其他所有房間以後，他才走到我的門前。一會兒門開了，他在我的瓦缽裡丟下一個玉米饃饃，隨手舀了一瓢菜湯。我問：「菜呢？」他氣沖沖地回答：「你不是要水嗎！」哐當一聲，他把門關上了。

我在心裡念叨：徐國權啊，都是苦刑犯，何至於此！古人云：惻隱之心人皆有之，你心裡還有一點人性的影子嗎？

四、「不認罪，關死你」

每天都是這樣，實在是度日如年。我反覆思考自己的處境，小監是為了折磨人甚至把人折磨至死而設的，下一步我該怎麼辦？

一是低頭認罪——可是我找不到自己的罪。入獄前後，我不知多少次向公安、司法部門官員表明：只要舉出具體事實，是罪我認，是錯我改。可沒有人能夠舉出我哪怕任何一點具體的犯罪事實。既然沒有，我怎麼認罪呢？

二是以死抗爭——但是誰能證明我的死是在表達抗爭的決心？監獄裡死個犯人根本不足為奇，病死的、死因不明的、自殺的……結果都是拉出去，挖個

坑一埋了事。死亡證明上填寫的病因各種各樣，萬一家屬來問，必然是「病情惡化，醫治無效」而死。

我不想死，更不應該死。我要活下去。如果現在以死抗爭，只能博得部分人的同情，並不能喚起更多人的覺悟。人死了，許多事實也就無法澄清，黑暗也無人揭露。這對人民來說是一種罪過，我不能死。

回想1957年，面對陣陣狂呼亂吼、歪曲捏造，起初我還據理力爭。後來在朋友們的勸說之下，在「胳膊擰不過大腿」、「秀才遇到兵，有理說不清」的情況下，我不得不低頭認罪，寫了檢討。結果反倒是授人以柄：連你自己都承認反黨反社會主義，被劃為右派豈不是理所當然！毛澤東語錄裡有這樣一條：「世界上怕就怕認真二字，共產黨就最講認真。」好吧，這一次我就認真一下，沒有罪就不認罪。

堅持活下去的想法，也是出於我對未來的信心。1957年初我爭取入黨時，曾認真學習了《中國共產黨黨章》、《論共產黨員的修養》，還讀了《聯共（布）黨史簡明教程》。經歷了「反右」之後，我對聯共布黨史面講到的黨內鬥爭有了一點理解。

《聯共（布）黨史簡明教程》中說：「如果黨不害怕批評和自我批評，如果它不掩蓋自己工作中的錯誤和缺點，如果它用自己工作中的錯誤來教導和教育幹部，如果它善於及時改正自己的錯誤，那它就會是不可戰勝的。」

我幻想著黨中央和毛主席會發現基層領導的錯誤，我甚至認為毛澤東可能受了身邊一些人的蒙蔽，一旦他瞭解下情，必然會糾正這些危害革命的錯誤。我期待有一天，毛澤東所說的「有反必肅、有錯必糾」能夠落實在基層。

我還想到，從另一方面來說，即使這一切都是毛澤東造成的，也就是說他在重蹈史達林的覆轍；今後必然也會有人出來收拾殘局。所有被毛澤東迫害的無辜者將重見天日，而效法史達林將是毛澤東的悲劇。毛澤東是個聰明人，難道會一意孤行？

我要活下來，看這個世道怎麼變化。為此，我還要讓獄卒看到我的生命意志。就這樣，我調整了自己的心態，自覺去適應環境。

每天早晨起來，儘管不能洗臉刷牙，我總是用反銬在背後的手慢慢地疊被子，把它疊得整整齊齊。我以此來向獄卒表示我是熱愛生活的，我不會頹廢下

去，自暴自棄。

我在小監裡關了一個多月，無人問津。每天只見送飯的炊事員過來，隔個十天半月，一個犯人進來倒馬桶。等了又等，就是沒有人來提審。

我想到了大檢查，如果有檢查，我就能乘機出去透透空氣。

臨近節日，如五一、國慶、元旦、春節等，監獄都要大檢查。所有在押犯人要把簡單到不能再簡單的行李拿到院子裡，這些東西無非是一塊墊褥、一床被子、幾件衣服和吃飯用的鍋碗瓢盆。三百多人的物品攤在院子裡坑坑包包的地面上，就像擺地攤兒。各工區的獄警一件一件地翻看，重點是查找文字材料。但凡發現寫著字的紙或小本子一律沒收，帶回去「研究」。

國慶前一天的9月30日，我聽見外面人聲嘈雜。隨著腳步聲越來越近，我知道是有人來視察小監了。過不一會兒，門開了，指導員周金仁站在外面。我戴著背銬斜倚在鋪上，他衝我問道：「你想好了沒有？」我答說：「想什麼？」他說：「認罪，給我寫檢查材料。」

說著他喊我出來，用鑰匙打開了手銬。我說沒有紙，沒有筆。他讓一個犯人送來了一支蘸水鋼筆、十來張擬稿紙和一瓶藍墨水。然後，他關上門就走了。

背拷了五十天，這副手銬終於打開了。我的兩隻手臂恢復了活動，總算不至於被銬倒殘廢。可我該怎麼寫？認罪吧，找不到犯罪事實。不認罪吧，小監裡的非人生活、繼之而來的種種折磨，長期下去難以忍受。我想來想去，只能是盡量放低調子，但不放棄原則。按照這個思路，我寫了第一份材料。最後我寫到：

> 對於起訴書和判決書中強加給我的各條罪狀，我將在適當的時候逐條具體答辯。如果原告和原判法院至今仍確認判決是合理的，則請駁倒我的答辯，用真憑實據揭露我的罪惡，用充分理由說明判決依據。只要證據確鑿、理由充足、符合政策，我是完全認罪的……

10月4日這天，周金仁又來視察。打開門以後，他站在過道裡厲聲問：「寫好了沒有？」

我說：「還沒有。」

他繼續呵斥：「三天還沒寫完?!寫的什麼？拿來我看看。」

我說：「等寫完了再拿給你看吧。」

他大喝：「拿來我看！」

我只好把還沒有寫完的三頁紙拿給他，他看了不到兩分鐘，惡狠狠地說：「出來！」接著又給我戴上了背銬。

只聽他氣勢洶洶地大聲吼道：「不認罪，關死你！」隨後他一腳踹到我的小腿上。我兩隻手被銬在身後，站立不穩，一下跌倒在地上，只能艱難地蠕動著身體爬進小監。

在我身後，門哐啷一聲重重地關上，跟著咔嚓一聲，上了大鐵鎖。

第七章　我不能死

一、我應該寫一份《自述》

指導員周金仁那句話「不認罪，關死你！」不是說著玩兒的。

監獄裡死人太容易了，精神摧殘、肉體折磨、常年飢餓、繁重勞動、捆綁吊打、惡劣環境、簡陋到幾近於無的醫療條件⋯⋯種種原因都造成了高死亡率。在周金仁、徐紹華、唐炳南等獄卒看來，死一個人還不如死一頭豬。平時摧殘犯人，唐炳南的口頭語就是「死十個，數五雙，當個毬痛！」被關在小監裡的犯人屬於「反改造」之列，他們更會任意殘害，以示忠於毛主席的革命路線，捍衛無產階級專政。

比死更可怕的還有精神失常，我所在的三工區，四十二個犯人裡有十二位是精神病。那些監獄幹部還罵他們「裝瘋」，捆綁吊打起來更是無所顧忌。

周金仁既然說了「關死你」，我就要做好思想準備。他越想讓我死，我越不能死。不僅不能死，還必須保持情緒鎮定，不能被整瘋了。

坐監本來就是痛苦的，終日戴著背銬更是不堪忍受。怎麼避免精神失常呢？我想到必須找事做，找書讀。經過多次請求，獄方允許我回監舍拿了一套四卷本的《毛澤東選集》進來，我也拿進來鋼筆和一疊紙。從1968年11月開始，我在小監裡算是真正閉門讀書了。

前面我提到過，鐵窗外面釘著的木板不那麼嚴絲合縫，木板之間縫隙能透進來一點光亮。遇上晴天，早上九點左右，我就借這點光亮看書寫字了。到了下午四、五點鐘光線漸暗，寫的字跡也難以分辨。算起來，每天大約有七八個小時的白天，十六七個小時的黑夜。

白天，我用銬在背後的手把被子疊成一個方桌形狀，再攤開書，把書放在這個「軟桌子」上。接著我一篇一篇地找到需要閱讀的篇目，用兩本書壓住書

的兩邊。這樣，我就轉過身子逐字閱讀。讀完了這一頁，又要把身子轉過來，用戴著背銬的手翻到下一頁，繼續閱讀。就這樣，我在小監裡把毛澤東選集通讀了好幾遍。

我盡了所有努力來打發時間，但依然無人來提審我。我數著牆上的道道，一天又一天過去了，夜長晝短，也沒有人可以說話。在黑暗裡靜靜坐著的時候，我耳畔時常迴響著周金仁的吼聲：「關死你！」「關死你！」

我才三十二歲，我想活下去。可萬一我真的死在這裡了怎麼辦？我艱難地支撐著日益羸弱的軀體，想到死神說不定就要降臨，我卻還沒有機會為自己昭雪，這將是何等的遺憾。我應該寫一份自述，記錄我的歷史。哪怕我真有一死，也要讓父母、兄弟姐妹和親朋好友瞭解：我無辜，我無罪。

現在，我已經有了紙和筆，對於正常人來說是可以寫文章了。但兩隻手被銬在背後如何寫字呢？我一遍遍地摸索著，先把一本《毛澤東選集》放在棉被「桌子」上，上面再放一張紙。接著我脫掉披著的棉衣，把緊緊銬在背後的兩隻手從後面移到腰部右側。我歪著脖子，扭著身子，讓目光儘量能夠看見鋪著的紙和握著的筆，接著我就在紙上寫字了。這種寫字的姿勢很彆扭，脖子酸，手腕痛，寫不了一會兒就得停下來。反覆試過後，我終於可以寫出一行字了。

我也想到，自述篇幅不能太長，太長了紙頁多，藏不住。但篇幅過短也不行，事情說不清楚。想來想去，怎麼壓縮也需要三五萬字。一張十六開的擬稿紙通常能容納五百字，如果寫四萬字，就有八十頁。這麼厚一疊文稿，不僅很難藏起來，而且也不便郵寄。何況獄中常有突如其來的搜查，總不能剛寫出來就被查獲。

我必須縮小字跡，壓縮篇幅。我又繼續試驗，終於寫滿了一頁稿紙，那紙是橫格的，通常的一行里我寫出了三行小字。儘管字跡細小又排列緊密，但不用放大鏡仍可看得清楚。

從1968年12月開始，我在小監裡寫出《自述》的第一稿。為了一次成篇，不因為塗改而費時耗紙，我總是先打腹稿。首先，我花上幾天的時間理清思緒，然後，我將腹稿內容一字一句全部背下來。待《自述》初稿已爛熟於胸，我才逐字逐句地寫在紙上。我用的形式是給黨中央的一封信，其中主要內容有如下十二個部分：

一、概況

二、罪狀能否成立？

三、為什麼要將我判罪？

四、有關五七年的一些問題

五、被打成反革命的經過

六、審訊過程

七、對起訴書及判決書的回答

八、投入勞改以後的簡況和被關入小監的原因

九、關入小監後的想法和做法

十、幾點請求

十一、我的願望

十二、我對毛主席的態度

　　戴著背銬，扭著身子寫字很辛苦，每天只能寫一頁。所有內容都寫在十六開的橫格紙上，平均每頁有五千餘字，就這樣，一共寫了八頁。八天寫完一份後，為了不至於被查獲，我又重複寫了兩份，一共是三份。

　　算下來，《自述》全文約四萬餘字；用了我將近一個月的時間。同時，我也用了一小片紙，給父母親寫了一封信，這是準備日後有機會和《自述》一起寄出的。以下根據父親保留的信稿抄出：

　　　　父母親：請依此份材料寫給中央，可以更改字句。不給中央寫信，問題就無法解決。這裡對申訴極為反感，他們還是維護舊公檢法的一切決定，對毛澤東思想缺乏理解。指望他們解決是不能的，只有向中央反映情況。我有足夠的證據，每句話都有依據，只要講理，問題完全可以解決。我沒有任何違法行為，對人民我沒犯過任何罪。三十餘年，沒做過任何傷天害理的事。我沒給父母親丟臉，家裡人可以研究一下我這份材料，修改後寄給毛主席、林副主席、江青、陳伯達、周恩來，必要時則需更多的人瞭解情況。家中可考慮由一人出面，不要涉及他人，以防

萬一發生問題。這裡對消息封鎖十分嚴密。我現不知道中央有關文件的內容，也無法去向中央反映情況，信件檢查極為嚴密。故此信係非法交出，務請慎重。

我的生活不用詳說，最要緊的就是糧食不夠營養不足，只有請家裡解決。寄錢糧一部分可公開寄，一部分可寄包裹時順帶寄。因公開寄的全由幹部統一保管，取用不便，以後可用糖果紙包好或用其他辦法。此地對包裹檢查也很嚴密，務請秘密。糧食每月約需十斤，冬季及春季尤缺脂肪。因地處高寒，以上這些全係暫時困難，今後經濟好轉便可自行解決。

最重要的是這份材料，我被判十五年徒刑是毫無根據的，但在這裡目前還不完全是無產階級革命派，因此現在他們有故意挑毛病的企圖，甚至進行更殘酷的迫害。如不抓緊進行恐日久生變，我有決心跟反毛澤東思想的人鬥爭一輩子，坐牢我不怕，挨鬥我不怕，為了人民，為了徹底肅清資產階級反動路線的流毒，我敢於鬥爭，敢於勝利。

有什麼不便公開在信中寫的東西，也可以於寄包裹時一併寄，但務請秘密。你們放心，我完全可以找到。我很想知道中央關於平反問題的各種意見，前幾封給永仁的信，可與此信內容結合，以此材料為主，寫成一份材料。若已寄出就算了，若已寄出請設法告訴我。

也許我會受到新的迫害，我是不怕的，我將為捍衛毛主席的革命路線而奮鬥，就是死了也無所畏懼，我問心無愧。歷史將宣告我無罪。

寫完以後，我如釋重負。我將三份《自述》中的一份藏在睡鋪下面的稻草裡，另一份藏在腳上穿著的鞋幫裡；還有一份藏在棉衣裡。身在小監，心在天外，我憑著自己的信心活著，等待著把消息傳出去的時機。

二、門外站著一個幹部

1969年3月下旬某日中午，送飯的炊事員打開小監房門。初春的陽光照射到室內，我的眼前為之一亮。我背著手取來玉米麵饃饃和菜湯缽，按常規，炊

事員此時就會關門上鎖。這天他沒鎖門，我抬眼一看，門外站著一個幹部。他大約五十多歲，高大魁梧，儀表堂堂，神態也是居高臨下的。

他看了我一兩分鐘，開口問道：「你犯的什麼罪？」

我答：「我不知道犯了什麼罪。」

他又問：「那你怎麼進了監獄？」

我說：「不是我想進來的，是被抓進來的，說我是反革命。」

「你被捕以前是幹什麼的？」看來他想刨根問底。

我說：「兵工廠的技術人員。」

他隨之退後一步，炊事員從旁邊過來關門上鎖。我把瓦鉢裡的中飯放在地鋪邊上，彎腰低頭啃飯。

第二天下午兩點鐘左右，又是這位幹部過來，他還帶了理髮員。開門以後，他讓我站出來。接著，理髮員給我剪掉了長了好幾個月的頭髮和鬍鬚。理髮員走後，幹部引我來到一棵大樹的蔭涼下。他坐在籐椅上，給我安置了一個小凳。他先發話：「你叫牛立華？」

我答應了一聲。估計他已經查閱了我的檔案，或許向其他獄警詢問過我的情況。

他接著說：「你談談怎麼被判刑的。」

我的申訴理由早已爛熟於胸，於是在他面前又背誦了一遍。我說了大約兩分鐘，一邊說一邊觀察他的表情。他低垂眼簾，目光側視卻聽得很認真。待我說完他問道：「你說向幹部暴露思想，暴露的什麼思想？」

我答：這要從1957年說起了。看他有意深究，我說到了1957年如何被劃右，又如何被送勞動教養和強制就業的經歷。我說我在「四清」運動中寫了申訴材料，這在「文革」中又成了所謂叫囂翻案的罪狀……總之各種不講理，判我十五年。

他沉思了一兩分鐘，然後說：「我有一個朋友，這個人很老實。」他又重複了一遍：「很老實。」

他說：「1957年，我和他都是礦黨委委員。因為對一個黨員的處理和黨委書記意見不一致，他被劃為右派。他想不通，不認罪，揚言上告，說了一些過頭話，後來被判了七年有期徒刑。所以……」

他欲言又止，我也沒等他說完下文。我說，被判了罪而不認罪是很痛苦的事，我願意認罪；但我找不到犯罪事實，不知道該怎麼認，認什麼罪。

他未置可否，隨後問：「你什麼時候關進禁閉室的？」

我說：「去年夏天，準確地說是1968年8月11日下午五點左右。」

「為什麼呢？」他再問。

我說，投入勞改以後，我沒有違反過任何監規紀律，也沒有想過逃跑。勞動我很積極，進監獄一年多學會了大部分農活，沒有落於人後。究竟為什麼要關我，得問十三隊的管教幹部和指導員周金仁，我搞不清楚。

他一直沒打斷我的話，等我講完後，他慢條斯理地講了許多大道理，總之是讓我好好改造，服從管教，好好勞動等等。再押送我回小監時，依然沒有給我取掉背銬。

事後我知道，這位幹部叫宋曉光，以前是某勞改煤礦的黨委書記。文革中據說也犯了右傾錯誤，遭到批鬥；現在他被下放到苗溪茶場當一般幹部使用。他原來的級別高，威信還在，他說的話依然有作用。

三、總算活著出來

過了大約三四天，下午出工的時候，幹部徐紹華出現在小監。我是三工區的犯人，由他主管。關我禁閉那天他也在場，此後這麼多日子就再沒見過他的面。他打開了我這間囚室的木門，只說了一句話：「出去勞動。」接著，他又給我打開戴了七個多月的背銬。

我以前就聽說過，反銬戴到一個月以上，肩關節多半會發生錯位。打開銬子後不能馬上把手臂移到前面來；如果急於求成，很可能導致脫臼。我小心翼翼地挪動雙臂，只覺得肩肘之間一陣陣劇痛。我勉強把手臂移到左右胸側已經痛得忍受不了，只能停下休息一會兒，再緩緩前移。伴隨著抽筋似的疼痛，我逐漸把手臂從後背轉到了前胸，但兩隻手一時還靠不攏。

徐紹華催促我快點走，他把我押到了胡家坪工地。

山上的犯人正在栽紅苕，看見我來了，不由得露出驚訝的目光，可是沒有一個人說話。徐紹華到工棚歇涼去了，犯人值星員許誠安排我去背紅苕藤。我

拿起背篼往苗圃走，一邊走一邊貌似輕鬆地說：「好久沒到這方來」，這是當時流行的一首四川民歌的第一句。

相熟的難友見了我，紛紛點頭示意但不敢說話。個別膽子大的說了一句：「長白了」，「長胖了」。我心裡明白，那是長期不見太陽的慘白，是關出來的浮腫啊。

我總算活著出了小監，但晚上依然要回到小監去住，也依然被銬著。

1969年4月1日，中共第九次全國代表大會在北京召開了。平時只有晚上才響起的高音喇叭，在「九大」召開的那幾天裡，終日不休地播送節目，不管已經重複了多少遍。

整日聽得最多的就是那幾首歌：《東方紅》、《國際歌》、《大海航行靠舵手》。《東方紅》的歌詞把毛澤東比作大救星，國際歌裡唱的是「從來就沒有什麼救世主，也不靠神仙皇帝」。到底有沒有大救星，把人都搞糊塗了。

緊隨著《東方紅》的還有一段語錄歌：「毛澤東同志是當代最偉大的馬克思列寧主義者，毛澤東同志天才地、創造性地、全面地繼承、捍衛和發展了馬克思列寧主義。把馬克思列寧主義提高到一個嶄新的階段」。這首歌以男聲、女聲、獨唱、合唱的形式連續重複了四遍，毛澤東坐在「九大」主席臺上聽著這首歌，心裡一定有無限的自豪和滿足吧。廣播裡盛讚九大是團結的大會、勝利的大會，但具體的內容也不知是什麼。

在不出工的日子，我就想著以後怎麼能把《自述》寄給父母。我想到上封信裡向父母求助，可能父母也很為難。我以同樣小而密集的字跡，在另一張紙上寫了下面這封信：

> 父母親：請您們不要著急，也不要激動。問題愈嚴重，愈需要冷靜。我認為向黨中央彙報是必要的，但由於三年來我對外界情況全無瞭解，這種做法能否起作用，會不會起反作用，均望全家慎重研究決定。如果可行，請弟妹代為抄錄。對不恰當不必要之段落的詞句可以大膽刪改。最好能有人到中央文革去一趟，面呈材料，務求落實。如果不可行，則這份材料只好作為讓家裡瞭解我的情況之用，我大概就只好當一

輩子「反革命」了。但捫心自問，我對人民、對祖國、對社會主義是沒有危害的。我相信，歷史會給我做出正確的結論。但願弟弟妹妹從我的遭遇中吸取教訓，今後生活上，我也不麻煩家裡了。弟弟妹妹都大了，都要安家立業，家裡只當沒有我這個人好了。我私自交信的事是很危險的，若萬一暴露，就說去年七月份有一封，這封一共兩封，信之正文可以保存，給父母親的信不必保留，給永強寄錢的事也不要對別人說。家中還可考慮，為了不致連累家裡人，可以將這份材料抄一份底稿，然後把我的原件呈給中央文革，作為向黨彙報情況，不作為替我翻案。總之須慎重研究方法，不要因此而引起不良後果，對我請放心，我會頑強地活下去的。還有很多話想和父母親談，可惜沒有機會。我謹祝父母親身體健康，弟弟妹妹們順利、進步。

立華。1969,3.

在另一張紙條上，我又補寫了一段話：

我已於三月底由整日關在獨監裡，改為白天參加勞動，晚上在獨監中睡覺，各方面的條件較以前好多，也許不久就可以完全脫離獨監。請家裡放心，以後我爭取每月或每兩月寫信一封，如果連續三個月都收不到信，那就是又被關起來了。家裡怎樣決定請在信中用適當的方法告訴我。如說你給立申的信已轉給他了，我就知道材料交上去了。「永廣常來信」我就知道是收到了這封信。總之，我是可以理解的。

1969年5月下旬的某一天，在嚴管隊裡勞動了兩個月後，我終於被解除了小監禁閉；又回到犯人居住的大監舍。

第八章　艱難投書

一、丟失《自述》

　　離開小監，第一件事就是把《自述》藏好。前面說過，我有一份藏在鋪底下的稻草裡，另一份縫在棉衣裡。還有一份，我帶出來後就用塑膠薄膜包好了，埋在了樓梯過道下面。我想過，只要交出去一份《自述》，就算沒有白費心機。不料竟有一份還是被發現了。

　　那是1970年9月，我離開小監已經一年又四個月了。一天上午，我正在工地勞動，大約十點多鐘，幹部徐紹華上山來。他在工地匆匆轉了一遍就找我談話。一見面他就劈頭蓋臉地問：「你最近寫了什麼東西？」

　　我驚了一下，「沒寫什麼呀。是誰做的假彙報？」

　　徐紹華楞著眼睛說：「沒寫什麼東西！人民政府沒根據不會問你！」

　　我暗想，真的沒寫過，不怕他詐唬。但要設法套出他的話，搞清他為什麼突然訊問我。徐紹華似乎已經發現了什麼，我也東支西吾地拖延時間。拖到中午十二點了，收工。

　　回到監舍大院，先領取玉米麵饃填飽肚子。我三下五除二吃完後，連忙跑到監舍的樓道下面；用手一刨，糟糕！我藏的那份《自述》不見了。我的自述中除了說明身世和個人遭遇外，還揭露了公檢法和監獄的違法行為。一旦追究起來，後果不堪設想。

　　那時候殺一個人就像割韭菜一樣，很隨意；更不用說在監獄裡。但事已至此，發愁也無濟於事，只好聽之任之。好在上個月乘外出背糧之機，我已經寄出一份《自述》給父母。我想，只要北京的家裡能收到，知道我這麼多年沒幹過傷天害理的事，也就行了。

　　下午繼續在山上幹活，約莫四點鐘，徐紹華來到胡家坪，繼續找我談話。

這一回不等他多問，我就告訴他說我是寫過東西。

他問：「你上午為什麼不交代？」

我說：「上午你問最近寫過什麼，最近真的沒寫過。前年關在小監時寫過，已經兩年多了，一時想不起來了。」

他進一步追問：「你寫的什麼？」

我說：「就是不認罪嘛，具體內容我也記不清楚了。徐幹事看看就知道了。」

他說：「他媽的，字寫得那麼小，看都看不清！」

聽了他這句話，我想他手裡就是我埋在樓道裡的那份《自述》。這時我心裡反而踏實了，我有意漫不經心地答說：「用放大鏡嘛。」

從那次談話以後，我就等待著處理。集訓，吊打，加刑，槍斃……皆有可能。我橫下一條心：即來之則安之，老子不怕。但最要緊的是，我必須確認，給父母投遞的《自述》他們是否收到了？如果沒有收到，我還必須設法再寄一封信。我要自證清白，否則夜長夢多，再不寄就沒機會了。

幸運的是，徐隊長他們沒有繼續追查，只是把我的《自述》塞入了檔案。而此前我所寄出的自述和家信，已經到了父母的手中。

二、背糧尋郵

說起這封信被投遞的過程，也真是歷盡艱辛。

1969年5月，我從小監剛出來，被編在嚴管組參加集體勞動。每天出工排隊點名，收工點名排隊。在工地上有幹部監督，一日幾次清查人數。出工、收工的路上又有獄警押解。回到舍房裡就不能外出，我沒有單獨活動的機會；也就無法寄信。

一般來說，勞改犯人每月可以交一封信。信件須經分隊幹部嚴格檢查，而且不准超過三百字。其他不准還包括：不准透露監獄內任何資訊，不准說監獄裡吃不飽，不准說捆綁吊打，不准談案情，甚至不准向家屬報告自己被判了多少年徒刑。

那時中國所有的勞改隊，無論是在大城市，還是在荒郊野嶺；對外均以

信箱代號作為地址。成都的消防機械廠是成都市216信箱，成都動力機械廠是217信箱，苗溪茶場是雅安631信箱。外地寄往茶場的包裹、信函，均只送達場部。各中隊每月到場部收取一次郵件，經過獄警拆開，嚴格檢查；然後才交給犯人。

即使是允許家庭寄來物品，一般只准寄衣物，不准寄食物。個別犯人的親屬或朋友寄來罐頭，也必須打開接受檢查。幹部用勺子伸進去攪拌，確認無異物，才允許領取。寄來的藥物也要打開瓶子，把藥片或藥粉倒在桌子上，幹部撥來撥去，看裡面是否有夾帶物品。那時經常發生家屬寄來包裹犯人卻收不到的現象，明知有鬼誰也不敢多問。

犯人這邊要寄信件，先要送到分隊長那裡。待十天半月湊夠一定數量，或分隊長到場部辦事，這才順便丟到郵筒裡。如此，還要再等蘆山縣郵局的郵遞員從郵筒取走，前後大約就二十來天了。勞改隊裡沒有信筒或郵箱，個人無法獨立發信。我想把寫好的《自述》寄給父母，真是難上加難。

那時，留場就業者在星期日休息。經幹警批准，可以去蘆山縣城；縣城就有郵局。但是我認識的就業者極少，輾轉托人又擔心暴露。誰也不會為一個交情不深的人承擔風險。而且，我在小監被關了九個月，再加上那一聲「不向犯人低頭」的高喊，已經讓我在各中隊揚了名；這就更沒有人敢為我交信了。

日子一天一天過去，我焦急又耐心地尋找機會。等了一年有餘，竟然無隙可乘，難，難，難。

機會終於來了，隊裡要派人外出背糧。

十三隊犯人的口糧由國家糧站供應，每人每月三十六斤玉米。我們將近四百人的口糧，總計有一萬四千多斤。勞改隊是捨不得用汽車來運的，需要派犯人到糧站背回來。

糧站在蘆山縣思延鄉，那兒是河谷平壩地區。從十三隊出發去糧站大概要走十二公里，其中山路約七公里，平路約五公里。去的時候，犯人背著背架子要先走一段上坡路，翻越高家山。然後沿著崎嶇山路下山，到達寶興河。河上有一條鐵索橋，長約一百米；過橋後再走四公里就到達了思延糧站。

背架子是山區人負重行走常用的工具，它以硬質木料製造，由彎弓、撐架、拄拐等組成。它比北方常用的背篼適應性強，尤其適應在陡峭的山路揹

運。山民用它能背一丈多長的物件，可以用它來背草，背石頭、磚瓦；還可以背活豬活人。背簍的重心若落在人體之外就形成一個扭矩，那樣很費力。將背架子的重心調整到人體背部中垂線上，這時扭矩為零就能省力。需要時再用拄拐支在下面，隨時可以歇肩。

每次背糧，隊裡要派出一百二十人。每人背負一百二十斤左右，往返二十四公里路程。如果早晨七點多鐘出發，到下午五點多鐘才能返回。回來上坡路居多，人人累得氣噓喘喘，即使冬天也汗流浹背。體力弱一點的人，很難勝任。每逢背糧，多數犯人都有畏難情緒，獄警只好點名硬派。

我當年不過三十多，身體也瘦弱，又戴著眼鏡，看起來斯文無力，一般是不會派我背糧的。幹部不是心疼我，而是有所顧慮；一是怕我乘機逃跑，二是是怕我背不動。萬一過鐵索橋時搖搖晃晃掉到河裡，人死了不要緊，損失一百多斤玉米可不得了，那是國家財產呀。

1970年7月，正是暑熱之際，隊裡要派人去糧站背糧。早上七點集合，湊了一百零幾人，還差十來個。幹部徐紹華的眼神在剩下的犯人隊列裡掃來掃去，見狀我立即大聲說：「報告徐幹事，我去。」他看了我兩眼，一揮手，讓我站到運糧行列。

人數湊齊了，大家列隊去工具室和庫房保管室，準備好背架子和麻袋。幹部徐紹華和高松帶隊，另有四名武警押運，大隊人馬隨即出發了。

去的時候還很輕鬆，背上的空架子不過五六斤重。我來勞改隊近三年，這還是第一次外出，心情也頓覺開朗。山裡的空氣格外新鮮，雖說是翻山越嶺，一點也沒感覺累。

途經高家山，這裡林木茂密，山頂上小杉樹、小柏樹錯落成林。據說原來有許多參天大樹，到1958年大煉鋼鐵的時候全被砍光了。眼下能看到的只是胳膊粗的小樹。在半山腰有一些零散的耕地，坡地裡的玉米已經有一人多高。間或看到一兩個農民在地裡勞作，都離我們的隊伍很遠；而他們對過路的勞改隊也已是見慣不驚了。在向陽的山坡可以看見一些住戶，居處都很分散。有箭竹和慈竹叢掩映著農屋，屋子旁邊是幾塊菜地。這裡的農民很少下山，大都過著自給自足的生活。

高家山位於峽谷邊緣，翻過高家山就是銅頭峽。1966年苗溪茶場的犯人在

這裡修建了一座裝機容量1000千瓦的小型水電站，為監獄提供電力。

下了高家山，就能看見寶興河以及橫在峽谷兩岸的鐵索橋了。我在大城市生活，從來沒走過鐵索橋，看到它心裡有點發怵。只見當地老鄉無論男女老少，踏鐵索橋如履平地。出來背糧的犯人雖然沒那麼放鬆，但絕大多數人有經驗，也都毫不猶豫地走了過去。看這情景我暗自給自己鼓氣，別人能過我就能過。

我大著膽子走上鐵索橋，才走了二十米就感到橋身在晃動，心裡不免發慌。再低頭看下去，河谷深達三四十米，腳下激流洶湧。橋上木板年久失修，空檔不斷；一失足就會墜入深淵。想到這裡兩腿不禁發顫，只好慢慢地靠邊，用一隻手牢牢扶著鐵索，此時我只能緩緩移動腳步，內心也不禁後悔，萬一丟了命可怎麼好！

正在這時，耳邊傳來後面難友的聲音。有人大聲提醒說：「不要靠邊，走中間！」「抬起頭來！不要看河水，看對面！」我提心吊膽地回到鐵索橋中間，小心翼翼地繼續走。在我身後，更多的人上了橋；人群走動起來，鐵索晃得越加厲害。在眾人的鼓勵和保護下，我終於到達了對岸。

上岸後，同行難友對我說，第一回都這樣，破了膽就好了。還有人說，走邊上更危險，上下兩根鐵鍊子之間的距離很大，沒有防護網。心裡發慌，身子一歪很容易掉下去。你走中間即使摔倒了，身子也在橋上，爬起來就是了。這話的確很有道理。

過了鐵索橋，地勢豁然開朗。思延鄉一馬平川，我們沿著土路加快腳步，大約一個小時就到了糧站。

糧站當天不對外辦公，寬敞的院子裡都是勞改隊來的人。四個武警持槍站在院子的四角，幹部徐紹華守著過秤。幾個犯人忙著撮玉米，裝麻袋。幹部高松手裡拿著一根木棍，這既可以當拐杖又可以打人，犯人見了他都儘量離遠點。他在院子裡來回走動，東張西望，監視著一百多個背糧的犯人。

糧食裝好了，每人都把麻袋安放在背架子上。只聽一聲令下「出發！」犯人們將背架子上肩，魚貫而行；陸續走出糧站。

一個多小時以後，我們又到了鐵索橋前。這個地方叫銅頭場，背糧的人在這裡放下背架子短暫休息。過了鐵索橋就要一路上坡，也沒地方休息了。銅頭

場只是一條鄉間街道，長不過二十米，寬約兩米。街道東側有四個店鋪，一個賣油鹽醬醋，一個賣文具紙張，一個賣糖果捲煙，還有一個賣毛巾鞋襪等日用雜貨。街道西側是一個小學校，周邊有圍牆，來往行人很少。再往北有幾戶農家小院，距離這裡已經是百米開外了。

我四下張望，頓時眼睛一亮：文具店的門柱上掛著一個綠色的郵箱！這真讓我喜出望外，我打定主意，下次還要報名背糧，就在這裡交信。我又觀察了周圍的地形：從思延鄉到銅頭場的大路（大約三米寬的土路）是東西走向的，銅頭場在大路的左側。南北走向和街道兩側都有房屋，在大路上不拐彎的話，則看不見街上的人物和動靜。只要躲過了獄卒的視線，投遞一封信不成問題。

銅頭場地方狹小，容納不了一百多人。後面的人相繼到達，前面的人陸續起身。又要上鐵索橋了，我還是不敢往前走。難友伍大雲說：「你在這兒等著，我先背過去，回來幫你背。」我閃在一邊看著其他人過橋，伍大雲幾分鐘就走過去了。

伍大雲是成都人，國軍空軍士官，從事空中攝影。他1949年隨駐新疆空軍起義，但到了1960年代，就成了「歷史反革命」，被判刑十五年。背糧那年他也是四十多歲了，為人豪爽仗義。

我在橋頭看見伍大雲把背架子放在對岸，又跑回來幫我背糧過橋。我空手跟在他後面，過了晃晃悠悠的鐵索橋，心裡對伍大雲十分感激。

到了河對岸，我接過自己的背架子。放眼望去，背糧隊伍前前後後拉開了大約五六百米的距離。這一百多犯人裡，年齡大小不一，體力強弱有別，速度有快有慢。兩名獄卒和四個持槍武警走在後一半隊伍旁邊。大多數背糧的犯人都已被關押了很久，從來沒有發生過中途逃跑的事。隨行監視的武警走在歸途，表情也略有放鬆。其實真正想逃跑的人不會選擇這個時機，因為是集體行動，前後都有人，相隔不過三五米；況且也只有一條路，脫離隊伍者馬上就會被發現。

我在隊伍中間吃力地往前走，每走二三百米就要拄拐喘口氣，歇一兩分鐘。平時在隊裡勞動也要揹運，力氣大的人一次能背一百五六十公斤，我的最高紀錄是背三十五匹磚，大約也有九十五公斤。但平時揹運的距離一般不超過兩公里，而外出背糧是長途跋涉，十二公里的路程大部分是上坡路。有的地方

十分陡峭，每登一步都極其費力。遇到較高的梯坎，我要登幾次才能跨上去。

背糧的路上，真是汗水長流，筋疲力盡。衣服早已打濕，索性光著膀子只穿一條短褲趕路。我的腦門上還繫著一圈稻草，它的作用是讓汗水沿著稻草往下流，以免流進眼睛裡了。還是早晨出來之前吃了一個玉米饃和一勺菜，中午在糧站只是乾啃了一個玉米饃，連口水都沒喝。七月的天氣暑熱未盡，肩上一百多斤，腳下還有十多里路，直走得口乾舌燥，腿酸腳軟，可是山間的路上哪裡找得到水喝呢？就是臆想望梅止渴，嘴裡仍然毛焦火辣，連一點唾沫都沒有。我心裡直想，上輩子不知道造了多少孽，今世要受這種折磨！

下午五點左右，總算到達隊部，交了糧食。接下來第一件事就是舀一瓢冷水飽飽地喝了幾大口。回到監舍，我用毛巾擦了擦汗就倒在地鋪上，只想張口閉眼休息幾分鐘，那個累勁兒筆墨難以形容。

背糧是很苦的，但下次我還要去。發現了郵箱所在地，這是此行的最大收穫。

我估計下次背糧是8月中旬，幾天前我就把一份寫好的《自述》裝在信封裡。我事先掂了掂分量，自覺不會超重，然後我封了口，貼上了八分錢郵票。

三、投遞《自述》

終於又到了背糧的日子，我十分興奮。那天我穿了一件勞改服，把信裝在衣服裡面專門縫製的口袋裡，又戴了一頂破草帽。準備好了個人的背架子，我就和大家一起出發了。

到了糧站，我對難友謝顯榮說：「今天我準備在銅頭場交封信，你給我掩護著點。」謝顯榮是陝西人，曾任中學教師，後來在重慶永川交通局工作，文革中成了反革命。我們倆關係不錯。

裝好糧食後，我和謝顯榮爭先出發，走在隊伍的最前面。幾位體力比較好的犯人隨即跟上，第一方隊只有十來個人，在我倆的帶動下越走越快。大家都想著走快點，到銅頭場就可以多休息一會兒。逐漸地，我們和後面的隊伍拉開了距離。

幹部要照看大隊人馬，離我們大約有兩三百米。因為地處平壩，視野開

闊，走在前面的十來個人依然在他們視線範圍內。他們帶著槍，子彈的速度是人步行速度的幾千倍，所以他們也不著急追趕，我們樂得快步趕路。

到了銅頭場，我把背架子放在街沿上，手裡拿著草帽往小商店走去。謝顯榮在路口轉彎處，盯著後面的來人。我走到文具店門口，回頭看了看，立即把信取出來，用草帽遮掩在胸前一個箭步跨上文具店的臺階，舉手之間，我把信迅速投入郵箱。隨即我離開文具店，慢騰騰地來到了糖果店門口。犯人身上沒錢，什麼也買不成，只不過看著糖果飽飽眼福。我在這裡有意做出一副走來走去閒逛的樣子。

信終於投進了郵箱，我心裡一塊石頭落了地，感覺踏實多了。這時後面的背糧人陸續來到，接著幹部也到了。他們清點了人數，催著大家繼續趕路。

該過鐵索橋了，這次我有心自己闖一回，不再讓別人幫忙。走到橋頭還是沒把握，有點害怕，我便求助於難友張志彬。他人高馬大，外號張大漢。我請他在橋頭把守，暫時攔住後面來人，等我走過橋中間再放人通行。橋上人少能減少橋身的晃動，就這樣，我背著一百二十斤玉米，鼓足勇氣踏上了索橋。我記著大家說的，眼睛直視前方，腳下穩步移動。待過了橋中心膽子也大了，我便加快步伐，終於闖過了這一關。

接著負重上坡，路還是那麼長，坡還是那麼陡，天氣還是那麼熱，麻袋還是那麼重；但感覺卻不像上次那麼累了。我一邊走一邊想著那封信的作用，我被投入勞改三年，在監獄備受折磨。我家弟妹們黨團員居多，他們不瞭解真實情況；總認為我這個做哥哥的犯了彌天大罪，才被判處重刑。今天，我終於交出了這封長信，幾天之後他們就會知道，我離家十多年始終是愛國的，我也熱愛共產黨；我沒有犯任何罪。想到這兒力氣似乎也更大了，就這樣一路想一路走，心情舒暢也是汗流浹背地回到了勞改隊。

我的信是1968年11月開始寫的，到1970年8月才交寄成功，大約十多天後也終於到達了父母的手裡。然而，1970年的北京，從年初就開始了「一打三反」運動，一大批所謂「現行反革命」犯被處決；其中包括後來著名的烈士遇羅克和王佩英等。在全國各地也是一樣，很多文革期間被關押和判刑的勞改犯，被加判死刑，迅速處決。假如當時父母真的把我的《自述》送去中央文革，真說不定我會遭遇到什麼。而父親已經是飽經憂患，他不敢聲張也無法替

我申訴。然而，以他對子女一貫的嚴謹負責，他讓我的兩個妹妹抄出了一份；並且冒著極大的風險藏在家裡。

　　我十年之後出獄，第一次回北京探望父母。在他們身邊，我重新見到了這些歷盡千辛萬苦的文字。我的兩個妹妹將我的自訴抄在厚厚一本材料紙上。我寫在那些紙片上的小字，她們大約用了五十多頁稿紙才謄清。

第九章 「以其人之道」

一、收拾打手

我坐牢的時候還沒有「牢頭獄霸」這個說法，但在囚犯中間也有不少打手。

這些打手可分成文武兩類，所謂文類者有那麼一點文化，專門窺探他人言行，拈過拿錯，再無限上綱，給人增加罪名。三工區的許誠、王經文、胥義方、張武林等則屬於此類。所謂武類則生性殘忍，以捆綁吊打為能事；這類人在三工區有李海山、楊應椿、丁國臣等。而在十三隊，這樣的打手加起來有十來個。

我強烈反對用暴力對待囚犯，但第一次公開反對就失敗了。我被關了九個月的小監，差一點丟了命。

1969年5月我出了小監，算下來，我進監獄已快三年。這時的我，對周圍環境和幹部的秉性有了更多瞭解。多數難友知道我被關的原因之一是反對捆綁吊打，對我也多了一分尊敬。我因此也在想，要好好治一治打手。

在犯人中間出現打手，這是毛澤東「無產階級專政下繼續革命」理論的必然產物，也是幹部實行暴力統治的手段。打手都是幹部一手培養起來的，他們不僅充當走狗，也協助監控多數服刑人員；在監獄裡造成一股恐怖氣氛。

幹部不可能和犯人一起生活，而這些打手生活在犯人之中。幹部給他們一點甜頭，例如評一個「勞改積極分子」，安排輕巧點的勞動，甚至減刑一年半載；就足以驅使他們做幫兇。如果幹部恨哪個犯人，又找不到加罪的理由，便可以指使犯人中的打手滋事，再利用開批鬥會的機會下手。若是他們打死人了，幹部也不會受追究。

哪些人會充當打手？先看看文革期間獄中服刑人員的情況就知道了。一般

來說，當時的犯人有三類：

一類是文革開始後入獄的，這些人多數在學校、機關、工礦企業或部隊等單位上過班，相當一部分還是共產黨員或共青團員，所謂案子大都是冤案。這部分人滿腹冤屈，無處可訴，性格懦弱點的人就逆來順受，忍氣吞聲；而脾氣剛烈點的人往往不認罪，結果被劃在「反改造分子」之列，屬於受壓制的對象。除少數投機分子「賣友求榮」，絕大多數人不會去充當打手。

第二類人是文革前入獄者，很多人是在1960年代饑荒嚴重時入獄的，犯案的原因大多是因為吃不飽或家裡餓死了人，被逼得受不了。有的人因此搶了東西，還有的人因為饑餓難當發出怨言，例如喊了反黨口號，寫了不利於共產黨的標語，或者說了暴露黑暗的話。他們對毛澤東的倒行逆施多有瞭解和親身體會，通常也不會充當打手。

第三類人是1960年代以前入獄的老犯人，其中有一些人品質惡劣、人性泯滅。這些人中有一些人在1949年前就和共產黨勢不兩立，甚至有人還傷害過中共人士。他們自知身有重罪，儘管對共產黨心懷不滿，但在進監獄後卻俯首貼耳，表面上服從管教，實際是想為自己換得減刑。

打手或牢頭獄霸的存在絕對不是服刑人員之間的事，不是內部自發產生的，不是犯人與犯人打架鬥毆。

據我觀察，從1966年到1979年這段時間，犯人之間並不存在因為個人衝突而鬥毆的事情；至少我沒看見過。有矛盾頂多是互相吵罵，因為是集體勞動，有人發生爭執，旁邊的人立刻就會勸解或阻攔，想打也打不起來。而且，打手也不敢在勞動場所輕易打人。他們知道多數犯人都恨打手，一旦動手，旁邊人說不定會以勸架之名揍他一頓，畢竟寡不敵眾。

打手敢於打人都是有幹部在場，所謂狗仗人勢或者說狼狽為奸。沒有幹部包庇慫恿，再厲害的犯人也不敢隨便打人。

說回苗溪茶場，在我們第十三中隊三工區就有那麼幾個打手。他們作惡多端，最後被我們設法制服了幾個。

先說李海山，此人年約四十，初中文化。他中等身材，長期勞改從事擔抬等重體力勞動，後頸突出，背也有點駝了。據說1949年前他在重慶裕華紗廠當稽查，1951年被捕入獄，判了無期徒刑，後改判為二十年。

李海山是徐紹華手下出了名的打手，他的枕頭底下藏著一根棕繩。每晚批鬥會上，只要徐紹華喊一聲「拒不交代就收拾你」，李海山立即竄出來施展拳腳。拿繩子捆人時，他動作又熟練又兇狠。只見他一下就把繩子搭在了被鬥人的肩膀上，再狠狠地在兩條手臂上纏繞五六圈，這個人很快就被反背著手腕緊緊捆住了。李海山把被捆的人吊在房梁上或樹上毒打，三工區至少有十多名難友被他打過；有人因此致殘，很多人對他恨之入骨。

想什麼辦法制服他呢？1970年春節過後不久，機會來了。

那年春節後，早晨起來出工，每人背一背篼煤炭上山。我們要把煤炭送到胡家坪工地的新豬舍煮豬飼料。路上有一段山路很陡，大家一步一步地往上爬，累得氣喘吁吁。到了豬舍，我們把煤炭堆成一大堆後，就準備下地幹活。

李海山的手上也沾了一些煤灰，他順手在豬舍的門框上抹了一把。這個豬舍平時住著四個犯人，清一色的反革命，被判十五年或二十年不等。不知道是誰在門上貼了一副紅底黑字的對聯，左邊寫的是「擁護共產黨」，右邊寫的是「熱愛毛主席」。李海山的手指印恰恰抹在了「毛主席」三個字上。我趕快喊豬舍裡的幾個犯人出來看，告訴他們這是李海山抹上去的，大家做個見證。

在那個年代，玷污了「毛主席」這幾個字就是彌天大罪。四工區發生過這樣一件事，當時的報紙幾乎每一版都有毛澤東像，前志願軍連長李尚鵠用一張舊報紙包了膠鞋，他卻沒有留心。結果，讓毛像包了破鞋，這下子捅出大禍。他被拉出來批鬥，挨了狠狠的一頓捆。

這下子，李海山的黑手印直接抹到了「毛主席」三個字上，犯事情節更嚴重。打手也要挨一回打了，我們好不容易找到這個機會來滅滅他的囂張氣焰。

當天晚上我向幹部徐紹華彙報了李海山的事，不加油不添醋，如實稟報。

第二天徐紹華上山來，他到豬舍門前一看，對聯上果真有三個黑灰色的手指印，於是他把李海山喊過來問：「是不是你抹上去的？」李海山答：「不是。」我上前一步說：「我親眼看見是你抹的。」李海山反駁說：「今天早晨我監督牛立華，他和我吵架，他報復我。」我說：「你問問徐幹事，明人不做暗事，我是昨天晚上彙報的；吵架是今天的事，昨天怎麼報復今天？指導員說了，誰污蔑偉大領袖毛主席就砸爛誰的狗頭，我就要檢舉你。」我還不依不饒地說：「老實告訴你，昨天當場有人見證是你抹的，休想抵賴。」

豬舍裡的幾個犯人平時也恨李海山，紛紛出來作證說：「昨天背來煤炭以後，李海山在門框上抹了一把。」徐紹華狠狠地瞪了李海山一眼：「出去勞動，晚上學習再說。」於是大家散去。

　　當天晚上學習，徐紹華對李海山的事隻字未提。他未受到懲罰，我想，還要再將他幾軍才行。

　　轉眼到了夏天，晚上九點，犯人集合清點人數無誤就休息了。多數人都脫了衣服，只穿著一條短褲鑽到了蚊帳裡。外面的廣播還沒有停止，此時正在播出一天裡重複了多遍的歌曲：「東方紅，太陽升，中國出了一個」……正巧，李海山用手拍了一下大腿，只聽「啪」的一聲他罵道：「他媽的，狗雜種！」我知道他大概是在打蚊子，但偏偏接著那句歌詞。我藉機說：「大家聽到了吧，廣播裡放的什麼歌曲？李海山在罵什麼？今天已經點過名，不許說話了。明天再說！」大家都明白我這是抓他把柄，也是提醒大家，等著明天批鬥打手李海山吧！

　　第二天早上起來，我又向徐紹華報告，我說李海山多次污蔑偉大領袖。晚上七點照例學習，徐紹華還是不提李海山的事。

　　我不得不主動出擊，在學習會上我高聲發言道：「李海山多次污蔑偉大領袖，塗抹寫有『熱愛毛主席』的對聯。昨天晚上他明目張膽地用下流語言辱罵偉大領袖。指導員在大會上多次強調，誰污蔑偉大領袖就砸爛誰的狗頭，李海山應該老實交代。」

　　李海山是徐紹華的狗腿子，徐紹華左右為難，顯然捨不得這條替他咬人的惡狗。

　　我繼續發動攻勢，用文革時期最流行的語言說：「李海山解放前是反動派的狗腿子，橫行霸道，無惡不作。解放後被關在監獄裡，表面上偽裝積極，骨子裡卻留戀當稽查的日子，可以欺壓百姓，胡作非為。現在是共產黨的天下，粉碎了你的美夢，判了你二十年徒刑。你心懷不滿，刻骨仇恨，無論怎麼偽裝也掩蓋不了你的反動本質。狐狸尾巴總是要露出來的，你多次公然詆毀偉大領袖，毛主席是世界革命人民心中的紅太陽，你往太陽上抹黑，還滿懷仇恨地一邊拍大腿一邊咬牙切齒辱罵偉大領袖；實屬膽大包天，罪該萬死。我們強烈要求砸爛李海山的狗頭。」

徐紹華坐在旁邊，還是一語不發。

周圍的犯人都七嘴八舌地喊了起來，有人檢舉說：李海山說買《毛主席語錄》不如買一包「大前門」。有人揭發說：李海山把毛主席像章戴在內褲上。還有人補充說：李海山戴的毛主席像章是腦袋朝下的。

那時人人佩戴毛澤東像章，監獄犯人也不例外。一般都是戴在外衣左胸的位置。犯人常常光膀子幹活，像章沒處戴；別著像章的上衣也就成了負擔。衣服掛在樹上說你讓毛主席上吊了，放在地上說你讓毛主席趴下了；施肥的時候說你讓毛主席吃大糞了……無論怎樣都有可能招來一場橫禍。於是一般都儘量不戴像章。李海山把毛主席像章戴在內褲上，也可能是為了省事；此時卻被揭發出來作為把柄，也是他犯了眾怒。

沒看清是誰大聲喊：「李海山站出來！」李海山不得不站起來接受批鬥。在座的服刑人員看見今天李海山成了批鬥對象，無不拍手稱快。

謝老陝謝顯榮從地鋪上起來，走到李海山跟前指著他鼻子罵道：「你狗日的壞透了，今天就要收拾你！」說著他就給了李海山兩個結結實實的耳巴子。

又有人喊：「把李海山捆起來！」挨著李海山鋪位的人連忙找繩子。平時李海山藏在枕頭下的棕繩不見了，估計他意識到自己要遭批鬥，早把繩子轉移了。

我問李海山：「你多次污蔑偉大領袖是有意還是無意？不要繞彎子，直接回答。」

他動了動嘴皮，沒有說出來。

我跟著追問：「說！有意還是無意？」

他不敢說無意，那就是抗拒、抵賴；也不敢說有意，有意就是故意犯罪，那可是殺頭的罪名。

在批鬥會上我從不出手打人，也不輕易饒人。我再次喊：「你說，有意還是無意，不強加於你，你自己交代。」

他吞吞吐吐地說：「我……我……思想反動。」

我聽到這兒馬上說：「好了，李海山承認思想反動，他的所有行為都是受反動思想支配的，也就是有意的。李海山惡意污蔑偉大領袖的犯罪行為是思想反動的大暴露，我們要求政府嚴厲懲處，絕對不能姑息。」

沒有找到繩子，監舍內也不准有繩子；李海山的那根繩子就是幹部徐紹華特准的。所以大家沒能把李海山捆起來吊打，但他平時的威風被掃盡了。李海山是個聰明人，經過這次批鬥會，他也看出了眾怒難犯。文革中被抓進來的這批人文化程度較高，不容任意宰割。多年來他在監獄裡充當打手，積怨甚深。經過這次批鬥，不得不有所收斂。

通過對李海山的鬥爭，我找到制服打手的方法。在那個毛主席是紅太陽的年代，隨便一句話、一個動作都可以被無限上綱，歸結為反動。用這個辦法整打手很有效，也算是「以其人之道還治其人之身」。

二、整掉值星員

值星員楊應椿年約五十，山西人，出身富農家庭。他身高有一米八，初中文化，日偽佔領山西期間當過偽軍某縣大隊長，也是橫行鄉里、欺壓百姓的人。1947年他混入八路軍，參加了共產黨，變身為「中國人民解放軍」連指導員。1949年隨軍入川後，任漢源縣糧食局局長。

1955年肅反時楊應椿被查出漢奸問題，判了有期徒刑二十年，投入勞改。

楊應椿善於察言觀色，平時不多說話，愛唱小曲。他的可惡之處是一天到晚盯著別人，獄警看不慣誰，他就幫著整誰。

有一天，大家集中在胡家坪的山坡上鏟草皮。昔日這裡是原始森林，勞改隊進駐以後占山為王，把大樹砍伐殆盡，只留下一些灌木叢和雜草。每年冬季，犯人還要在山上鏟草皮積肥，就是貼著陡坡地面，把這些灌木和雜草連著薄薄的泥土一鏟而光，堆在一起點火焚燒。現在想來，這種做法破壞生態平衡，也容易導致水土流失。

當時，一位難友在陡峭的斜坡上鏟草皮，他身體弱，幹得很費力。值星員楊應椿不幹活不說，還在山坡下連聲喊：「上！上！把上面那片草皮鏟下來。」那位難友看了看地形，實在難以攀登，就沒理他。

楊應椿破口大罵道：「你狗日的，裝瘋迷竅，看今天晚上怎麼收拾你！」我也抬頭看了看，那片山坡的確太陡，再往上爬有危險；萬一站不穩就會從十七八米的高處摔到地上。於是我對楊應椿說：「算了吧，不在乎那點草皮，傷

了人就麻煩了。」

　　楊應椿繼續說：「他狗日的不聽老子招呼，我今天就要他上。」我打抱不平，便說道：「你先上，我跟你一塊兒上，你起個帶頭作用嘛。」他瞪我一眼，氣呼呼地沒說話。從眼神可以看出，他對我十分不滿。

　　從那以後，楊應椿專派我去幹又重又累的活兒。我盡量忍著，心裡也打算尋找機會，把這個禍害人的狗腿子整一整。

　　陽春三月，萬物復甦。人們脫掉棉衣，渾身輕鬆不少。遇上陽光明媚，心情舒展，似乎就忘記了頭上的緊箍咒。

　　一天收工，路上沒有獄警看押，楊應椿扯開喉嚨唱起來：「三套黃牛一呀一套馬，不由得我趕車的人兒笑呀麼笑哈哈……大軲轆車軲轆軲轆轉，轉到了咱的家」。這首歌是作曲家時樂濛創作的，它配合當年陝北的土地改革，抒發了自耕農對發家致富的嚮往之情。曲式借鑒了河南梆子「大起板」的音調素材，一時頗為流行。但文革期間這首歌被說成是歌頌富農經濟，貧農哪能有三套黃牛一套馬呢？

　　當天晚上學習，有人就檢舉說，楊應椿唱《三套黃牛一套馬》，這是歌頌劉少奇反革命路線……其實這套說辭都是文革期間慣用的，想加誰頭上就加誰頭上。楊應椿不得不站起來交代，接受批判。

　　由於忿恨楊應椿的人很多，大家紛紛發言揭露他。文革期間想整人是很容易的，任何一句話都可以無限上綱。比如有人說「今天太陽真曬人」，想批鬥他就成了罪狀：毛澤東是革命人民心中的紅太陽，說太陽曬人就是詛咒偉大領袖。你要是說「今天陰天沒太陽」，沒太陽就是否定毛主席的光輝。反正不管你怎麼說，都有辦法把你整成彌天大罪。

　　那天晚上楊應椿就成了眾矢之的，他只好低頭彎腰，連連認錯。

　　我突然想起了電影《平原遊擊隊》中的音樂，日軍中隊長松井率領鬼子進村，那是採用日本陸軍進行曲的一段旋律改編的，曲調近乎滑稽。小孩看了電影很快就學會唱：「松井的隊伍，進村來了，進村來了」。楊應椿一時興起也時常哼哼這個曲調。我當即揭發了這件事，並且說小孩兒學唱是不懂事，楊應椿應該知道那是日本陸軍進行曲的旋律。楊應椿你原來是甘心當漢奸，唱這個旋律就是留戀過去，極端反動。

幹部徐紹華聽我這麼一說，才知道那段音樂還有這麼一個背景，問題似乎嚴重了。於是他宣佈撤銷楊應椿的值星員，這個打手終於被打掉了。

三、揭發「積極分子」

除了上面兩個，我還記得一些「積極分子」。

丁國臣，他三十多歲，頭腦靈活，動作敏捷。1949年他被國民政府徵召入伍，是普通士兵。當年12月7日成都臨近「解放」前夕，有三十六人在成都通惠門外十二橋被國民黨槍殺，其中有中共黨員十四人、民革成員四人、民盟成員五人、其他民主人士十三人。據說行刑時，丁國臣奉命在殺場週邊警戒站崗，就這樣，1951年，丁國臣以「特務」罪名判刑二十年。

丁國臣內心並不認罪，他辯稱說當時自己只有十八歲，是奉命站崗，並未參與槍殺行動。但他也明白自己屬於罪在不赦之列，因此表面上積極，不惜充當打手。

李海山和楊應椿被群起而攻之，丁國臣見狀自行收斂，私下裡他向我訴苦說，獄警指使他打人，他是不得已而為之，以後絕不先出手。其後幾年，在各種批鬥會上他跟著起哄，但確實很少動手了。這，也算是改邪歸正吧。

許誠，我前面提到過。他比我大約年長六、七歲，反革命罪判十五年。

我和許誠同隊同工區同監舍，共同生活十多年。彼此都有右派經歷，照理應該是同病相憐。但我從進勞改隊起就發現人心巨測，特別是某些所謂知識份子，為了自保不惜損害他人，許誠就屬於這類人。

我和許誠交手的第一個回合是在1967年初，當時，按照勞改隊的規矩，每年都要寫一份年終總結。寫完了還要當眾宣讀，徵求意見，又要小組鑑定，記錄存檔。總之是讓犯人感到壓力，搞人人過關。

我始終認為自己無罪，但我知道要走這個過場，不能宣揚我無罪。我就在總結中用了相當篇幅講應該認罪，要深挖犯罪根源等等……總之是空話連篇言之無物，也不針對自己。我覺得這樣不會影響其他人的改造，也無損於勞改機關的威信。

更何況幹了一天重體力勞動，人人都很累。天氣又很冷，獄卒徐紹華和在

座的犯人們誰也沒有注意聽我說什麼。可是這個許誠似乎抓到了邀功機會，我讀完總結，他搶先發言說：「牛立華不認罪，判了十五年徒刑，必定對黨和政府深懷仇恨。被判了刑還狂妄叫囂無罪，就是罪上加罪。」

我很想反駁他，走個過場還走得煞有介事，你又是何必呢。但我忍住了。我對他說：「我很想馬上認罪，希望你給我介紹一些改造經驗。請問你被判刑以後是不是深懷仇恨？如果是的話，又是怎麼消了仇、解了恨的呢？如果你沒有仇恨，那就是說你的確犯了罪，罪有應得。但我現在還沒有找到罪在何處，我遵紀守法，等待上級複查，難道還有什麼錯誤嗎？」

我繼續發揮說：「沒認罪就老老實實地承認，比那些口是心非地說自己罪大惡極要好得多吧？」

我之所以敢挖苦許誠，是因為親身經歷了司法的黑暗。我也因此橫下了一條心，腦袋掉了不過碗口大的疤，沒什麼可怕的了。

許誠聽了我這番數落，略有收斂。在獄中十多年，他始終當著「勞改積極分子」。他得到的對待無非是沒戴過手銬腳鐐，幹點輕巧活路；到底也沒撈到減刑。

1979年我平反了，還特意找他談了談。他當時尚未平反，氣得咬牙切齒，大罵共產黨壞透了。1980年許誠也獲得平反，後來在雅安工作，編纂《雅安科技報》。據王地山告訴我，許誠未滿六十歲就因病去世了。

胥義方，四川省雅安市人，高中畢業考入黃埔軍校24期。胥義方入獄初期被視為反改造分子，又因他曾任國民黨某電台台長，所以長期被單獨關押。他在十三隊，開始也是關在小監，不參加任何勞動，與眾人概不接觸。

在監獄裡，除非十分熟悉，我對這類人物通常都不聞不問，避免惹事。

某日，胥義方從小監放出來了，分配在三工區集體勞動。當晚收工回來，我吃過飯在水槽邊洗碗；胥義方從身上摸出兩個橘子塞到我手裡，似乎想和我套近乎。

當時我已經入獄五年有餘，算是老犯人了。這時我也當上了三工區的值星員，單獨勞動的機會很多，與各個工棚犯人的關係都不錯。要說偷吃兩個樹上的橘子，那是手到擒來的事。且不到餓得心裡發慌，我一般也不會偷吃。所以，我對胥義方這種舉動有一點反感和警惕。

隔了幾天，晚上學習時，胥義方突然發難，檢舉我和李盛照暗傳紙條。李盛照以前關在小監裡，胥義方說他在小監洞口看到，李盛照從他隔壁的小監裡丟出一個紙團；我走到近旁彎腰撿起來了。他說他不知道寫的什麼內容，並且說他在小監還沒放出來就已經檢舉了這件事。只是因為時間短促，和我牛立華素不相識，所以他認不準究竟撿條子的人叫什麼名字。他說把他放出來，就是安排他來認人的。

我聽了這個說法，當然是堅決否認。因為在監獄裡相互傳紙條，這是嚴重違反監規的行為，必然要遭嚴懲。

其他犯人對胥義方的所謂檢舉也十分討厭，我看他拿不出有力的證據，便抓住機會把他臭罵了一頓。我揭發他摘橘子，拉攏我，在我面前吹噓他是黃埔軍校的等等。眾人則幫腔說，胥義方在工地上幹活不老實，東張西望，亂打聽。還有人說他有逃跑嫌疑。

徐紹華見勢不妙，不但沒表揚胥義方靠攏政府，還教訓了他一頓。

還有一個人我忘了名字，也愛打小報告，1966年入獄時他年齡也不過二十多歲，但顯得城府很深，我們都不知道他犯的是什麼罪。每天晚上的學習會上，他那沙啞的聲音總要喊幾分鐘，批判這個批判那個。他連續多年被評為勞改積極分子，眾人對他也是唯恐避之不及。

第十章　罹難者

一、炮兵參謀尹顯慧

1968年春，十三中隊又增加了十幾個新犯人，他們被安插在幾個不同的工區。

照例，帶隊幹部向在押犯人交代，要加強對新犯人的監督，不准他們脫離集體單獨行動；發現異常要隨時向幹部報告。他們還特別指定幾個老犯人，一對一地監視新犯人的言行舉止。

我那時到勞改隊不過一年多，屬於半新不舊之類，既要接受監督新犯人的指令，又在老犯人的監督之下。

過了不到一個月，一個星期日的下午，大約五點多鐘，上面傳來了命令，全體犯人帶小凳在院壩裡集合。

一陣忙亂，各人拿著各自的坐具出來；有的是一塊小木板，有的是自己釘的小板凳，還有的是一條腿的獨凳。總之形狀各異，高矮不等，坐在屁股底下的東西還真體現了「百花齊放」。

中隊指導員周金仁先行開場，說的都是認罪服法接受改造等老一套，其中也離不開恐嚇和謾罵。然後他喊上來一個新犯人，讓他講講「低頭認罪，接受改造」。新犯人給老犯人現身說法，讓我覺得很新鮮。

上來的這個人就叫尹顯慧，他五短身材，貌不出眾，說話口齒清楚，條理分明。看來是做了一番準備的，講話稿也是經過審核的。不過細細聽來，也就是把自己臭罵一頓，對黨讚揚一番；歌功頌德卻又言之無物。當時我就產生了一點鄙視，坐在我旁邊的難友悄悄說了一聲「屁眼蟲」。

尹顯慧在一工區，勞動地點是萬家山。按照勞改隊的規矩，即使同一工區的犯人也不准交頭接耳，不同工區的犯人更不准彼此串通。大家各在各的監舍

吃住，各在各的工地幹活。但犯人當中也有不少「特務」，發現誰和誰串了工區，誰和誰說了話，都會向管教幹部彙報，這種人即屬於「屁眼蟲」一類。

我和尹顯慧不在一個工區，素無來往。即使面對面走過也沒說過話，我頂多用藐視的眼光瞥他一眼。

一天收工過後，從一工區傳來消息：尹顯慧逃跑了。

春末夏初，正是插紅苕的時候。在地裡，一部分人用鋤頭壘出一條條埂子，以便插紅薯藤。按規定，每人每天必須完成三分地；幹這個活路的人，從早到晚都不敢懈怠。

還有少數人在紅苕苗圃裡剪紅苕藤，並負責運到地邊。然後大家一起動手，把四五寸長的藤蔓插到土埂子裡。剪紅苕藤的任務一般派老弱犯人去幹，而新犯人被認為有逃跑的危險，不得從事離開眾人視線的單獨勞動。尹顯慧身體瘦弱，進勞改隊不久即現身說法認罪，眾人信以為真，以致放鬆了對他的監視；所以他也被派做剪紅苕藤，並往地裡送。

據說那天他光著上身，只穿了一條短褲。上午他剪了兩背篼紅苕藤，下午應該接著幹。但在地裡幹活的犯人等了半天，不見有人背紅苕藤過來。這才去找他，哪知蹤跡全無。沒人知道尹顯慧是在什麼時候逃走的，他連背篼都沒有留下。

人們趕快報告勞改隊幹部，幹部也慌了手腳。他們一邊罵罵咧咧，一邊安排追捕。霎時間，摩托隆隆，兵分幾路出動，忙了半天也不見尹顯慧。

監獄內犯人逃跑並不奇怪，每年都有數起這類事件發生。然而絕大多數逃犯是跑不出去的，因為監獄外面的戶口管制十分嚴密，按戶口發放的日常生活票證達十幾種。走到哪裡都需要糧票和其他票證，沒糧票連飯都吃不成。除了吃，還有住；無論到什麼單位都需要介紹信，否則門也進不去。大大小小的旅店、賓館，沒有介紹信休想入住。對犯人來說，逃跑有更多的風險。

我不主張逃跑，還勸說過個別有外逃想法的難友。我提醒他們現在是高度集權的「無產階級」專政，有龐大的公安系統、現代化的交通工具、技術含量高的通訊設備，個人本事再大也難以對付專政機器。聽聞尹顯慧逃跑了，儘管我不太喜歡他，也真替他擔心。

那時候我還不知道尹顯慧是什麼罪名，為什麼被判了二十年。但我因此知

道了他認罪是假，僅僅是為了麻痺幹部而已。不過這種自損人格的辦法，我也難以恭維。

隨後我被關入小監，一直到1969年5月才出來。卻沒料到我出來不久，尹顯慧竟然被押送回來了。他又被關進了小監，就在我曾經住過的囚室隔壁。

抓回逃犯，勞改隊的幹部興高采烈；難免口無遮攔。尹顯慧的一些情況因此被透露出來。

原來，他是蘭州大學數學系的高材生，四川省新繁縣人，畢業後分配在某炮兵部隊擔任參謀，職務到了副團級，也是共產黨員。三年困難時期，四川餓死許多人；尹顯慧憂國憂民，認為這決不是「連續三年特大自然災害」所致，而是中共中央尤其是毛澤東犯了嚴重的錯誤。據說他企圖改組共產黨，決定組織「中國共產黨革命委員會」，並為此上書中央，讓毛澤東懸崖勒馬。

在那個時代參軍，要經過嚴格的政治審查，尹顯慧必然是「根紅苗正」者。黨章規定，黨員可以向上級直至中央提意見和建議；尹顯慧顯然信以為真。而批評毛澤東者，必然難逃厄運。

1969年初秋，尹顯慧被判處死刑，立即執行。這還是文革以來苗溪茶場第一次槍斃人，不免要隆重一番。

獄方把尹顯慧從小監裡放出來，給他剪去長了幾個月的頭髮，換了一套藍布勞改服。臨刑前，他被關押在冬季用於儲存紅苕的地窖裡。這個地窖在一條小路旁的竹林下面，平時犯人出工就會路過。

尹顯慧在這裡，這段路就被戒嚴了。在地窖外面，除了持槍武警二十四小時值班，又派了兩個犯人把守洞口。他們還兼送水，送飯，倒馬桶。這期間監獄在飲食方面對尹顯慧有特殊照顧，他不再吃犯人的伙食，享受到勞改隊幹部待遇，一日三餐有魚有肉。在他之後，苗溪茶場還槍斃過潘啟雲、鄭遠惠、張家鳳等人，他們都不曾享有這等「禮遇」。

十天以後，在苗溪茶場第十三中隊舉行了聲勢浩大的執行大會。十三中隊全體犯人大約三百名到場，其他各隊也派出了代表出席。總共大約有兩千多人集聚在一起，密密麻麻地坐在壩子裡。

會場前面，人們用竹竿和木板搭建了臨時舞臺，舞臺上面懸著白底黑字大橫幅。灰色的天幕、側幕和耳幕都是勞改服的藍色。苗溪茶場的場長姜同海、

書記董霞雲和一幫大小幹部都坐在上面。

十三中隊平時常駐一個警衛班，那天至少來了一個排。會場周圍三步一崗，五步一哨。附近的高處還架著機關槍，如臨大敵。

大會開始，宣讀罪狀，無非是一貫堅持反動立場，攻擊偉大領袖，妄圖推翻無產階級專政，罪大惡極等等。結尾是宣佈判處死刑，立即執行。八九個武警蜂擁而上，其中兩個一左一右架著五花大綁的尹顯慧離開會場。苗溪茶場的頭子姜同海在臺上宣講無產階級專政，兩千在押犯人和就業人員默不作聲。大約半小時以後，就在離會場不到二十米的公路上，一聲槍響，接著又是一聲，再一聲。

三聲沉悶的槍響，又一個愛國的熱血青年去了。

這時候，十三中隊一個姓賀的幹部走到本隊犯人隊伍前，高聲喊著：「胡世富、牛立華、黎正信、龍兆雲」……他一共喊了十個名字。我們應聲走出來，跟著他離開了會場。

這時我們才知道，他是讓我們去處理尹顯慧的屍體。這相當於陪殺場或者說是親眼看看被他們殺害的人，以便感受到震懾；虧他們想得出來！這十個人大概是指導員周金仁等人心目中的反改造分子，是按照名單精心挑選出來的。

對犯人來說，只有硬著頭皮服從命令。我們幾個人到工具房拿上鋤頭、鐵鍬，往殺場走去。賀幹事又指著我們幾個分別說：「你們六個去挖坑，你們四個抬人。」

我被派到抬人之列，龍兆雲跟我說：「快點！」我莫名其妙，他又說：「走前頭，抓腳。」我明白了，走後頭必然是要抓著尹顯慧的手，看著被打爛的腦袋，慘。

不到三分鐘，我們就到了殺人現場。尹顯慧的屍體是頭在西腳朝東，順著公路躺著，旁邊站有八個持槍武警。我和龍兆雲快步上前，一人提起一隻腳。

尹顯慧的屍體還是軟的，腳也是溫熱的。另兩位難友一人抓住尹顯慧一隻手，起步。公路北邊就是山，山坡上有一片小柏樹林。那六個人直接上山挖坑去了，我們四個提著尹顯慧的屍體一步一步往山上爬，終於到了預定地點。

指揮挖坑的是丁司務長，他將近六十歲了。老頭兒連說了幾遍：「挖深點，挖深點。」他心眼兒好，怕山上有野狗騷擾尹顯慧。

在場的還有賀幹事，他也是農民出身，肥頭大耳，膀闊腰圓。平時看不出來他有什麼刁鑽古怪，那天卻異常活躍。他一會兒喊黎正信過來給尹顯慧扣上衣服扣子，一會兒喊我給尹顯慧把鞋穿周正。我覺得他是用盡心機，讓我們幾個人多碰觸屍體，意在恐嚇。他不懂，人到了這個地步，心是橫了的。

我們十個人沒有一個人害怕，只有憤恨和厭惡。為了反擊這個姓賀的走卒，我們一句對一句地說起笑話來。胡世富說在墳包上種一窩南瓜，肯定長得又大又好吃。黎正信說種一棵蘋果樹，結的蘋果必然鮮紅鮮紅的，又脆又香。大家一陣哈哈大笑，我突然意識到，悲和喜在某些時候是可以相互轉換的。悲痛至極可能狂笑，快樂至極可能流淚。

我們的笑聲擾亂了幹部的用心，經過這一番攪合，賀幹事在山坡上來回轉悠，一句話不說了。

坑挖好了，真的不淺，至少有一米。我們把尹顯慧的屍體頭朝北腳朝南，輕輕安放在墓坑之中。接著，大家你一鍬我一鍬，用剛挖出來的新鮮土將他掩埋了。尹顯慧是軟埋的，沒有棺材，連裹屍布也沒有。他的身體直接挨著泥土，躺在祖國大地的懷抱。

這座山叫萬家山，朝南的山坡上，只有這一個孤墳。

當天晚上，按慣例學習。主管幹事徐紹華主持，要大家談槍斃尹顯慧的心得體會。徐紹華是跟著劊子手一塊兒到殺人現場的，他說尹顯慧反動透頂，頑固不化，直到要被槍斃的一瞬間還要喊口號。我們這才知道，尹顯慧為了他的理想，真正是臨危不懼，堅貞不屈。

難友王地山在回憶錄《走出豆豆溪》中寫到，尹顯慧臨刑前被押上大卡車，到蘆山縣城示眾。那天街頭人群擁擠，滿是看熱鬧的男女女女。尹顯慧被五花大綁，由兩名獄警挾持著，他高昂著頭，雙目圓睜，毫無懼色。多年後，尹顯慧的臨死不屈仍在當地傳為佳話。

王地山1984年曾回到雅安，他尋訪了十三隊一工區的主管幹事田家倫。田家倫回憶了尹顯慧臨終的情景：

> 田說，尹顯慧的最後一夜是由他負責看守。兩個人都沒有睡，談了一整夜。尹對他說：「我們都曾是軍人，我以軍人的誠實和直率談談自己

的遺言。極『左』勢力在中國統治得太久了，給人民帶來無窮的災難，但它不會永遠統治下去，天快亮了！我雖看不到那一天，你一定會看到的，應該清醒地看到時代的走向。」

這是一個共產黨員在共產黨的監獄裡上殺場前說的話，誰說共產黨裡沒有好男兒？尹顯慧就是，他會得到永生。

尹顯慧犧牲四十年了，我不知道他家裡還有什麼人，有沒有人為他申訴，其後有沒有平反。

尹顯慧大約是1937年生的，如果他活著，今年該是七十五歲了。

和尹顯慧同樣在苗溪被判死刑的，我記得還有三位：潘啟雲，他1937年參加共產黨，1949年隨晉綏部隊入川，轉業後到重慶市商業部門，任某局副局長。1960年代，據說他自恃資格老，敢罵西南局第一書記李井泉，旋被判刑，先在四川簡陽平泉農場勞改，後來到苗溪茶場。1970年，他因「攻擊偉大領袖」罪被判處死刑，執行槍決。

鄭遠惠，女，原解放軍戰士。1970年被加以「攻擊無產階級專政」，「污蔑偉大領袖」之罪判處死刑，時年不過三十歲。

張家鳳，女，1960年代軍事院校畢業，容貌姣好，多才多藝。她在某部隊工作期間被有妻室兒女的首長姦污，導致精神分裂，不時罵該首長，結果以反革命罪被捕判刑。她曾在平泉農場、苗溪茶場勞改。服刑期間精神分裂日益嚴重，繼續罵管教幹部。1970年9月30日，她被以「污蔑偉大領袖」罪執行死刑。

二、豬舍壓死了小李

1973年，我被安排在胡家坪工地放牛。

胡家坪有兩個豬舍，相距大約八百米。靠東頭的豬舍是1970年代新修的，豬圈以及飼料間都是磚木結構，瓦屋頂；裡面可存欄一百頭豬。我當時在三工區徐紹華的手下，曾偷偷跟犯人王義雲、胡友發學了點泥水工，在豬舍砌過牆和牆柱。

靠西邊的豬舍比較舊，建於1950年代末期。豬舍和牛舍也是磚木結構，薄瓦屋頂，可容納六十頭豬和十五頭牛。

飼養員的住房緊挨著豬圈，面積大約五平米。這裡可以放一張自己用木頭捆綁而成的單人床、一個盛放精細飼料用的大木桶。木桶直徑0.8米，高約一米；木桶上的蓋子就相當於圓桌了。

住房外面是飼料間，它大約二十平米。飼料間靠裡面是磚砌的竈台，竈台上嵌著兩口大鐵鍋，鍋大得可容兩擔水。中間是操作料理的空地，飼料間外面有大約十平米的空間，還能擺出一張自製的桌子和幾個板凳。

這個工棚鄰近一條山間小路，往下走可以到十三隊隊部，接著走可以直達場部、機修廠、醫院、甚至廬山縣；往上走則是女二隊和十七隊。山間小路相當於城市裡的交通要道，桌子板凳就是為了方便過往行人，他們路過這裡走累了，可以休息一會兒。

勞改隊十天半月難得遇見行人，只要有人路過就感覺很新鮮。特別是上面女二隊的就業人員逢週末准許下山，她們走到這裡都要小坐片刻。男女授受不親，但閒談幾句也是開心的。

胡家坪老豬舍的這兩間房都是杉木構架、土牆，草屋頂。年久失修，已經屬於危房了。住在這個工棚裡的勞改犯反映了多次，十三隊的主管和領導還沒列入議事日程。

當時住在這裡的有四個人，我、小李、趙梓勳和雷文輝。

我放牛，住在牛圈旁邊的瓦屋裡；我也兼任著胡家坪工棚的負責人。

飼養員小李住在緊挨著豬圈的草房裡，他負責餵豬、打掃豬圈等等。小李二十六歲，農民，文革中響應毛澤東的號召造反；他不知道什麼可以反，什麼不許反，糊裡糊塗就成了反革命。遺憾的是我已經忘記了他的名字，實在對不起這位難友。

趙梓勳住在飼料間東部邊緣的草棚子裡，他的工作是種飼料，他也看守飼料地，防止老鄉夜間偷盜。趙梓勳三十多歲，原來是解放軍少尉；轉業後在建築行業工作。他個子大，飯量驚人，因不滿糧食定量政策，被認為是攻擊共產黨，以反革命罪判刑二十年。他常常一個人自言自語，旁人也聽不清他說些什麼。

雷文輝住在靠西邊的茅草棚裡，他負責辦飼料，也就是從飼料地裡把飼料收回來，泡在水池裡洗乾淨。中午和晚上他還要回隊部，為我們住在山上的這四個人領取飯菜，其餘時間則協助種飼料。

　　雷文輝是羌族人，二十一、二歲，小學文化。他也是以反革命定罪，判刑十五年。

　　我放牛，相比起來這個活路是最輕鬆的。我早晨起來就戴上斗笠，披好蓑衣，穿一雙草鞋，把十一頭小牛吆上山。在山坡上看著牛吃草，我可以坐一坐、躺一躺。下午五點鐘前後，我再把牛趕牛圈裡。回去後幫同一工棚的難友做點農活，到天黑就收工了。

　　我們四個人比較團結，既有分工又有協作。我本著「吃得虧，打攏堆」的原則，逢年過節就拿出一元錢賣點菜油、豆瓣，儘量安排好大家的生活。

　　小李工作壓力最大，隊部每個月要給豬過秤，如果完不成預定的增重計畫，他要受批評，做檢查。遇上幹部生氣，就會撤他的職；這就取消了住外工棚的資格，要搬回高牆電網的大院裡。那樣的話既吃不飽飯又要幹重活，天天晚上還要開批鬥會，少不了有那些捆綁吊打的事。

　　在小李之前的飼養員是楊文禮，他已經勞改兩年多了。因為連續兩個月沒有完成讓豬長肉的任務，楊文禮挨了一頓罵，被調回隊部了。

　　小李是新犯人，他身強力壯，熟悉農活，在家裡就餵過豬，手腳又麻利。投入勞改才半年有餘，能夠撈上住外工棚的差事，他自己都有點意外。他一上任就摩拳擦掌地向主管幹部保證，要超額完成任務。

　　7月的蘆山，酷暑難當。雨下了一整天，仍然沒有驅走悶熱。雨時大時小，房屋有多處滴漏。我們不得不在地上擺些盆盆罐罐，承接淅淅瀝瀝的雨水。天氣陰沉沉，人的心情也特別鬱悶。山上沒有電，為了節約煤油，我們各自都早早睡在鋪上了。

　　臨近半夜時分，雷文輝聽到房屋垮塌的聲音。他跑到牛圈旁邊大聲喊我：「牛眼鏡！房子塌了！」

　　我正睡得深沉，聽到他的喊叫才醒。我趕緊揉揉眼睛，戴上眼鏡出門。我一看，牛棚安然無恙。我就對雷文輝說：「天塌了也就那麼回事，明天再

說。」

隔了幾分鐘，雷文輝又來喊我，聲音提高了八度：「豬舍塌了，真塌了，你起來看看嘛。」

我一骨碌翻身下床，只穿著一條內褲就跑出來。打開手電筒一看，磚木結構的豬舍沒有垮，五十幾頭豬無一損傷；但是稻草和杉木桿子蓋的飼料間和住房全塌了。我喊了幾聲小李的名字，沒有回應，不見蹤影。難道真的出事了？我不免心裡有些緊張，連忙讓雷文輝去喊趙梓勳，他打著手電筒，噔噔噔地朝東邊那個草棚方向跑了。

我圍著垮塌的草房大聲呼叫小李，同時一隻手打著電筒，另一隻手拉扯垮塌下來的杉木條子。

不到三分鐘，雷文輝和趙梓勳都跑過來了。我們一起把垮了的木料和朽爛的穀草拉開，先從小李住的那間房開始，找到小李是當務之急。

天還下著小雨，我們都光著膀子，用力地移動垮塌的屋架。

趙梓勳說：「小李可能不在，說不定到老鄉家去了。」

我想了想說：「不會，他是新犯人，膽子沒有那麼大。」小李調來餵豬還不到一個星期，他跟附近的老鄉不熟悉，平常也沒有發現他和老鄉有來往。但小李到底在哪裡呢？

山區陰雨天的夜晚，一片漆黑。我們要拆除破爛的屋架和腐朽的草棚，實在是一件難事。看他們手腳不夠麻利，我一邊拉著木料一邊大喊：「快！快！快！人命關天。」

我們必須儘快拆除倒塌在地上一片狼藉的木料和亂草，找到小李。

他們兩個繼續幹，我又跑到山頭，向隊部傳遞消息。我用手電筒朝對面的山頭劃圓圈，拼命地狂叫：「豬舍塌啦，壓死人了！」

我用盡氣力喊了好幾分鐘，終於得到了回應，對面的手電筒也劃起了圓圈。胡家坪山頭和十三中隊隊部山頭的直線距離至少有300米，中間還隔著一條小河，此刻又是午夜時分。風聲雨聲在山谷之間交響，喊應了對方真的不容易。

這時候趙梓勳和雷文輝已經清除了小李那間住房上的覆蓋物，屋裡真的沒人。雷文輝也隨著趙梓勳說，小李肯定上老鄉家玩去了。我們三個走近仔細地

觀察，床上的鋪蓋掀到了一邊。我用手摸了摸床鋪，還有點溫熱，枕頭下面壓著手電筒。我肯定他剛才就在床上，絕對沒有出去。

夜晚離開手電筒寸步難行，我估計小李被壓在了外面的飼料間。雷文輝和趙梓勳也看到了枕頭底下的手電筒，也就同意了我的判斷。我們轉到飼料間，開始清理廢墟。

對面山上，幾隻手電筒的亮光晃動著，緩慢地朝我們這邊移動。大約又過了二十分鐘，指導員周金仁帶著衛生員廖覺先和一名幹部上來了。

這時候忽聽雷文輝彎著腰驚叫了一聲：「在這兒！」眾人圍過來，我拿了兩隻手電筒為他們照亮。雷文輝摸到了小李的手臂，衛生員趕忙過來給他注射了一針強心劑。我們清理了壓在小李身上的一切雜物，只見他光著膀子，光著腳，趴在地上。他後腦被重物砸傷，已經停止了呼吸。

我看著小李的屍體，心裡說不出的難過。吃晚飯的時候還是活生生的小夥子，有說有笑的，一下子就陰陽兩隔。他才不過二十六歲，至死都還戴著反革命帽子。

周金仁看豬圈去了，我和趙梓勳打開了爐灶，燒了點溫熱水。我們用毛巾給小李擦乾淨了腦後的血跡，也擦了他沾滿灰塵的身子。

雷文輝在小李的住房找出來一條軍綠色的長褲、一件淺藍色襯衣，還有一雙解放鞋。趁著小李的軀體還沒有硬化，我們小心地給他穿衣。這套衣服是他入獄之前穿過、入獄之後又捨不得穿的；一雙解放鞋前面還有窟窿，小李的腳趾頭在鞋裡露著。

已經十二點過了，周金仁等人沒說什麼話，各自下山。我和雷文輝、趙梓勳把小李的遺體移到門板上，抬進了牛舍和我的住房之間的過道裡，以避風雨。

我們三個人都很疲倦，也很傷感，但是誰都沒有離開這臨時的太平間。山上老鼠很多，如果沒人守夜，小李的遺體會被老鼠咬傷。一個年輕的生命就這樣走了，我們不能讓他再受到傷害。

三個人都沒說話，不知道該說什麼，也不知道能做什麼，更不知道我們的未來是什麼。就這樣，伴著搖搖晃晃的孤燈和實實在在的小李，我們默默地坐到天明。

天光大亮，我們把煤油燈移到小李的腳下，讓它繼續燃著。

我們燒了點溫熱水洗了澡，再去現場查看。小李床邊的醬油瓶還端端正正地擺著，裡面還有他平時捨不得吃的半瓶醬油。他的床鋪上沒有被砸的痕跡，只是稀稀拉拉地散落著朽爛的穀草。昨晚垮塌的屋頂落在了比床鋪高得多的大木桶上，如果他睡在床鋪上，頂多受點輕傷，絕對不會犧牲。估計他睡覺比較驚醒，聽到房子垮塌的動靜，急忙往外跑。剛跑到飼料間，房子的橫樑就落下來，打中他的後腦。

早上八點半左右，飼養組的主管幹部林上清拄著拐棍上山來了。林幹事年近六旬，在十三隊除了丁司務長就數他年紀大了。他管轄的幾十名犯人分散在各個山頭上的豬舍、牛舍，絕大多數是勞改多年的人，不會越獄逃跑，所以管理起來比較輕鬆。他平時不大上山，只是每月給豬過秤的時候他來現場監督。偶爾他也到各個工棚看看，或者去地裡觀察飼料作物的長勢。他不像十三隊的黑心獄卒周金仁等人那麼兇殘，算是通情達理的人。

林老頭上山來直奔豬圈，五十幾頭豬依然活蹦亂跳的。見到有人進來，豬都哼哼地叫喚起來。林老頭吩咐趙梓勳趕快煮飼料餵豬，不能讓豬餓著。然後他吩咐雷文輝跑步通知胡家坪的新豬舍，讓他們快點來人，吆二十頭豬過去飼養。他又通知萬家山豬舍接納十四頭，管家窩豬舍接納十二頭，向陽坪豬舍接納十頭。一會兒功夫，五十六頭豬的去處全都安排好了。

我站在一邊說：「豬運氣好，有人關心，吃飽了就要換新地方了。小李呀，你放心走吧，沒人管你了。」

林老頭一聽不是滋味，他走到屍體旁看了一眼，吩咐我說：「讓隊部的木匠找幾塊木板，釘個棺材。你們找個地方挖個坑，下午就把他掩埋了。」

我說：「林幹事，你看看，好可憐，臨死連雙鞋都沒有，露著腳趾頭進豐都城呢。」

林幹事回頭又看了一眼，對我說：「回隊部領一雙膠鞋。」

約莫過了一個時辰，萬家山、管家窩、向陽坪、胡家坪新豬舍來接豬的人都到了，來人有些還不認識小李，卻都走到小李的身邊看了看。二十六歲的小夥子剛住上外工棚就命喪黃泉，也不知道他有沒有老婆孩子，他的爹媽該有多難過。幾個難友在小李身邊默默地站了四、五分鐘，也都低著頭，蹙著眉，有

人還含著眼淚。大家也許都在想，刑期這麼長，環境這麼惡劣，也不知道哪天死神會帶走自己。

林幹事說過，不准挑肥揀瘦。按照他的佈置，來人如數把豬都吆走了。林老頭也下山去了，胡家坪老豬舍頓時清靜下來。

我這才打開牛圈的門，把餓了半天的牛吆上山吃草。雷文輝和趙梓勳在胡家坪山腳下一個丁字路口的拐彎處挖坑。

中午，我把牛趕到兩山之間的一條深溝裡，小水牛夏天中午要在水裡泡一兩個小時，不用看管。我快步跑回工棚，這時，一副薄木板棺材已經送來，小李的膠鞋也換了新的。

我們三個人把小李安葬在路邊才挖好的深坑裡，他床邊那半瓶醬油和他平時用的碗筷，我們也放入坑中殉葬了。墳包堆得很高，三個人看看還不滿意。我們商量一番，到半山坡挖了一棵小柏樹，栽在了墳包正中。但願這棵常綠的樹，延續小李那年輕的生命。

三、「這種法西斯式的審查方式」

1973年11月4日，氤氳黯淡，淫雨霏霏。那天是星期日，不出工，三百多犯人都被關在監舍裡，舍房外面的院子空無一人。三個崗樓上的持槍武警從不同方向監視著犯人，只有犯人如廁往返的「報告」聲，偶爾打破沉悶的氣氛。

早飯過後，雨住了，天仍未晴。十點鐘左右，管教幹部走進監舍大院，隨後內勤組的犯人抬了兩張桌子，放在院子的堡坎上。桌上又鋪上了一塊藍布，似乎有人要演講。接著，有個幹部拿著一張毛澤東的大幅畫像走進來，一下子又湊上了三四個人，七手八腳地把畫像貼在桌子後面的白牆上。

舍房裡的犯人不敢出來，只能擁在門口往外看，各自猜測今天有什麼新鮮事兒。我進監獄這麼多年，頭一回看到把毛澤東的畫像送進了監舍；感覺很不尋常。又過了一會兒，有人在那棵桂花樹旁邊拉起了一個橫幅，上面寫著「傳達毛主席重要指示」。犯人們不禁詫異，毛澤東說的每一句話都是重要指示，這回有什麼不尋常，讓監獄裡這樣忙碌一番呢？

一聲哨響，幹部唐炳南高喊：「集合！」犯人從各舍房跑出來，上臺階，

站隊清點人數。報告完畢後，將近四百名犯人到齊，在壩子裡等待訓話。

唐炳南走到崗樓底下，拉開監獄大門，周金仁陪著場長姜同海慢步走進來。姜同海穿一身灰色毛料中山裝，頭髮梳得很光。他表情嚴肅地站在桌子後面，周金仁咳嗽一聲說：「現在由姜場長宣讀偉大領袖毛主席的重要指示。」

姜同海兩手拿著一張紙，舉在胸前，他用山西口音高聲念道：「最高指示，毛主席教導我們說，這種法西斯式的審查方式，是誰人規定的？應一律廢除。」既無前言，也無後語，沒說是在什麼場合、什麼時間說的這句話。聽得我莫名其妙。

接著，他又念了一段周恩來給公安部和衛戍區的批示：「請公安部會同衛戍區將我在國務院當面提出過要清查北京監獄待遇問題，再在年內做一次徹底清查，凡屬主席指出的『這種法西斯式的審查方式』和虐待、毆打都需列舉出來，再一次宣佈作廢，並當著在押犯人公佈。如有犯者，當依法懲治，更容許犯人控訴。」

姜同海念完了，尖厲的目光掃視著犯人，停頓了大約兩三分鐘。犯人們都默不作聲，他接著說了一大套：我場全體幹警緊跟偉大領袖毛主席的無產階級革命路線，在執行中央方針上基本是做得好的。但在一段時期內，也有少數打罵犯人、刑訊逼供等法西斯審查方式的現象發生。今後要堅決執行毛主席重要批示，徹底糾正這類行為。

緊接著是指導員周金仁訓話，他說共產黨一向施行革命的人道主義，毛主席施仁政，關心在押犯人的改造。針對極個別地方毆打犯人的行為，毛主席發出了最高指示。這說明共產黨是光明磊落的，永遠是偉大的、光榮的、正確的。你們不要有任何幻想，必須認罪服法，接受改造，服從管教。他的訓話裡不斷引用著毛主席語錄：「對於反動派必須實行獨裁，壓迫這些人，」……「千萬不要忘記階級鬥爭」……「階級鬥爭要年年講，月月講，天天講」……

不管周金仁怎麼說，台下的犯人都在思考姜同海傳達的話，而且感覺很突然：毛澤東承認有法西斯的審查方式？這是真的還是假的呀？人們面面相覷，不知接下來要發生什麼。

散會以後，犯人鐵匠苟旭光進來了。他手裡拿著榔頭、鑿子、鋼鋸，奉命給關押在小監裡的李盛照等犯人開鐐。李盛照的腳鐐是用鉚釘鉚死的，要用榔

頭、鑿子一點一點的把鉚釘鑿斷。苟旭光的榔頭每打一下，李盛照都要齜牙咧嘴一回。他打了十餘下，再用鋼鋸拉拉扯扯地鋸了半個多小時，才卸載了李盛照一隻腳上的腳鐐。然後，他再重複剛才的動作，給李盛照卸載另一隻腳鐐。

約莫用了一個半小時，他總算把李盛照兩隻腳上的鐵鐐打開了。李盛照用仍然戴著手銬的兩隻手撐著地面，慢慢地站起來；剛想邁步，身子一晃，撲騰一聲又坐在地上了。顯然，又冷又重的腳鐐被卸掉，腳底下少了十幾公斤重量，一下子還掌握不住平衡。

李盛照從地上爬起來，在其他人的攙扶下，終於站穩了。他慢慢地往前走，像個鴨子似的，搖搖擺擺。圍觀的人一語不發，只是默默搖頭，或者歎一口氣。我在心裡詛咒著這種無異於法西斯式的殘忍。

我想，毛澤東絕不會無緣無故地發出這條指示，一定是監獄裡的黑暗與殘暴被透露出去了，所以他要求清查，獄方不得不收斂一下。當時我無從打聽，待我出獄後，過了十餘年我才從網上看到這件事的原委。原來是劉建章的夫人劉淑清告御狀，劉建章是老革命，曾任鐵道部副部長、中央國家機關黨委常委。文革中他受到迫害，被關押在秦城監獄。1972年7月20日，劉妻劉淑清在探視後上書毛澤東，反映了丈夫遭受虐待的問題。當年12月18日，毛澤東將此信批給周恩來，並批示：「請總理辦。這種法西斯式的審查方式，是誰人規定的？應一律廢除。」

當日，周恩來也給公安部負責人做出批示，其中就包括我們在苗溪監獄聽說到的那些內容：凡屬主席指出的「這種法西斯式的審查方式」和虐待、毆打，都需列舉出來，再一次宣佈作廢；並當著在押犯人公佈，如有犯者，當依法懲治，更容許犯人控訴。

在苗溪監獄，獄方給關在小監裡的人卸掉了腳鐐，但還沒有去掉手銬，這就是他們貫徹這條最高指示的唯一行動。

四、轟然一聲，壯烈一舉

1970年代中，苗溪茶場掀起「改田改土」的高潮。第十三中隊的獄警宣稱，要把陡峭的胡家坪山坡改造成保水保肥的梯田。

那時全國各地都在按照毛澤東的指示，展開「工業學大慶，農業學大寨」的運動；勞改農場以農業勞動為主，學大寨也搞得轟轟烈烈。中隊派出幾個原籍山西、河南的獄警到大寨參觀了一天，他們也得以回鄉探親。返回苗溪後他們不負使命，發誓要削平胡家坪的山頭。當時喊的口號是「立下愚公志，改造大自然」。場裡集中了一百多名犯人改田改土，還從第一中隊借調了一個曾經當過工程兵的軍犯過來。

　　這位軍犯姓黃，我和他接觸少，記不得他的名字，也不知道他犯了什麼罪被判七年。他已服刑四年有餘，故事就發生在他身上。

　　小黃二十幾歲，思維敏捷，手腳麻利，性格也開朗。他平時喜歡說笑，在勞改犯人苦中作樂的魔術表演中，他串演小丑，嘴裡叼著一根假煙捲，逗得犯人們哈哈大笑。他也能寫，在悼念周恩來逝世的壁報上，登出了他寫的幾首小詩，頗有文采。有人看出他有一點褒周貶毛，有當過記者的「勞改積極分子」蠢蠢欲動，想要批判他。幸好獄警文化低，看不出門道，又念及他是軍犯，未予追究。

　　胡家坪原本是果糧套種的坡地，每畝土地上栽種了四十株蘋果樹，品種有國光、元帥、香蕉、紅玉、紫魁、秦冠等。林間空地則種了西瓜、小麥、黃豆、花生、玉米，油菜、蘿蔔、紅薯等農作物。學大寨運動一來，說是要「以糧為綱」，正在盛果期的蘋果樹被連根挖掉，送到廚房當柴火燒了。獄方要求犯人從遠處山上開採大量塊石，用以砌築堡坎，修建梯田。

　　小黃就承擔了開山放炮的任務，炸藥、雷管都在他手上掌握著。

　　1976年夏，不知何故，改田改土悄然偃旗息鼓。昔日一派大轟大嗡的景象不復存在，各個中隊只保留了小規模的工程。胡家坪坡地上原有的蘋果樹都被砍光了，這時已變成了光禿禿的荒山。原有的耕地被挖得高低不平，上面又零零落落地堆積著亂石。往年這片山可以收穫數萬斤蘋果，現在連一片落葉也沒有留下。

　　改田改土的隊伍解散了，小黃回到第一中隊，繼續服刑。

　　一天上午，第一中隊的幹部宿舍區，忽然傳出沉悶的爆炸聲。

　　那時開山取石，經常能聽到爆炸聲，人們不以為意。但這時已經不再開山放炮了，為什麼又起爆炸聲？按慣例，放炮一般安排在中午；這天上午大約八

點，爆炸聲又響自幹部宿舍的小院，尤其異乎尋常。集中勞動的犯人，你看看我，我看看你，驚眉詫眼；但獄警在側，誰也不敢議論。

小道消息不脛而走，當天下午，爆炸的內幕就傳到了我所在的第十三中隊。幾天之後，小黃的故事已經傳遍了茶場的二十四個中隊，連鄰近的老鄉也無人不知。

綜合起來，這場爆炸案的經過如下：

第一中隊是關押軍犯的農業隊，昔日的解放軍官兵，上至大校，下至列兵，共有三百餘犯人。一中隊的中隊長、指導員、管教和司務長一律都是轉業軍人，這些人在毛澤東思想薰陶下，對軍犯同樣是刻骨仇恨。其中某獄卒尤甚，他一張嘴，犯人的列祖列宗都被他罵個沒完。他腰間還常常別著警繩，尤其嗜好捆人。小黃在他手下，多次遭受拳打腳踢。

事當湊巧，某日下午，小黃在廚房不遠處勞動，見到一隻肥貓。這貓在他腳下轉來轉去，周圍有人就說：「逮住！逮住！」小黃彎腰伸手，一把抓住那隻貓的脖子。那貓掙扎著，一口把小黃的左手咬出了血。小黃情急之下掐著貓脖子的右手一用力，那貓無力掙扎，奄奄一息了。

這下惹了大禍，犯人自然是沒有寵物的；貓、狗、雞、鴨、兔等都是幹部的私有財產。怎麼辦？一不做，二不休；三兩個人一合計，既然貓也不能死而復生，乾脆把它殺來吃了，消屍滅跡。

三天以後，貓的主人露面了，正是那位最凶的管教幹部。小黃被喊到了壩子裡，不由分說，一陣暴打。獄卒練過擒拿摔跤，小黃自然不是他的對手；況且偷吃了貓，自知理虧，又是犯人，他只得連連告饒，請求寬恕一次。

孰料這位幹部餘怒未息，剎那間從腰帶上抽出一根警繩，橫掃一腳，把小黃摺翻在地，緊接著左腳踏上小黃的後背，用熟練的動作把小黃捆了個紮紮實實。然後他單手提著小黃身後的繩子，讓他站起來；自己從屋裡端了一把籐椅，坐在門口抽煙喝茶。

壩子裡不時有幹部走動，看見獄卒捆犯人，誰也不聞不問。偶爾有犯人經過，看見小黃被捆得齜牙咧嘴，也不敢說。

管教坐了一會兒，鎖上門，走了。

捆人的和被捆過的都知道，繩子捆在身上的疼痛，絲毫不亞於老虎凳等刑

具。捆繩子不能超過一小時，就算超過，至少要鬆一鬆，捆一捆，避免造成永久性傷殘。

結果，小黃被管教足足捆了兩個多小時。鬆了繩子以後，他的兩手已經不能復位。一兩個月以後，確認成了終身殘疾。一個才二十多歲的壯小夥子，如今兩臂不能伸直，手無縛雞之力；今後如何謀生？後半生怎麼過？

據說小黃也和難友流露過想法，雖被勸說，但沒有能阻止他。

這天早晨，他預先在自己身上捆了炸藥，接好了雷管和引線。他手裡提一個綠色軍用背包，裡面也裝著雷管和炸藥。他去找那個管教幹部，打算與他同歸於盡。不巧那幹部外出，找了幾次都不在。小黃一氣之下，闖進幹部的居室，用火柴點燃了引線。然後迅速退出，往自己監舍方向跑。跑了數十步，只有幾秒鐘的時間；後面轟然一聲。回頭看去，塵煙瀰漫，那間房屋頓時塌了半邊。他繼續往前跑，這時有人在喊：「跑了！」「跑了！」「抓住！」「抓住！」

沒有命令，在田間勞動的犯人是不准離開勞動地點的。人們只能遠望，不敢擅動。

監管區內的獄警和武警幾乎是傾巢而出，大約有十多個人。獄警手裡拿著短槍，武警手持自動步槍。他們相互間保持著距離，威風凜凜地朝小黃奔跑的方向追趕。

小黃快步爬上堡坎，幾下就攀上了風乾房的屋頂。他迎風而立，猛然間扯開衣襟，露出捆在身上的炸藥。追趕到堡坎下面的一群幹警，慌忙臥倒。一個膽子大點的鼓起勇氣朝上叫喊：「下來！下來！」轟然一聲，小黃的軀體隨著爆炸聲散落下來。

前面我講到，1972年12月，毛澤東針對監獄管理發出最高指示：「這種法西斯式的審查方式，是誰人規定的？應一律廢除。」但是，小黃的經歷證明，監獄裡虐待凌辱在押人員的事件沒有斷絕。

苗溪茶場採取了種種措施來封鎖消息，但人們私下的議論卻是禁不住的。犯人們看得很清楚，作惡多端的獄卒雖沒有被炸死，也嚇出了一身冷汗。那天他老婆在另一個房間，沒有送命卻也受了輕傷，驚嚇之餘她也不斷地抱怨他說，就是他的兇暴才遭此大禍。如果不改，不定哪天就會丟了老命。

爆炸事件發生後，苗溪茶場組織幹部學習；強調說這次爆炸案是階級鬥爭尖銳化的反映。獄方加強了防範措施，各中隊的管教幹部也強化了對犯人的監控。住在外工棚的人員被逐一審查，限制其活動範圍。對有可能爆炸的物品建立了更嚴格的管理和回收制度，如由幹部直接保管等。

　　鄰近中隊的幹部來刺探犯人的反應，當他們的面，犯人大都說：反改造分子自取滅亡。可是人們心裡想的卻是：小黃那麼年輕，卻沒把那個兇殘的管教炸死，划不來。儘管如此，他也替犯人出了一口惡氣。所以還有人讚揚說，小黃不亞於捨身炸碉堡，實乃當代英雄。

　　此後，那些平日囂張的獄警也有所收斂。捆綁吊打的現象略有減少，其效果比毛澤東發佈「這種法西斯式的審查方式」……還靈驗得多。

　　這種改變，是小黃用他年輕的生命換來的。

第十一章　動盪與希望

一、就是他！卻沒有一個人敢說

　　1976年1月9日，農曆丙辰年臘月初九，農諺說：「臘七臘八，凍死寒鴉」。雅安雖不至冰凍三尺，卻也是一年中最冷的季節。當日，雨夾著雪在晦暗的空中飄灑，寒風將濕雪吹向荒山野嶺，平添了嚴冬的蕭殺之氣。

　　那天下午，我正在胡家坪山下割草。全天要完成四百斤的任務，否則要挨罵甚至批鬥。好在上午我已經割了二百四十多斤，再割一百六十斤就可以交差了。我低著頭，左手抓著草叢，右手緊貼著地面揮動鐮刀；雨雪打濕了我身上襤褸的棉衣，一窩一窩荒草夾帶著少許泥土堆積在我旁邊，越堆越多。我蹲著割一會兒，又換個姿勢跪著割。天氣雖然很冷，還是微微出了汗。我想五點鐘以前一定要把割下來的草背到牛圈，待過完秤交活，還要抽時間磨刀，為明天的任務做準備。

　　大約下午兩點鐘，十三隊隊部方向的高音喇叭突然響了，緊接著播報了周恩來總理逝世的訃告。我停止割草，坐在山坡上，凝神靜氣地聽著：周恩來總理於昨日上午9時57分因癌症醫治無效逝世。我後來得知，這個訃告是中央台1月9日凌晨4點12分首次播出的，已經是他逝世的十九個小時以後。又經過大約十個小時，我在苗溪茶場聽到了這個消息。

　　驚聞訃告，我不禁流出了眼淚。那時我們犯人對周恩來的印象比毛澤東好，普遍認為他是一位德高望重的革命家和偉人。坐在冬日山坡寒冷的濕地上，我在心裡吟成了一首七律：

　　悼周恩來逝世

風瑟瑟兮雨涔涔，長星隕落慟我心。
悶鬱悲歌難成句，軫懷英烈功絕倫。
光明磊落昭日月，正氣凜然貫古今。
誓將悲淚化疾雨，滌蕩乾坤慰忠魂。

這首詩，是我當時心情的真實表達。現在看來，我對周恩來的評價有點過甚其辭了。如今他去世三十六年，蓋棺是否論定了呢？沒有。近年已有高文謙的專著和其他研究文章問世，揭露了他的複雜面孔。

茲不贅言，且回到1976年，春去秋來，轉眼又到了收割水稻的大忙季節。

9月9日，一個平常的勞動日。一般勞改隊裡都是七點鐘起床，那天早晨不到六點鐘，我們就被一陣陣哨子聲催起來了。

早上還是玉米饃饃水煮菜，飢腸轆轆的犯人幾分鐘就把早飯吃光了。時間還不到七點，太陽沒出來，天卻大亮了。趁著好天氣，我們要抓緊收割。規定的任務是一天收回兩千二百斤稻穀，完不成任務就不能收工。

犯人們都知道這個規矩，叫苦也沒用，那只會招來一頓棍棒或手銬。

出工的路上傳來一個消息，萬家山豬圈死了一頭老母豬，已經由負責餵豬的犯人背下山來，交給食堂了。也就是說，今天晚上要打牙祭了。雖然病豬肉煮不爛，咬不動，而且有一股腥臭味；對於犯人來說也算是一頓油葷。記得還是8月16日的那個星期日吃過一次肉，半個多月不見葷腥了。老母豬之死成了當日的早間新聞。

我還記得，頭一天即9月8日正是中秋節，文化大革命以來中秋和端午這些舊曆節日都被劃入四舊，已被掃除多年。在監獄裡更沒有人敢於提起這些節日，犯人離鄉背井，豈能想著團圓？再說，吃月餅的習俗不是和起義有關嗎？監獄裡不過這些節日。和平時一樣，我們在中秋依然是三頓玉米饃饃和水煮菜，依然幹活。

那時我已擔任了三工區的總值星員，每天負責安排四十幾個犯人的勞動；可以發號司令。在出工的路上，我就一路向各組犯人打著招呼：「快點幹，爭取五點以前完成任務，回去吃老母豬肉。」

我們要去的梯田分佈在山腰，每個組都按照昨晚佈置的地段到達了指定田

間。先是七個人一組下田割稻，十分鐘以後，開始打穀子。那時連腳踏式滾筒脫粒機都沒有，脫粒全靠人工。

兩個打穀手先準備好拌桶，這是用厚實的木板做成的方形敞口木桶，長寬約1.4~1.6米，高約0.6米，上大下小呈倒梯形，三面用擋席圍住。打穀手一左一右站在拌桶前面，通常是右邊這個人先開始；他手持穀把子，高高揚起，用力地朝拌桶內側「砰」的一聲打下去，左邊這個人接著發力。打穀人回手起來的時候讓穀把子碰到擋席上，震落沾附在穀草上面的稻粒。

兩人一右一左彼此交替打穀，在遠處聽起來很有節奏。三重三輕，稻穗上的穀粒落在拌桶裡，稻草堆在拌桶旁。一張拌桶七個人，分工很明確：兩個年輕力壯的打穀，兩個手腳麻利的繼續割稻。餘下三人，一個遞把子，一個將脫粒後的稻草晾曬在田埂上，還有一個人負責運輸。他將拌桶內的谷粒裝滿麻袋，一趟趟背回隊部過秤，然後就倒在曬壩裡交任務。

從早上幹到中午，每組背穀子的人都從隊部食堂領出來七個玉米饃饃和一盆菜，大家就在田邊吃飯。飯後，有煙癮的掏出火鐮，打燃火，抽一支自己裹的葉子煙。休息五六分鐘後，下午接著幹。

這一天因為出工時就打了招呼，各組都在下午四點前都完成了定額。為了不致於誤了打牙祭，人們也不想再超額了。

胡家坪工地得天獨厚，山腳下有一個寬約五米的河溝。平時水深一米有餘，水流不徐不湍，清涼沁人。河床都是大小卵石，一點泥沙也沒有。犯人勞累了一天，汗水和泥水混在一起，一身腥臭；這時紛紛脫了個精光下河洗澡，一邊洗還一邊喊叫著。山間小溪人聲、水聲迴蕩，打破了慣常的沉寂。

忽然，懸掛在臨近隊部的高音喇叭響起來。在河溝裡的犯人停止了說話，也停止了動作，一個個光著屁股泡在小溪裡，聽高音喇叭說什麼。

一個低沉的聲音緩緩播報：各位聽眾，本台今天下午四點鐘有重要廣播，請注意收聽。播音員連報了兩遍，相隔幾分鐘又重複播出，前後播放了十餘遍。

什麼重要廣播？大家靜靜地等待著，聽那播音員的語氣裡似乎又有新的噩耗。年初的隕石雨、年中的三次大地震，按照中國古代的「天人感應說」，是有將帥隕落還是災星墜地？1月8日周恩來逝世，7月6日朱德逝世，還有誰呢？人們在心裡猜測著，就是他！卻沒有一個人敢說出來。

四點整，電臺報時，接著是訃告……「毛澤東同志，在患病後經過多方精心治療，終因病情惡化，醫治無效，於1976年9月9日零時十分在北京逝世」。

　　我心裡一驚，這個自認為無往而不勝的領袖，前幾年還號稱能活一百多歲的毛澤東死了！中國要發生變化了吧？還會重演史達林死後的歷史嗎？

　　我對毛澤東曾經無比信仰和崇拜，然而也就是他，把我打成右派，投進監獄，關押了二十餘年。他死了？他真的死了嗎？

　　我環顧左右，大多數人平靜如常，表情冷漠。有一個小夥子忽然高興地在河溝裡跳了起來，他是成都九中的高三學生賀心禹。賀心禹出身教育世家，在學校是高材生；他字寫得很漂亮，還能模仿舊體詩填詞作賦。文革中因為幫派不和，被打成反革命，判了十五年。入獄時他還不到二十歲，如今勞改了八年多，快三十歲了。只見他張揚著兩臂，赤身裸體地從水中彈跳起來，幸好沒有引起大家的注意。我立即對他說：「你娃小心點，今天可不是平常日子，千萬要注意！」他沒有言語，也不再跳躍了。

　　幾十個犯人繼續洗澡，誰也不說話。高音喇叭裡仍在播送《告全黨全軍全國各族人民書》，這篇文章大約兩千多字，播放一遍要二十幾分鐘。大家在河溝裡洗好澡，穿上衣服列隊往監舍方向走。此時想的都是早點回去填肚子，吃那口母豬肉。

　　毛澤東去世時的哀樂也放了六分鐘，這相當於我們從河溝走回隊部的時間，所以我記得比較清楚。

　　回到隊部，等待開飯。我看到十三中隊的所有幹部，從指導員、中隊長到各工區的主管小隊長、管教幹事幾乎全體出動，監視著犯人的一舉一動。犯人表面看來和平時毫無二致，每十二個人圍成一圈，蹲在地上，手裡拿著碗或小盆，等待開飯。

　　幹部的表情比平時更冷峻，他們臉上的兩隻眼睛轉來轉去地盯著犯人。只有四工區的主管高松手裡拿著一根棍子，從高高的臺階上走下來；他不時地用棍子指指點點，似在曬壩裡清查人數；嘴角偶爾還露出一絲微笑，看不出他有什麼悲痛。

　　一連幾天，監獄裡加強了戒備，犯人們都更加小心。平時幹活還講個笑話，說些葷段子；這幾天人人都生怕言語有失，招來殺身之禍。

按照《公告》規定，9月18日下午三點收聽追悼大會實況。監獄裡佈置那天下午不出工，全體犯人在壩子裡聽廣播。

下午兩點，監舍院子的高臺上就擺出了三張桌子，旁邊的桂花樹上又新綁了一個高音喇叭。後面的白牆上再一次掛上了毛澤東的畫像，這是自1972年冬以來我見到的第二次掛毛像。

兩點半了，我把大家都喊醒，逐一檢查是否符合「服裝整潔」的規定。犯人沒有多餘的衣服，大部分人穿的是洗乾淨了的勞改服，可有那麼五六個人穿的衣服比平時更襤褸。我知道這是在表達不滿，卻很可能惹來麻煩；那幾個心狠手辣的獄卒正在尋找發洩對象呢。

我點著那幾位難友的名字，要求他們換衣服。還是有人抵制說：「換什麼衣服？老子沒衣服。」

我想了想說：「偉大領袖逝世，要把最好的衣服拿出來穿。」

一個人問我：「什麼是最好的衣服？勞改服就最好。」他身上穿著的就是髒兮兮的勞改服。

我說：「什麼最好？重大節日穿的就是最好。重大節日，知不知道？」

這句話管用了，幾位難友心領神會，都說：「該換，該換。」就這樣，我們四十幾個人還算穿得比較整齊。

列隊集合時，其他監舍有穿著破爛衣服出來的。幹部看見後，衝著那幾個人便罵，還有人上前狠狠地踹了兩腳。穿破衣服的犯人不得不回監舍換衣服。

七八個獄警在周金仁率領下來到現場，他們臂纏黑紗，胸戴白花，一字排開站在桌子後面。

三點整，追悼大會準時開始，喇叭裡傳來了哀樂和哭泣聲。臺上獄警如喪考妣，低頭含胸，隱約啜泣。

台下犯人都不出聲，我在想，這個以「毛澤東」命名的時代會結束嗎？

二、可憐天下父母心

毛澤東去世後的一年多時間，國家發生了很多事，從華國鋒接班掌權、「粉碎『四人幫』」到鄧小平復出。

這段時間，我也給父母寫了信。我還不知道，母親已經在1975年去世了，她老人家沒能等到和我見面的一天。

1978年，全國範圍內平反冤假錯案的工作全面鋪開了。我父親終於有了勇氣，開始為我呼籲和申訴。兩年後我回家探親，看到了父親當年申訴信的草稿：

> 最高人民檢察院負責同志：
>
> 我曾於去年（七八年）六月份給您去過信，反映我兒子牛立華的案情問題。七月八日收到您寄出的通知單，告訴我已將我的上訴信轉中央公安部處理。收到您的通知單我真高興。粉碎「四人幫」，我這樣的人民來信不會石沉大海，渺無音訊了，我兒子的是非曲直會有個正確的結論了。可是事隔已半年有餘，前幾天收到牛立華來信，看出事情沒有任何進展。我想將我兒子來信其中一段摘錄下來寄給你們，懇切地希望領導上給催一催，並指導我們應該怎麼做，才能使這案情複審更快了結。

接下來父親抄錄了我在1978年底寫給他的信：

> 「粉碎『四人幫』」兩年多來，國家發生了令人可喜的變化，對於現在的路線我是衷心擁護的，也可以說是我多年想往的。就因為我揭露或只是稍許說穿以往的倒行逆施給國家造成的危害才被判了刑。在（一九）六九年一月我寫的那份材料裡說得很清楚。以前全是寄給母親，並由她老人家替我轉呈中央，在那時候當然不能平反。可是凡看過那份材料的人都應當知道，其中許多觀點是合乎現在的政策的。我雖目前仍在獄中，心情是高興的。因為我說過的話已被證明是正確的。十多年來我在各種壓力下沒有喪失氣節和原則。圍攻批鬥，捆綁吊打等等以及你們難以想像的非人遭遇都沒有能使我低頭，哪怕是投機式的低頭。現在中央著手解決冤獄問題，並已陸續平反，然而阻力還是很大的。如果看報的話，是可以覺察這一點的。四川似乎更要顯得阻力大。江蘇的政治案件據說錯的占百分之四十幾，我們這裡近四百人的一個中隊才僅平反了

一個，也就是百分之零點二五。所以平反一事還很困難。然而平反是肯定的，或遲或早而已。否則人民是不會容忍的。據說北京的民主氣氛比較濃，這裡還差得遠。一些人對「「四人幫」」那一套是聞風而動，唯恐落於人後。對華主席為首的黨中央的三令五申卻裹足不前。這也是多年形成的一個時代的產物。要克服它，還需努力。總之對祖國、對人民我是從來無罪的……

父親接著寫道：

　　以上是我兒子牛立華信中一段，我想對於領導上瞭解我的心情及立華的思想情況會有些說明的。

這封信稿的正反兩面都寫了字，前面的內容是黑墨水的筆跡，接下來有幾行藍墨水的筆跡，他注明了信件的下落：

　　1979年2月4日寫並寄出，5月29日，由四川省最高人民法院退回。「因未寫明原判決機關，不便轉辦，故退回。」6月5日接到，6月9日寫信又寄出。

從父親的另一封未注明時間的信稿來看，父親給四川省高院至少寫了三封信，全文如下：

四川省最高人民法院、法院院長：
　　我曾於去年（一九七八年）元月份給你寄去一信，反映我兒子牛立華的案情問題，至今沒見回音。從報紙上看到、聽到中央不斷做出樣板，給被林彪、「四人幫」打擊、陷害的冤案問題平反，雖然進展程度各有不一，但情況（*此處字跡不清）我作為一個反映問題的受害者的家屬，心情更為急切。我日夜盼望著，上級領導同志能對我兒子牛立華的問題重新審查處理。

（一九）七八年六月份給您的信中，我概括了牛立華前半生的情況及受處分和判刑的過程。可能您處還有底稿，我這裡再簡單囉嗦幾句。

　　牛立華自（一九）五五年工作後，表現不錯，組織上對他是培養與信任的。（一九）五七年反右時被打成右派。這一歷史情況您可能是瞭解的。當時牛立華二十一歲。（一九）六六年文化大革命初期，牛立華被判處徒刑十五年。他的唯一罪狀是「藉開會暴露思想和藉口向管教幹部暴露思想公開講反革命言論」。

　　我在獄中歷盡艱辛寄給父親的《自述》，父親不知看了多少遍。雖然他當年沒有轉給中央，但他心裡明白我是蒙冤入獄的。父親將我《自述》中的話抄錄在給法院的信裡，他急切又小心翼翼地表達他的心情，甚至有意與我保持距離。他生怕說錯一句話，讓組織上誤解他是在偏袒兒子，而對我的平反帶來不利影響：

　　　　立華離開家到四川工作已經有二十幾年，這二十幾年中他從沒回過一次家。所以詳細情況您還得向他本人或原單位瞭解。我只是根據他信中寫的東西來瞭解他。這瞭解肯定是片面的，而且可能是不真實的。我真誠地相信組織，急切地盼望著組織上能給予我正確的答覆。

　　還有一封信稿，不知是給哪個辦案單位的，父親寫了三頁紙，其中更多地引用了我在《自述》中告訴他的情況，也同樣流露出他對我的案子既憂慮又謹慎的態度。父親寫道：

　　　　我是一個退休的工人，七十多歲了。為我兒子牛立華的案情向上級領導彙報。

　　　　牛立華是我的長子，於一九五五年自太原機械學院畢業後分配在四川省重慶的一個國防工廠工作。從那時起，他從沒回過家。所以我對他不瞭解。只是從他的來信中知道，他開始工作是不錯的，組織上對他是

培養與信任的。

從父親的這封信中我得知，當年我還在寧夏街監獄寫申訴，成都市中級人民法院還沒有對我作出終審判決，他已經收到了成都市西城區人民法院將我送去勞改的通知，這個「（66）刑字第448號」通知如下：

> 本院受理牛立華反革命一案已於1966年9月7日審理完結，依法判處被告牛立華徒刑十五年，已送勞改，刑期自1966年7月12日起至1981年7月12日止。特此通知。

父親當年收到通知，受到極大的刺激。北京那時正處在文革初期的暴力高潮中，大量的抄家、批鬥致人死命的事件正在發生。一個家庭裡兒子是右派，又被作為反革命送去勞改，全家都處在危險中。據文革研究者王友琴引自《北京日報》的報導，僅在1966年8-9月的兩個月裡，在北京市就有1772人被紅衛兵打死，其中很多為學校的老師和校長，另有33695戶被抄家、85196個家庭被驅逐出北京。可想而知，父親在當年9月接到我因反革命案被判刑勞改的通知，心中是何等的驚恐，又多麼擔心弟弟妹妹們受到牽連。為了保護他們，父親已經顧不上我這個案子裡的是非曲直，他寫道：

> 我也很生氣立華為什麼不接受五七年反右的教訓，繼而犯了更嚴重的罪過？刑期長達十五年之久，必有重罪。我於是寫信詢問他為什麼又犯了錯誤，但他每次回信都是不認罪、服法。

> 立華還偷偷地寄來了他的材料，多次讓我轉交給黨中央、毛主席，表達自己擁護黨、熱愛社會主義的思想感情，希望中央派人親自審理他的案子。時至今日，他也一直催我這樣做。
> 但我十分清楚，我絕不能聽立華的一面之辭。他的罪過未必像他所述。所以我多次想去四川，向組織上瞭解立華他的情況，因一些工作和某些原因，終沒去成。去信給成都市西城區人民法院詢問，也沒說出所

以然來，只是讓我教育我的兒子牛立華認罪服法。而且表示，牛立華的案子就此了結，不得上訴。

立華離開家的時候不到二十歲，現在他已四十三歲了，這二十多年來，我一直沒見過他的面，更別提對他的瞭解了。對他的罪行，我雖然並不相信他所說的，但我又沒有可靠的官方材料，所以我想即使他的刑期已過了十二年，我還想趁這打倒「四人幫」加緊積案複查的這個機會把問題上訴，迫切地請求組織給與調查複審，以便我以有力的證據敦促立華。希望能把複審結果告訴我們。

現在的人們可能難以相信，從1954年暑假結束到父親寫信的1978年，我和父母二十三年裡都沒有見一面；和兄弟姐妹們可以說完全斷絕了聯繫。剛開始工作時我還能給家裡一點支援，後來我去勞教以及在深山服刑，哪還有孝敬父母的能力！家裡孩子多，父親在最困難的時期陸續賣掉了他早年收藏的古玩，全家老小才度過饑荒。對我這個長子，他寄予最多的希望，我卻在很長時間裡令他感到失望，鞭長莫及。儘管如此，他對讓我蒙冤的各級組織沒有半點怨言，只是一而再，再而三地請求，懇求……他儘量地站在組織的立場上來考慮，努力壓抑自己的舐犢之情……除此之外，他一介平民，又能怎麼樣呢？真是可憐天下父母心啊。

三、外調的來了

1979年2月，立春已過，乍暖還寒。一天下午，大約是六點鐘左右，我剛剛從山上幹活兒回來。有人告訴我說指導員讓我到司務長辦公室去一下。我想我還餓著肚子呢，天大的事也要吃了飯再說。沒管他那麼多，我先去廚房拿了玉米饃饃和蓮花白老葉子煮的菜。三下五除二吃完了，我才走到指導員說的那間房子門口。

我喊了一聲「報告」，裡面回答「進來」。我應聲而入，只見指導員周金仁和兩個不認識的人坐在椅子上，圍著一個火盆取暖。我進去後，就坐在牆角旁邊的一個小板凳上，等待詢問。

周金仁毫無表情地對著我說：「外調」，他抬手指向那兩個人。

我透過眼鏡看了他們一眼，來人穿著流行的藍色毛料中山裝，五十上下的年紀，像是機關幹部。我心裡在猜，平反冤假錯案輪到我這兒了嗎？想到這裡，有點暗自激動。我感覺他們也在打量著我，那天的我，剃了光頭，沒帶帽子，身上的舊棉襖多處露著棉花，腰裡繫著一根草繩，一條粗布棉褲也糊著泥巴。我腳上沒有襪子，光腳穿著一雙帶窟窿的解放鞋，露著兩個腳趾頭。

我先說話：「請問，你們是法院的嗎？」

其中一人回答說：「你先別問這個吧，我們來瞭解一下你的情況。」

我問：「哪方面的情況？」

他說：「判刑、勞改的情況。」

我想都沒想，一段話脫口而出：「我既沒有參加過任何反動組織；也沒有殺人、放火、放毒、破壞、盜竊國家機密等反革命行為。沒有寫過任何反動筆記、文件；沒有書寫或張貼反革命標語、傳單；沒有呼喊過反動口號；沒有收聽敵臺或裡通外國；在無產階級文化大革命中沒有任何違法活動或抗拒表現。更重要的是，我從來沒有反對過偉大的毛澤東思想。唯一的罪狀就是『藉開會暴露思想和藉口向管教幹部暴露思想，公開講反革命言論』」。

這一段話，是我十多年來念念不忘、爛熟於胸的，我隨時可以一口氣背出來。

來人問道：「你為什麼不寫一個申訴呢？」

我說：「我1968年就寫過。一式三份，藏在三個地方；其中一份被某犯人發現，上交勞改隊了，應該還在勞改隊的檔案裡。」

「哦，十年了，怎麼後來沒有再寫呢？」其中一個人繼續問。

我答說：「在勞改隊寫申訴是要挨批鬥的。寫多少都沒用，所以沒有再寫。」指導員周金仁就在旁邊坐著，他低著頭一言不發。

我接著說：「況且中共中央《十六條》明白地寫著『即使真正的右派分子，也要放到運動的後期酌情處理。』可我卻在運動『初期』就被處理了。我已經等了十三年多，這個『後期』現在終於來了。用不著再寫申訴了吧？」

那兩個人對視了一下，其中一個說：「你談談1957年的情況吧。」

我說起當時的情況，說著說著，情緒不由得激憤起來。

那兩個人說：「好了，好了，不要激動。你抓緊時間寫個材料吧，重點是1957年的實際情況，最好今天晚上十點鐘以前寫好。」

我回到監舍，伏在鋪上寫材料。臨近十點鐘寫完了，一共九頁，大約四千字。

我再向崗亭報告，出監舍，到了辦公室。那兩個人正伏在桌上費力地看著什麼，見我來了，他們問道：「這個是不是你寫的？」

我只瞄了一眼就知道了，那正是我1968年關在小監裡寫的材料。果不其然，有人發現後揭發了我，這幾頁紙就被保存在了勞改隊。現在，他們又從我的檔案裡取出來了。

我把剛寫好的材料交給他們，走出辦公室。

第一次外調就這樣結束了。

四、右派改正

1979年5月28日，那天我正在山上駕牛耕地，準備栽種紅苕。有人通知我早一點把牛收回來，五點鐘以前到隊部去一趟。下午四點多鐘，我把牛趕回牛圈，餵了淡鹽水，就匆匆下山。

到了勞改隊隊部，我直接走向那個用於外調的辦公室。門是開著的，照例要喊報告。上次來過的那兩個人坐在裡面，我一進門，他們兩個站了起來。其中一位年紀大一點的指著另一個人對我說：「這位是長江電工廠落實政策辦公室楊玉林主任。」楊主任接著說：「這位是保衛處李春生處長。」

落座以後，楊主任說：「我和李處長受重慶長江電工廠黨委的委派，向你傳達關於原劃為右派分子的複查情況和處理意見。」他們將一份列印檔案交給我。

我拿過來草草看了一遍，全文大約兩千多字。我來不及仔細推敲內容，著重看了結論：

> 複查認為，牛立華確有錯誤，但不應劃為右派分子。鑒於1966年9月牛立華在四川消防廠因翻案抗改被控反革命罪，又被判刑勞改一案，現提

請成都市西城區法院對原判進行複審。若能糾正，則撤銷1957年和1958年7月對牛立華所做的劃為右派分子的結論及處理決定，給予改正，恢復政治名譽。根據其從事的專業和本人意見，可以回廠分配適當的工作，恢復原來的工資待遇和工會會籍，對其親屬檔案中涉及此一問題的材料應抽出並銷毀。

這個《複查情況和處理意見》是在1979年寫的，當時，中共中央尚未對劉少奇、彭德懷這樣的高層領導人做出正式平反的決議，社會上對毛澤東的錯誤也還沒有開始批判。所以，這個文件中將我反右之後的所謂「錯誤」和「罪行」推給了法院部門。儘管不盡如人意，但我已承受了二十二年的冤獄，已經接近平反了。我對共產黨也依然抱有希望，從大局出發，我對文中不實之詞沒有深究。

我拿起筆來，簽了如下意見：

> 我看了長江電工廠黨委關於對我被劃為右派分子的複查情況和處理意見，深感黨的實事求是的優良傳統得到繼承和發揚。時隔二十多年遠在千里之外，能把問題查清實非易事，我覺得複查工作很細緻，所述情況基本符合我的實際。五十年代中期，我對黨的確有過懷疑甚至不滿情緒，但絕無仇恨心理。五七年至今已二十二年，這二十二年的情況也可以證實，即使被勞動教養，被判以重刑，身心受到殘酷折磨，我也沒做過不利於祖國、不利於黨的事。
>
> 今後無論在任何情況下，我決定以自己的畢生精力，貢獻給祖國的四個現代化建設事業。倘能恢復政治生命，將給我這一夙願的實現創造更為有利的條件。
>
> 別無它求。
>
> 牛立華
> 1979年5月28日

我寫的這個《意見》帶回長江電工廠後，曾由廠辦公室列印，然後張貼在

各個車間門口。我至今也保存著一份。

長江電工廠的兩位幹部看了我簽署的意見，露出贊許的神色，但沒有直接表明態度。因為判決尚未撤銷，我的身份還是反革命。

李處長走過來對我說：「你在這裡安心等待，保養好身體。我們也會爭取問題徹底解決，切實落實黨的政策。」

出得門來，已經到了開飯的時間。我先把玉米饅饅和水煮蓮花白老葉子拿到手，大口大口地吃了起來。周圍難友過來打聽消息，爭相看那個《複查情況和處理意見》。我讓兩三個人看了一下，連忙收了起來。

難友們傳來傳去都知道，「牛眼鏡」要平反了。多數難友和我關係不錯，因此顯得很高興。和我有芥蒂的幾個勞改積極分子，見了我則面有愧色。

回到監舍，我躺在床上回憶往事，1957年的情景歷歷如在目前。

二十二年過去，就我個人來說，從二十歲到四十二歲，一生的黃金時段都消耗在共產黨的監獄裡了。如果真的做了反黨的事，我不會有怨言。任何封建統治者都要消滅異己，鎮壓動搖其統治的人，古今中外，概莫能外。而毛澤東策劃的反右運動卻是把成百萬擁護他甚至崇拜他的仁人志士也投入了監獄，這又是為什麼呢？今後還會發生這種事嗎？怎麼能避免重演這種悲劇？

當年劃我為右派時，沒有人同我核對過材料；我也沒有看到過任何書面文件，更沒有人來徵求我的意見。二十多年了，我從來也說不清楚自己的罪狀在哪裡。今天看到長江電工廠的《複查情況和處理意見》，我才知道，全都是憑空捏造，全是無稽之談。這實在是太荒唐了！

二十多年來，我可以說一刻也沒有停止過對自己在1957年言行的檢驗和分析。我一直在探究，為什麼我會成為黨和社會主義的「敵人」。我感到人格的破裂，感情和理智相悖，行動和思想分離。我當時被迫做檢討，的確是說了假話，自己給自己扣上了「猖狂向黨進攻」的帽子。然而我這也是順著黨的意旨才說的，結果，反倒害我在監獄裡待了二十二年，歷經九死一生。

我唯一可以自慰的是，無論被打成右派，還是送我勞教、勞改，在漫長的二十二年中，在地獄般的生存空間裡，我手上沒有別人的血，也沒有別人的淚。但是我心頭的傷口一直沒有癒合過，它日日夜夜地在流血，流著我自己的血。

二十二年，八千多天就消磨在監獄裡了。人生有幾個二十二年呢？

第十二章　無罪釋放

一、宣讀判決書

　　進入1979年以後，平反冤假錯案的消息不斷，最先得到平反的是共產黨高層幹部和所謂「走資派」，製造冤假錯案的罪過都被推到林彪、「四人幫」身上了；毛澤東的責任則一概不談。獲得平反的老幹部們官復原職或加官晉爵，還補發了全部工資。這部分人的平反阻力不大，進展迅速。

　　隨著平反的深入，陸續有一些平民百姓的案件得到昭雪。但這個甄別過程卻十分緩慢。

　　在社會基層，冤假錯案的製造者並沒有被推翻和打倒。昔日高喊「捍衛毛主席的革命路線」的人搖身一變，就成了徹底打倒「四人幫」的「革命」派。局長還是局長，書記還是書記，審判員還升成審判長了。

　　關押了一萬多犯人和就業人員的苗溪茶場，只有十多個人在1979年9月以前獲得平反。

　　1979年9月17日，下午兩點多鐘，我又被召回隊部接受外調。這次來的也是兩個人，一個黑頭大耳，一個鬢髮花白，清瘦矍鑠。

　　辦公室被佈置得好像法庭一樣，進門左手邊，有兩張桌子連在一起拼成了一個長條桌，上面還搭著一幅半新不舊的藍布。那兩個人坐在桌子後面，側面靠牆的一張桌子算是旁聽席，這是指導員周金仁的位子。屋子正中放了一把椅子，大概是給我預留下的。

　　我進去後就坐下了，那個黑頭大耳的站起來說：「現在宣讀判決書，請站起來。」我看周金仁和那位清瘦的來人都站起來了，我也隨之起立。

　　他讀道：

四川省成都市中級人民法院刑事判決書

（79）刑申字第129號

牛立華，男，四十二歲，北京市人，原在重慶長江電工廠任技術員。一九六六年九月二十九日，成都市西城區人民法院（66）成西法刑字第448號刑事判決書，以反革命罪判處其徒刑十五年。牛不服上訴，本院以（66）刑上字第83號刑事判決書判決：維持原判，駁回上訴。牛仍繼續申訴。

現經本院複審查明：牛立華一九五七年被劃為右派分子，經審查係錯劃，已予改正，故原判認定在勞動教養就業期間的翻案抗改的反革命罪行不能成立。據此，本院依法判決如下：

1、撤銷成都市西城區人民法院（66）法刑字第448號刑事判決書和本院（66）刑上字第83號刑事判決書；

2、將牛立華立即無罪釋放。

一九七九年九月十日

他讀完了示意我坐下，隨即全體落座。

他問道：「你有什麼意見？沒有意見就簽字。」

我拿過來判決書仔細看了一遍，回答說：「我有意見。」

他看了我一眼，不免詫異。

我問：「第一，無罪釋放和徹底平反有什麼區別？」

他答道：「沒有區別。」

我說：「那請你改成徹底平反。」

他冷冷地說：「沒有這個提法。作為法院，我們只判斷有罪或無罪。」

我看了看旁邊的桌子，那上面有一份1979年9月15日的《人民日報》，一篇文章標題是〈吳晗同志徹底平反〉，報導內容是9月14日在北京八寶山革命公墓為吳晗及其夫人袁震召開追悼會的情況。於是我指給他看，並說：「這是黨報，中央認定的提法。」

他無言以對。

我接著說：第二，這份判決書所說，「錯劃右派已予改正，故原判認定在勞動教養就業期間的翻案抗改的反革命罪行不能成立。」這個理由是站不住腳的，也是不符合事實的。

即使是真正的右派分子，未予改正，只要沒有犯罪事實，也不能任意判處徒刑。反過來說，即使是地地道道的模範共產黨員，若是犯了罪，也該依法懲治。

判處徒刑應該以事實為根據，以法律為準則。而不是以其身份、以有沒有右派帽子、改不改正為依據。

按照判決書的說法，要是我的右派沒有改正，豈不是反革命罪行就能夠成立？所以這份判決書的提法是不科學的、不嚴謹的。右派與反革命之間不存在必然的因果關係。

我繼續說：第三，成都市西城區法院原判決書據說是依照《中華人民共和國懲治反革命條例》第十條三項之規定，判決我有期徒刑十五年。我上訴後，成都市中級人民法院認定原審法院判處「完全正確」。也就是說，中級法院仍然認定我犯了《中華人民共和國懲治反革命條例》第十條三項確定的罪惡。

既然現在確定是無罪，就必須徹底否定強加給我的所謂第十條三項之罪名。那裡的三項罪名是：

（一）煽動群眾抗拒、破壞人民政府征糧、徵稅、公役、兵役或其他政令之實施者；

（二）挑撥離間各民族、各民主階級、各民主黨派、各人民團體或人民與政府間的團結者；

（三）進行反革命宣傳鼓動、製造和散佈謠言者。

我說，上面這個第十條裡只有三項，其中並沒有「翻案抗改」這個罪名。也就是說，西城區法院和中級法院原來的判決都是違法的。你們現在拿來的這個判決書只認定「翻案抗改」的罪名不能成立，並沒有否定原判決書篡改既定法律的條文、妄加「翻案抗改」這個所謂的罪名。這是極不認真、極不嚴肅的。

我強調說：撤銷原判的理由應該改成——原判認定的「翻案抗改的反革命罪行」純屬誣陷不實之辭，牛立華沒有犯罪行為，對他的判決沒有法律依據。

此案確係假案、錯案、冤案，應予全盤否定。這才是實事求是，才是認真撥亂反正的態度。

在我說話的過程中，宣讀判決的那位幾次聳肩張嘴，想要打斷我的話，總算忍住了。

我剛剛說完，他就迫不及待地開腔：「給你平反，你還要鑽字眼兒！」

我說：「法律文件是嚴肅的，應該鑽字眼兒。請你把我的意見記錄下來。」

他對著旁邊那位頭髮花白的書記員說：「不給他記！」

我衝著書記員說：「請你把我的意見和他剛剛說的『不給他記』這句話記下來。書記員的職責是如實記錄法庭的真實情況，不應該有所遺漏。」

這位年約五十餘歲的書記員站了起來，他有意緩和氣氛，語氣也很溫和。他說道：「老牛，我們替你高興，二十多年不容易呀！」

他指著和我一問一答的那位幹部說：「這位同志是成都市西城區人民法院刑事審判庭的張庭長，剛才宣讀的判決書是成都市中級人民法院擬定的。我們來此出差，中級法院委託我們代宣。我會把你的意見轉告中級法院。你抓緊時間辦理各項手續，早一點和家人團聚吧。」

聽他這樣一說，我也不好堅持下去。於是，我在送達通知上簽了字。

離開時，周金仁走在最前面，黑頭大耳的張庭長緊隨其後。我走第三，書記員走在最後。走著走著書記員在後面拉了一下我的衣角，我放慢了速度。他悄聲對我說：「回成都後到我這兒來一趟，西城區法院，吳鈞濤。」我感覺到他的善意，便點頭應諾。然後我加快腳步返回監舍了。

從這一天起，我就被無罪釋放了。

當天晚上還是住在監舍裡，難友們紛紛表示祝賀。沒有酒，沒有肉，沒有煙，沒有茶，甚至沒有一杯開水；有的只是人們飽含期待和羨慕的眼光。

二、爭的是人間正氣

第二天，我去了場部管教股，辦理無罪釋放的手續。

接待我的是李世蓮股長，她四十多歲，是茶場黨委書記董霞雲的夫人。這

兩口子還不算是刁鑽古怪、整人成性的歹人。董霞雲在文革期間曾經被打倒，下放到十三中隊當一般幹部，每天帶犯人上山勞動。我和他多次接觸，雖然他不幹活兒只在一邊監守，有時也難免和犯人說幾句話。他的態度不是很粗暴，對犯人也不苛刻。當然，在他們心目中，犯人都是有罪的。

李世蓮見到我，客氣地讓我坐下。她告訴我的第一件事是，從今天起我可以搬出監舍，到場部附近的就業人員宿舍住宿，也可以在就業人員食堂吃飯。接下來是等待分配，每月領取三十元生活費。

我聽了以後立即回答說：「我不去。」

她有點驚訝，問道：「為什麼？」

我說：「就業人員是刑滿釋放人員的專用術語，我不是刑滿釋放，是平反昭雪，恢復名譽。從宣佈無罪那一刻起，我的身份就恢復到了原來沒有犯罪的狀態；等同於國家幹部。我還是可以在監獄裡吃勞改食堂的飯，和勞改犯住在一起。但是，絕對不能把我和就業人員一起視為刑滿釋放者。」

她聽了以後，似乎一下子找不到適當的理由來駁斥；只是連聲說王某某、張某某、李某某、鄭某某等，他們在平反後都搬到就業人員宿舍去了。她勸我道：「你還是去吧，那裡條件總要好一些。既然平反了，總不能跟犯人在一起吧？」

我說：「他們是他們，我是我。黨中央下決心解決各個時期的冤假錯案，撥亂反正，平反的人會逐漸增多。作為監獄，應該有一個統籌的安排，讓平反的人感受到重回黨的懷抱的溫暖。雖然等待分配只是個過渡期，但也不能把平反的人當做刑滿釋放的就業人員對待。平反不能等同於刑滿釋放，這是必須堅持的原則。我寧願在監獄裡住，那是我考慮到國家困難而做的選擇，絕對不能強制性安排我住就業人員宿舍。」

當時的勞改隊有沒有住處呢？有。我所在的十三隊就有空餘房間。獄政科和管教股之所以把平反人員安排到就業人員宿舍，實際上還是一種歧視。他們依然把這些人當做半個犯人。對此，我必須提出抗議。

李股長在思索，然後她說：「還沒有遇到過這樣的問題，我們研究一下，明後天回答你。」

我回到監舍住，還是吃著犯人的伙食，一頓一個玉米饃、一瓢老醃菜。朱

幹事朱慶豐是大隊管教幹部，平時講話愛引經據典，眾人給他起了一個諢名叫「朱馬列」。朱幹事見到我，他也問我怎麼還在監舍；我說了理由，他沒有再說話。

過了兩天，管教幹事通知我，搬到場部附近機修廠旁邊的一個房子。我吃飯在幹部食堂，人事關係暫屬機修廠。

這個房子相當窄小，只有五平方米左右；但它是個獨門獨戶的單間，離幹部食堂也不遠。食堂只有一個廚子，七八個幹部吃飯，這裡的伙食自然是物美價廉。犯人種的菜，不管什麼品種一律按兩分錢一斤劃給食堂。犯人餵的豬、養的雞、鴨、魚、兔也都是廉價供應。即使一天三頓都吃雞鴨魚肉，每天的伙食費也不超過五毛錢。

在我之前平反的那七八個人，原來都被納入就業人員範疇；如今他們也搬出來另外居住了。房子沒有區別，政治地位變了。

他們見了我說：「還是你『牛眼鏡』有辦法。」

我說：「咱們在勞改隊遭了十多年的罪，挨打受罵，忍氣吞聲。平反了怎麼還能任人宰割呢？我們不是爭名譽，爭待遇，爭的是人間正氣。」

機修廠有一個女廠長，據說是中專畢業，還算通情達理。她讓我到機修廠上班，當熱處理工。這裡是三班倒，需要上夜班，基本是體力勞動。我在這裡燒爐子，搬運工件，裝出爐。她說這是照顧我的專業，我心說勞改十幾年都在山上種地，怎麼沒照顧一下？

我學的是熱處理專業，做過技術設計；現在她把我當一個普通勞動力使用，明顯不合理。我到車間看了看，設備十分落後，難以保證產品品質；於是我想著給他們設計一台熱處理爐。從看了車間的第三天起，我就著手收集資料，進行計算，準備繪製全套圖紙。同時我還告訴她，我要是上班，機修廠就應該支付工資。按多少算呢？我1957年的工資是六十九元；現在又過了二十多年。即使不考慮技術水準的提高和物價上漲，至少也要恢復到這個數值吧。而我現在拿的三十元是生活費，不是工資。請機修廠研究好了再定。

我把這些想法告訴她以後，她不再強制我上班了。

機修廠隸屬場部，有一個李指導員，五短身材，經常穿一套綠色的舊軍裝，似乎是個軍隊轉業的幹部。一天下午他來到我的住處，我正在看新創刊的

文學雜誌《當代》、《十月》等。毛澤東沒死之前，監獄裡沒有圖書館。犯人除了看毛澤東選集和毛語錄之外，不准看其他書籍。我平反了才有條件看這些期刊雜誌。

他進來後我連忙招呼，房間裡既沒有桌子也沒有凳子，只能請他在臨時搭的床鋪上坐。他倒背著手走了兩步，沒有坐。

他問：「你是牛立華吧？」

我知道他是指導員，看樣子來者不善。我答說：「我是牛立華，有什麼事嗎？」

他斜著眼睛，不屑地問：「你沒有參加勞動嗎？」

我說：「今天沒有。」

他氣勢洶洶地問：「你原來是幹什麼的？」

我有點不耐煩地答：「原來是軍工企業的技術人員。」

他近乎命令似地說：「還是要參加勞動。不勞動者不得食，不勞動不發給你生活費。」

我懶得跟這個傢伙多費口舌，只說了一個字：「好。」

他趾高氣揚地走了。

下午五點多鐘，場部農業隊的就業人員王德均告訴我說，李指導員喊你明天到工地挖紅苕。我笑了一聲，未置可否。

第二天天氣好，我到河邊洗鋪蓋，沒去挖紅苕。

晚上，這位李指導員又來了。我依舊請他坐，他還是不坐。他眼睛望著天說：「王德均給你帶信帶到沒有？」

我說：「帶到了。」

他瞪著眼睛問：「你怎麼沒去挖紅苕？」

我看他這個樣子，氣不打一處來。這些獄卒有一種職業病，以整人、教訓人為樂事。我到場部才兩天，他就看不慣。看來我要教訓教訓他才行，於是我反問道：「你去了沒有？」

他一時不知所措，答說：「你能跟我比嗎？」

我冷笑了一聲，一口氣說了下去：「我怎麼不能跟你比？政治上你我是平等的，都是中華人民共和國的公民。從平反的那一天起我就恢復了政治名譽，

現在的身份是國家幹部。在職務等級上，我還比你高。你工資是五十來塊錢吧？我二十多年以前的工資就是六十九塊錢；至少比你現在高三級。我在軍工企業，也當過預備役軍官。比文化嗎？語文、數學、物理、化學都比你強。比外語麼，英語、俄語、日語我都懂一點；你能把字母認完嗎？跟你比什麼呢？你能跟我比嗎？」

「就說挖紅苕，如果氣候突變，需要搶收；為了減少國家財產損失，不管挖什麼，也不用你說，我會走在你的前頭。十三隊的人都知道，所有農活我全都會幹，勞動上從來沒有落在別人後面。你不信，就去問問十三隊的張成英和周金仁。」

我繼續訓他說：「你就知道在犯人面前作威作福，黨中央決定平反歷年冤假錯案，你呢？對已經平反的人就是看不慣。你這不是針對我個人，是故意唱反調，你跟黨中央背道而馳！」

我說得氣不打一處來，忍不住指著他的鼻子說：「你搞清楚點，我現在是等待分配，不是你手下的普通勞動力，更不是犯人。建議你好好學習學習，跟上形勢，不然要犯錯誤的。」

他再也待不下去了，氣得搖頭晃腦地走了出去。

三、換下勞改服

在此期間，我寫了好幾封信，我給遠在北京的父親寫，也給十餘年前的朋友們寫。我向他們通報了平反的消息，我是多麼期盼和家人團聚，期待與朋友們聚會啊！

考慮到還有許多善後問題沒解決，我得先回到成都的消防機械廠處理。生活上，我也需要一些準備。比如我穿的這身勞改服，棉衣的面子早就磨破了，多處露著棉花，一條褲子也補了幾十個補丁。回到成都，總要換身衣服吧。

我找到管教股李世蓮股長，要求給我發布票。

她看了看我身上這半新不舊的勞改服，雖然洗得很乾淨，肩膀上也已經補了兩塊補丁。

她說：「你領過勞改服就不能發布票了。」

我說：「李股長，你就讓我這樣進城嗎？這衣服上可印著勞改兩個字呢。走到大街上把我抓回來怎麼辦？」

她說：「你買不要布票的衣服嘛。」

那時候毛料服裝倒是不要布票，但一套毛料衣服要一百多元。

我便說：「李股長，我這個月的錢扣除伙食費，餘數全交給你，你給我買一套不要布票的衣服吧。」

她想了想說：「你要布票，必須把領的勞改服退回來。」

我連忙答應：「可以，你看是在這兒就脫呀，還是我回去脫下洗乾淨拿來？」

她說：「你身上穿的就是今年發的新勞改服呀！」

我說：「就是今年四月份發的。我平時光膀子幹活才穿到現在，已經過了半年，才只補了兩個補丁，該知足了吧？」

她無言以對，給我寫了一張紙條。我找司務長領了六尺布票，第二天就到縣城去買褲子。服務員要收我八尺五寸布票，我好說歹說，多給了一元五角錢，這才買回了一條藍嗶嘰布長褲。

隨後我花七分錢買了一包藍色染料，拿回住地。我先拆了被子，將白色土布被裡洗乾淨。然後我在臉盆裡加上了足夠的水和少量食鹽，在爐子上把水煮沸，放入染料；再把被裡放在染料盆裡煮了半小時。我再把染過的被裡拿到河邊，用清水漂淨，這樣我手裡有了一大塊看上去嶄新的藍布。

我拿著這塊染藍的被裡，請住在隔壁的裁縫做了件藍布罩衫。我把它套在爛棉衣外面，遮住了衣服上的勞改兩個字。

穿上新衣，我找到機修廠的金隊長。我開門見山地說：「金隊長，我離家二十五年了，被關押在公安機關二十二年，坐了十多年牢，你說該不該回去看看老父親和弟弟妹妹？」

他說：「該回家看看，你父親多大歲數了？」

我說：「快八十歲了，我參加工作後就沒回去過，這麼多年，家裡人為我提心吊膽的。」

他說：「你自己安排時間回去吧。」

我問道：「探親假的路費該怎麼報銷呢？」

我當時真沒錢。回一趟北京，來回火車硬座票至少也要一百多元，我的確拿不出來。

按照國家規定，夫妻兩地分居的每年允許單方探親一次。父母在異地的每四年允許探親一次，路費按標準報銷。

這個金隊長一聽說要報銷路費，身子挺了一下，忙不迭地說：「你不是本場職工，不能享受探親假，不能報銷路費。」

我笑了一聲說：「機修廠那位女廠長和李指導員讓我上班幹活，下地挖紅苕，還說不勞動就不發工資。讓我幹活的時候說我是本場職工，報銷探親路費就不是本場職工了。這說得過去嗎？你是主管機修廠的大隊長，希望你給我個明確的答覆。」

他囁囁嚅嚅地說：「我們研究一下，研究一下⋯⋯」

這件事最後也是不了了之。

四、回到成都

1979年9月17日被宣佈無罪釋放，我就老實待在苗溪茶場等待分配。

因為長江電工廠黨委在複查處理意見中明確寫著：回廠分配適當工作，恢復原來的工資待遇和工會會籍⋯⋯

等了兩個月，到11月我突然得到通知，去達州地委組織部報到。這時我才猛醒，不該在苗溪茶場坐等，而應該主動和重慶的長江電工廠聯繫，同時要抓緊與成都的消防機械廠協商平反後的善後問題。

長江電工廠是劃我右派並處分我勞動教養的單位，四川消防機械廠是文革時逮捕我造成我坐牢十三年的單位，他們都對我的冤案負有責任。

1979年11月中旬的一天，我起了個大早，從苗溪茶場步行到蘆山縣城。然後我乘長途汽車到雅安，中午我花兩毛錢買了一碗小麵、兩個包子，享受了這頓豐盛的午餐。隨後我坐上了從雅安到成都的汽車，下車後就直奔四川消防機械廠。

在路上辛苦地奔波了將近一天，下午五點多鐘，我終於到達了通惠門的廠門口。大難不死，我活著回來了。

走到大門口就被傳達室的人攔住了，一個人高聲問：「你找誰？」

「我找張志超」，我緊跟著回答。張志超那時是廠長，我就是跟他暴露的思想。他對我也比較瞭解，我當然要找他了。

那個人回答說：「他死了好幾年了。」

我猛然一驚，1966年我離廠，苦役十三年，我沒有死，張志超怎麼就死了呢？

我對值班人員說：「我原來是這個廠的，文革初期被送進監獄。現在平反了，回來辦手續。你看該找誰呢，請你傳達一聲。」

他給管教科打了個電話，不一會兒來了一個管教科的幹事。此人我認識，但想不起名字了。

他不冷不熱地說：「馬上要下班了，你明天再來吧。」

我問：「今天晚上住在哪兒呀？」

他說：「我們這兒沒有招待所，你去找賓館吧。」

我說：「我很願意住賓館，但才從監獄出來，沒錢。你把住賓館的費用先拿來，還要給我開一個住賓館的證明。沒有證明賓館不讓住，這是公安部門的規定，你該知道吧。」

他想了三四分鐘才說：「只有在就業人員宿舍住。」

我知道消防廠沒有招待所，為了不給他出難題，我就答應了。隨後我問道：「吃飯怎麼辦？是消防廠捏造罪名把我抓走的；從宣佈無罪釋放那一天起，我就應該是消防廠的員工，你們能推出去不管嗎？」

他還是冷冰冰地答道：「先住下再說，明天你到管教科來一趟。」

我跟著他往廠裡走，一別十幾年，廠區面貌有了很大的變化。空閒地少了，房子蓋得雜亂無章，十分擁擠和凌亂。

三彎兩拐，我隨他走到一幢就業人員宿舍。他推開門，對著空氣說了一聲：「這屋裡有空鋪沒有？」屋裡的兩個人立馬站起身來，異口同聲地回答：「有。」

我跟這兩個人不熟悉，但有似曾相識的感覺。我掃視了一遍房間，這兒大約十二平方米，兩邊擺著用角鋼拼焊的上下鋪，沒有任何傢俱。

帶我來的那個幹事問了一句：「你的行李呢？」

我揚了揚手裡提著的帆布包。他說：「到總務科領兩床鋪蓋。」我跟著他又轉了一圈兒，抱著鋪蓋回來。這才坐在床沿上，我們三個人擺起了龍門陣。

　　第二天上午九點，我到了管教科。管教幹事趙崇宣看來早有準備，還給我倒了一杯白開水，又給我介紹旁邊一張桌子前面坐著的黔書記。

　　他先說話：「我是近兩年到消防機械廠的，但是聽說過你的事情。我們按照黨的政策處理遺留問題。你有什麼想法呢？」

　　我說：「第一，我被捕的時候辦公桌的抽屜裡和大書架上放著許多書。都是技術性的，今後還用得著，應當發還吧？」

　　黔書記說：「我們查一下，是你的都會還給你。」

　　我接著說：「第二，黨中央文件中說明，在什麼範圍內搞錯的，在什麼範圍內平反。我被捕的時候，興師動眾開大會宣佈我是反革命。平反了也應該開個大會，當眾宣佈是錯案吧？

　　第三，廠裡當權派在運動初期將我逮捕，即使不追究他的法律責任，也應該讓他站出來亮個相，承認個錯誤吧？」

　　他沒有說話。

　　我繼續問：「第四，我坐牢是冤假錯案，按政策有什麼補償呢？」

　　他這時說：「你在右派改正通知書上，簽過『別無它求』吧？」

　　我說：「別無它求是指超過政策規定以外的要求。毛主席說過政策和策略是黨的生命。撥亂反正也有政策吧。我從二十歲到四十二歲被迫害而送勞教、勞改，至今孑然一身，事業無成，房無一間，錢無半串。我沒有更多額外要求，只要求真正的撥亂反正。」

　　管教幹事拿出一份中央文件，放在桌上翻開來，並用一張紙遮住了上半頁。那文件上本有一行字……「經濟補償問題慎重從嚴掌握」。我看了一眼就知道是它，我挑明了說：「這是中共中央第四十七號文件吧？你不用捂著蓋著的，我看過這個文件。」

　　他說：「這是發給地師級的文件，誰拿給你看是犯錯誤的。」

　　我說：「你向他轉告你的提醒，讓他今後不再犯同樣的錯誤。但四十七號文件沒錯吧。這個文件不是軍事秘密，雖說發送到地師級卻沒有限定只有地師級以上的人才能看。你也不是地師級，我也不是地師級；你這不是拿給我看

了麼？凡涉及落實政策的具體規定，當事人都要看的。四十七號文件明白地寫著：屬於全民所有制的員工平反後補發工資，屬於集體所有制的適當補助，無就業單位生活困難的酌情救濟。」

他說：「就業人員不是全民所有制的職工，只能按集體所有制對待。經領導研究，給你五百元補助就是最高額度了。」

我說：「消防機械廠是四川省勞改局所屬企業。勞改局是政府機關，不是集體所有，集體所有制單位能辦勞改企業嗎？」

黔書記發話了，他說：「我很希望妥善地解決所有遺留問題。我把你提的要求向勞改局彙報，過兩天再回答你。」

我看再談也無濟於事，悻悻地走出了管教科的辦公室，進了我原來工作的技術科。

我一進門，就引起了屋裡人員的注目。但我只認識其中的余華年，其餘都是新人。我走到余華年的座位前和他寒暄，也拿出了我的平反通知書，大家都圍攏來看了一陣。我和余華年坐在一起，談了談這些年的變故。他告訴了我那些圖書的下落：「你走了以後，兩個書架沒有及時查封，無人管理。後來廠裡有了圖書館，合併到一塊兒去了。」

五、等待分配

回成都的第三天，我去了西城區法院，拜會吳鈞濤。

他在苗溪茶場宣佈對我平反的決定時，叮囑我去找他。我想，或許他是有話要說。在我的印象中，他是一位通情達理的長者。

我在一間大約三十平米的辦公室內見到了他，室內有六張辦公桌，都有人在座；我倆便在靠牆的長木椅上坐定。

吳鈞濤先開口，他問我近況如何，我回答了。他說：「目前最重要的是落實工作單位，其他善後問題都是次要的，也不是兩三天就可以解決的。我建議你首選回長江廠，那是國營大廠，老領導、老同事對你印象也比較好。」

他告訴我他是四川大學法學系1952年畢業的，1957年也被劃為右派。改正後他才回到法院。為了不影響他的工作，我向他表示了感謝就匆匆告辭了。

在消防機械廠等了幾天，分配工作的事毫無音信。某日下午兩點多鐘，我去了四川省勞改局，想探聽一下消息。

勞改局門口有個接待室，大約二十平方米的屋子裡，簇擁著十二三個人，顯得很熱鬧。只見屋子當中站著一個二十四、五歲的年輕人，雙手時而叉腰，時而交叉在胸前，氣勢洶洶地似乎在訓話。靠門口方向的十幾個人，個個都是衣衫襤褸，面帶菜色；年齡也多在五十歲左右。看他們那卑微的模樣，我推測都是剛從勞改隊出來的。

我進得門來跨前一步，觀察了半個多小時。這些人反映的都是平反後的遺留問題，如家屬戶口無法隨遷，本人原所在單位已經撤銷，還有經濟補償等等。問題五花八門，回答卻是千篇一律，都是讓上訪人員找所在勞改隊解決。接待的年輕人說：勞改隊解決不了的自然會報告勞改局，局領導會仔細研究。勞改局不管雞毛蒜皮的事，只管政策原則問題。他看我在旁邊站了半天沒開腔，用手指著我問：「你什麼事？」

我說：「消防機械廠說我不是職工，只能按就業人員對待。我認為他們的說法是錯誤的，請勞改局依照黨的政策複查確定。」

他說：「你本身就是就業人員，歷史上曾經是右派分子嘛。消防廠沒說錯。」

我說：「那是被歪曲了的歷史，我不承認。」

他提高聲音說：「你不承認是你的問題，歷史上總是右派分子嘛。解除勞教在消防廠就業，就是就業人員，總有這一段歷史吧？」

我也提高了聲音說：「那段歷史是被顛倒了的，黨中央說的撥亂反正，就是要把被顛倒了的歷史顛倒過來。我的實際身份一直是中華人民共和國的公民、軍工企業的技術人員。所謂右派分子、就業人員、反革命分子等都是強加的，是顛倒黑白。我以右派之罪名被勞教，又以反革命之罪名被勞改；複查證明這兩個罪名都沒有根據，應該徹底抹去。為什麼平反以後連個職工都不能算，只能按就業人員對待呢？」

他指著我的鼻子說：「你小聲點！」

我也指著他的鼻子說：「響鼓不用重錘，你這個破鼓非重錘不響，我進來看了半天，你一副了不得的樣子，一直在訓斥人。我們來勞改局上訪是為了解

決問題，不是無理取鬧，更不是來挨訓的。你不要以為在勞改局就不得了，看看這幾位上訪的人，跟你爸爸的年齡差不多。你在家裡跟你爸爸說話就是這個態度嗎？我沒閒工夫在這兒跟你瞎扯，你把我提的問題記下來，向領導反映。我住在消防廠，有事可以找我。」

說著我轉身出了接待室，有六七個人跟出來。大家互不相識，簡單寒暄了幾句。他們說，你今天幫我們出了氣。我說，咱們要瞭解相關政策，不提過高要求，也不低聲下氣，還要有耐心。

第十三章　重返長江電工廠

一、爭取回廠

1980年3月11日上午九時，闊別二十二年之後，我回到原工作單位長江電工廠。

我先到招待所落腳，接待室的服務員卻拒絕了我。她看我衣衫襤褸，急著說明這裡不是旅店，而是內部招待所，必須要有介紹信才能住宿。

我拿出了法院無罪釋放的判決書，她看了一會兒，就給落實政策辦公室打電話。接電話的是一位女同志，她似乎只說了一句話就掛了機，匆匆跑到招待所來了。

見了我的面，她的表情頗顯驚訝。接著她馬上跟招待所打招呼說：「安排一間清靜點的房間，所有費用由落實政策辦公室結算。」這時她才自我介紹說姓蔣，1950年代就在長江廠，她認識我。

但我早就想不起她是誰了，看她十分客氣和細心，我只能連連道謝。

住下來的當天下午，總工程師張文達特意來到招待所看我；幾位在1950年代和我比較熟悉的老工程師也來了。

第二天上午，黨委書記梅松、副書記趙育修都來了。他們也一再對我說，有什麼困難儘管提。招待所的幾個服務員都覺得奇怪，一個破衣爛衫的半老頭子，怎麼這樣受重視呢？

1957年，長江電工廠打了三十幾名右派和反社會主義分子，我是第一個回來的。以後五七難友王志仁、王樹良也回了廠。我們三個人都坐了二十幾年牢，這時都還是單身，沒有家屬，對廠裡來說比較好安排。其餘二十幾位被劃為右派分子的同仁，自1957年一別，我們就沒再見過面。他們這會兒都是拉家帶口的，長江廠只答應解決本人戶口，不管家屬。無奈，很多人只能在勞改場

所或家庭所在地就業；不能回到原工作單位。

第三天，保衛科長李春生也到招待所來了。他對我說：「已經知道你被分配到達州鄰水縣農機廠，張總給黨委書記寫了報告，他以研製新產品需要有專業特長的技術人員為理由，要求讓你回廠。我們正在和達州地委聯繫，目前還有點困難，需要省委組織部撤銷調令，重新分配。廠黨委正在想辦法，你最好暫時不要到達州報到，等一陣再說。」他還建議我回成都以後找找陳功文想辦法。

陳功文在1957年時是我的學生，又和我同住一間宿舍。我那時是共青團員，他是團支部書記。由於積極反右，他在1958年後調至四川省國防工委辦公室。在長江電工廠停留了幾天後，我又趕回成都。我先去了省國防工辦找陳功文，傳達室給他打電話說：「陳部長，有個叫牛立華的人找你。」

不到三分鐘他從辦公室跑了下來，打量我一陣，面露驚訝之色。他對傳達室女青年說了一句：「這是我老師。」我們一起走出大門，乘公車到了他家。

在長江電工廠時，我們曾有兩年多時間同處一室；而斷絕來往也超過二十年了。可以說，彼此已經不再瞭解。不過，我還沒說話，他就開口說到反右和文革都是浩劫。可能文革期間他受到衝擊，也是一肚子怨氣。

我簡略談了一下經歷，然後直奔主題，談及省委組織部的調令。他態度誠懇，馬上說：「你不必到鄰水縣報到，我給省委組織部×部長打個電話，重開一個調令就是了；下周你就可以回長江廠辦遷移戶口。」

二、定級工程師

二十幾年的冤獄終於在平反大潮中得到改正，我對共產黨懷著感激之情。我也感謝廠黨委、保衛處、落實政策辦公室等單位的工作人員。我在廠報《長江報》上刊出了小詩一首，抒發我那時的心情：

　　罪問莫須妄羅織，幸有青天斷曲直。
　　重揮金鉞劈枷鎖，更跨鐵騎換征衣。
　　踏平蜀地崎嶇路，賦盡燕山壯麗詩。

莫道寒霜浸兩鬢，攻關躍馬爭先馳。

1980年3月，我在長江電工廠重操舊業。回廠初期，我不常在辦公室，終日泡在車間裡。我觀察了13車間、23車間、25車間、253車間、工具車間的熱處理工段等處。由於時間隔得太久，人員變動很大，同行我大多不認識。為了熟悉業務，我一方面大量收集和閱讀專業書籍，另一方面深入生產現場去看。我要瞭解在我坐監這二十多年技術上有何變化，設備上有何更新，還存在著哪些不足。

4月中旬，上面來了文件，說是要評定技術職稱。和我同年齡段的人大多是助理工程師或工程師了，我還是二十四年前的技術員。總工程師張文達找我談話，要我填寫職稱申報表，提交相關論文。我稟告張總說：「我才放牛、種地回來，哪有什麼論文？還是下回再評吧。」

張總說：「你原來不是挺愛寫文章的嗎？找兩篇，拿來我看看。」我遵命去圖書館查閱舊期刊，居然找到了我以前發表的兩篇論文。一篇是〈高頻噴鍍〉，刊載於《金屬熱處理》1958年某一期上；還有一篇是〈對某些水溶性淬火液冷卻特性的討論〉，刊載於《四川機械》1962年某期上。

儘管我提交的是二十多年前發表的論文，廠裡還是批准了將我定級為工程師並上報主管部門。我得到了「工程師證書」，上面有國務院科學技術幹部局簽章。

事情告一段落後，幾位資深的高級工程師告訴我說，張總承受了很大的壓力。有好幾個人向他反映說：「牛立華才出監獄就評工程師，他究竟有什麼水準？」張總拿出你1950年代寫的論文，把他們擋了回去。

我想到回廠以來看到的情景，技術人員之間大多守著自己的專業，各搞一攤；大家見面點頭哈腰，轉過臉去冷若冰霜。1957年反右之前那種同舟共濟的人際關係，已不復存在。

三、重返講壇

記得我1955年進廠不久時，廠裡辦有夜校、掃盲班、初中班、中專班。下

班之後一家子裡往往有幾個人都要去上學。我還在業餘中專班講過物理，學生反映較好，被評為優秀教師。

1980年我出獄回廠，當時的學生大多成了業務骨幹或混成了中層幹部。文革後期，廠裡也遵照毛澤東的指示辦起了「七二一職工大學」，後來又開設了職工夜大和電視大學的相關專業。據說這是要從工人中培養工程師，職工大學急需熱處理專業教師。

職工大學的校長是何清玉，他是1964年大學本科畢業。何校長希望我兼職授課，我也想到「學然後知不足」的古訓；所以我答應了何清玉。

那是我回廠的第二年即1981年，我開始在夜大兼職授課。我教三個班，每週上課九個學時。當時大學高考恢復不久，編寫教材者趨之若鶩。我翻閱了通用的一些教材，如北鋼余永寧的《金屬學原理》、宋維錫的《金屬學》；也參考了大連工學院、西安交大、重慶大學、成都工學院等院校使用的教材。我認為上海交大錢苗根等人編寫的教材適於本科，河北農業大學王建安編著的教材適用於專科。當時中央電視大學的授課教師是清華大學的柴副教授，他選用了上海大學史美堂編寫的教材。而那本教材初版錯訛頗多，我草草翻閱即發現一百餘處；有些還是概念性的錯誤。鑒於讀者意見太大，再版時編者做了多處修訂。廠職工大學確定以此教材為準，我只得服從多數人的意見。

電大班都是以電視講授為主，我要學生注意聽柴老師講授。學生頗有微詞：「柴老師是部隊轉業到清華的吧？」其實柴老師講課是很認真的，大約電視授課的審查者太多，錄製過後還要多方審閱；而且文革遺風遠未肅清，教師上課生怕說錯話，只好照本宣科。這哪裡是講授，基本是誦讀教材，自然也無法發揮教師的潛能。學生不願意聽，更談不上吸收消化了。

每個老師都希望學生能取得好成績，柴老師也不例外。所以在期末複習時對重點內容多有提示，可是學生聽不出來。因為他們中有些人本來就不專心。我卻格外注意，認真做了記錄。

工大和夜大由我出題，在本校考試。電大班是全國統一出題，學生到南岸區的專用教室集中考試。熱處理課考試頭天晚上，我向校長提出去看看學生複習情況。何校長委派張副校長偕同前往，還專門向廠部要了一輛桑塔納轎車。我們到達以後，學生蜂擁而上。我笑著說：「我來看看臨陣磨槍效果如何。」

學生答曰：「不快不光，心頭發慌。」

這時我說：「我來給你們講幾道題，幫你們把槍磨光一點。大家拿出筆來做好記錄。」學生聚精會神坐好了，我一一講解，大約講了兩個小時。我把柴老師重點提示的十餘道題，仔細說了一兩遍。

這次我講的不是基礎知識，只是應試技巧；或者說投機取巧。作為一個教師，也是無奈之舉。結果，第三天學生返回長江廠，見了我鼓掌大笑，連聲說：「牛老師真會打定子。」「打定子」是四川方言，意思是猜題。

大約十餘天後，何校長雙手抱拳，連說：「恭喜，恭喜！」我抱拳相迎：「同喜，同喜。」接著我問：「喜從何來呀？」

何校長說：「咱們學校的熱處理課考了個全市第一，最高分96，最低分84，沒有一個不及格的。」我聽後只是在心裡暗笑。

從那以後，我在職工大學連續兼課九年，一直到退休。由於給工大學生講課，我鞏固了已有的專業知識，也認識了更多的年輕同行。無論哪個車間都有工大、電大的學生，我到車間和他們很容易交流，因此也有了良好的工作基礎。

四、晉升風波

上班，備課，教學就是我主要的生活內容，不知不覺就到了1987年。那幾年裡，我每天清晨六點披衣而起，準時收看電視大學的英語講座。七點，我在上班路上一邊走一邊吃早餐，也就是兩個包子而已。上午大部分時間在車間，下午回到辦公室看書，思考。晚上下班後匆匆吃完飯就去圖書館，在那裡看看書報，然後我回家為電大、工大或夜大的學生備課。

星期天休息，上午，我多半是在圖書館或情報所度過。中科院西南分院在重慶的藏書比較豐富，且有許多熱愛專業的科技人員在那裡。我因為常去，和幾位同行都很熟悉。下午我依然會去新華書店或外文書店，查看新書或購書。整個1980年代是我技術上長進比較快的年代，也是奮起直追的年代。

1980年6月，我參加了四川省兵工學會熱處理專業年會。我主要是旁聽，沒有發言。通過參會，我對兵工系統的熱處理技術水準有了初步瞭解。由於政

治運動的干擾，這二十多年基本是原地踏步甚至是停頓狀態。儘管我在深山老林種地十幾年，但我奮起直追還趕得上。

從1981年起，每年開會我都會帶一兩篇文章，或宣讀或交流，受益頗多，也給同行留下了較深印象。我發表了論文〈淬硬鋼磨削損傷的實質與分析〉、〈矽酸鋁耐火纖維使用技術概述〉、〈對鹽爐快速啟動法的認識和討論〉和〈論易切削黃銅中的鉛〉，這四篇文章都榮獲重慶市自然科學優秀論文獎。我的其他論文如〈對槍彈底火擊穿機理的討論〉、〈單相黃銅的晶粒度與塑性〉相繼刊登於《輕兵器》、《四川兵工學報》等刊物上。我還從俄語、英語和日語的科技資料中翻譯了數十篇文章，刊載於《銅加工》等專業期刊上。

我先後應邀參加了重慶金屬學會、重慶有色金屬學會、機械工程學會、四川兵工學會，並擔任了學會理事等職。在重慶市工會主辦的高級技工培訓班和四川兵工學會主辦的熱處理技師深造班上，我也應邀講過課。可以說，為推動重慶市熱處理行業的技術進步，我多少也做了一些工作。

1987年上級發佈文件，專業技術職稱中出現了「高級工程師」這個新名詞。廠裡為此成立了技術職稱改革辦公室，我也隨大流，填寫了一張申請表。

一天，廠部小秘書跑來對我說：「牛老師，你的高工申報表還壓在楊主任的抽屜裡，沒有往上報，你去問問吧。」

於是我走進楊代吉的辦公室問道：「我的職稱申報表在你這兒吧？我不打算申請了，下回再說吧。你把表退給我行不？」

他笑了笑說：「好好好。」跟著拉開了抽屜，找出了那張只有一頁的申報表。他擺在桌上又看了一遍，隨後拿起來，好像是要還給我。

我瞥了一眼道：「楊主任，你還是簽個意見嘛，就說是我主動要求退回的。」他想了想說：「我簽了意見就只能轉給職改辦了，你找他們退吧。」我立即應聲好。

看著他簽了字，我再去三樓職改辦問蔣大姐：「蔣老師，我的職稱申報表來了吧？我不打算申請了，把表退給我吧。」

她很驚訝，接著對我說：「這次申報的人雖然很多，但資歷和能力都超過你的人不是很多。你是怎麼想的？我看先別退，等評定完了再說吧。」我還是堅持請她退表格。她說：「好吧，想轉了再交回來，月底截止。」

我接過了那張表，回到二樓辦公室仔細看了一遍：

在「本人申請」那一欄，我是這樣寫的：

> 我參加工作不久，即於反右鬥爭中身陷逆境。為擺脫煩惱，潛心自修大學課程，頗有所得。然今日看來，部分內容已屬陳舊，且遺忘過半，故基礎理論仍嫌不足。粉碎「四人幫」後，得以落實政策，回到長江電工廠。結合工作需要，著重學習專業基礎，重溫外語，主要從事金屬材料及熱處理工藝工作。對所承擔任務均能較好地完成，並在廠職工大學兼授金屬熱處理專業課，反映良好。業餘時間翻譯多篇俄、日文技術資料，在省部級刊物發表。幾年來撰寫過一些技術論文，其中三篇獲重慶市自然科學優秀論文獎。如按一般標準要求，自信可承擔高級工程師應承擔的技術工作。如按高標準要求，則尚有較大差距。倘名額有限，自應優先考慮水準更高的人選。
>
> > 申請人　牛立華（簽名）
> >
> > 1987年7月24日

楊代吉在「單位領導小組意見」一欄寫的是：

> 經領導小組研究：按文件規定和廠職稱辦口頭指示，1956年以前畢業的中學畢業生，應從事實際技術工作二十五年，才符合申請高級技術職稱的條件。牛立華同志從事實際技術工作只有十九年。但該同志，屬於右派錯劃，有個特殊情況，請廠評審委員會酌定。
>
> > 負責人　楊代吉（簽章）
> >
> > 1987年7月28日

這頁申報表的複印件我至今仍保存著，白紙黑字。楊代吉將我的專科畢業寫成中學畢業，料來不是筆誤吧？此外，說我從事實際技術工作只有十九年，這也不符合事實。我1955年3月進廠至1987年7月，按中央文件規定，應該連續計算工齡；即我的工齡應為三十三年。若扣除1958-1979年這二十一年的勞教

勞改時間，所謂工齡就只有十二年。楊代吉上面說的「十九年」這個數字，我不知他是從何而來。

我將這份申報表複印了一份。不一會兒，蔣大姐從三樓跑下來對我說：「領導說不能隨便把表退給本人，你還是還給我吧。」我立即拿出原件還給了蔣大姐。

第四天，我在工大講課，課間休息時我找到一個學生，他父親當時是四川兵工局局長林奇。我說：「你回家時問問你父親最近是否在重慶，我想找他反映一個問題。」

從這個學生那裡得知，林奇在重慶，隨時可見。翌日我趕到兵工局求見，林奇很客氣，說他馬上要出去開會，職稱改革的事由局黨委書記吳紹澄分管。他將我帶到書記辦公室。

吳紹澄看了我帶去的職稱申報表，他說：「你的情況我瞭解，1957年我在長江電工廠幹部科，知道當時的反右過程。你跟吳承厚（*教育科教師，共青團員）、張思起（*理化室技術員，共青團員）等幾個年輕人都受了委屈。我那時候才進廠，儘管同情，什麼也不敢說。現在平反了，開心安度晚年吧。」

他給我倒了一杯茶，繼續說：「長江廠是職稱改革試點單位，你這種情況屬於特殊問題。試點單位發現後應該及時向局裡彙報，局裡瞭解後統一研究處理。這不僅僅是職稱評審，而且是撥亂反正落實政策的問題。中央文件明確規定右派改正工齡連續計算，長江廠為什麼要扣除勞改時間呢？明天我到長江廠去，詳細研究後再答覆你；要相信黨的政策。」

隨後他又問了我的家庭情況，我看他很忙，於是匆匆道別。大約過了一周，廠長段成遠找到我。段廠長是1957年的中專畢業生，「四人幫」倒臺前長期從事內查外調等政治工作，一向是極左派。1980年後他回歸技術口，任研究所所長，1985年升任廠長。

段廠長要我給申報高級技術職稱的人補習外語，以應付兵工局組織的外語統一考試。因為文件要求具有高級職稱者至少精通一門外語，而且還要熟練掌握另一門外語。申報者多為1950年代末期和1960年代初期畢業的大學生，在他們畢業後的二十多年，外語成了禁區，專業人員的外語能力也都退化了。在過去很長一段時間，學習外語似乎等同於裡通外國，誰都怕擔一個崇美、崇修的

罪名。

　　我的外語全是偷偷自學的，自知水準有限，所以我婉言推辭了。無奈段成遠不肯收回成命，我只好服從。後來我得知，他之所以找我，原因在於當時文件又有規定：凡在省部級以上刊物發表譯文五萬字以上者，可以免試外語。長江廠近兩百名申報高級技術職稱的人員中，只有我和張京暉符合免試條件。張晶暉是廠技術情報室主任，他平時主要工作就是翻譯、摘編英文技術資料，因此發表有譯文和文獻綜述多篇。我是技術科工程師，粗通英、俄、日文筆譯，也發表過譯文數十篇。就這樣，我這個專科畢業生開始給廠裡那些本科畢業生補習外語。

　　第一批應試俄語者有二十一人，上級發來一份複習提綱，內容來自論述金屬零件無損探傷的原著，大約有六萬餘字。我第一次試講，先朗讀，再逐句翻譯。我觀察聽眾反應時發現，木然者居多。於是我改變方法，先將複習提綱拆散，發給每人兩頁。我要求諸位各自譯成中文，三天內交卷。

　　在此期間我抓緊時間翻譯複習提綱全文，收上卷子後，逐一閱讀。只有兩個人的譯文差強人意，如果打分的話，頂多40分。多數人的譯文讀不通，還有兩個人沒好意思交卷。當時眾人對我還有很多懷疑，不相信我的水準，也不放心我的講授。對此我完全理解，這很正常甚至是必然的。

　　於是我請工程師王大賓的女兒趕譯了複習提綱，她是四川外語學院俄語專業碩士，曾隨團赴蘇聯參與進口圖-114飛機的談判。我仔細閱讀了她的譯文，無疑，她的外語水準高出我很多；但譯文要準確通順，還有賴於理解原文所涉的專業知識，並且能熟練運用母語。眾人兩相比較，一致決定採用我的譯文，按段落背誦。

　　這樣，俄語考試時只要看試題的前兩個單詞，就能回憶起對應於譯文的哪一個段落。如此，把譯文大意寫上去，就能考個八九不離十。可以說，這不算是複習外語，還是屬於投機取巧。但考試效果不錯，二十一位應試者平均分數74分，在兵工系統就算是名列前茅了。因此廠長滿意，同仁歡喜。我的高級技術職稱則由於兵工局打了招呼，也就不再有閒言碎語了。

五、回到北京

1980年3月我回到長江廠，沒有馬上回北京。我給父親寫信說：我現在回去，工作還沒有安排好。等過幾個月，我給您帶一個人回來。

剛開頭沒有正式上班，一個月才三十元錢。第二個月正式上班，才恢復到六十九元。儘管我生活簡樸，手頭也挺緊張，因為準備成家了。

到8月份，我跟熊克茵的事基本定下，我們倆一起回到北京。我都不知道該坐什麼車才能回家，那會兒計程車在北京穿城而過，才八毛錢。計程車的檔次不高，就是吉普車，一路開到鑄鐘廠。

我爸開的門，我喊了一聲：「爸」，又給他介紹說：「這是熊克茵。」我爸這個人，高興不高興他都不會顯出來。但我知道他對熊克茵也很滿意。那會兒正是夏天，他拿個水蜜桃，親自把皮剝了遞給熊克茵。

我最小的弟弟和他在一起住，還有大弟弟也在家。我爸打電話，把其他的弟弟妹妹都叫回來了，他們還都帶著孩子；來了一大幫人。妹妹教孩子說：「喊大舅！」

原來我沒在家時，他們喊我大弟弟是大舅。就沒跟小孩說過，你們有個大舅是右派。小孩們看著我，都不相信。我大妹妹立麗說：「這才是真大舅。」小孩們指著我大弟弟說：「那個呢？」「那個是假大舅！」大家都笑了。

父親喜歡自己做飯，孩子們都回來了，就讓買好菜，涮羊肉，東來順的。弟弟也騎車出門，去買全聚德的烤鴨。

我爸對熊克茵好得很，因為熊克茵是學英語的，他就考熊克茵：「這燈等叫什麼？」熊克茵就跟他說英語。

晚上熊克茵跟我妹妹她們住一間屋，我住小北屋。後來我妹妹問：「你們倆辦了結婚手續嗎？」我說「辦了。」她們就互相說著：「人家都辦了結婚手續了！」她們對熊克茵說：「你別跟我們住了，跟大哥住去。」

我爸跟我說：「你帶著熊克茵到處轉轉，上北海、頤和園。」總之，一大家子其樂融融。沒人問監獄的事，全家對政府都抱著感激的心情，都認為這樣就好了。

我們在家裡住了一個星期才回到重慶。這是第一次回家。

1981年廠裡派我出差，我又回去了一次。這次是坐飛機回去的，我爸見到我，高興得很。我說下午去東北，四五天才回來。他親自給我煮掛麵，碗裡臥了兩個雞蛋。我弟弟說我來煮，他說你煮得不行。

晚上回來我和老爺子聊天，我印象中屋裡原來擺滿了東西，原來的桌子也不在了。父親就拿個本子給我看，告訴我哪些東西變賣了，派了什麼用場。父親很細緻，他會計出身，都記的有帳。

早年我去山西上學，父親不再經辦商行，母親也沒接地毯的訂單了。父親開始自學縫紉謀生，他先給家裡小孩做，再給街坊鄰居做。跟別人不一樣的是，他買了布以後過水，布料縮水後做出的衣服不走樣，客戶絡繹不絕。1955年後公私合營，他進了西城區的服裝生產合作社。

父親上班，母親就在家操持家務。大約是在1974年，北京的冬天家家都要存菜。大白菜堆放在桌子底下，那天天氣比較好，她想把菜放外面去晾一晾。大概也累著了，就覺得不舒服。那會兒也沒有電話，鄰里之間關係都很好。大家約定，有急事就拉鈴互相招呼一下。母親拉拉繩，靠東邊那家姓楊，馬上過來了。結果一看，老太太已經走不動了，她們就給我爸電話。

那會兒不興馬上送醫院，急救車也不普遍，先在家休息。可能是腦梗加上高血壓，十七個小時後就過世了。再有兩年國家就要有變化了，她就沒等到。

已經快過年了，準備給我媽燒點紙。北京叫燒包袱，要寫幾句話，我回去了就喊我寫。燒的時候，我父親在屋裡躺著，不說話，他心裡還是難受。

我就寫：「媽媽放心，我們這個團結和睦的大家庭，又多了一個人。我們一定同舟共濟。兄弟姊妹之間，雖然來往不多，彼此都牽掛著」……我寫好了還念了一道，一邊念一邊掉眼淚。

天黑了，就在院子裡燒的。父親都知道，他躲在屋裡就不出來。

我父親並不信這一套，以前我母親總記著，過年了要燒紙。父親就不喜歡，連寫春聯他都不太贊成。母親喜歡，到了春節要貼對聯。

我回去跟父親住一間屋，早上起來，我跟他倒夜壺，涮乾淨，拿回來。父親就跟我妹妹說：「你看，小弟在我這兒住，沒給我倒過夜壺。」他表揚我。

重慶墊江縣出拐杖，用棕樹芯做的，牛角把，相當好。熊克茵是墊江人，我請她幫我買，郵局還不給寄。我回北京，親自帶回去拐杖。原來父親拄的是根木頭棍兒，這會兒他拄著新拐杖到處走，有點跟鄰居顯擺的意思：「這是我兒子給我買的。」

父親和鄰居關係好，鄰居姓趙。家裡沒有說過這個兒子劃右派什麼的，我回去了，趙家還給買了點心送過來。

當年我寫的自述、寄回家的書都在書架上。我又打包從郵局寄回重慶。其中還有我兩個妹妹抄好了的獄中《自述》和我的手稿原件，我都帶回重慶了。

父親總說：「回來了，不容易，好好幹。又成家了，等兩年，我到重慶去。」我說：「行，我給您買機票。」當時機票不貴，八十五元。碰到街坊鄰居我父親就說：「我兒子讓我坐飛機上重慶。」

就在那一年，1981年夏秋之交，我收到弟弟電報：「父親去世」。我馬上回北京，到了家，一掀開門簾，屋裡沒人了。一下子我這心裡忍不住，哭了好一陣。

我弟弟妹妹全在，都勸慰我。濟南我同父異母的大哥也回來了，他去崇文門花了七十塊錢買了很貴的花圈。我弟弟跟我說了情況，那天是我二妹妹和妹夫從青島回北京，上家裡看老頭。老人家高興了，就說給鞍山打個電話，讓我大妹妹兩口子也回來。他親自做的豆沙包，還不讓我妹妹炒菜，他要自己炒。

晚上，大弟弟買了個十四寸的黑白電視，放在父親的客廳裡。父親哪兒看過電視啊？頭一回，高興得很！冬天坐在火爐旁邊看電視，後來就覺得有點不舒服，自己吃了點藥。北方的屋子窗戶封得嚴，屋裡人也多。他坐著坐著就一偏。當時就叫救護車，送醫院。還沒走攏就斷氣了，終年七十九。

女兒是1983年出生的，熊克茵懷上孩子時，廠裡醫院很重視。院長姓吳，比我大兩歲，她陪熊克茵一起去做檢查。她特別跟醫生說：「老牛這個孩子不容易，你可要仔細，千萬出不得事。」

職工醫院每月都給檢查，然後向吳院長彙報。我四十多歲才有這個孩子，熊克茵懷孕後，她喜歡吃什麼我買什麼。大年初一，有生產的跡象了。廠裡還在放假期間，副廠長值班，馬上派車送醫院。

在醫院住了十天還沒有生，醫生檢查後說：「這個娃娃有點大。」預產期也過了，她們就徵求意見做剖腹產。我想只能聽醫生的，我就簽了字。

初十，廠裡已經上班了。我手裡拿著本《金屬學》，在醫院的院子裡等待著，在院子裡不時能聽見新生兒出生時的哭聲。一會兒一個護士問：「你找誰？」我報了名字。她說：「生都生了！我給你抱出來看看。」

這護士提著嬰兒的兩條腿就給我看，她說：「頭髮都長了一寸了，八斤七兩。半年醫院都沒出生過這麼大的娃。」

熊克茵在另外一個屋子，還不能見。第二天才見到，在病房裡也不能說什麼。

孩子生下來後就在嬰兒室，該餵奶了抱過來。住了十幾天才回到家裡，母女倆都很健康。

長江廠出門有個花園，名字叫「蔚園」，我看到那個字，想到蔚為大觀這個詞，就給孩子取了個名字叫「蔚然」。

女兒在長江廠比我還出名。我們有一位鄰居姓曾，是小學老師，她很喜歡蔚然。熊克茵出差，我也忙，曾老師就帶著她去教室裡上課。孩子特別喜歡學校，校長看她也能跟上，讓她補辦了手續。就這樣，蔚然五歲就正式入學了。她在小學連跳了兩級，只上了三年半就考入重慶南開中學初中部。十五歲時，她在高中部九八級五班畢業，以672分考入北京大學生命科學院生物技術系。蔚然從北大畢業，再考入香港科技大學生物系，三年後她獲得碩士學位，回到北京工作。現在蔚然也成家了，定居在北京。

我總是想，如果爺爺奶奶能見到這個孫女，他們該多欣慰啊。

尾聲
別了，詩慧！——一封未寄出的信

詩慧：

　　這不是打擾，是發自肺腑的訣別之言。一向不失眠的我，連續幾天夜不能寐。人之將死，其言也善，心裡話不說出來死不瞑目。以後沒有你的允許，我再也不會寫信了。

　　1963年，我糊裡糊塗、一廂情願地戀著羅國英。她對我虛以委蛇，我卻執迷不悟。當發現你聰明善意的表達時（我至今記得你唱《少女的眼睛》的情景），在我倆去東郊看魔術演出的路上，我向你坦白了當時的秘密。從那時起，我開始關注你，希望你有美好的未來。

　　1964年7月，你們調到動力廠，羅國英以極快的速度拋棄了我。然而我卻因此而不能自拔。我去動力廠求見羅國英被拒時，是你給了我切實的批評和莫大的安慰（那天你穿著一件黑色的西式外套）。你用真實的感情幫助我走出失戀的陰影，在我幾近頹廢的時候挽救了我，我由衷地對你產生了無限敬意。

　　你婉拒了徐、周的追求，默默地鍾情，耐心地等待，我們終於在青羊宮敞開了心扉。從那一天起，你讓我感受到了和煦的春風、灼熱的情愫、女性的溫柔和美好的憧憬。對你，我不再僅僅是敬慕。長期積澱的友誼萌生了患難之交的愛和異性之間的情，兩顆純真的心碰撞到一起了，我們共同祈盼著未來的幸福。

　　1965年3月8日，一群為人刀俎的奴隸，被無情地裝上卡車開赴遠在峨邊的沙坪農場。1961年前，你在那裡經受過煉獄的折磨，那裡埋葬著成千累萬年輕人的生命。我們來不及話別，但我知道你沒有哭。我感佩你的堅強，暗暗地發誓，無論天涯海角我要追尋你一生，盡我所能給你心靈的慰藉和應該的關愛，我永遠屬於你。那時候社會上還有許多兩地分居的夫妻，勞改場所能照顧異地

的有情人麼？能讓你回成都麼？我不顧那些，依然忠實於對你的承諾，初衷未改。每週至少寫兩封信，鞏固和發展著我們的愛情。

1965年6月1日，羅國英慘死。我在想，她拋棄她不愛的人是正常的，是應該理解的。儘管她傷害過我，但我不怨她。二十一歲即終結了年輕的生命，太可憐了。

1966年春節，我來到峨邊，在太陽坪和你相會。除夕的夜晚，你演出歸來，我們在茅草屋裡敞開心扉，傾訴著彼此的愛，兩顆赤誠的心融合到一起了。

1966年4月，你滿懷喜悅奔赴成都。狹窄的陋室裝點成充盈著喜慶氛圍的新房，三百多人陸陸續續前來祝賀。我聽著你低聲吟唱「多麼溫暖，多麼幸福」……沉浸在溫馨祥和之中。那一天我終生難忘。

僅僅十天，蜜月還沒有過完，你必須回峨邊。文革已經開始，消防廠一片肅殺之氣。我是文革的重點對象，送別新婚妻子的權力都沒有，只好委託鄰居送你到火車南站。你走了，我一整天沒進食，生離痛於死別，淚珠沒有離開過眼眶。

1966年7月12日，我被捕入獄了。9月30日，以莫須有的罪名判有期徒刑十五年。10月7日下午，我寫好了上訴狀交到獄卒手裡。成都市中級法院在當日宣佈：維持原判，不得上訴。

在法西斯魔鬼面前，我沒有畏懼、難過和眼淚，有的只是憤恨。然而回到監舍想起你的時候，我幾乎不能自持了，第一次感受到心如刀絞的滋味。精神極度緊張，身體嚴重脫水，同舍房的難友都說我變了形，他們不知道我的內心因為預感到將失去摯愛著的詩慧而受著煎熬，那是我這一生中最難過的時候。我當時想逃跑，跑到北京頭撞天安門，用生命抗議法西斯暴行。

監獄有規定，信件不准透露案情，不准告訴刑期。我只有用暗語在信中說：請你告訴慧姐，她四十歲我才能見到她；希望她自謀出路。我暗示刑期十五年，暗示你考慮離婚。我知道你將為我承受巨大的壓力，但是我無能為力，既不能保護你，也不能給你絲毫安慰。我只能默默地為你祝福，希望你堅強地度過艱難的日子，重新組建家庭。

1967年7月2日，我收到從峨邊縣人民法院發出的離婚調解書，那上面的字字句句都在撞擊我傷痕累累的心。法西斯魔鬼拆散了情深意切的新婚夫妻，我

又能怎麼辦呢？

　　1967年到1969年是最艱難的日子，因為我沒有犯罪，所以無法認罪。捆綁吊打，我都嘗過了。1968年8月11日把我反銬起來，關進一間不足三平米的黑牢，吃飯只能像豬狗一樣，用嘴去啃。睡覺也只能勉強側臥，輾轉難眠。一連九個月，獄卒公開揚言「關死你」，我卻更加堅強了。我不能死，也不能屈服，更不要得精神病（大舍房裡四十二個人，十二個精神失常了）。我要活，我還要見詩慧。就是這種精神力量支持著我，沒有倒下去。

　　1973年，肖祖貽來苗溪茶場出差。他托人轉告我，他和你組建了新的家庭。我心中像打翻了五味瓶似的，難以名狀。雖然拿到離婚裁決書已經六年了，在沒有得知你再婚的消息時，我仍然覺得我是你的。這會兒我知道了今天已不是昨天，我永遠失去了你。一方面萬分難受，一方面又為你慶幸。

　　肖祖貽到通惠門的時間不長，但他是我最好的朋友。祖貽為人坦蕩、直率，人品正直，和我的觀念相似。他的弱點是孤高自賞，偏激固執。我瞭解他，我們無話不說，而且我知道他喜歡你。我在辦公室幾乎每天都拿出你的照片看一陣，他曾笑話我說：「不怎麼樣，還看個沒完。」但當你來到成都的時候，他悄悄對我說：「看照片不怎麼樣，看人還可以啊。」我還和他開了句玩笑，不料一語成讖。或許，你們的結合是上帝的安排。得知你再婚消息那天，我一個人跑到山頂，大聲呼喊：啊……啊……啊……詩慧真的走了！

　　熬到了1979年9月，終於平反。我急著想告訴你，可是不知道你在何處。年底回到成都，我才打聽到你們在綿陽。我很想看看你們，1980年元旦前後寫了一封信，信封上是你和祖貽兩個人的名字。

　　祖貽回信說：你回重慶辦理平反手續去了。他叫我等你回到綿陽以後再來。這時，曾在沙坪農場待過的朋友說，你和祖貽不很融洽。我為難了，說心裡話，我很想看看你們。如果你們關係很好，我來不會有什麼問題；可是若真的關係不好，我來或許會有一些負面影響。為了使你們的家庭安定，為了不干擾你和祖貽的生活，我又寫一信，託辭很忙，暫時不能來綿陽了。隨之就收到你一封親筆信，其中說：要不是為了兩個孩子你不會到綿陽。你讓我離開成都之前，無論如何到綿陽來一趟。

我很矛盾，想來想去，還是聽你的吧。坐在悶罐車廂裡，我的眼淚不停地滴在鐵板上。同車廂的乘客看到，還以為我病了。

到了建材學院，老肖對我有戒心，不給我們單獨談話的機會。你在廚房，原來不會做飯的詩慧學會了炸酥肉。我抱著你們的孩子肖冰，聽你悄悄地說了一句：「我和他沒有感情。」我轉了一圈，又聽到一句「他打我。」隔了一會兒，我再走到廚房門口，你又說：「他殘酷得很。」詩慧，你知道這三句話的分量嗎？它像三枝利箭穿透我的心。我怎麼辦呢？我既不能對你有所表示，也不能責怪老肖；可謂至今方覺做人難。

晚上，我和老肖同榻而眠，哪裡睡得著？我勸老肖，對他說：「我們受了大半輩子罪，自己不要再給自己增添苦惱。」我倆談到半夜，不知道能不能有效果。

詩慧，你知道我那時心裡是什麼滋味嗎？第二天我給你寫了一封信，偷偷地遞在你的手裡。信中說的話你還記得嗎？要點大概是：你和祖貽八年，而且有兩個孩子；我和你只有十天。所以還是儘量和祖貽維繫這個家庭。信的最後我說了一句不該說的話：「如果實在過不下去，我等你。」或許這是我的錯誤，也是終生都希望得到你原諒的；但的確是我那時的內心活動。在你面前，我沒說過假話。

第三天，你們全家送我到車站，我抱著你們的孩子肖里，又聽到低聲的私語：「回到重慶去看看我的媽媽」，「較場口石灰市10號」。我記在心裡了。你在綿陽說的話，我終身難忘。

1980年3月9日，我回到重慶。3月10日就見到媽媽（現在我只能稱她老人家為伯母），雖然是第一次見到媽媽，卻深深感受到她對我的關心。她向我訴說了你和祖貽感情不和的某些細節，還把你放在她那裡的兩張照片給了我。我向她出示了你3月5日給我的信，其中寫著：「希望你早日安個家。」媽（請原諒我再叫她一聲媽）看了一眼說：「這句話是假的。」她還說她要到綿陽去。

3月13日，黃廠長讓我到他家吃晚飯，我和熊克茵見了面。從第二天起，她每日清晨煮兩個蛋送到招待所。看我衣衫襤褸，她趕著給我打了一件毛衣。熊克茵的真誠感動了我，我答應了和她發展感情。4月15日，我在信中把這件事告訴了你。

4月18日晚，我收到你的信，讓我到重慶火車站去接你。19日晨，我即趕赴菜園壩，全神貫注地目視著出站的人群。中午，我連飯也沒吃，一直等到下午4點。從成都方向來的所有車次都走完了，也沒見到你。我匆匆趕到較場口，孃孃說不知道你來重慶。我心情鬱悶，只好回到長江電工廠招待所，卻又見到你的來信。原來，你18日就到了重慶。

　　19日晚，我由於心急，過度勞累，發著燒，在火車站臨時買了點藥吃，就上了開往銅罐驛的火車。我終於看見你了，在寂靜的候車室，昏暗的燈光下。我第一句話就是問你是否收到我15日發出的信，你說沒有。我告訴你在那封信裡說了我和熊克茵的事，雖然我和她只是剛剛開始交往，關係還不密切，更無肌膚之親，也未決定終身。在你面前，我不隱瞞任何事。

　　我在友人家滯留了兩天，如今已記不得流了多少淚。男兒有淚不輕彈，只因未到傷心處，詩慧是讓我流淚最多的女人。

　　22日我離開了銅罐驛，帶著無盡的憂傷。自那以後，我們很久沒有聯繫。我只保留著你給我的那充滿深情的兩封信，讓我永久思念。那兩封信一直在我身邊，我已經讀過無數遍。就是它，讓我在隨後的幾十年中，時常想著你。但我不敢絲毫外露，只能把你珍藏在我心底最柔軟的深處。你知道其中的酸楚麼？

　　1999年，我偶然遇見一位姓嚴的原在沙坪農場的人。他問我和你還有來往嗎，我說你在綿陽，已經十幾年沒有見面了。他說你們早已經遷到成都，並告訴我了你們的電話。我大膽給你打電話，是你接的，確認你們的確是在成都。

　　同年，陳乃貞回渝探視父親。我對她說，我不便和你聯繫，怕影響你們的家庭。但我心裡總是放不下你，惦念著你。我委託她代我去看看你。她回到成都後來信說，你們四個人——你和祖貽、她們夫妻倆在南郊公園玩了一天。你長胖了，每天到體育館鍛煉身體。她也轉告了你對我的問候，讓我保持現時的家。我只有默默地接受，為你祈福。

　　2005年，我們二十五年沒有見面，也未通信。我不敢給你寫信，也不敢打電話；就怕老肖多心，給你帶來麻煩。我從內心希望，你們家庭和諧，孩子健康成長。我不恨你，也不恨老肖。文革中類似的情況很多，我沒有理由責怨你們。我只希望你們過得好，但是我忘不了你。

這年到成都出差，我住在武警醫院招待所，離體育館不遠。我起了個早，趕到體育館，想看看你。左看右看，不見你的影子。不得已問一位老大姐，她說你們在一個組，舞劍。但是你兩個月沒有來了，可能到新加坡去了。

我請她等你回來的時候代為問候，只說有人來看望你。我沒有見到你，不無遺憾地匆匆走了。幾分鐘後，我又急急忙忙地跑了回去，我怕那位大姐忘記此事，趕去給了她一張名片，那上面有我的位址電話。她手裡有張名片，總不至於忘記吧。

詩慧，你理解我那時渴望看你一眼的心情嗎？只求看你一眼，別無奢望，我等了二十五年。那位老大姐意識到我和你感情一定很深，她說帶我到你們家，我謝絕了。我不能到你們的家裡去，也是為了維護你們的家。我希望你和祖貽和睦、幸福，你應該知道我的良苦用心吧。老大姐很負責，據說當天就找到了你。隨後我接到你的電話，你說，你即將回重慶，探望病重的媽媽。你和我約定，我們見一面。

我期盼著，我們終於在紅旗河溝車站見面了。從1980年到2005年，二十五年，九千多天，我看到了難以忘懷的詩慧。你和我，特別是我蒼老了。記得你送了魚翅和一條珍珠項鍊給惠民，那時我和熊克茵已經離婚，惠民是我的女朋友。我給你刻了一枚私章，幾分鐘後我們就匆匆告別了。

那天我很高興，時隔二十五年，遠在千里之外，我終於見到了牽掛不已的詩慧。但是我也增多了一份擔心，當我問及老肖的時候，你說：「各吃各的飯，各用各的電話。」看來你們的家庭不夠和諧，我又能做什麼呢？沒有辦法，只能默默地祈禱上帝。希望隨著年齡的增長，老肖性情有所軟化，孩子也會好起來。

又過了六年，我和惠民也分手了。2011年2月，我到成都辦事。一直埋藏在心中的思念，讓我再次想見你。可是因為手機丟了，保存的位址和電話不見了。我心急火燎地到玉林派出所查詢，電腦裡沒有你們的名字。我又去了芳草街派出所，還是沒有。隨後我跑了核工業部設在成都的幾個居住區，耗費了四個多小時。幸好遇見兩位老人，他們指引我到了幹休所。

在傳達室，一位年逾半百的值班人告訴我：老肖幾個月前走了，所裡貼了訃告的。我為之一驚！他比我的身體好，怎麼先我而去了呢？應該是我走在他

前面的。我為失去一位曾經的患難之友而難過，半天說不出一句話。我把頭埋在桌子上，歎氣不已。值班人深表同情，他打電話找來一個年輕的小會計，告訴我說你和孩子遷居到清江東路。我立馬去看望你們，卻看到只有孩子一個人在家。

我和你們的孩子談了五個多小時，他有些警覺，懷疑我為什麼對他這樣關心；又為什麼對你和老肖這樣思念。他直截了當地追問，我和你們究竟是什麼關係。

我思索再三，告訴了他。我和你曾經相愛，蜜月中被迫分離了。

他很驚訝，想了想說，希望我和你復合。我相信那是他真實的想法，我回答說：要尊重你媽媽的意願。於是他再三要你和我通電話，並告訴我，你五六月份要回成都，讓我來見你。我當時想，老肖在，我不打擾你們；事實上我也是這麼做的。老肖不在了，或許我能夠為你做些什麼。如果我們能夠在一起生活，我要用真摯的愛彌補失去的一切。到了這個年齡，重要的已不再是男女之情，我希望在一起感受心靈的交融、情感的慰藉和相互的關愛，我們有一個溫馨、祥和、恬靜、幸福的家，我也會盡全力呵護你們的孩子。

6月，我專程來訪，發現你深深懷念著祖貽。我不能在這個時候流露久被壓抑的感情，我也茫然不知所措，辨別不清哪些是真，哪些是假了。我反覆咀嚼你在綿陽對我說的話和我在銅罐驛收到的那兩封信。我是越發糊塗了，多數時間我們在沉默中度過。

但是我希望你過得好，希望孩子更為健康；這個初衷永遠不會改變。媽媽要在就好了，她知道我的心願，也知道你的真情。她在，我們可能會破鏡重圓的。

離開你的幾十年裡，熊克茵和惠民都曾經和我在一起生活。我對前者缺少感情，名義上結婚了，也有了女兒蔚然；但從1986年起，我們就分室而居。為了不影響孩子的成長，我們沒有及時離婚。蔚然1998年考入北大後，我們就辦了離婚手續。

惠民外貌姣好，年輕，但是性格粗獷不適合持家，我們很快也分手了。也許是因為我心裡總有一個人的影子，感覺誰也趕不上曾經的患難夫妻。我默默地思念了四十多年，不敢表露，甚至不敢讓任何人知道。你知道這是多麼難過

麼？此恨綿綿的感情，現在該埋葬了。

去年從成都回來以後，我瘦了十多斤。淚要乾了，心要碎了，我決定不再打擾你了。

詩慧：在我的心裡，你沒有錯。我不會恨你，真的，我絕對不恨你。老肖在處理感情問題上有些失誤，他沒有悟透男人只有在女人的快樂、家庭的和諧中才能感受幸福。對妻兒粗暴，也是傷害自己。但我也不恨他。記住他，記住美好的回憶；忘記它，忘記不幸的過去。

詩慧：我已經七十有五，垂垂老矣。幾十年來，想讓你幸福卻沒有做到，這是今生最大的遺憾。但願你能原諒我，讓上帝懲罰我吧！但願來生能夠彌補，人有來生嗎？

你明白我的心也好，不明白也罷，唯天可鑒。我從來沒有想過傷害你，更沒有想過傷害孩子。我只希望你們過得更好，即使你說我恨你，是你傷害了我……無論你怎麼說，我也不會怨你。想說就說吧，發洩出來心裡可能舒服一些。每個人的處境不同，想法可能不一樣；只怪我沒能讓你剖開我的心。詩慧，一個年逾古稀的老人，心在顫，淚在流，手在抖。就寫到此吧。

附：為你寫的幾首小詩，你永遠在我心裡。

七律，獄中思念愛妻

寫於1967年

猩犴橫行我自若，只歎蘭閨愁索寞。
簷下瀝瀝書生淚，山外淒淒怨女歌。
惠比孟光情尤甚，難若放翁苦更多。
衷腸九曲千萬句，何時方能共訴說。

七律，獄中聞訊李詩慧再婚

寫於1973年

凝眸脈脈百花叢，兩心相映並蒂紅。
茅屋舞盡情切切，陋室歌盈意融融。

蜜月十日生死戀，冤獄八載天地冥。
醒來方知今非是，引吭橫飛擊長空。

七絕，重遊青羊宮思念詩慧

寫於1980年

盼得春回心已殤，一懷愁緒望青羊。
蓉城花卉嬌千態，難及錦州桃李香。

　　近兩年我在抓緊時間寫回憶錄，已經寫了四十八、九萬字，大概還要寫二十幾萬字，力爭明年脫稿。完成了這個工作，我活著就沒什麼意義了，今生可能再也見不到你了。詩慧，別了！別了，詩慧！你要好好珍重，善待自己，保重身體，多給孩子一些溫暖。
　　祝你們幸福。

牛立華

2012年5月

後記

　　2012年春夏之交，反右五十五周年之際，我不禁回想起1957年的情景。毛澤東當時假借「整風」發動反右，效法秦始皇焚書坑儒，全國三百多萬知識份子被打入罪惡的深淵。我也深陷羅網，被專政了二十二年。

　　為了讓人們瞭解「反右」、「勞教」和「勞改」的罪惡，為了讓未來的執政者不再成為歷史車輪的絆腳石，也為了子孫後代不再因為思考而坐牢，我在耄耋之年開始構思有關一九五七年的論著：《陽謀史記──六十年風雲透析與述評》。

　　2012年底，我動手撰寫，前後將近六年，2018年冬完成初稿。我在其中寫出了自己的經歷，同時彙集了大量當代學者和作家研究中共黨史、一九五七年反右運動和文革的論述。文稿列印出來，成為厚厚的四大本。我贈與一些朋友閱讀，得到積極的回應。但他們也指出了不足，主要是篇幅過於龐雜，個人經驗反而被淹沒了。

　　我一直想要回到電腦前修改原稿，但近兩年來視力越來越差，先是右眼失明，很快左眼的殘餘視力也只剩0.15。生活自理就頗多困難，在電腦上改稿已不可能。

　　2020年底，經友人推薦，艾曉明老師看了我的文稿，她同意幫助我完成改稿心願，我們因此開始了合作。我也將自己珍藏了多年的獄中自述交給她拍照，錄入，並第一次公佈於世。現在，讀者看到的文稿就不再是原來的個人故事加研究資料彙編，而是以我親身經歷為主的回憶錄了。

　　青壯年時期歷盡艱辛和折磨，晚年的我已是疾病纏身。年逾古稀後，每年我都要住院數月。經多家醫院檢查，已確診了十幾種疾病，包括高血壓、糖尿病、粥狀動脈硬化、冠心病、頸動脈斑塊、腦血管梗阻、心力衰竭、視網膜黃斑病變、眼底出血等。早年勞改中的超負荷勞動，也導致過早的腰椎錯位，難於站立。

感謝我的護工張祖紅女士，在我生命最後的階段，也是我最困難的時候，她來到我的身邊，給了我日復一日、年復一年無微不至的照顧和體貼。雖然她讀書不多，但她帶給我勝似親人的溫暖，使我像風中殘燭一樣的生命，依然可以保有那一點點光亮。

　　感謝與我經歷相同的五七難友們，你們一如既往地關注和鼓勵我，使我能夠堅持對未來的信念，並且期待著這部回憶錄問世的那一天。

牛立華
2021年4月

附錄

獄中自述

牛立華先生認為，他所保存的獄中《自述》有兩份，一份為自己寫的手稿，另一份為兩個妹妹的手抄稿。根據他的記憶，自己筆跡的手稿即在小監背銬情況下寫出的紙件，並在出小監後利用送糧機會寄出。

我在牛先生的資料中翻拍下來的牛先生手稿共有七頁，包括正文五頁，另有給父母的留言兩頁，其中一頁寫在紅色單行線的信紙上，不全，只有小半頁紙；另一頁寫在另一種紙上，只寫了半頁，落款時間為1969年3月，即可以從小監外出勞動後寫給父母親的。這封信在落款後又寫了三行字，另有半頁紙空白。紅色單行線信紙的內容我已插入到本書正文第七章第一節，1969年3月所寫的信件內容，見第七章第三節。

我發現，牛先生一直認為是《自述》的手稿，與妹妹的手抄稿不同。這是一封很長的申訴信，第一行抬頭寫給收信者：「敬愛的毛主席、敬愛的黨中央」，結尾也如當時流行的信箋體例，寫上了兩句標語口號：「毛主席的無產階級革命路線勝利萬歲」，「我萬分崇拜與敬仰的偉大領袖毛主席萬歲、萬歲、萬萬歲」。

我將牛先生的獄中手稿與妹妹的謄抄稿核對，可以肯定，這是兩個不同的文本。牛先生保存下來的手稿是申訴信，妹妹的手抄稿才是本書中所講到的在小監裡寫出的《自述》。該文以七言詩開頭，在這首詩之後，開始自述：「六八年八月十一日，在一個遠離北京的勞改隊裡，突然集合了一群犯人開會」……

妹妹手抄稿的內容也是自我辯護，但比申訴信的內容更詳盡。全篇寫在兩種材料紙上，前面約四萬字用的是藍色單行線材料紙，共計32頁；後面約兩萬字用的是紅色雙行線材料紙，共計40頁。紅色雙行線材料紙的編號從5-13開始的，接下來是5-14，繼而編號從15頁開始，標注到52頁。也就是說，《自述》稿由牛先生的兩個妹妹分工來抄寫，然後合訂為一冊；合計頁數實際上有72頁。其中藍色單行紙每頁有900～1100字，紅色雙行紙每頁約500字。

我比較兩個手稿後告訴了牛先生這個差異，牛先生說自己記不太清楚了。他說那七頁自己筆跡的手稿也是在北京家中由父母保存下來的。在他目前失明的情況下，我已經無法請他再度核對與說明此中的差異。不過，兩份手稿都已拍照保存，我是核對手稿後得出的結論，應該是準確的。

獄中《自述》，標題係編者所加，內文根據作者兩個妹妹的手抄稿錄入。個別明顯的錯字如以「那」替代「哪」，予以糾正；個別語句如在當頁結尾明顯遺漏了逗號，根據上下文內容補充；其餘文字均未改動。

妹妹手抄稿以長段落為主，中間沒有分段。為閱讀方便，編者整理此稿時增加了分段，以下另起一段處，均以*號標記。

全文約六萬多字，目前保留下來的文稿有十二個部分。在主標題之下又有兩級數字標號，一條內容下面少則兩三條，多則甚至有二十多條。為讀者理解作者的思考脈絡，下文將第一級標題加粗，並在這一級標題下的內容結束處增加了空行。

時隔半個世紀，妹妹手抄稿的結尾頁已經找不到，最後一頁破損，有些字跡模糊、遺失或難以辨認，我將在括弧內加注說明。

——艾曉明

第1頁

獄中〈自述〉

心懷耿耿對黨忠，身受拷打坐囚籠，幾度昏迷幾度醒，一滴鮮血一片紅。
黑牢難鎖凌雲志，丹心永向毛澤東，願將今日千滴血，灑遍紅旗旗更紅。

（一九）六八年八月十一日，在一個遠離北京的勞改隊裡，突然集合了一群犯人開會，宣佈將我關入獨監，但在此之前，並沒有任何人指出我有違法行為，當天會上也沒做任何具體的揭露，而是不由分說地把我反銬起來，強令我在這群犯人面前低頭。我回答說：我不能向犯人低頭，若要低頭，只能面朝東北，向著毛主席。誰知這卻激怒了會場的主持者，於是將我推翻在地，施以拳打腳踢。然後又讓兩個犯人，反提著手銬，橫加折磨。直到散會後丟進獨監。*

當晚，因手銬卡緊，陷在肉裡，刺骨之痛，令人難忍。我默念著：毛主席呀，毛主席，萬想不到我為了維護您的崇高威信，竟會受到這樣的磨練。我又回想起解放的時候，我還是一個十三歲的孩子，是黨把我養育大的，我對黨並無任何仇恨，而且做為一個科學技術人員，也從來沒有什麼政治野心，只想以自己之所學為祖國服務。但卻始終得不到應有的理解，這到底是為什麼呢？*

世上偏有這樣的事，真的太真，有時會被視若怪異，假的很假，有時反被當做珍藏……想著想著又昏了過去。第二天，才把手銬放鬆，從此以後，吃喝拉撒睡就都在這不足一方丈的獨監之內。*

鐵窗外面還釘著木板，僅有的一個風洞也被堵嚴。房門日夜上鎖，裡面潮濕陰暗，終年不見陽光。蒼蠅蚊子飛揚跋扈，糞便生蛆，腐臭熏天。因身遭反銬，而且是

特別的鐵銬，兩手無法活動，故吃飯須學豬狗，用嘴去拱。睡覺只能勉強側臥，輾轉難眠。一舉一動都非常困難。從來也不放風，又無水可用，不能洗臉換衣服（經多次請求，直到12月才脫掉8月穿的那套單衣）夏天悶熱，渾身酸臭發黏，冬日陰冷，實屬饑寒交困。種種細節，不忍詳述。總之，若非親身體驗，決難料想人間會有的生活。六八年內，這裡關過兩個人，頭一個不久就死了，據說原因是「自我摧殘身體」，第二個也已命在旦夕，不知後來調往何地。我的命運如何當時實難逆料，因此我留下了上面那樣的詩句，以披瀝我的肝膽，又忍著手臂的劇痛在牆上刻寫了「永遠忠於毛主席」的誓言，以表明我的丹心。這雖然不能使後人從中瞭解我的全部歷史，但總可看出我對毛主席的信仰與崇敬之情。若能如此，縱在九泉，也可心安了。真沒想到我會活到今天，並得以給黨中央寫這封信。要問我究竟犯了什麼滔天大罪，則需從一九六六年說起。

<u>第2頁</u>

一、概況*

我於一九六六年七月十二日由成都市公安局逮捕，同年九月被成都西城區法院以「反革命」罪判處徒刑十五年。如此長刑，必有重罪。但我既未參加任何反動組織，也沒有殺人、放火、放毒、破壞盜竊國家機密等反革命行為，沒有任何反動筆記、文件，沒有書寫或張貼反動標語、傳單、呼喊反動口號，沒有收聽敵臺廣播或裡通外國。在無產階級文化大革命中沒有任何違法活動或抗拒表現。更主要的是，我一直都是擁護毛主席的，從來沒反對過偉大的毛澤東思想。儘管原單位的某些人曾採用種種手段製造材料，又通過「審理」人員千方百計地拼湊罪名，必欲將我置之於死地，但是他們也沒有舉出任何具體的犯罪事實。為了達到判刑的目的，於是便加給我這樣一條唯一的罪狀，即「藉開會暴露思想和藉口向管教幹部暴露思想公開講反革命言論」，匆匆判處，投入勞改。

二、罪狀能否成立？*

如前所述，按照判決書，我唯一的犯罪活動就是「藉開會暴露思想和藉口向管教幹部暴露思想公開講反革命言論」，我認為這條罪狀的成立至少需要三個條件：

（一）講的是反動言論，（二）確係有意散佈，（三）符合政策規定，三者缺一都不足以判處十五年徒刑，現就此分述於後。*

　　（一）講的是不是反動言論？判斷言論是否反動，應以毛主席著作為最高的衡量標準。凡是反對毛主席，違背毛澤東思想的，才能叫做反動言論。縱觀我自社教以來（甚至可推溯到解放以來）的一切言論，從來沒有反對過偉大的毛澤東思想，恰恰相反，我反對的是不按毛主席的指示辦事，不執行黨中央既定政策的行為，反對的是阻礙社會進步，束縛生產力發展的消極因素。雖然起訴書的作者採用了或斬頭去尾，或攔腰截斷，或歪曲原意或無中生有的手法，把他們認為最「惡毒」的最帶「攻擊性」的「反動言論」，拼湊在一起，編造了一紙罪狀，但明眼人卻不難看出其中的破綻。例如：被列為第一條的「反動言論」是「三面紅旗下面執行過左」，我承認這種看法有問題，但僅僅認為「下面執行過左」決不能斷定就是對三面紅旗的惡毒攻擊。對起訴書中所列的其它言論，只要依照客觀事實，略加分析，便可察覺，我懷疑的是形「左」實右的資產階級反動路線，反對的是盲目的形式主義的對革命不負責任的工作作風，信仰的是毛主席的正確的科學的革命理論，擁護的是以毛主席為首的黨中央。*

　　　　審理期間，我再三提出可以動員全廠的人進行檢舉，把我的一切言論搜集起來，全面地而不是斷章取義地用毛主席著作為判斷是非的最高標準，依照客觀事實逐一地進行分析，指出那些是反動言論，反動性在什麼地方。只要這樣，我就完全認罪。但原審法院並沒有這樣做，既未切實調查，也未認真審訊，連事實都沒弄清楚就不加分析地、籠統地扣一個反動的帽子，並據以判處十五年徒刑，這怎能讓人接受呢？

第3頁

　　（二）是否為有意散佈？在一個時期內我的確產生過錯誤思想（沒有構成言論）也說過一些錯話（構成了言論），主要表現在對現實不滿，把局部的、偏面的現象當做了全體，把資產階級反動路線執行者造成的缺點和錯誤推及到全黨。在某種程度上懷疑黨的政策，懷疑黨的指導思想，幾乎走上反黨的道路。至今回想起來尤覺是一個沉痛的教訓。但那是六〇至六

一年間的事。六一年裡廠內一個幹部瞭解到我這種思想，便向我傳達了毛主席對大躍進的評價，冒著風險讓我學習了毛主席主持制定的中央文件，上述問題就得到了解決。我消除了種種疑慮，拋棄了錯誤觀點。我深為毛主席走遍全國進行調查研究及時發現問題解決問題從而豐富和發展了三面紅旗這個偉大的革命而感動，更加體會到毛主席的英明和黨中央的正確。*

那時生活還比較困難，一些人尚被悲觀情緒所籠罩，我卻因聽到了毛主席的聲音而對未來充滿著信心，曾勸告不少人說：不要悲觀，毛主席已經發現了下面的問題，只要一兩年就會好的。對於錯誤思想我進行了檢查和批判（見歷年所寫的材料）一經糾正，便從未再犯。社教運動中又做了進一步的認識，當時廠裡認為我的認識比較深刻，還曾讓我在全廠大會上做過兩次典型發言。*

文化大革命開始以後，我又主動地（領導未點名，群眾未要求）進行了檢查。我多次痛哭流涕地批判自己為我曾產生過那些錯誤思想而悔恨萬分。對於錯誤的東西不是只暴露不批判，更非擴大宣傳。從我當時寫的書面材料和學習小組的發言記錄中，都可以看出。我抱的是誠懇的求批判的態度，這怎能叫做藉開會暴露思想講反動言論呢？*

其次對於仍然存在懷疑的部分問題，我並沒有立即在小組會上談，恐怕產生副作用，造成不好的影響，而是首先向專門負責思想教育的幹部進行彙報，請求給以解釋或批判教育。我認為這是解決思想問題的積極的認真的和慎重的態度，怎能叫做藉口向管教幹部暴露思想講反動言論呢？所謂管教幹部其職責就是了解被教育者的思想狀況，弄清錯誤的實質及根源，指明改正方法。各地的管教幹部都要求被教育者暴露真實思想即「交真心，說實話」一再強調暴露是願意改正的起點，是靠攏政府的表現。為什麼我以主動求教的態度，把思想問題談了出來卻被認為是犯罪？而且是主罪，是唯一的罪呢？況且我所談的問題是否反動還須待分析？按著判決書作者的邏輯，有了思想問題，既不能在學習會上分析批判，也不能向主管幹部進行彙報，否則便都是絕大的犯罪行為，要處以重刑，這怎能成立呢？*

還需說明：大部分問題並沒有構成言論，而是六六年六月間，某負責幹部讓我寫一書面材料，並說我檢查的態度很好，雖不能給我打保票，但

只要按照他指出的各點進行檢查，是不會處理的。寫此材料的目的是為了讓領導瞭解我的思想狀況，以便幫助和教育，還規定了具體的寫法，

<u>第4頁</u>

我信以為真，一方面為了表示馴服，一方面也是為了求得教育，便把一切在當時被認為是錯誤的東西寫了出來。不管是多年以前的，還是後來產生的，是做過批判的，還是沒有批判的，是已經解決的，還是尚未解決的，是向別人談過的，還是從未暴露的，是長期存在的，還是一閃而過的，乾乾淨淨地和盤托出。滿以為可以痛快地、徹底地解決問題，放下包袱，輕裝進前，誰知這些材料交上去以後，並沒有受到絲毫的教育或幫助，到後來卻被做為編寫罪狀的素材，統統叫做散佈反動言論，這怎能讓人服罪呢？如果不是有意加罪的話，決不會採用這種手段，想出這個罪名，並僅僅根據這個罪名就判處十五年徒刑的。*

（三）是否符合政策的規定？且不談加給我的罪狀不符合客觀存在的事實，退一萬步來說，即使真的談了反動言論，應不應當立即處以十五年徒刑呢？《十六條》有明文規定：「對反黨、反社會主義的右派分子，要充分揭露，要鬥倒、鬥垮、鬥臭肅清他們的影響，同時給以出路，讓他們重新做人。」《紅旗》和《人民日報》六七年元旦社論也曾指出「對於思想反動但無違法行為的右派分子採取擺事實講道理的鬥爭方式」《中共中央國務院關於在無產階級文化大革命中加強公安工作的若干規定》指示的更為明確，「凡是利用大民主或其它手段散佈反動言論，一般的由革命群眾組織同他們進行鬥爭，嚴重的公安部門要和革命群眾相結合，及時進行調查，必要時酌情處理。」按著上述既定政策，如果只是單純的談了反動言論，一般是不會處以重刑的，何況我還沒有散佈反動言論呢？*

綜合上述三點，可以有證據地說，判決既未依據事實，又不符合政策的規定。對起訴中和判決書中所列的各條罪狀，我將在後文中具體回答。如果至今原告及原判單位至今仍確認判決是合理的，則請駁倒我的答辯，用真憑實據揭露我的罪惡，用充分理由說明判罪的依據。只要證據確鑿，理由充足，符合政策，我是完全認罪的。

三、為什麼要將我判罪？

　　原單位的某些人不惜編造材料，又會同法院人員（法院的負責人就是文化革命初期駐廠工作組的負責人）必欲將我處以重刑，是有原因的。六四年八月以後，我重新學習毛主席著作，一方面解決了不少的思想問題，一方面卻發現我所接觸的現象中，有許多與毛主席的教導不相符合的現象，即某些部門並沒有忠實的執行毛主席的指示。當時我不能斷定自己的看法是否正確，也不敢貿然地提出這個問題，又經過一年多對社會現象的觀察和反覆思考，為使問題得到解決，從六五年十月起到六六年六月止，我先後以口頭書面方式向原單位負責人提出過一些疑問和看法，請求給以解釋或批判教育。例如：*

（一）我曾說原單位在某些地方是以物質刺激代替思想改造，是用個人主義教育個人主義。（六六年六月批判我說這是「攻擊領導」，見學習組成員肖祖貽的發言記錄）。*

（二）我懷疑說：現在有些部門執行政策過左，而這種「左」是不符合毛主席教導

第5頁

的，我相信毛主席一定會發現這個問題，糾正下面這種偏向（六六年六月批判我說幻想改變政策，就是盼望修正主義，見我當時寫的書面材料）。*

（三）我認為當時有些人自稱是毛主席的幹部，但卻不按著毛主席的指示辦事，這實質上是，損害毛主席的崇高威信，因而提出說：「我懷疑某些人是以毛澤東之名而行反毛主席之實（見六六年六月我寫的檢查材料）。*

（四）六六年五月十九日我向某主管幹部說：赫魯雪夫曾極力執行過左的肅反政策，但在史達林逝世以後，他卻把肅反擴大化的錯誤都推給史達林，利用一部分人對肅反的不滿情緒作為他大反史達林篡黨篡政的「群眾基礎」。我懷疑中國也可能有這樣的人，把人民內部矛盾當做敵我矛盾，把人民當作敵人。被劃的敵人太多了，以後要出現修正主義，也就是懷疑某些人想效法赫魯雪夫來一個先「左」後右，正在為實現其篡黨篡政、反對毛主席

的野心製造著「群眾基礎」（六六年六月批判我說這是攻擊肅反，見周思光的發言記錄）。*

（五）我對當時的某些社會現象有懷疑，認為它不符合毛主席指出共產主義方向，而有朝修正主義發展之趨勢。六六年五月廿三日在學習小組會上「亮思想包袱」時我曾說：我最大的包袱就是弄不清現在社會的發展方向，某些地方似乎不是向共產主義、而是向修正主義（見當日發言記錄）。*

（六）六六年六月一日（這時已對我展開轟轟烈烈的批判），我主動找到廠長張志超以極為鄭重的態度說：我最大的問題就是覺得現在某些部門沒有完全按照毛主席的指示辦事。他說，你是指本廠？還是指其它單位？我說不單指本廠，而且指更多更高級的單位。他說你提的問題太大了，我水準有限還不能回答（此日雖未做記錄，但我想張廠長決不會忘記這所談話的）。*

（七）文化大革命初期，我曾說：據我體會這次運動的重點是整黨內走資本主義道路的當權派（六六年批判我說，這是轉移鬥爭大方向，企圖逃避對自己的批判，見唐思儒的發言記錄）。*

（八）我曾和人議論過鄧小平反右問題上執行政策過「左」不符合毛主席指示的精神（見六六年七月我寫的檢查材料）那時當然不知道鄧小平是黨內走資派之一，也不是有意攻擊他。只是認為不管是誰，若不按照毛主席的指示辦事就是錯誤的。*

（九）對原單位執行政策的情況，我表示過懷疑，在原單位，摘掉帽子以後被放走的人，大致屬於下列五種情況：（1）老弱病殘，（2）負擔沉重，（3）調皮搗蛋，（4）留之無用，（5）有人事關係。凡身強力壯，比較規矩，有一技之長，可以在生產上起些作用的人則被強制留廠就業。而且不問情況如何，不論有無公民權，實質上仍然被當作專政對象看待。我認為這種做法既不符合黨的政策，也不利於革命事業，曾經說：改造是無限的，活一天就要用毛澤東思想改造一天，但懲罰應當是有限的，不應把犯過錯誤的人（我所指的絕大多數都是有公民權的）長期地當做敵人，不給出路。否則，只能使這些人在失望之餘寄幻想於修正主義，或助長翻案風。表面看來這似乎很「左」，實質上卻是一種為淵驅魚的做法（當時批判我說，這是用「處分有限論」攻擊黨的改造政策，見六六年七月我寫的檢查材料）

（十）對原單位某些人那種不能自圓其說的「宣傳教育」和互相矛盾的講話，我
　　　有時表示不能相信，提過一些疑問，使對方無法回答，因而認為我是「愛
　　　搗亂」，是「故意為難」。*

（十一）對原單位某些人那種違反政策的行為，我曾在口頭上表示過不滿或用書
　　　面方式提出過疑問，雖然在行動上仍然是服從了的，但還是被認為「不
　　　馴服」「敢於違抗」諸如此類約有數十條之多，限於篇幅不再一一例
　　　舉，必要時可寫詳盡材料。*

　　從上述各點可以看出，我對當時的某些現象有所懷疑，但歸根結底，懷疑的是形
「左」實右資產階級反動路線，揭露的是修正主義的潛在根源，要求堅決徹底地執行
毛主席的各項指示，按照黨中央的政策辦事。這在當時，都與某些人推行的政策有所
抵觸，特別是在某些方面似乎是損害了舊公檢法系統中一些人的威信，冒犯了頂頭上
司。由於有無可辯駁的事實做根據，特別是有毛主席著作為標準，所以當時他們也講
不出什麼道理，在表面上對我還很「客氣」內心裡對我卻是非常惡恨的，認為我「不
馴服」「敢於犯上」，敢於說上級領導不執行毛主席的指示，這還得了，簡直是「無
法無天」了，是「攻擊」，是「醜化」，是「誣衊」……*

　　因此，儘管我在該廠多年，先後搞過熱處理、化檢、工藝、設計等項工作，都
在熱愛祖國、酷愛專業的思想支配下努力地完成了任務，七、八年中沒有出過一件廢
品，也從來沒有任何違法行為，但仍被當作「危險」人物。於是，藉開展文化大革命
的機會利用我有歷史問題（此年曾被化為右派分子，（一九）六一年摘掉帽子），利
用我曾經有過錯誤思想，利用我六六年五月才結婚，抱著力圖維持小家庭平靜生活的
妥協心理，採用了軟硬兼施的手法編造了一系列材料，將我處以重刑。這在當時可以
起到三個作用：（1）駐廠工作組以此表現其「左」（2）先發制人，把可能揭露問題
的人關押起來，即可向中央封鎖消息（他們知道我曾經想到黨中央反應情況，此點竟
被列在起訴書中作為罪狀之一）；（3）震懾他人。我看這就是即找不到任何具體的犯
罪事實，千方百計地拼湊的罪狀，在邏輯上也不能成立，又經不起分析和答辯，但仍
堅持將我判罪的主要原因。

四、有關五七年的一些問題

　　五七年的具體情況是比較複雜的，還牽涉到一些人事關係，這裡只做一概略的敘述，如果必要的話，再詳盡地向黨中央彙報。*

（一）**簡單的歷史：**我出生在一個小資產階級的家庭裡，解放時雖只有十三歲，但也身受過日本帝國主義的奴役和壓迫，目睹過國民黨那種貪污腐化、喪權辱國的反動統治，對舊社會我是深惡痛絕的。解放後，我的家庭成員乃至親屬，無一人被殺、被關、被管，生活更為安定，對解放是歡迎的。所以我的哥哥不久就參了軍，姐姐也相繼參加了革命，入了黨。解放前夕，因私立學校學費太貴，我正失學在家，解放後，才由人民政府將我介紹到市三中學讀書。因此，我對解放懷有特殊的好感，就更屬必然了。所以很快就成為一個少先隊員，以後又加入了共青團，五一年我離開北京到太原讀書，全係公費，我的一點知識和技能都是黨培養教育的結果。五五年自太原機械學院畢業後，分配在國防工廠工作，黨對我是培養與信任的。不到兩年便讓我代替原來的工程師，擔任冶金科熱處理業務組的組長，主持全廠的熱處理工作，並直接負責國防產品

第7頁

的熱處理，在政治上也給以很高的待遇。例如：讓我出席重慶市社會主義建設積極分子大會，出席團代會，多次評為先進生產者，選入廠職工代表大會主席團等等。在經濟上每月收入高達七十元，這對於一個二十一歲的青年人來說，實在是太優厚了。世上絕沒有無緣無故的愛，也沒有無緣無故的恨。無論從階級根源來看，還是從歷史根源來看，我不可能實際上也沒有對黨產生任何不滿的情緒，更不用說產生仇恨的心理了。*

（二）**反右前的表現：**一九五六年修正主義思潮開始氾濫的時候，我的思想有些混亂，這一方面是由於自己的腦子裡還殘留著一些民主個人主義的思想，另一方面也是由於當時許多問題暴露的還不充分，因而不能做出正確的判斷，主要表現在我對蘇聯的內政外交政策不能理解，對社會主義制度下的

民主缺乏正確的認識，儘管如此，我對中國共產黨是沒有任何懷疑的，我認為當時黨中央發表的《論和再論無產階級專政的歷史經驗》是客觀的、嚴正的、科學的，充分說明了中國共產黨是偉大的、光榮的、正確的。對黨內某些人存在著的主觀主義、宗派主義、官僚主義的工作作風，我有些不滿，但並沒有把它一般化、擴大化起來，並沒有因此而不滿黨的領導，更沒要推翻共產黨、恢復舊中國的夢想。五七年春天，社會上的一些資產階級右派分子向黨猖狂進攻的時候，我對其中的某些問題缺乏識別能力，但對那些露骨的右派言論，例如葛佩琦、董時光等人的右派言論，在展開反右鬥爭以前（五七年六月八日以前）我就自發的公開的表示過反對。*

　　五七年五月，當我聽說某些單位發生了少數人藉故鬧事的現象時，認為他們這種做法是錯誤的，不應當用請願、罷工等手段對待共產黨和人民政府，因而曾主張對這些人應加強管理教育，不應該姑息遷就。在當時召開的廠職工代表會及團代會上我都強調了解放以後的成績，反對了某些人那種誇大缺點、否定一切的說法。總之，那時的思想雖然有許多問題，但絕沒有任何反黨的情緒和表現，這是有大量事實可以查證的。*

（三）**鳴放簡況**：五七年七月下旬重慶長江電工廠才開始鳴放，我沒有寫過一張攻擊黨的大字報，也沒有四處煽風點火，八方串連呼應，僅僅在指定的小組會上，就指定的題目發過幾次言談及了「黨天下」及肅反問題。當時的大致情況是這樣的：*

（1）在批判儲安平的「黨天下」謬論時，許多人都是說，儲安平說全國各大小單位都由黨員做頭，這不是事實。例如，本廠技術科和會計科的科長就都不是黨員等等。我認為這種說法還不足以使人折服，因而說「我看全國大小單位是由黨員在做頭，科長雖然不是黨員，但每個科都有黨支部，科長要受支部書記的領導。因此事實上是在由黨員做頭，我認為應該由黨員做頭。首先，天下是共產黨領導人民流血犧牲打下來的，不由共產黨作頭，由誰做頭呢？再說共產黨員並不是天生的，是群眾當中的優秀分子，不由優秀分子做頭，由誰做頭呢？所以說全國大小單位都由黨員做頭是很正常的，如果說這就是「黨天下」的話，那麼，我贊成這種「黨天下」，我擁護這種「黨天下」，我認為就是要「黨天下」。我的這段發言，完全是出於對儲安平進行反擊，是為了把一切「黨天下」論者的口封住。例如，文化大革命初期，某些工農兵群眾批判鄧拓的

〈王道與霸道〉這篇毒草時曾經說：「我們就是要霸道」，這是為了反擊鄧拓，決不能說這是攻擊黨的「霸道」。再如，假若敵人攻擊說「你們獨裁」，則可以用：「你們講對了，我們正是這樣」來做回答，以封住敵人之口，使敵人無所再逞其伎。

第8頁

這是對敵人的反擊，而不是對黨的攻擊。儲安平之所以提出「黨天下」這一謬論，是妄圖削弱黨的領導，是不要由黨員做頭，我的發言則是說應當由黨員做頭，或是說必須由黨員做頭，與儲安平的意思是針鋒相對的。*

　　現在看起來，我當時的發言有些問題，但決不是附合儲安平的「黨天下」謬論，決沒有反黨的意圖。在我做了上述發言以後，學習小組成員任光祥（他負責整風學習的通訊報導工作）編輯了一期壁報，其中有一篇報導的題目是「牛立華贊成黨天下」，我看了以後，要請求他照發言記錄予以補充和更正，以免引起誤會。但當時認為問題還不很嚴重，因而未認真追究。*

（2）在討論肅反問題時，我發言說：「有人攻擊肅反搞錯90%（見周總理在五七年政府工作報告中對某些右派分子的批判）這是極端錯誤的。肅反工作不是容易的事，反革命的頭上又沒刻著字，為了徹底肅清反革命，必須對一些可疑的人進行審查。只要肅出了反革命，就是最大的成績。不能因為多審查了一些人就說肅反搞錯了。這好像挖定時炸彈一樣，有時難免把可疑的地方都要挖一下，但只要挖出了定時炸彈，那怕只挖出了一個呢，都是很大的成績。決不能說因為多挖了幾個坑，就否定這項工作。肅反的成績是必須肯定的，因為它相當徹底地肅清了反革命。但我覺得肅反的方式有些粗糙，例如：本廠在肅反運動中曾武裝搜查和鬥爭了一些人，結果都不是反革命。有的人在肅反運動中被開除了團籍，以後又恢復了團籍。這些做法在當時都傷了一些人的自尊心。全國來看，投入肅反運動的人恐怕不只一千萬，如果錯搜錯鬥的只占百分之一，其比例可以說是很小的，但絕對數字就有十萬，影響還是比較大的。我認為今後應當更慎重一些。」*

在我做了這段發言以後，還是由任光祥寫了一篇報導，安了一個驚人的標題「牛立華說肅反搞錯十萬人」。我看到以後，除了在口頭上提出異議，讓他照發言記錄進行補充更正以外，還立即寫了一篇書面申明，強調說：肅反的成績是主要的，缺點是難免的，如果用科學試驗來做比喻，經過幾次試驗，最後得到成功，我們決不能因為前幾次試驗沒有成功就說整個試驗搞錯了。恰恰相反，應當說這項試驗成功了，肅反工作也是如此。我並不是說肅反搞錯十萬人，只是說有錯搜錯鬥現象，而這種現象有時也是難免的……但我的這些申明沒有起到作用，任光祥的報導已成先入為主。當時和我在同一個整風學習小組的人還沒有提出什麼問題，而是其他科室的人不瞭解我發言的具體內容，僅僅根據那些報導，誤認為我是贊成儲安平的「黨天下」謬論，是說了肅反搞錯十萬人，顯然這是右派言論，要求對我進行批判鬥爭。可以想像，在反右鬥爭正值高潮的時候，誰也不能壓抑群眾的積極性，更不可能有人替我辯駁。那時原單位尚未揭露出右派分子，於是我便成了首當其衝的人物。*

　　這時我的心情非常痛苦，承認吧，那些話都不是我的原意。不承認吧，又要受到連續的鬥爭，而且還會被認為是「頑抗抵賴」，是「自絕於人民」，真是左右為難。但我看到周總理在政府工作報告中指出：對右派分子，只要幡然醒悟，社會主義改造的大門還是敞開著的。《人民日報》當時曾發表過一篇社論〈鬥爭正在深入〉其中也說：對大多數右派分子懲前毖後、治病救人的原則還是適用的。我就想，即使把我劃成右派分子，問題似乎也不甚嚴重，我既不是資產階級政客，又不是個人野心家，是個才出校門不久的年青人，歷史上也沒有什麼問題。既然「懲前毖後，治病救人」的原則還適用，那就是通過批評和鬥爭，最後還要達到團結的目的，就是劃成

第9頁

右派分子，大概也只是批判一下。因而為了避免鬥爭早日「過關」，我就採取了「包下來」的態度，不管說什麼，全都承認，在寫檢查材料的時候，由於沒有具體內容，我就找了許多報紙，參照上面刊登的某些右

派分子的檢查，拼湊自己的「認罪書」。例如，「入團動機」那一段，主要抄自上海經濟研究所夏禧的檢查。「對黨的態度」那一段，主要抄自北京師範大學傅鐘孫的檢查。為了表示「交代徹底」，認識深刻，我又硬抓了一些右派言論，例如：「中國的政治制度不民主」，「人代會只是通過現成的東西」等等安在自己的頭上，做為自己的右派觀點（由於事隔多年，我究竟抄了那些東西，自己都回想不起來了，只要查一下我的檔案，把我當時寫的檢查拿出來，對照報紙，略加分析，就可以看出大部分內容是抄的。許多問題都不切合我的具體情況，有些簡直是風馬牛不相及的）。*

我這樣做了以後，形式上是過了「關」，但這些材料卻成為劃右的依據，終於被定為右派分子。*

（四）反右以後的表現：五七年十月原單位的反右鬥爭即告一段落，當時對右派分子並未處理，還讓我參加了某項國防產品的試製工作，這時，我繼續抱著低頭認罪的態度，以為很快就會摘掉帽子。五八年四月，原單位宣佈了對右派分子的處理，有些人當時就被送去勞動教養了，我則被開除團籍，開除工會會籍，調至運輸科監督勞動，每月只發十二元生活費，而且沒有確定的期限。因事外出還要向派出所請假，完全被當作了敵人。原來準備在五八年和我結婚的女朋友（共產黨員）也因此而不能繼續保持關係。這種處理完全出乎我的意料，因而對原單位的反右鬥爭極為不滿。當年五月在一封給同學（高通山，大同市一號信箱）的信裡，發洩了這種不滿情緒，說原單位的反右鬥爭不講理，是形而上學的扣帽子，是使本來對黨沒有仇恨心理的人也產生仇恨心理，我要到中央去講理等。總之，那時的情緒很不正常，但是，在大方向上我仍然沒有迷失，表現在當時有一反革命集團「人民黨」企圖利用我黨深受了委曲的心情，讓我參加其反動組織時，我毫不猶豫地進行了檢舉，並協助保衛部門破了案（據說為首二人被判處死緩）。此足以說明我對一切反革命行為仍然是嫉惡如仇的，對黨仍然是信任和擁護的。這件事情也教育了我，我想，為什麼反革命分子看中了我呢？必然說明自己有問題，如果再不警惕是很危險的。因此在給高通山的第二封信裡，就對前一封信中流露的不正常情緒做了某種程度的批判，但原單位卻以我在第一封信中發洩了對反右鬥爭的不滿情緒，於五八年七月將我送了勞動教養。*

（五）**投入勞教後的態度**：投入勞教後，我被安置在重慶新建機械廠進行改造。當時我想，事已至此，只好「既來之，則安之」，都怪自己寫了那封信，才會受到這樣的處理，因而對黨，也沒有什麼怨恨。據宣佈，勞動教養是行政處分，並沒有剝奪公民權，我估計時間也不會很長，只要摘掉帽子仍然是可以回到革命隊伍中來的，甚至還幻想著以後還可爭取入團、入黨，對前途概屬樂觀，各方面的幹勁都是很大的。五九年底，調至成都，臨行前，新建機械廠的負責人曾經說：本廠是勞改單位，成都的工廠是勞教單位，勞改與勞教是有原則區別的，把你們調到成都是對你們政治前途的關心等等。我聽了以後，更對前途充滿了信心，調到成都後的幾年當中，思想雖有不少的變化和反覆，在一個時期內也產生過一些錯誤想法，但基本點是希望早日摘掉帽子，回到革命隊伍中來。內心深處，我是沒有認罪的。我覺得自己沒有反黨反社會主義的思想，整風運動中也沒有反黨反社會主義的表現，

第10頁

只是由於報導失真，被人誤解，才劃成了右派。但在口頭上和歷年寫的書面材料中，還都是承認自己有罪，接受對我的處理。六一年社會上掀起翻案風的時候，我知道了消息，也覺得自己的問題與實際情況有出入，但考慮到已經勞教三年了，估計可能很快就會摘掉帽子。只要摘掉了帽子就算從根本上解決了問題，用不著翻案了。所以，雖然覺得劃右的依據與實際情況不符，但也沒提出任何申訴，經過將近三年半的勞動教養，終於在六一年摘掉了右派帽子，解除了勞教。

（六）**什麼我在六五年提出了五七年的問題？**摘掉帽子以後，我被留廠就業（除老弱病殘等特殊情況外，均被強制留廠就業），儘管在政治待遇上與勞教時相差無幾，經濟待遇也原封未動（我的職務是三級技術員工資卻只比學徒略高一點），但我並未因此而悲觀失望，心想，可能還要經過一個時期的考驗，總會回到革命行列之中的，當時的物質生活雖然比較困難，我的精神面貌卻是樂觀向上的，對未來充滿了種種美好的幻想和善良的願望，盼望著得到黨的諒解與容納。就這樣過了一年、二年、三年，一直過了將

近五年，仍然看不出什麼大的變化。形式上是摘掉了帽子，實質上則仍被視為專政對象，在某些管理制度方面甚至比五八年對勞教分子的管理還要嚴格，不管表現如何，一律稱為「三類人員」，在政治上被當作危險分子。每逢五一、國慶等節日舉國人民共同歡慶的時候，我們就被關在廠內武裝警戒，不能越出一步。即使住家就在工廠隔壁，除週末外也不能回去住宿。在經濟上也沒有按照黨的既定政策，以勞動成果確定工資報酬，實行的並不是同工同酬的原則。在生活上，不僅吃飯、睡覺與一般工人有原則區別，就連廁所也要分開使用，難以盡述。*

總之，從精神到肉體，從形式到內容，仍然被當作敵對分子。無論怎樣爭取，還是被拒在人民行列之外，始終甩不掉「就業人員」這頂帽子。這不能不使人憂慮，究竟要到那一天才能解決問題呢？瞻念前途，不勝感慨，精神上感受的痛苦很大。*

六四年又連續地發生了三件事：*

（1）我從五五年起，就用心搜集過一些關於金屬、硬度試驗方面的資料，打算編寫一本實用的參考書。六四年曾將部分初稿送給四川省科委的有關人員審閱，他們認為內容很好，主動提出可以代我送至北京，推薦出版。因為直到那時為止，我國還沒有一本自己編寫的關於金屬硬度實驗的資料，從蘇聯轉譯的兩個本子，內容已多屬陳舊，且不切合我國的具體情況，客觀上很需要這樣一本書。我當時提出希望由他們主持這一工作，我可以義務地提供材料。他們卻提出了相反的要求，希望我繼續編寫下去，爭取早日完稿，並表示願意大力支持。我向原單位的主管幹部彙報了這個情況，並說明我編寫此書的目的不是為了個人名利，發表時可用公家名義。原單位不僅不予支援，反而設置了種種人為的障礙，以致這一工作不得不中途停綴。多年的宿願無法實現，實係令人痛心之至。*

（2）六三年以來，我編譯過一些關於金屬、熱處理的技術資料，先後在四川省機械科學研究院主辦的刊物上發表。我做這項工作，實系出於熱愛祖國、酷愛專業，是為了交流技術經驗，推動祖國熱處理科學事業的進步，完全是盡義務（該刊物並無稿費）。原單位知道以後，也加以阻撓。由於我發表了幾篇文章，引起了成都市機械工程學會的注意，六四年召開學科性的熱處理專業會議的時候，他們希望

我也能參加，這也遭到了原單位的拒絕。*

（3）六四年五月在新華書店，偶然看到一個人急購《金相圖譜》，據書店負責人說：該書已長期脫銷，我見購書人顯得十分著急，便主動表示可以將我的這一套書借給他。事後才知道他在成都八一信箱工作，是該廠附設技術學校的熱處理專業教員，我之所以把這套比較貴重的書不講任何條件地借給這位素不相識的人，完全是出於幫助他解決困難問題，並未夾雜絲毫個人目的。原單位知道以後，竟然表示反對，其理由是：根據我的情況，不能和在國防單位工作的人接觸。*

這三件事對我刺激很大，我想，一個人如果真的對黨有深仇大恨，受到這樣的對待是在所必然，可是我呢？素來對黨沒有任何仇恨，僅僅因為五七年沒有實事求是地讓黨瞭解自己的真實思想，竟造成了這麼嚴重的後果。戴右派帽子，送勞動教養都不說，如今摘掉帽子多年了，還是不能回到革命隊伍中來。以前我也在國防單位，而且是受到信用的人，現在和國防單位的人偶有接觸都被認為是個問題，似乎把我當作了刺探軍情的分子。名義上雖然是有公民權的，實質上卻還是被列為專政對象，不僅不能參與任何政治活動，就連參加技術活動的可能性也失掉了。對於一個熱愛祖國酷愛科學的技術人員來說，這是非常痛苦的事。眼看祖國的工業建設蒸蒸日上，特別是第三個五年計劃期間，西南被列為重點建設地區。據我瞭解，許多廠礦都很缺乏熱處理專業的技術人員。我學習和從事這項工作已經十多年了，水準固然還是很低，但多少也有些心得體會，很想把它發揮出來，可是現在卻是有力無處使。回想幾年前還在毛主席像下宣過誓，要把自己的一切獻給共產主義事業，可是，現在想獻也獻不成了，一切理想抱負都無法實現，連想為社會主義建設多做一些事的權利也沒有了，甚至幫助人做一點好事也被認為是壞事。這時候，我方感到政治生命的可貴，我痛悔自己不該在五七年為了過關而採取那種不實事求是的態度，我才覺得有必要把五七年的實況向黨說清楚。於是，在六五年社教運動中，我提出了五七年的問題。*

（七）**是不是翻案？**關於五七年的問題，我當時並沒有在下面散佈，而是先向主管幹部說明了大致情況，隨後又寫成了專題書面材料。無論在口頭上還是

在書面材料中，我都首先強調了反右鬥爭的正確性和必要性，沒有因為個人問題而否定這個偉大的政治運動。我多次申明，五七年的後果是我的錯誤造成的，沒有把責任推之於黨，我明確表示：接受對我的處理，並不要求翻案。我反覆說明，所以提出五七年的問題，是為了讓黨瞭解我的歷史，瞭解五七年時我的真實思想，瞭解我對黨並無任何仇恨，希望在摘掉帽子多年以後，得到黨的理解與任用，或者說諒解與寬恕，允許我回到革命隊伍中來，不要長期地以敵人對待。這種願望是善良的，是願意為黨工作的表示，決不能叫做翻案，更不能說是向黨進攻。一個人如果對黨心懷不滿，則只能採取混天度日，苟安於世的態度，或者是冷眼旁觀，不出一計，不設一謀。如果對黨有深仇大恨，則必然是敵視對立，陰謀破壞，或者像伯夷那樣「不食周粟而死」，決不會滿腔熱忱地要求任用。只有熱愛黨的人，才希望得到黨的諒解與容納。只有擁護社會主義的人，才願意為社會主義事業多盡一些力量。只有贊成當世的政治制度的人，才希望在當世的政治制度下有政治前途。這是很明顯的道理，向黨說明歷史問題，爭取政治前途與翻案（否定過去的處理）是性質完全不同的兩回事。

第12頁

我認為*

（1）　由於自己的過失造成了一些歷史問題，在四清運動中不僅是可以而且是應當和必須實事求是地向黨交代清楚，這不但是對自己負責，也是對黨忠誠老實的表示。*

（2）　且不談我多次鄭重申明不要求翻案，退一步來說，個人對某些歷史問題有懷疑，請求黨進行調查也是應當允許的，在進行調查之前，在駁倒本人的申訴之前，在沒有用確切的證據證明事實毫無出入之前，也不能一概就說成是翻案，萬一真有出入呢？*

（3）　即便事實全無出入，個人對歷史上的錯誤還沒有認識清楚，成了嚴重的思想問題，影響自己的改造，為了求得解決，也應當把它暴露出來，讓領導瞭解自己的真實思想，以便對症下藥，給以教育。只要不固執錯誤，不無理取鬧，也不能說這就是犯法行為。*

（４）　按照黨的既定政策，對右派分子是沒有剝奪公民權的。摘掉帽子以後，當然更不用說是有公民權的。我提出五七年問題的時候，一再表示不翻過去的案，只是希望在摘掉帽子以後，得到一個公民應有的權利，不要繼續以敵人對待，這完全是合理合法的，不能說這是過分的要求吧！*

（５）　六六年五月我結婚以後，就連這點要求都放棄了，只想平平安安過一輩子，當一輩子「馴服工具」，對五七年的問題就沒有再提了，而且表示自己願意認罪，還當眾做了檢查，這更不能叫做翻案了吧。總之，五七年的後果是自己的錯誤造成的，我過去、現在和將來都不翻這個案。只是希望對於摘掉右派帽子的人不要再以右派分子對待，要使這些人能夠站到革命陣營方面來，不要把他們驅向敵人一邊去，這對黨對社會主義都是有好處的。

五、被打成反革命的經過

　　當我對原單位更確切地說是對舊公檢法系統中的某些人，是否完全按照毛主席的指示辦事，是否認真執行黨中央的政策表示懷疑以後，原單位即藉口我在社教運動中提出了五七年的問題而施加壓力。教育股的一個幹部對某些人說：牛立華是不認罪的典型，這次要給他動個大手術，把他帶到重慶去對案。朱鏡秋（教育幹事之一）也對一些人說：你們和牛立華接近是沒有好處的，他的思想反動，問題很多。朱子文（教育幹事之一）甚至說：牛立華走路的姿勢都是反動的，看起來大有興師問罪之勢。但我認為自己沒有任何違法活動，我所提的各種疑問都有事實做根據，特別是有毛主席著作為標準，並非憑空捏造，也非有意歪曲，只是一些善意的懷疑，不是惡意的攻擊。只是懷疑某些部門沒有完全執行黨中央的政策，並不是懷疑政策的正確性。在提疑問的時候，一再請求批判教育是為了解決思想問題，不管怎麼說，這決不能叫做犯罪。*

　　至於五七年的問題，也都有經得起對質的人證、經得起檢驗的物證。只要切實調查，問題總是可以澄清的。而且我一再表示並不要求翻案，這也不能說是犯罪。因此，對於來自各方面的壓力，我沒感到是個威脅，反而認為是一件好事。領導注意了我的問題，如果能進行調查，或對我進行批判教育，就可以使長期沒有解決的思想問題得到解決。所以我曾經對教育股的幹事說，我願意用「刺刀見紅」的態度對待自己的問題，希望能動個大手術，觸及靈魂地解決問題。並表示可以到重慶去對案，還主動提供線索說：五七年時和我在同一個整風學習小組的許多人現在都已調至成都，有

的在省委，有的在某些國防工廠，

第13頁

大多是黨員，可以就近瞭解情況，讓他們說一說我在五七年是對黨有深仇大恨呢？還是屬於認識問題。我又以極為誠懇的態度對朱鏡秋幹事說，我有些問題想找朱幹事談一下，希望得到朱幹事的教育。她說，好嗎，等一會有了空時間我就去找你（以後她並沒有來）。這時我繼續提出原單位在某些方面沒有完全執行黨中央的政策，並在給廠長的一份正面材料裡明確地寫著：我知道提這些問題對自己沒有好處，很可能因此而把我調到山區或改變我的工種，即由搞技術工作調去搞繁重的體力勞動，但我不是為了個人得什麼好處，是為了貫徹黨的政策，只有政策兌現才能取信於人。否則對革命是不利的，當時廠裡的某些人認為我竟敢說上級領導沒有完全執行黨的政策，似乎是「攻擊領導」是很「危險」的，因此讓我注意，以免個人吃虧。我也曾表示不怕個人吃虧，當時我想，如果廠裡再施加壓力，我就上北京，向黨中央反映情況，我認為下面某些單位不按照黨中央的政策辦事，實質上是損害黨的威信，使人懷疑政策的真實性，不利於鞏固黨的領導，有必要讓黨中央瞭解下面的某些情況，如果是我的錯，我甘願受罰，思想上做了冒風險的準備。*

　　在我做了這些表示以後，原單位對我的態度突然變好了，再也不說我思想反動，問題很多了，我在向代付卿幹事彙報思想時曾經說，領導認為我問題很多，究竟是什麼問題呢？我希望能給我指出來，以便改造。他卻說：領導並沒有認為你有什麼嚴重問題，我就是教育股的幹部，如果認為你問題多，用不著你來找我，我就要去找你了。並且說：我們對你的看法和對田明（惡霸地主劉義彩的女婿、右派分子）等人的看法是不一樣的，你基本上是在新社會長大的，歷史不像他們那樣複雜，也不像有些人那樣對黨有階級仇恨，領導對你還是很信任的。我們也知道你的工資低了，今後優先調整，你是很愛動腦筋的人，以後多把腦筋用在熱處理方面，其他問題自然會給你解決，讓我埋頭於業務，不要過問其它的事。教育股的某幹部還說：只要我結了婚，就把李詩慧調到本廠來，照顧我們的關係等等。總而言之，對我似乎是十分優待，並且許了不少的願，一切以我馴服為條件。這時我的思想有些動搖，繼續提問題呢？似乎是有點不識好歹了，不提了吧，問題並沒有解決。究竟是下面沒有完全按照黨中央的政策辦事呢？還是我對政策的理解有錯誤呢？並沒得到具體的回答。關於五七年的

問題，也沒有進行調查，究竟是事實確有出入呢？還是我「不認罪」呢？並沒做出明確的結論。*

但考慮到領導對我這樣好，因此我也就更為尊重領導，在工作上也更為努力，對於過去提的種種疑問就沒有再提了，可是仍然沒有打消向黨中央反映情況的想法。我認為下面的某些單位是在那裡「靈活」地解釋黨的政策，有些地方是各自為政，甚至背離了毛主席的教導，破壞了毛主席和黨中央的威信，任其存在下去，對黨將有所危害，對國家的發展也是不利的。但這種看法是否正確，我也不敢肯定，因此仍然想在適當的時候，用適當的方式把問題提出來，以求得解決。*

六六年五月，我結了婚，引起了思想的突變。對方一再勸我不要多管閒事，只要平平安安地過一輩子就不錯了，讓我聽領導的話，爭取把她調到成都來，兩個人能永遠在一起生活，就十分幸福了，千萬不要破壞了這個才建立的

第14頁

小家庭。這時我完全軟化了，既不想為個人的前途去找麻煩了，也不想為中國的前途去冒風險了，抱了馬馬虎虎過一輩子算了的態度，但是我很清楚，原單位的某些人表面上雖然對我很好，實際上卻仍然認為我思想反動問題複雜。這一方面是由於他們不瞭解我的真實思想，另一方面則由於某些人認為只要不順從個人意志，或懷疑了個人的做法就是反動，就是反黨反社會主義。針對這種情況，我覺得有必要讓領導瞭解自己的真實思想，說明自己對黨並沒有什麼仇恨，另一方面則盡可能表示你馴服，聽話，扭轉領導對我的印象。*

這時候，原單位已經揭開了文化大革命的序幕運動，之前，廠長多次在大會上鄭重宣佈，只要不是殺人、放火、放毒等現行破壞活動，主動交代一律不做處理，思想問題更應大膽暴露。領導決不會因為你暴露了真實思想，認為你反動，或問題很多，恰恰相反，認為你比過去任何時候都進步，把以前不敢談的問題都談了出來，是覺悟提高了的表示，是比以往任何時候都相信政府……原單位技術室又組織學習毛主席的著作《放下包袱，開動機器》，要求每個人把思想包袱亮出來，自己能夠認識的問題，自己認識，自己尚未認識的問題，大家說明認識。*

我覺得這種政策和做法，有助於領導瞭解每個人的真實思想，有利於觸及靈魂地進行改造，也是自己解決思想問題的一個好機會。因此，一方面為了表示馴服，一

方面也是為了多多少少解決一些問題。六六年五月下旬，我在學習小組會主動進行了檢查，對於已經認識到的問題，我多次痛哭流涕地批判自己，為我曾經產生過那些錯誤思想而悔恨萬分。對於仍然存在懷疑的問題，我把它暴露出來，希望通過大家的辯論，求得正確的認識。對於自己認為是正確的，但與領導的看法不一致的問題，我表示不堅持己見，請求給以批判教育。*

　　由於原單位的某些人早就想把我「整整」，因而我的檢查就成了導火線，到了六月份，就把鬥爭的矛頭集中到我身上了，勒令我停職反省，並組織對我進行批判鬥爭。起初，我仍然想擺事實、講道理，把真實情況談出來，以求從靈魂深處，真正地解決問題，但客觀情況卻不允許我這樣做，某些人的批判並不是充分說理的，有分析的，有說服力的，而是恰恰相反。例如：我曾說，據我體會，這次運動的重點是整黨內走資本主義道路的當權派，當時批判我說，這是轉移鬥爭方向，妄圖逃避對自己的批判。再如：我用實例說明黨的政策是隨著情況的變化而有所改變的，當時也批判我說這是攻擊黨的政策變來變去。諸如此類，不勝枚舉。按照某些人的思想方法，似乎對任何一句話都可以分析成「反動言論」。在這種情況下，我如果堅持說理就會被認為是「狡辯」，是「態度不端正」，甚至會引起不良的後果（這時某些單位已經開始逮捕人了），因此，我就採取了妥協的態度。無論什麼問題，都說成是自己的錯誤，以求順利通過，從今以後，再也不過問政治了，隨波逐流地過一輩子算了。*

　　跟著，原來掌握學習的，比較瞭解情況的幹部被調走了，換上了兩個工作組的人，其中一個被稱為鄧科長，是工作組的主要負責人，似乎是為我而來，另一個姓什麼都不清楚。這時，廠裡興起了武鬥之風，又連續發生了幾件事：李實貴觸電自殺致死，賴培榮、徐炳泉服毒自殺（經搶救未死），李××持刀自殺（經搶救未死）。不久，又逮捕了幾個人。當時我想，自己沒有任何違法活動，至於思想

第15頁

問題呢？大部分都是早就批判過的，是已經解決了的。對於仍然有懷疑的問題，我也表示放棄自己的看法──惟領導的意圖進行檢查，而且都是我主動交代出來的，並不是惡意攻擊。根據廠長多次宣佈的政策，決不致於受刑事處分，工作組的做法雖然有些反常，似乎「左」的出奇，看起來並不是為了揭露牛鬼蛇神，批判錯誤觀點，好像是有點想「殺一儆百」的意思。但只要我不違犯刑法，也不致於出大問題。*

為了免除某些人可能利用「抗拒交代」「破壞運動」等藉口將我逮捕，我便更加表示低頭認罪，即便你逆來，我也順受，總之，一切為了不逮捕，就可以維持住才建立的小家庭。這時，原單位又指定了專門的幹部督促我寫交代材料，他對我說：我檢查的態度很好，雖然不能給我打保票，但只要繼續這種態度，按照他的佈置進行檢查交代是不會受處理的。寫此材料的目的是為了讓領導瞭解我的思想狀況，以便進行幫助和教育等等。我信以為真，一方面為了表示馴服，一方面也為了求得教育，便把一切在當時被認為是錯誤的東西寫了出來，甚至把一些不是錯誤的東西也說成是錯誤的，而且不管是多年以前的，還是當時產生的，是做過批判的，是早已解決的，是向別人談過的，還是從未暴露的，是長期存在的，還是一閃而過的，乾乾淨淨地和盤托出，請求批判教育。*

　　在寫分析批判材料的時候，他給我劃定了框框，由於實在沒有具體內容，我也就牽強附會地給自己扣了幾個大帽子。例如，我交代了這樣一種思想，我懷疑現在某些人執行政策過「左」，而這種「左」是不符合毛主席教導的，我相信毛主席一定會發現下面這種問題，並糾正下面這種偏向。當時批判我說幻想改變政策就是盼望修正主義，甚至是妄圖變天復辟，我也就把這段話安在了「變天復辟」這個他所規定的標題下面。總之，盡可能順從領導意圖，爭取不受處理。*

　　這裡需要說明，我並不是推翻當時所寫的一切材料，凡是具體的言行，不管是自己的交代，還是對別人的檢舉，基本上還是根據了事實。只是那些「分析批判」才是不符合客觀實際的。在我把這些材料交上去以後，就沒有對我進行批判鬥爭了，而採取了置之不理的態度。過了幾天，捏造和誣告又接踵而至。例如有人檢舉我藏有劇毒藥如「氯化鉀」等等，對於一般的檢舉，我都沒有申辯，僅僅對「私藏毒品」一事做了說明，並主動提出可以對我進行搜查，派人監視我的行動，以求使問題得到澄清。工作組採納了這些建議，儘管沒檢查出任何東西，但仍一再要我承認這件事，經我用了不少腦筋，提出了很多理由，證明檢舉是不可靠的，才沒有再提這個問題。突然在六六年七月十二日宣佈我是現行反革命分子，加以逮捕。

六、審訊過程

　　審理期間，我繼續抱著妥協的態度，我認為自己沒有危害社會主義革命的行為，也沒有破壞社會主義建設的活動，全是一些思想問題，是否反動還須待分析，即或都是反動的，也是我主動交代出來的思想，大部分並沒有構成言論，而且遵照領導意圖

進行了分析批判，沒有堅持自己的觀點，就是處理也不會很嚴重。如果我能在審理時做到態度良好，表示悔罪，似乎還可能得到寬大，最多也就是戴一個帽子。我以為司法機關一定能切實調查，認真審訊，嚴肅地對待法律問題，但結果卻出人意料。據我入獄後瞭解，一般的審訊過程，大致

要有如下一些步驟：公安局預審，預審結案時由被告確認全部犯罪事實，檢察院進行審查並核實預審材料，將起訴書發給被告，令其準備答辯，法院開庭審訊宣判等。對我的審訊則大為簡化，我於六六年七月十二日被捕入獄，七月十四日由公安局的一名預審員提訊，僅僅問了姓名、年齡、籍貫、案別等，並未涉及具體案情，大概只是立案登記，直到八月十八日才進行正式預審。*

　　這次換了一個預審員，增加了一個書記員。在審訊過程中，我對那些與事實有出入，但還不是不著邊際的問題一般均未申辯，僅僅對那些全無根據或顛倒是非的所謂控告，才做了必要的說明，此次審訊終結時我見記錄不夠完整，在某些地方甚至有較大的出入，很容易被人誤解，因而請求補充和更正。這卻使預審員頗為反感，我剛剛寫幾個字，他就很不耐煩，幸好書記員讓我繼續寫下去，才使我能夠對個別問題做了簡略的補充，為了不致引起預審員過於不滿，對於記錄中的其它問題就沒有切實追究，我認為這才是第一次預審，只不過把某些問題點了一下，還沒有深入問題的實質，以後必然還要審訊某些問題，可以留待預審結案時再最後確定。*

　　誰知道這次預審以後，就沒有再進行審訊，而且省略了預審結案這個步驟，省略了由檢察院審查並核實材料的步驟，也沒有把起訴書事先發給本人，突如其來地在九月七日這一天正式出庭了。法庭由一名審判員和兩名人民陪審員組成，這兩位人民陪審員（一男一女）年紀都已在六旬左右，事實證明他們並不瞭解案情，甚至可以說不可能瞭解案情。有一位陪審員在審訊過程中一言未發，另一位陪審員兩次說話，因為的確離題太遠，都被審訊員打斷，以後也就一言不發了。我想，如果真的尊重人民，尊重陪審工作，尊重人民陪審員，就應當聘請政治條件好，而且有陪審能力的人擔任人民陪審員，並應根據陪審的不同情況，陪審不同的條件，使陪審員有可能充分瞭解案情，理解審訊過程中的一切問題。這樣，才能發揮陪審作用。如果只是在形式上設立了人民陪審員的席位，卻採用手段不讓人民陪審員瞭解案情，這不但是對嚴肅的

陪審工作的玩弄，而且是對人民陪審員本身的一種侮辱。西城區法院某些人當時的做法，只能說明他們抱的是後一種態度。文化大革命深入開展以後，我才明白這不過是舊公檢法系統中一小撮走資派愚弄人民欺騙輿論的手段，他們根本沒把人民陪審員放在眼裡。*

　　在當天的法庭上，我才得到起訴書，看完全部內容，不禁使人詫異。我想起了毛主席的教導：「世界上只有唯心論和形而上學最省力，因為它可以由人們瞎說一氣，不要根據客觀實際，也不受客觀實際檢查的。唯物論和辯證法則要用氣力，它要根據客觀實際，並受客觀實際檢查，不用氣力，就會滑到唯心論和形而上學方面去。」這份起訴書，堪稱為不用氣力的代表作，完全沒有根據客觀實際。為此，我不得不在法庭上進行必要的答辯。但從審判員的談話及表現來看，她對審訊並不甚感興趣，好像只是為了走個過場，似乎立即就要判決，因而我又提出請求調查瞭解，查清事實以後，再行處理，並且在九月十日寫了一份書面材料，以實事求是的態度，和盡可能承認自己有罪為前提的原則，對起訴書所列的各條罪狀，逐一地作了說明，再次請求繼續審查。*

　　在這種情況下，西城區法院才不得不又進行了一次審訊。名義上是依法公開的，實際上卻是秘密的，乾脆把兩位人民陪審員都取消了。審判

第17頁

員並沒有用有力的論據駁倒我的回答，例如：起訴書中有這樣一條罪狀：「被告因被劃為右派分子不認罪，一九六五年以來經常狂妄叫囂要翻案說，『我要告到中央去。』」我答辯說：我曾經想到黨中央反映情況，其中包括了關於個人被劃為右派分子的問題，但不是要求翻案。這件事我只和一個人說過一次，怎能叫做「經常狂妄叫囂要翻案呢？」審判員說：「我知道你就要鑽字眼！」請想一想，把不翻案說成翻案，把只對一個人說過一次的事說成「經常狂妄叫囂」。像這樣的字眼，難道不應當鑽一鑽嗎？這是罪狀啊！審訊終結時，我見審訊記錄不夠確切，請求補充，這時審判員把記錄甩給我說：「你拿去補充！」她卻揚長而去。*

　　試想，審訊記錄是記載審訊實況的法律文件，須雙方確認才能成立，怎好由被告一方任意補充呢？這只能說明審判員的態度是不夠嚴肅的，好像早已拿定了嚴加懲辦的決心，任憑被告有天大的理由也無濟於事。當時我曾提出，請求暫緩處理，進一步

調查犯罪事實，但考慮到似乎已很難改變審判員的決心，故又提出，請念及我全部問題均係主動交代，念及我在被劃為右派分子以後，仍能不受反革命分子的煽誘，檢舉了反革命集團「人民黨」並協助破案，念及我勞教就業多年，在勞動生產上一直是努力的，七、八年中沒造成過一件廢品，希望從輕處理。隨後又在九月廿七日寫了一份書面材料，對審訊過程中的一些問題做了說明，重申了上述請求。*

西城區法院對我的請求和說明，沒進行任何回答和批駁，突然在九月卅日宣佈判處我徒刑十五年。宣判後，我當時表示判決未依據事實，並請求看一下《中華人民共和國懲治反革命條例》以瞭解判決的法律依據，宣判人說了一句：「你不服可以上訴」就草草收場了。這時，我對西城區法院的信任就被審判員們的行動掃光了，我認為她們的做法完全背離了毛主席的教導，失去了一個共產黨人應有的鄭重態度。但那時還認為這大概是個別的特殊問題，因為西城區法院院長就是駐原單位工作組的負責人，我是由他決定逮捕嚴辦的，審判員們為了順從領導意圖，只好採取這種反常的做法。明明找不到確切的依據，也駁不倒被告的答辯，還是將我處以重刑。我幻想著中級法院可能會講一點道理，一方面水準要高一些，另方面沒有這種微妙的人事關係，或許能比較客觀而嚴正地處理問題，因此，決定上訴。在上訴狀中，我除了說明上訴理由以外，還強調指出現在全國人民都在活學活用毛主席著作，應當以毛主席的指示為判斷是非的最高標準，以黨中央的政策為處理問題的唯一依據，要求中級法院按照毛主席的指示及黨中央的政策辦事，不料中級法院對此未做任何回答，反而採用了不經調查，不加審訊，不容申辯又不准上訴這樣一種極為反常的手段，更為匆忙地做了一個維持原判的決定。*

從我將上訴狀交給看守所的幹部起，到法院下達判決為止，僅僅隔了幾個小時。在判決書上雖然列了四個人的名字，說是組成審判庭，既有審判長又有審判員，還有代理審判員和書記員，表面看來，似乎鄭重其事，但是實際上，根本未進行任何審訊，只是來了一個人（是一個人）慌裡慌張地讀了一下判決書，這位宣判人（大概是審判長）連原審法院都沒弄清楚，原審為西城區法院，他卻在宣判記錄中寫成了金牛區法院。草率到如此地步，當然更談不到瞭解案情了。可是這卻被叫做

第18頁

「終審判決」，而且不得上訴。至此，我對法院的信任就全部失掉了。當時，我雖然

不可能知道黨內潛藏的資產階級司令部，正在推行反動路線，實行白色恐怖，但我深信法院的這些做法，決不是毛主席和黨中央所能容許的。我堅信中國共產黨是偉大的、光榮的、正確的，堅信一切違背毛主席指示的行為必將會得到黨中央的糾正。*

因此，宣判後，我一方面表示無論何時何地，我都要以毛澤東思想進行改造，一方面請求原告及法院保留一切書面材料，不得銷毀，以便日後上級進行調查，同時提出說：為什麼不經審訊就進行判決呢？宣判人說：對你就要實行專政！我說：專政是需要的，但只能是對敵人採用的手段。首先要查有實據，確證為敵人，才能專政，不能毫無根據地專政。他說：證據多得很，單是檢舉材料就有這麼多（用手比了將近一尺的樣子）。我說：既然材料那麼多，單看一下材料就要花費幾個小時，為什麼這樣快就進行判決？而且還說是經過「反覆查證」，這能讓人相信麼？他說，像你這樣態度，不但要關你十五年，而且要關你一輩子。我說，按照判決，我的犯罪事實就是向管教幹部暴露思想，今後有了思想問題，還暴不暴露呢？他說，哪個要你暴露，靠你自己解決。我說，自己解決就是自覺改造了，何必還要管教幹部，何必把我判處徒刑呢？他說，你少跟我囉嗦，並把我拉過去，讓我在記錄上按指紋。我請求看一下記錄，他才拿給我，我見記錄並未如實反映宣判情況，而且他已經替我簽上了名字，我本想不按指紋，但轉念一想，這倒是一個很好的材料，今後上級進行調查時，可以從這份記錄中看出中級法院是怎樣「審訊」和「判決」的。於是才按上了指紋，以防假冒（這時，我已認為這些「司法人員」是什麼事都幹得出來的，很可能製造假材料）。*

對於一個重大的反革命案件的審訊就這樣結束了，審訊過程中的問題還很多，以上只是大略情況，但已足可讓人深長思之。不徹底改革舊公檢法，決然不能鞏固無產階級專政，決然有損於黨的威信，決然不利於社會主義革命，深望黨中央加強這方面的工作。

七、對起訴書及判決書的回答

（一）前提（暫略）

（二）對起訴書的回答：*

四川省成都市人民檢查院　起訴書　（66）檢勞訴字第027號　被告牛立華　男30歲　漢族　北京市人家庭出身資本家，一九五七年在重慶長江電工廠猖狂向黨進攻被判為右派，因不服監督改造，一九五八年被勞動教養。一九六一年十月摘掉右派帽子，解除勞教，留通惠汽車修配廠至今。被告牛立華因反革命一案，於一九六六年七

月十二日，由成都市公安局依法逮捕，預審後移送本院審查起訴，經審查判明其犯罪事實如下：被告牛立華，解除勞教後，一貫堅持反動立場，極端的仇視黨和社會主義制度，惡毒地，全面系統地攻擊黨的各項方針政策，誣衊說：「三面紅旗下面執行過左」，「總路線的基本點已經變了，還在喊總路線萬歲」，「大躍進的成績是虛的」……攻擊肅反反右鬥爭說「肅反擴大化，搞錯十萬人，翻案是不會停的」，「中國現在被劃的敵人太多了，以後要出現修正主義。」並狂妄地說：「中國不出現修正主義我就自殺」。被告還極力醜化社會主義，美化資本主義制度，宣揚資產階級

第19頁

「自由」說「今天社會就是不自由」，攻擊毛澤東思想是言行不一致，「理論上是一套，做的又是一套」，誣衊無產階級文化大革命「是想批判哪個就找哪個的材料，若不想批判哪個，問題再大也不了了之」。被告因劃為右派分子不認罪，一九六五年以來經常狂妄叫囂要翻案說：「我要告到中央去」，當其他就業人員勸阻時竟說「我一不怕苦，二不怕死，三不怕燙，捨得一身剮，敢把皇帝拉下馬」，又說：「既然黨把我看成敵人，視我為草芥，我就視你為冤仇」，反動氣焰十分囂張。綜上所述，被告牛立華，一貫堅持反動立場，惡毒地攻擊黨的各項方針政策，誣衊無產階級文化大革命，狂妄叫囂翻案，在就業人員中造成極壞影響，根據中華人民共和國懲治反革命條例第十條一、三款之精神，應依法懲處。此致，成都市西城區人民法院，檢查長　陳清雲，一九六六年八月二十六日。以上是起訴書的全文，現逐句回答於後：

　　被告牛立華，男，三十歲，漢族，北京市人，家庭出身資本家，一九五七年在重慶長江電工廠猖狂向黨進攻，被劃為右派，因不服監督改造，一九五八年被送勞動教養，一九六一年十月摘掉右派帽子解除勞教，留通惠汽車修配廠就業至今——關於我的家庭出身是否為資本家，請依照當地政府劃定的成份確定，因此項問題並不涉及具體案情，故這裡無須多說。關於五七年的劃右問題前文已有所說明，不再重述。除以上兩點外，起訴書中的這段話，大體都是正確的。

　　被告牛立華因反革命一案，於一九六六年七月十二日，由成都市公安局依法逮捕，預審後移送本院審查起訴，經審查判明其犯罪事實如下：——這裡說：對於犯罪事實是經過了「審查」的，是「判明」了的，怎麼審查的呢？對被告未進行任何訊問，這是客觀存在。對原告是否有所瞭解呢？也未必然，其根據就是這份起訴書的內

容，不僅被告不能承認，就是稍具認真態度的原告看了也會搖頭的，因為它不符合客觀實際。毛主席曾諄諄告誡過人們：「研究問題忌帶主觀性，片面性和表面性」，並且指出只瞭解原告一方，不瞭解被告一方……不瞭解矛盾各方的特點，這就叫做片面地看問題，這樣是不能找出解決矛盾的方法的，是不能做好所任工作的，一再教導人們要深入調查研究，不要粗枝大葉地看到一點矛盾的形相，就想動手去解決矛盾。如果背離了毛主席的這些教導，對原告、被告雙方都沒有深入瞭解，怎能叫做經過了「審查」呢？沒有審查，又怎能判明呢？

被告牛立華，解除勞教後，一貫堅持反動立場，極端的仇視黨和社會主義制度，惡毒地，全面系統地攻擊黨的各項方針政策——不僅「反動」，而且「一貫」，不僅「仇視」而且「極端」，不僅「攻擊」而且「惡毒」，罪行可謂嚴重。事實如何呢？對於以毛主席為首的黨中央所代表的中國共產黨，對於名符其實的以無產階級專政為特徵的社會主義制度，對於根據毛主席的革命路線制定的各項方針政策及其實踐，我不但沒有「一貫極端仇視」或「進行惡毒攻擊」，而且是始終非常信任和要求堅決執行。口說無憑，這都是有案可稽的。對於一小撮走資派那種反社會主義的倒行逆施，對於背離了黨的路線的不良現象，對於不按照毛主席的指導辦事的行為，我的確產生過懷疑和不滿。但由於那時，還沒有識破這些政治扒手的猙獰面目，所以對他們還沒達到「一貫極端仇視」的地步。表現在我只是口頭上提過一些疑問，行動上沒有進行抵制，

第20頁

提疑問的時候，抱的是請求解釋或批判的態度，並不是對他們進行揭露和抨擊，而且到後來，由於考慮了個人得失，就連這點疑問都放棄不提了，沒有堅決地進行鬥爭。我痛感自己以往對毛主席著作的學習還很不夠，以致對這些早就應當仇視的東西沒有仇視，這對我是一個很大的教訓。通過無產階級文化大革命，許多問題都澄清了，我請求檢查院用新的觀點，用毛澤東思想對我過去的言行進行審查，如果能用具體的事實說明我的確反對了毛主席的無產階級革命路線，我是願意服罪的。

誣衊說「三面紅旗下面執行過左」——我承認這種看法有些問題，但這句話決沒有否定三面紅旗的正確性，僅僅認為「下面執行過左」，並不是說「中央路線有錯」這能叫做對三面紅旗的惡毒攻擊呢？其次，下面執行是不是有過左的現象呢？據揭

露，在大辦鋼鐵運動中，李井泉等走資派曾從極「左」的方面進行破壞，造成了不良的政治影響。在技術革命運動中，一小撮走資派以極「左」的姿態出現，強制推行「煤氣化」「管道反應」「超聲波」等等，浪費了國家的建設資金。在大辦農業中，一小撮走資派掀起浮誇風，破壞了農業生產力的發展。毛主席發出《黨內通信》，李井泉在上面要加「批語」，說是「可能起副作用」，毛主席提出「少種高產多收與廣種薄收相結合」，李井泉堅持其所為「畝產萬斤」，黨中央決定將人民公社的所有制下放，李井泉說這是從北京吹來的「陰風」，是「右傾」，並說「中央要放到腳板心，我們只下放到磕膝蓋」，以上這些都是廣大革命群眾揭露出來的，是在報紙上刊登過的。不僅是過左，而且是「左」的出奇，完全違背了、甚至破壞了毛主席的革命路線。如果把這一切都說成是正確地執行了三面紅旗，那只是對三面紅旗的醜化和褻瀆，是往三面紅旗上抹黑，是真正擁護三面紅旗的人所不能容許的，黨內一小撮走資派為了掩蓋其用極「左」的手段破壞三面紅旗的罪惡活動，為了達到其醜化三面紅旗，反對毛主席的罪惡目的，把由他們造成的缺點和錯誤，統統推之於三面紅旗，推之於黨中央，推之於毛主席。誰要是說他們沒有正確地執行黨中央的正確路線，說了一句「下面執行過左」就給誰安一個惡毒攻擊三面紅旗的帽子，就要被打成反革命。加給我的這條罪狀，難道不是這樣來的嗎？

「總路線的基本點已經變了，還在喊總路線萬歲」──總路線的基本點是否已有改變呢？直到現在許多人認為沒有改變，認為說：「總路線的基本點已經變了」就是「誣衊」，因此首先需要把這個問題弄清楚。在黨的八大工作會議上，明確地公佈過總路線的基本點，當時規定的發展國民經濟的總方針是：「在優先發展重工業的基礎上，工業和農業同時並舉，重工業和輕工業同時並舉……一整套兩條腿走路的方針」，隨著情況的變化，毛主席提出了「以農業為基礎，以工業為主導，按著農輕重的次序進行安排。」這樣一個發展國民經濟的總方針，這是毛主席對總路線的豐富和發展，這種變化是必要的、正確的。毛主席曾經教導說：「一般地說來，不論在變革自然或變革社會的實踐中，人們原定的思想、理論、計畫、方案毫無改變地實現出來的事是很少的，這是因為從事變革現實的人

第21頁

們常常受著許多的限制，不但常常受著科學條件和技術條件的限制，而且也受著客觀

過程的發展及其表現程度的限制（客觀過程的方面及本質尚未充分暴露）。在這種情形之下，由於實踐中發現前所未料的情況，因而部分地改變思想、理論、計畫、方案的事是常有的，全部地改變的事也是常有的」，又說：「真正的革命的指導者，不但在於當自己的思想、理論、計畫、方案有錯誤時須得善於改正，而且在於當某客觀過程已經從某一發展階段向另一發展階段推移轉變的時候，須得善於使自己和參加革命的一切人員在主觀認識上也跟著推移轉變，即是要使新的革命任務和新的工作方案的提出，適合於新的情況的變化。革命時期情況的變化是很急促的，如果革命黨人的認識不能隨之而急促變化就不能引導革命走向勝利」。*

按照辯證法的觀點在不同的歷史時期須得有不同的總路線。例如：一九四九年以前，黨的總路線是新民主主義革命的路線，全面勝利以後，則轉入到社會主義革命的階段。如果有誰在這時候喊「新民主主義萬歲」，那不但不是擁護總路線，而且是錯誤的了。說明了總路線的基本點已有所改變以後，再來談我那句話的來源，六五年我曾問過兩個人是否知道總路線的基本點及其變化，他們都回答不出，可是在口頭上，他們也還在喊總路線萬歲。我想起了毛主席的教導，「盲目地表面上完全無異議地執行上級的指示，這不是真正在執行上級的指示，這是反對上級指示或者對上級指示怠工的最妙加法。」因此，我認為那些對總路線的基本點及其變化都不瞭解的人還是在喊總路線萬歲，決不能說是擁護總路線，這就是「總路線的基本點已經變了，還在喊總路線萬歲」的來源，能說這是惡毒攻擊黨的總路線嗎？

「大躍進的成績是虛的……」——起訴書中只寫出了半句話，下半句是：我懷疑下面對糧食產量和鋼鐵產量的數字有虛報現象，這是我長期存在的一種思想，其來源是：據報導，五八年的糧食產量是五千億斤（原曾公佈為七千五百億斤），五九年的糧食產量是五千五百億斤，六零年的糧食產量是在五九年的基礎上提高了百分之十，只有六一年因受自然災害的影響糧食減產，但產量仍高於五七年的水準。又據報導，五九、六零、六一這三年，受到了連續特大自然災害，但從公佈的糧食產量數字來看，似乎五九、六零這兩年沒受到自然災害的影響，或者說戰勝了自然災害，因為糧食產量逐年增長了百分之十。這在正常年景下，都是相當高的速度，從實際的生活情況來看呢？五九年糧食供應就開始緊張，六一年是最困難的一年，六二年小春作物收穫後，就已有好轉之趨勢。根據這些情況，如果下面上報的數字都是確實的，就不應當在五九年發生糧食供應緊張的現象。六零、六一年也不會那麼困難。所以我懷疑下面有虛報現象，這決不是攻擊大躍進。*

在文化大革命中，廣大革命群眾揭露了黨內一小撮走資派在糧食產量上的弄虛作

假行為，六二年以前以少報多，堅持「高指標」、「高估產」、「高徵購」，六二年以後又以多報少，單四川一地就隱瞞糧食四十億斤。種種客觀存在，難道只許一小撮走資派弄虛作假，上欺中央，下騙群眾，就不許人產生一點懷疑麼？誰要是產生了一點懷疑（請注意是懷疑，而不是四處散佈）就要被打成反革命，處以重刑，能說這是實事求是的態度麼？

還需說明，以上三點並非現行言論，而是從我六六年六月寫的檢查資料中摘錄下來的，是作為向領導的交代，並

第22頁

不是在下面散佈。關於那些材料的寫作情況，我在《被打成反革命的經過》一節中已有所說明，在起訴書中，將這些都說成是現行反革命言論，也是與實際情況不相符合的。關於我對三面紅旗的認識過程（最初是積極地，但也是盲目地執行，六零年至六一年間對黨的路線產生了懷疑，六一年聽到了毛主席的聲音，學習了毛主席主持制定的中央文件，消除了這些懷疑，但仍然認為下面執行的有問題。六四年以後，通過學習毛主席著作，漸漸明白了三面紅旗的偉大意義及其歷史作用，明白了應當如何對待群眾運動中的缺點和錯誤，應當如何對待新生事物，也明白了一切缺點和錯誤都是由於沒按照毛主席的指示辦事所造成的，更加深刻地認識到了毛澤東思想是最正確、最科學的革命理論。如果背離了毛主席的教導，就要犯錯誤，就要走到邪路上去，給革命帶來損失）。在六五年寫過一個專題材料，六六年一月所寫的六五年年終鑒定材料裡也用了相當的篇幅說明了這個問題，我希望起訴書的作者能把這些材料看一看，把現實情況和歷史情況調查清楚。只有這樣，才能判明問題的性質，才能做出正確的結論。

攻擊肅反，反右鬥爭說「肅反擴大化，搞錯十萬人，翻案是不會停的」——這條罪狀是從我在不同的時間、不同的地點和不同的對象所談三段話中，各取一句（嚴格地說是各取幾個字），然後把它連在一起，拼湊而成的。為說明真相，故須按其本來面目分成三截進行回答：

「肅反擴大化」——六六年六月，學習小組成員周思光對我進行批判時，我說過這樣一段話：蘇聯之所以出修正主義，國內根源是資產階級思想影響的存在，國外根源是屈從於帝國主義的壓力。這是兩個基本根源，但是蘇聯在歷史上所犯的一些錯

誤也不能不說是一個因素。赫魯雪夫曾極力執行過左的肅反政策，但在史達林逝世以後，他卻把肅反擴大化的錯誤全部推給史達林，利用部分人對肅反的不滿情緒，作為他大反史達林篡黨篡政的「群眾基礎」，因而使他能很快地爬上臺。我說這段話的思想根源是懷疑中國也可能有人想採用赫魯雪夫這種先「左」後右的做法（六六年五月我和某主管幹部談過這個問題），決不是攻擊五五年的肅反運動，這是可以對質的，也是有文字材料可以查證的。起訴書的作者從這段話中抽出了「肅反擴大化」幾個字，作為編寫這條罪狀的起股，單從這幾個字來看似乎是攻擊了肅反運動。

「搞錯十萬人」——這是五七年加在我頭上的一條右派言論，其具體情況在《有關五七年的一些問題》中已經說過了，現在又被翻出來作為六六年的現行言論。是不是我在五七年以後說過這樣的話呢？並沒有，因為我根本沒有這種思想。那麼，這句話是怎麼翻出來的呢？那是六六年五月，在一次學習小組會上，有人問我五七年的犯罪事實是什麼？為什麼不認罪？我回答說，被劃為右派的依據，主要是兩條右派言論，一是「黨天下」，一是「肅反搞錯十萬人」，這兩句話都不是我的原意。在當天的會上，我簡單地談了五七年的實況，直到這時候，其他人才知道我被劃為右派的情形，才知道有「肅反搞錯十萬人」這樣一句話。起訴書的作者或原告大概看到發言記錄中有「搞錯十萬人」幾個字，

第23頁

就不顧前後地趕忙把它摘下來，作為編寫這條罪狀的中股，和前面那句話連在一起，於是便成了「肅反擴大化，搞錯十萬人」問題已經有點嚴重了。

「翻案是不會停的」——六五年十二月，我向某主管幹部彙報思想時，曾經說：據我瞭解，有些人是沒有認罪的，認為事實有出入，但原來也沒有翻案的打算。可是在摘掉帽子多年以後，還是被留在改造單位，實質上還是被劃為專政對象，看不到出路，感到長此下去，沒有政治前途，似乎只有翻案，才能解決問題。例如：秦爛輝、甘炎，解除勞教五年多了，一直沒說過要翻案，現在卻產生了翻案的想法。我認為如果把犯了錯誤的人長期地當敵人看待，不給出路，只能助長翻案風，使人認為似乎只有翻案一條路好走，寧可冒一個翻案的罪名。像這樣下去，翻案風是不會停的……這是我當時的一種認識，向主管幹部進行彙報以求批判，起訴書的作者卻只取出了「翻案是不會停的」幾個字，和前面那兩句話連在一起，於是便成了「肅反擴大化，搞錯

十萬人，翻案是不會停的」然後加上一個攻擊肅反、反右鬥爭的帽子構成了這條罪狀，使人一看，好像這是一氣呵成的。「現行反革命言論」，是「惡毒攻擊」，顯然應予嚴懲。如果不是實在找不到犯罪事實，又非有意加罪不可，決不會採用這種方法吧？

「中國現在被劃的敵人太多了，以後要出現修正主義」──這是六六年五月我向某主管幹部暴露的一個思想問題。無論從當天的整個談話來看，還是單就這句話的本身來講，都是希望中國不要出修正主義。例如說：你把弓弦拉的太緊了弓弦就會斷，這是希望弓弦斷呢？還是希望弓弦不斷呢？顯然是希望拉弓的人有所注意，不要把弓弦拉斷。其次，當時是不是把敵人劃的太多了呢？這裡僅舉兩點證明：（1）六六年初，我聽到這樣一種傳聞：「現在有三分之一的人都是敵人」（這是部隊裡一個中級幹部傳出來的，據說是上級黨委的分析，直到六八年，我才知道這是李井泉提出來的「理論」）。（2）在一些「執法單位」把犯過錯誤的人長期地留在專政機關，不問情況如何，不論有無公民權，基本上都是當做敵人看待的。我認為這種「理論」和做法都不符合毛主席的教導，毛主席在論述鬥爭、策略問題時，多次強調要縮小打擊面，要分別對待，要合乎情理，要給出路，並且指出：「離開實際情況，錯誤地擴大打擊面是危險的。」*

據我不完全統計，僅在《毛澤東選集》裡，有關這些問題的教導，至少在四十處以上。在任何運動中，毛主席都強調要團結大多數，爭取同盟軍。在解放戰爭，土地改革那種大規模的急風暴雨式的群眾階級鬥爭中，打擊面都不超過百分之十。解放十幾年了，敵對分子應當是越來越少。毛主席總是教導要團結百分之九十五以上的人民群眾，可是下面卻提出了「現在有三分之一的人都是敵人」，在這種主觀唯心的階級估量下，必然會實行一系列過左的政策，自以為是打擊了階級敵人，加強了無產階級專政，實際上卻會引起懷疑和不滿，擴大敵人的營壘，導致修正主義。赫魯雪夫就曾以極「左」的姿態出，故意把許多人打成反革命。史達林逝世以後，他又以極右的姿態出現，大平其

第24頁

「冤獄」，並把一切錯誤歸於史達林，進行了一系列反對史達林的活動，篡奪了黨和國家的領導。有鑑於此，我認為當時的說法和做法是有問題的，因而提出了自己的懷

疑，這是攻擊肅反嗎？不是，是攻擊反右鬥爭嗎？也不是。如果一定要說是攻擊的話，那只是攻擊了形「左」而實右的資產階級反動路線，攻擊了一小撮走資派妄圖反對毛主席，妄圖實現修正主義的陰謀計畫，於是成了走資派的眼中釘，非把我打成反革命不可。

並狂妄地說：「中國不出現修正主義我就自殺」——既然是「狂妄地說」就不是悄悄地說、秘密地說，就會有許多人聽到過我說這句話，就應當能夠舉出許多人證和檢舉材料，然而這是不可能的，因為它不是事實。事情的真相是這樣的：（一九）六六年六月一日，我主動地找到廠長張志超，以極為鄭重的態度說：「思想問題若不解決是一個很大的痛苦，六四年我就曾因陷在個人主義的泥坑裡，感到政治上沒有前途，技術上也沒有出路，生活上又受到了挫折，因而悲觀失望，幾乎痛不欲生，產生過自殺的念頭，想一死了之。六四年下半年，通過學習毛主席著作，才解決了這個問題，現在我的思想也有許多問題，一個是我對五七年的罪認不下去，我檢查不出自己在當時有反黨、反社會主義的思想，劃右的依據與事實是有出入的。另一個最大的問題是我認為現在某些部門沒有完全按照毛主席的指示辦事——希望能在這次運動中求得徹底的解決……」這哪裡是說「中國不出現修正主義我就自殺」呢？張廠長是唯一的當事人，我想應當是能夠作證的吧？六六年七月我寫的書面材料裡，對這個問題也做過說明，白紙黑字是無法變更的。其次，即使真的有這種思想，主動地向領導交代出來，也不能說是犯罪吧？*

再說，聽其言，還要觀其行，一個人如果每天都喊一百次「我要為共產主義而奮鬥」但不見之於行動，能不能吸收他為共產黨員呢？顯然是不能的。同樣道理，即使說了一句「我要自殺」沒有一點朕兆可尋、端倪可察，就立即處以重刑，也是不恰當的吧？何況在言論上我沒說過這樣的話，在行動上則正好相反，不僅沒有自殺，還在六六年五月結婚，以後更抱了「活命哲學」的人生觀，為了維持小家庭的平靜生活，放棄了政治原則，說明某些人製造了不少的材料，也給編造這份起訴書造成了藉口，這都是活命哲學把我害了。如果我早就橫下一條心，固然還是要被打成反革命，但編寫罪狀就不這麼容易了。

被告還極力醜化社會主義，美化資本主義制度，宣揚資產階級「自由」，說「今天社會就是不自由」——這裡有三個大帽子，一個是「極力醜化社會主義」，一個是「美化資本主義制度」，一個是「宣揚資產階級自由」。事實呢？有一件，就是說了一句「今天社會就是不自由」。我請求檢察院再把那些交代材料、檢舉材料、控告材料翻一翻，還可以再搜集一點補充材料，找幾件經得起分析的具體事實，把這三個大

帽子的內容充實一下，然後我再回答。如今只說「今天社會就是不自由」這句話是怎麼來的。那是六五年十月，原單位的一個職工張文憶，對我進行幫助，想瞭解究竟有哪些思想問題。我曾說：我想編寫一點有關金屬熱處理的技術資料，需要查閱參考文獻，但

第25頁

現在的圖書館控制得非常嚴格，許多書一般人都借不到，手續繁多，要各種各樣的介紹信，我想起馬克思在寫資本論的時候，曾經在大英皇家圖書館查閱各種資料。如果那時候的圖書館像我們現在的圖書館這樣，他就借不到書。他是寫反對當時社會制度的書，都還有查閱資料的自由，我現在想寫點有利於社會的東西，都沒有這種自由。我認為現在的社會沒有做到毛主席教導的「既有統一意志，又有個人心情舒暢的生動活潑的政治局面」。＊

　　隨後我將這次談話向主管幹部做了彙報，我感到當時的社會是不大自由，在無產階級文化大革命運動中，廣大的人民群眾揭露了一小撮走資派剝奪或侵犯人民自由權利的非法行為，在他們當權的時候只有一小撮走資派的自由。他們可以自由地踐踏憲法，自由地檢查扣押革命群眾的信函電報，他們可以自由地製造材料，動用專政工具，把他們不滿意的人打成反革命。他們可以自由地把封建的農奴主「選舉」為人民代表，自由地把女資本家加封為青聯的副主席，自由地弄虛作假、欺騙中央，自由地經營其獨立王國。誰要是不贊成這種「自由」，就說誰是「攻擊」，是「醜化」，就要判處十五年徒刑。這就是他們的「自由」。廣大人民對這種顛倒是非的自由不能容忍了，起來爭自由了，終於在毛主席提出的「對反動派造反有理」的偉大號召下，喊出了「打倒李井泉，解放大西南」的革命口號，經過反覆鬥爭，才把權力真正地奪回到無產階級革命派的手裡來，廣大人民才真正的獲得了自由。＊

　　如果說，在李井泉統治西南的時候，廣大人民都已經享有憲法所規定的各項自由，即就在實質上否定了廣大革命群眾提出的革命口號。既然已經自由了，何必還要解放呢？種種事實證明了在黨內一小撮走資派當權的時候，破壞了毛主席的革命路線，破壞了民主集中制，用各種手段侵犯了人民的自由，對這些現象產生一點懷疑，決不能說是攻擊社會主義制度吧！

　　攻擊毛澤東思想是言行不一致，「理論上是一套，做的又是一套」——在這條罪

狀中，前面沒加引號的部分是起訴書作者的推論，後面加了引號的部分，才是我的原話，一目了然。我這句話決不是攻擊偉大的毛澤東思想，決沒有否定理論的正確性，而是批評那些不以毛主席的革命理論作為行動綱領的人。關於我對毛主席和毛澤東思想的態度，準備另寫一個專題，這裡僅舉幾點與這條罪狀有直接聯繫的旁證。（1）我曾說：我懷疑現在有些人是以毛主席之名而行反毛主席之實（見六六年六月的檢查材料）（2）我曾說我懷疑現在某些人執行政策過左，而這種「左」是不符合毛主席教導的（見六六年六月的檢查材料）（3）我曾說，我最大的問題就是覺得現在某些部門沒有完全按毛主席的指示辦事（六六年六月一日和張志超廠長的談話）（4）我曾說：我認為現在某些人沒有堅決執行黨中央的政策，正如毛主席批評過的那種人是「僅僅把箭拿在手裡，握來握去，連聲贊曰：『好箭，好箭』卻老是不願意放出去。」（見六五年十二月寫給廠長的書面材料）。*

其他還有很多，不再一一列舉。把以上這些話聯繫起來，可以看出，我一向反對的就是不按毛主席指示辦事的行為，反對那些口頭上說的是毛澤東思想，行動上卻是另外一回事的人，要求在實際工作中全面地落實

第26頁

毛主席的最高指示，不要「理論上是一套，做的又是一套」，這不但不是攻擊毛澤東思想，而且是信仰、崇拜和維護毛澤東思想，怎能成為罪狀呢？順便提一下，起訴書中的這段話，在語法邏輯上也是不通的，只要弄清楚「思想」、「言」、「行」這幾個詞的意義，就知道什麼地方不通了，只能說某某人言行不一致，怎能說某種思想言行不一致呢？

誣衊無產階級文化大革命「是想批判哪個就找哪個的材料，若不想批判哪個，問題再大也不了了之」——這是六六年五月十九日向主管幹部暴露的一個思想。當時尚未宣佈改組北京市委，也不知道毛主席主持制定了偉大的歷史文件——中共中央一九六六年五月十六日的《通知》。我曾說：北京市出了這麼大的問題，難道彭真沒有責任嗎？說重了就是有意安插，說輕了也是官僚主義。現在許多人都說，不管資格多老，地位多高，只要反對毛澤東思想就要把他拉下馬，為什麼不碰一下彭真呢？我看中央如果不點他的名，下面也不敢找他的材料。*

我還對學習小組的幾個成員說：曹禺在六一年寫過一個劇本《膽劍篇》，我看也

是個大毒草，其毒性並不亞於《海瑞罷官》。現在吳晗被揪出來了，一查歷史，原來是幾十年的老反革命，而曹禺卻還是亞洲作家代表大會、中國代表團的代表，我看要把他揪出來問題也少不了。如果不想批判他，大概也就算了。另外，還有一個思想我沒敢談出來，那就是認為劉少奇說的某些話也有問題，也不符合毛澤東思想。這並不是我現在充行時，而是有證據可查的。文化大革命開始以後，我曾把劉少奇以前做的「報告」「演說」拿出來看，覺得其中有些話有問題，曾經用鋼筆在上面劃了許多記號。這幾本東西被捕時我並沒有帶走，可能還在原單位保管著呢！只要把它找出來，就可以看出我認為劉少奇也是該批判的，但在當時，我哪裡敢談這句話呢？*

　　總的來說，我認為當時還沒有把一切反毛澤東思想的現象都揭露出來，事實證明了那時候黨內一小撮走資派還把持著一些地方文化大革命的領導權，正在玩弄著「捨車馬，保將帥」的把戲，執行的並不是毛主席的無產階級革命路線，在那種情況下，我表示了一點懷疑，決不能說是誣衊毛主席親自發動和領導的無產階級文化大革命，決不是誣衊毛主席的無產階級革命路線，隨著無產階級文化大革命的深入開展，廣大的革命群眾終於衝破了黨內一小撮走資派的束縛和種種清規戒律，把資產階級司令部徹底地揭露出來了，徹底地打倒了，我的懷疑也就消失了。

　　被告因劃為右派分子不認罪，一九六五年以來經常狂妄叫囂要翻案，說：「我要告到中央去」——我認罪是事實，我在一九六五年才提出五七年的問題也是事實，「經常狂妄叫囂要翻案」則不是事實。我在提五七年問題的時候，曾多次申明過五七年的後果是自己的錯誤造成的，明確表示接受對我的處理，不要求翻案，這是有大量書面材料可以查證的，我也曾產生過想到黨中央反映情況的思想，其中包括關於五七年被劃為右派分子的問題，但不是要求翻案，也不是我想反映的主要問題，主要的目的是想讓黨中央瞭解下面

第27頁

的某些單位沒有完全執行黨中央的既定政策，在某些方面造成了不良的政治影響，如果任其存在下去，對黨將有所危害，特別是某些人，自稱是毛主席的幹部，卻不照毛主席的指示辦事，這將嚴重地損害毛主席的崇高威信。*

　　關於我想到中央反映情況的事只和一個人談過一次，他對我說：到北京也很難得遇到中央負責人，下面就把你擋住了，發回四川處理，不但解決不了問題，反而會

惹禍，我也就一直猶豫未定。六六年五月，我結婚以後，便抱了「明知不對，少說為佳，明哲保身，但求無過」的態度，打消了這個念頭。在起訴書中，把不翻案說成是要翻案，把只跟一個人談過一次的事說成「經常狂妄叫囂」是與實際情況完全不符的，近（退？）一步來說，想到黨中央去反映情況，能說是犯罪嗎？這是相信黨中央的表示，即便說是要「告狀」吧，誰願意向自己不相信的人那裡告狀呢？如果沒有做違背中央政策的事，就不怕人去告狀，只有大搞「水潑不進針插不進」的獨立王國的人，才害怕有人到中央去反映情況，才會把向黨中央反映情況說成是犯罪，想方設法都要把這樣的人關起來，以竭力向黨中央封鎖消息，我看這是把我打成反革命的主要原因。

當其他就業人員勸阻時竟說：「我一不怕苦，二不怕死，三不怕燙，捨得一身剮，敢把皇帝拉下馬」──如果不進行調查，單看起訴書，把這段話和上面那段話連在一起，必然會產生這樣一種印象，被告經常（不是偶爾，不是有時，也不是時常）狂妄叫囂（不分時間，不顧場合，不看對象地狂呼亂叫）要「翻案」，要「告到中央去」，這是起訴書的作者想要達到的目的，然而這是不符合客觀實際的。前面已經說了，我想到黨中央反映情況的事（不是翻案）只和一個人說過一次，所謂其他就業人員根本不知道這回事，當然也就不存在「勸阻」我的問題。起訴書的作者又把時間、地點、物件都不同的兩段話拼在一起了。*

事情的真相是這樣的：六六年初，「其他就業人員」（原單位技術室的劉洪福、陳章英、俞華年等人）認為我竟敢公開說上級領導沒有認真執行黨的政策，似乎是「攻擊領導」，是「危險」的事，因而半開玩笑地對我說：廠裡燙得很哪！你不怕燙啊？我回答說：社會上的人為了捍衛毛澤東思想，可以一不怕苦，二不怕死，我還能怕燙嗎？毛主席教導過「捨得一身剮，敢把皇帝拉下馬，我們在為社會主義、共產主義而鬥爭的時候，必須有這種大無畏的精神。」我所提的各種問題都是有根據的，有道理的，是要求執行黨的政策，並非無理取鬧，我怕什麼呢？我說這段話的時候，許多人都在場，可以問一下他們究竟是勸我不要給領導提意見呢？還是勸我不要到中央去翻案呢？有誰聽說過「我要告到中央去」這句話呢？我請求檢察院做一下起碼的調查，只要略加調查，就知道起訴書中的這段話安錯了地方，以致使正確的事變成了罪惡。

又說：「既然黨把我看成敵人，視我為草芥，我就視你為寇仇」，反動氣焰十分囂張──文化大革命開始以後，我主動地在小組會上進行檢查，說了這樣一段話：五七我被劃為右派以後，有一個時期曾經對黨產

生了嚴重的不滿情緒。我還用孟子的話替自己辯解，認為「君視臣如手足，臣視君如心腹；君視臣如草芥，臣視君如寇仇」，把自己所以對黨產生不滿情緒，推之於黨對我的打擊太重，這種思想嚴重地妨礙了自己的改造。後來我認識到這是極端錯誤的，這只能說明自己對黨沒有深厚的感情，一個人對黨的感情如果能夠像兒子對父親那樣，即使挨了打，也會懂得這是父親對兒子的教育，是望子成龍之心切，決不會對父親有所不滿……我這段話完全是批判以往的錯誤思想，是在小組會上談的，也是有記錄可以查證的，是不容歪曲的。只要稍微動一下腦筋，也可以分析得出來，除了極少數亡命之徒以外，誰人能夠在學習小組會上「反動氣焰十分囂張」地狂叫「我就視你為寇仇」呢？如果真的這樣叫了，必然會激起群眾的公憤，當時就要挨一頓好打，然而在我進行檢查的整個期間的（從六六年五月底起到七月十二日被捕止）還沒有哪個人說我態度惡劣或「反動氣焰十分囂張」，這條罪狀只能是個別人有意編造的，我請求進行調查。

綜上所述，被告牛立華，一貫堅持反動立場，惡毒地攻擊黨的各項方針政策，誣衊無產階級文化大革命，狂妄叫囂翻案，在就業人員中造成極壞影響。根據中華人民共和國懲治反革命條例第十條一、三款之精神，應依法懲處——對這段話我只能這樣回答：綜上所述，起訴書中所列各條罪狀，均不符合實際情況，我請求忠於毛主席革命路線的司法人員進行切實的調查，憑藉客觀存在的事實，詳細地佔有材料，在毛澤東思想的原則指導下，對過去某些人之工作，重新審查，屬錯誤者，應切實糾正。

（三）對判決書的回答：*

成都市西城區法院刑事判決書（66）法刑字第448號，公訴人：四川省成都市人民檢查院檢察長陳清雲。被告牛立華，男三十歲，北京市人，資本家出身，本人成份學生。捕前在本市通惠門汽車修配廠留廠就業，牛犯立華被反革命一案，本院依法公開審理完結，現查明，牛犯在一九五七年整風運動中，因惡毒攻擊我黨被劃為右派分子，在監督勞動中抗拒改造，一九五八年被送勞教，一九六一年解除勞教留廠就業。但牛犯仍頑固地堅持反動立場，極端仇視我黨和社會主義制度，美化資本主義制度，攻擊偉大的毛澤東思想，對我三面紅旗、肅反、反右、無產階級文化大革命等政治運動和各項方針政策進行系統全面的誣衊和攻擊，不僅如此，牛犯還狂妄叫囂翻案，並策劃其它就業人員翻案，反動氣焰十分囂張，根據以上事實，本院認為牛犯立華一貫堅持反動立場，勞教就業期間中仍不悔改，繼續進行反革命破壞活動，罪行嚴重，情

節惡劣，應於從嚴處理。據此，將依據中華人民共和國懲治反革命條例第十條三項之規定判決如下：判決牛犯立華徒刑拾伍年。如不服本判決，可於接到判決書的第二天起，十天內向本院提出上訴狀及副本，上訴於四川省成都市中級人民法院。　代理審判員林錦惠，人民陪審員張萬如，人民陪審員吳穆英，一九六六年九月三十日

　　四川省成都市中級人民法院刑事判決書（66）刑上字第八十三號　被告人牛立華，男三十歲，北京市人，家庭出身

資本家，本人成份學生。牛犯一九五七年趁我黨整風之機進行惡毒攻擊，被劃為右派分子送勞動教養，一九六一年解除勞教後，留本市勝利西路汽車修配廠就業生產。牛犯立華因反革命罪，經成都市西城區人民法院以（66）法刑字第四四八號刑事判決書，判處牛犯徒刑十五年。宣判後，牛犯對原判認定的犯罪事實，全部否定，上訴本院。查：牛犯立華係右派分子，一貫堅持反革命立場，敵視我黨和社會主義制度，攻擊人民領袖，同時對黨的各項方針政策和三面紅旗進行惡毒地攻擊、誣衊、竭力吹噓修正主義，美化資本主義制度，妄圖實現資本主義復辟。此外，牛犯積極為反壞分子出謀劃策，大肆叫囂翻案。牛犯在逮捕入獄後，仍堅持反革命立場，頑抗抵賴，拒不交代，反革命氣焰十分囂張。上述事實，是牛犯藉開會暴露思想和藉口向管教幹部暴露思想公開講的反革命言論，又有其它就業人員寫的大量檢舉材料，並經反覆查證屬實，鐵證如山。牛犯在上訴中，對其所犯的反革命罪行全盤否定，叫囂他「無罪」、「冤枉」，並狂妄地提「對我的問題暫緩處理，我還要申辯」等等，反動氣焰囂張至極。必須指出，對於這種與人民為敵的反革命分子，只能堅決實行專政，嚴屬懲辦。原審法院判處牛犯徒刑十五年完全正確，牛犯妄圖翻案，現在辦不到，將來也辦不到。如果牛犯膽敢繼續進行反革命活動或者無理取鬧，結果只能是受到國法更嚴屬的懲辦，絕不會有好的下場。據此，本院特決定：維持原判，駁回上訴，此判！本判決是終審判決，不得上訴。　四川省成都市中級人民法院刑事審判庭　審判長呂昌永、馬永年　代理審判員安紀鈞　書記員熊長碧　一九六六年十月七日

　　以上是兩份判決書的全文，可以看出，全是用一些沒有內部聯繫的概念排列而成的。鑒於中級人民法院所作判決書的內容，已將西城區法院判決書之內容全部包括，為節省篇幅起見，現只對中級法院判決書逐句回答，就從「查」明了的犯罪事實開始吧。

牛犯立華係右派分子——且不談五七年劃右的依據與事實有原則出入（主要應當由自己負責）僅僅指出我在六一年便摘掉了帽子，顯然不應繼續稱之為右派分子，否則，摘不摘帽子有什麼區別呢？例如：我曾經是共青團員，五八年被開除團籍，但按照判決書作者的邏輯，卻可以繼續稱為共青團員，顯然這是不能成立的，既違反了歷史唯物論，更違反了辯證唯物論。

　　一貫堅持反革命立場，敵視我黨和社會主義制度——關於這條罪狀，我在《對起訴書的回答》一節已經說過了，這裡補充一點。毛主席曾經教導說：「許多人是做實際工作的，他們也不注意客觀情況的研究，往往單憑熱情，把感想當政策……這種反科學的，反馬克思列寧主義的主觀主義的工作方法，是共產黨的大敵，是工人階級的大敵，是人民的大敵，是民族的大敵，是黨性不純的一種表現」，又教導說：「馬克思列寧主義的態度就是實事求是的態度……這種態度就是黨性的表現，就是理論和實際統一的馬克思列寧主義的作風，這是一個共產黨員起碼

第30頁

應該具備的態度」，由此可見，如果離開了黨性和黨的政策的立場，離開了一個共產黨員起碼應該具備的態度——實事求是的態度，是決然不能妄稱「我黨」的，這樣的人不但不能代表黨，而且是共產黨的大敵，對這樣的人表示一點懷疑或反對，不僅不是攻擊黨，敵視黨，而且是關心黨，愛護黨。

　　攻擊人民領袖——中級人民法院原來大概想給我按一個攻擊偉大領袖毛主席的罪名，但由於我在上訴狀裡表明了自己對毛主席的態度，同時提出，可以動員全廠的人進行檢舉，調查一下，我是否說過不利於毛主席的話，做過不利於毛主席的事。否則，是不能妄加以攻擊毛澤東思想或反對毛主席的罪名的。在這種情況下，因為找不到任何確切的事實，所以只好泛泛地寫成了「攻擊人民領袖」。這裡有一個藉口，就是我曾和人議論過鄧小平，那是六六年初，有人對我說：毛主席曾經指示過，對於右派分子的處理，原則是，不殺，不關，不捕，而鄧小平卻極力主張鎮壓，具體的政策是鄧小平在掌握。我聽了以後，便認為鄧小平在反右問題上執行政策過「左」，不符合毛主席指示的精神。但由於當時並不知道鄧小平是黨內走資派之一，也不敢攻擊他，我也沒對另外的人說過這件事。在六六年七月我寫檢查材料的時候，主動地交代了這個問題，這可能就是「攻擊人民領袖」這條罪狀的根據。此外，恐怕再找不到任

何事實了。

　　同時對黨的各項方針政策和三面紅旗進行惡毒的攻擊誣衊——見《對起訴書的回答》。

　　竭力吹噓修正主義，美化資本主義制度，妄圖實現資本主義復辟——我曾吹噓說：「蘇聯太右了，使歷史車輪倒退，延緩了社會的發展」（見六六年六月的檢查材料），除此之外，還吹噓過什麼呢？如果找不到具體事實，那麼這條罪狀就只能是吹噓出來的了，而且可以說是我自己吹噓出來的。六六年六月，某些人對我施加壓力，似乎就要承認是修正主義才能甘休。在那種特定的環境中，由於許多情況的迫使，我曾經抽象地承認自己有修正主義思想，甚至「盼望修正主義」等等，但決無任何具體事實（包括言論在內）。我請求對這一問題進行調查，然後再做結論。關於「美化資本主義制度」也需作具體的分析，所謂資本主義制度，在經濟關係上，是以生產資料私人佔有制為特點，是人剝削人的社會，在政治制度上，是以資產階級專政為特點，是少數人壓迫多數人的社會。對於這些我沒有進行過絲毫的美化，恰恰相反，我反對的就是對廣大人民群眾實行統制（治）和鎮壓的罪惡制度，不管他掛什麼主義的招牌，只要違背了毛澤東思想，只要壓迫老百姓，就不為當代社會所需要，就是我曾反對過的。我請求把我過去的一切言論都搜集起來，全面地而不是斷章取義地用毛主席著作為判斷是非的最高標準，逐一地進行分析，然後再說我是「妄圖實現資本主義復辟」呢，還是堅決反對資本主義復辟。

　　此外，牛犯積極為反壞分子出謀劃策，大肆叫囂翻案——如果說上面那些罪狀都是言論或思想問題，似乎難找證據（只要用心，還是可以找到證據的）。被告還可能抵賴狡辯，那麼，這條罪狀就

第31頁

是具體的事件了，而且涉及到了第一者、第四者，在事實面前，謊言和詭辯就起不到任何作用了，請看真人真事：

　　（1）徐正達：並非反壞分子，經正式宣佈為人民內部矛盾問題，五一年因貪污被判徒刑三年，刑滿後留廠就業。六四年他突然問我是否知道省委的地址，我反問他想幹什麼？他向我說了下面一些情況：五一年他在茂汶專署任會計，三反運動中，當地財貿系統揭露了一個跨部門的貪污集團。根據其中個別

成員的交代材料，說他曾參與貪污，並分得贓款一千餘萬元（舊人民幣），當即被捕判刑。貪污集團的首要分子因交代的數字太大（高達數億元），當時懸案未結。六四年徐正達在成都偶然遇見了原貪污集團的一個成員劉××（曾被判徒刑五年），該人見他仍在勞改單位，感到十分詫異，便對他說：我們的案子早在五三年司法改革時就查清楚了，根本不存在貪污集團的問題，全是一些人謊報材料造成的；當時被打成「老虎」的人都已恢復原職。這時，他才知道問題終於查清了，因而想給省委寫信，請求調查。我問他說：你是不是真的沒貪污？劉××說的話是否可靠？他說：當時還只有二十來歲，千真萬確沒貪污過一分錢。劉××現在某機關當幹部，所說的情況全是真的。我說，如果真是這樣的話，可以寫信，但仍要注意不要用過激的言詞。以後據說他寫了信，我也沒再問過這件事。

（2）雷永珍：女，原在重慶市第三人民醫院當護士，並非反壞分子，正式宣佈為人民內部問題，因盜竊醫療器械用品被送勞教。解除勞教後留廠就業，當鉗工學徒。四清運動中，第三人民醫院查明了她的問題，盜竊數字並非數百元只有幾十元，因此，主動派人到成都向她說明了情況，並把當時沒收的手錶等物退給了她。六四年九月（這時她已調到成都動力廠），她來看我，向我說了這件事，問我怎麼辦好？我說照理講問題沒有那麼大，處理就不應當這樣重。但現在已經處理過了，原單位能夠主動查清你的問題就已經很幸運了，對過去的事就不用提了。今後最好想辦法離開勞改單位，爭取回醫務部門，搞你原來的專業（她是重慶護士學校畢業的），這對於個人前途及婚姻問題的解決都有好處。她當時沒明確地表示態度，以後我也沒再問過她。

（3）秦爛輝：並非反壞分子，正式宣佈為人民內部問題，原在重慶××廠當工人，五八年被送勞教，六一年解除勞教留廠就業，六級車工。社教運動中，他和我在一個學習小組，當時領導指定我擔任整理材料的工作，我根據發言記錄給他草擬了小組鑒定，其中有一條說他不夠認罪，對此他很反感。他向我說，他之送勞教，只是因為給廠長寫了一封信。事情的原委大致是這樣的：五八年××廠動員部分職工家屬參加廠裡的義務勞動，當時說，凡參加義務勞動的人，今後廠裡招收工人時，優先錄用。他愛人為爭取進廠，曾連續幾個月為××廠無償勞動，但在以後招收工人時，未被錄用，而與廠長有親戚關係的沒參加過義務勞動的人反被錄用了。他對這件事很不滿，給廠長寫了一封信，批判廠長任用私人不履行諾言，以後就被該廠廠長以無理取鬧

的名義，把他送了勞動教養。他認為自己並沒有犯罪，可是現在解除勞教多年了，還是被留在勞改單位，沒有政治前途。還要說是不認罪，

（藍色單行線格紙，應為第32頁，但紙上未標明頁碼）

長期下去，不是個辦法。因此想提出申訴，徵求我的意見。我說你要回想一下，那封信是否有帶攻擊性的詞句，如果有攻擊性的詞句是決不能翻案的。須知：攻擊黨員個人或是單位領導就是攻擊黨（這是五七年以後，六六年以前非常流行的理論）。他說，沒有攻擊性的詞句。我又說，你再慎重考慮一下，現在廠裡對你比較好，工資也評的比較高。即使翻過案來，在經濟待遇上也不過如此。至於政治前途，現在廠裡正說要成立工會，根據你的情況（他是血統工人出身）很可能第一批加入工會。只要入了工會，我看就不會像現在這樣了。政治前途問題也就解決了，能不翻案最好不要翻案。他聽了我的話以後，就沒有再說過想要翻案了，其他人也不知道這回事。

（4）李詩慧：女，反革命分子，原在重慶罐頭廠當工人，在她十八歲那一年（五九年）因生產事故被判管制勞教。在管制期間表現較好，提前撤銷管制，解除勞教，留廠就業。六四年我倆建立了戀愛關係，為使雙方更好地瞭解，她把判決書那給我看，上面寫著：「判處管制三年，管制期間剝奪政治權利」。在此之前，我看過另一個人的判決書，是這樣寫的「判處管制三年，管制期間剝奪政治權利，管制期滿後，繼續剝權二年」，兩相對比之下，我便認為對李詩慧的判決既然沒有指明管制期滿後繼續剝權，則應在撤銷管制後即恢復政治權利。當時我不知自己的理解是否正確，還專門問過一個管教幹部，他也說：如果沒宣佈繼續剝權，則在管制期滿後即依法恢復政治權利。於是我便給李詩慧寫了一封信，對她說，根據你的情況，應當在撤銷管制後恢復政治權利。為什麼現在撤除管制好多年了，還戴著反革命帽子呢？是不是可以問一問領導？她回信說，許多人的情況都與此相似，凡判了管制的就都被戴上了反革命帽子。現在只有努力爭取摘掉帽子。我認為她這種態度也好，免得找麻煩。在覆信時，我表示同意她這種做法，只盼望能早日摘掉帽子，六六年五月我倆結了婚。上述信件都在我的抽屜裡放著呢！是可以查證的。

（5）甘秉炎：並非反壞分子，乃系人民內部矛盾問題。原在重慶空壓廠當工人，五八年被送勞教，六零年解除勞教，留廠就業，當熱處理工。六四年他和重慶火柴廠的一個女工結了婚，六五年就離了婚；原因之一是對方到成都來看望他以後，從廠裡各方面的對待來看，認為他似乎與四類分子無甚區別。

（這頁紙最後有一條注：「接5-13頁，第9行開始」。以下文字寫在紅色雙行線材料紙上，編號從5-13起）

5-13

因而覺得對自己的政治前途有影響，這件事引起了甘秉炎的思想波動。他對我說，他被送勞教主要是因為跟車間的團支部書記關係不好，曾說過團支部書記作風不正派等等，以後就被尋找藉口，說他燒壞了熱電偶，說他曾參加鬧事等等，送了勞動教養。事實是有原則出入的，幾年當中自己都沒提，現在解除勞教五年多了，還是被當做敵人看待，始終看不到前途，

5-14頁

因而想翻案。我對他說，你現在已被宣佈為人民內部問題，今後情況可能會有所好轉，翻案總是個危險的事。他說：如果今後廠裡能在各方面對待好一點就算了，如果還是像現在這樣下去就要翻案，我當時同意了他這種想法。*
　　以上這五件事，有那一件稱得上積極為反壞分子出謀劃策大肆叫囂翻案呢？其中只有李詩慧是反革命分子，但我並沒有絲毫讓她翻案的意思，只是懷疑沒按判決執行，她本人不但沒有「大肆叫囂翻案」，而且連一點疑問都沒提，只想以自己的努力爭取黨的寬恕。其他四個人既非反革命分子，又非壞分子，都是明白宣佈的屬於人民內部問題，而且這些人也沒有「大肆叫囂翻案」。我知道翻案不是鬧著玩的事情，還都勸他們不要輕易翻案。這都是可以對質的。其次這幾件事都是我六六年六月主動交代出來的，我如果不談，大概就無從找到編寫這條罪狀的藉口了，這豈不是成了「坦白有罪」麼？

牛犯在逮捕入獄後仍堅持反革命立場「頑抗抵賴，拒不交代，反革命氣焰十分囂張」——先談一下我是否「頑抗抵賴，拒不交代」。前面說過在審訊期間我盡可能以承認自己有罪為前提，力求得到從輕處理，因而對那些與事實有出入，但還不是不著邊際的問題一般都沒有申辯。西城區法院審理終結時，我在審訊記錄上明確的寫了「請念及我

全部問題均係主動交代，希望得到從輕處理」，審判員對此未加否定，也就是承認了「全部問題均係主動交代」這樣一個事實。所以儘管當時他在內因外因的共同支配下，必欲將我處以重刑，甚至在判決書上狠心地寫了「罪行嚴重，情節惡劣，應於從嚴處理」等字句，但還沒有給我安上「頑抗抵賴，拒不交代」這八字罪狀。如果說他對其他犯罪事實都沒有進行調查，因而判決書中所判的各條罪狀也與客觀實際不相符合，那麼審訊則是他親自參加了的。他知道我在西城區法院審理時沒有「頑抗抵賴、拒不交代」，是不是我在中級法院審理時表現了「頑抗抵賴、拒不交代」呢？這是很容易回答的，那就是中級法院根本沒進行任何審訊，既沒問過被告半句話，也沒和被告見過面。連一個讓我表現「頑抗抵賴、拒不交代」的機會都沒有給，收到上訴書的當天就作出了判決。審判員是坐在法院裡的，我是被關在監牢裡的，怎能知道我要「頑抗抵賴、拒不交代」呢？*

其次我在監獄裡是否「反革命氣焰十分囂張」呢？入獄初期看守所的管理人員對我比較注意，這主要是因為他對每一個新關進來的人都需要觀察瞭解。但在十多天以後，他見我在獄中只是認真學習毛主席著作，並無任何不良表現，因此還讓我擔任值星員（每一個房舍裡都指定一兩個負責組織學習，彙報情況，管理生活衛生等，叫做值星員），時常從我這裡瞭解其他犯人的思想狀況和關押期間的表現，還讓我出去給其他犯人購買生活用品等等。如果我在獄中是「反革命氣焰十分囂張」，他能對我採取這

種態度麼？一間舍房裡關著十多二十個人，他能讓一個「反革命氣焰十分囂張」的人做

這些工作麼？判決書的作者全然不瞭解情況，就寫出了這條罪狀，未免太主觀了一點。

上述事實是牛犯藉開會暴露思想和藉口向管教幹部暴露思想公開講的反革命言論──經過對上述事實的綜合、歸納，概括出了這樣一條帶總結性的罪狀，原來我的犯罪事實就是「暴露思想」，是「公開的」，總算還沒有什麼秘密的違法活動，但就是這樣已經被判了十五年徒刑。關於這個總結我在「罪狀能否成立」一節中已有所說明，這裡補充一點，一個人產生了思想問題，如果跟知心朋友商量一下，求得解決吧，可能被叫做私下散佈反革命言論。在學習會上主動進行檢查請求批判吧，則被叫做藉開會暴露思想講反革命言論。為了避免這些單獨的向專門負責教育的幹部交其心，說實話，主動求教又被叫做藉口向管教幹部暴露思想講反革命言論。*

總而言之，一開口就是反革命言論。如果真是反動言論，當然必須批判鬥爭，「嚴重的公安部門要和革命群眾相結合及時進行調查，必要時酌情處理」（見中共中央國務院關於在無產階級文化大革命中加強公安工作的若干規定）。但判斷是否是反革命言論卻是一件需要慎重的工作。毛主席在論述應當劃清革命和反革命的界限時曾經指出：「要把界限劃好，必須經過細微的研究和分析，我們對於每一個人和每一件事都應該採取分析研究的態度」。我再度申明只要按照毛主席的

第17頁

教導，採取分析、研究的態度，以毛澤東思想為標準指出我有哪些反動言論，其反動性在什麼地方，我是願意低頭認罪的。如果不進行調查研究，連事實都沒弄清楚，就不加分析的籠統的扣一個反革命帽子，並據之以判處十五年徒刑，不但我不能服，恐怕天下人也不會服的。

又有其他就業人員寫的大量檢舉材料──毛主席曾經教導過「重證據而不輕信口供」，因此檢舉材料是應當被重視的。對被告來說，這是證據，但是對檢舉人或原告來說，這只是他的口供。同樣道理，被告的答辯對被告來說是口供，對原告來說則是證據。當被告的口供（證據）與原告的證據（口供）發生矛盾的時候，怎麼辦呢？既不能輕信被告的口供，也不應偏聽原告的檢舉，必須用旁證判斷真假。當然言論問題比較難找旁證，但也不是絕對辦不到的事，根據一個人的思想特點、生活作風、說話習慣、談話時的環境（時間、地點、人物）、前後現象與檢舉人的關係、與其他事物的聯繫、有無第三者知道等等都可以找到線索。只要肯調查，肯分析，沒有查不清的

問題。如果既不能用有力的旁證證明檢舉切實可靠，又不能以充分的理由駁倒被告的答辯，那麼檢舉就失去了意義，就不能做為真憑實據。*

須知在六六年六七月份及以後的一段時間內，有那麼一小撮人曾採用種種手段，顛倒是非，混淆黑白。他們也未嘗不是說有大量檢舉材料，甚至有所謂「鋼鞭材料」，然而事實畢竟是事實，謊言畢竟是謊言。在上訴狀中我曾提出，可以動員全

第18頁

廠的人進行檢舉，把我的一切言論搜集起來，但要第一手材料，即要我本人直接向檢舉人談過的話，不要那些輾轉相傳、以訛傳訛的話，對這樣的檢舉我是尊重的。中級法院並沒有這樣做，既沒提出什麼可靠的檢舉材料，也沒對我進行任何批駁。我現在重申上述要求，並且表示凡是我不承認的問題決不是簡單地用「沒有」兩個字來回答。若是這樣只能叫做抵賴，不能叫做答辯。我是用分析的方法和足夠的證據證明它的確不存在，才能算數。原告及原判單位如果認為我的答辯不能成立，也應當用科學的分析和唯物辯證的方法否定我的答辯，不然的話就要考慮一下，那些檢舉控告甚至判決是否可以成立了。

並經反覆查證屬實，鐵證如山——從這句話看來似乎中級法院是認真負責、嚴肅慎重的，但我卻要說這是不真實的，其理由如次，我在十月七日下午三點鐘左右才把上訴狀交給看守所的幹部，他要看需要花去一定的時間，然後才把它轉給中級法院。中級法院收到上訴狀以後至少要做以下事情：登記、編號，確定辦案人員到西城區法院調集檔案，研究全部材料，針對上訴人的申訴提出駁斥的理由擬定判決書，由辦案人員討論確定交文印室打字油印審校簽章等，照理說還應當加上調查研究和訊問被告這樣兩件極為重要的工作。可是中級法院在收到上訴狀的當天就作出了判決，從我呈交上訴狀起到判決終了止僅僅隔了幾個小時，

第19頁

在這樣暫短的時間裡，能夠把上述的那些事物性的工作全部做完就已可謂辦事迅速了，如果認真一點，稍微研究一下案情，恐怕連材料還都看不完呢。據說單是檢舉材

料就有半尺多厚，真是這樣的話，就是馬馬虎虎的看一遍也要花費幾個小時。談何「反覆查證」呢？沒有查證，也就不能說一定屬實，所謂鐵證如山，也就只能是一座主觀自主的山了。

牛犯在上訴中對其所犯的反革命罪行全盤否定，叫囂他「無罪」、「冤枉」——「無罪」和「冤枉」是加上了引號的，是牛犯在上訴中的叫囂，顯然是應當從上訴狀原文裡摘引出來的詞句。但是在我寫的上訴狀裡恐怕是找不到這兩個詞的，我懂得上訴不是開玩笑是需要認真說理的，決不是亂哄亂叫所能解決問題的。我是學科學的人，科學的態度是實事求是，主張客觀真理，在問題沒得到確切的結論之前我是不會妄下斷語的。只有最狂妄的人或者最愚蠢的人，才會在上訴狀裡寫這些毫無用處的空話。

並狂妄地提出「對我的問題暫緩處理，我還要申辯」等等，反動氣焰囂張已極——所謂「對我的問題暫緩處理，我還要申辯」也是我在上訴中「狂妄地提出」來的，然而在我寫的上訴狀裡也是找不到這句話的。我寫上訴狀的時候，還沒和中級法院發生任何關係，既沒有估計到會那麼匆忙地進行判決，也沒有估計到不經審訊即行判決，因此根本不存在請求暫緩處理或還要申辯的問題，退一步來說即是真的請求暫緩處理，能說就是「反動立場囂張已極」嗎？請求暫緩處理並非請求不處理，只

第20頁

是希望進一步瞭解情況，查明犯罪事實再做處理，這並不是壞事。我當時又沒「逍遙法外」，而是被關在監牢裡的，生活並不是舒適和安逸的，有誰願在監牢裡住呢？一般人都希望儘快處理，如果請求暫緩處理，勢必有重大問題還沒弄清楚，迫不得已才寧可忍受自己被關押的痛苦。這種態度是認真的、慎重的，也是對司法機關的信任，相信法院能夠查明情況，作出正確的判決，這怎麼能叫做反動氣焰囂張已極呢？按照判決者的說法，請求允許申辯也是反動氣焰囂張已極，這可以邏輯地解釋為：只許不依照事實，不遵循政策地進行判決，而不許被告進行答辯。也就是說可以用任意製造的材料將人打成反革命，誰要申辯，誰就是「反動氣焰囂張已極」，這決不是共產黨人的態度吧？

必須指出，對於這種與人民為敵的反革命分子，只能堅決實行專政，嚴厲懲辦。西城法院判決牛犯徒刑十五年完全正確，牛犯妄圖翻案，現在辦不到，將來也辦不

到，如果牛犯膽敢繼續進行反革命活動或者無理取鬧，結果只能是受到國法更嚴厲的懲辦，絕不會有好下場——如果查有實據，證明被告的確是一個堅決與人民為敵的反革命分子，那是應當實行專政和嚴厲懲辦的，在判決書裡寫這樣一段話也是必要的和正確的。但如果既舉不出任何的犯罪事實，又提不出一點理由駁倒被告的上訴，就寫這樣一段話，那是毫無用處的。毛主席在關於整頓文風的著述裡，早就批

第21頁

評過這樣寫文章的方法，共產黨不靠嚇人吃飯，而是靠馬克思列寧主義的真理吃飯，靠實事求是吃飯，靠科學吃飯。我希望判決書的作者能夠按照毛主席的教導辦事。

　　據此本院特決定維持原判，駁回上訴，此判！——原判是維持了上訴卻沒有駁回，中級法院對我在上訴中提出的申訴理由沒有進行絲毫具體的批駁。毛主席曾教導說「不破不立，破就是批判，就是革命，破就要講道理，講道理就是立，破字當頭，立也就在其中了。」我懇切地請求原判單位能夠把道理講出來，駁倒我的答辯，只有這樣才能使此判真正成立。

　　本判決是終審判決不得上訴——毛主席在論述處置敵對分子的問題時，曾強調過要靠真憑實據，要認真審訊，要訊實。如果按照毛主席的教導辦事，經過了周密調查和認真審訊，用確切的證據，肯定犯罪事實，用充足的理由說明判罪的依據，「終審判決不得上訴」這種手段是可以採用的。但如果不按照毛主席的教導辦事，不但沒有周密調查，就連起碼的調查也沒有，不但不認真審訊，而是根本不進行任何審訊，既不能用真憑實據肯定犯罪事實，也沒有用充足的理由駁倒被告的答辯，就採取「終審判決不得上訴」的手段，我認為是不恰當的。

　　（四）**結語**：毛主席教導說：「有錯誤就得批判，有毒草就得進行鬥爭。但是這種批評不應當是教條主義的，不應當用形而上學方法，應當

第22頁

　　　　力求用辨證方法，要有科學的分析，要有充分的說服力。」如果起訴書及
　　　　判決書的作者認為我以上的回答是錯誤的甚至是反動的，是毒草，我希望

能按照毛主席的教導對我進行批判，在真理面前，在偉大的毛澤東思想面前，我是完全低頭的。

八、投入勞改以後的簡況和被關入獨監的起因

六六年十一月我就被調到勞改隊，由於不准向外界透露情況，使家庭成員對我不能理解。我的父親母親遠在北京，哥哥和弟弟都在部隊裡，其他親屬也多在學校和廠礦中工作，他們認為我在外面一定是幹了殺人放火等反革命勾當，才會被判處十五年徒刑。感情一直很好才結婚二十多天的愛人也以為我瞞著她進行了犯罪活動，是對她的欺騙而離了婚，這對我不能不說是一些精神上的痛苦。至於肉體上的感受，這裡就不說了。*

可以自慰的是，在這些考驗面前，我沒有迷失大方向，來自各方面的干擾都未能絲毫動搖我對毛主席和黨中央的信仰。我個人認為在錯綜複雜的階級鬥爭當中劃清革命與反革命的界限並非易事，何況還有一小撮走資派在那裡顛倒是非呢！我相信運動後期必能對我的問題作出正確的結論，或用真憑實據肯定我的犯罪事實，或查明情況否定原來的判決，一直是耐心等待的。我並沒有因為自己可能要坐十五年的牢（人生有幾個十五年哪，對我來說又是多麼精華的十五年哪）而對黨中央產生任何不滿情緒。我更加努力地學習毛主席著作，在言行中盡力維護毛主席的崇高威信，在勞動上本著對國家有利的事就要多幹的原則，努力地完成

第23頁

各項任務。為了發展山區的生產，我還從北京要來了蔬菜的種子，並沒有因為自己被判作了重刑反革命犯而喪失建設社會主義祖國的興趣和信心。這裡的幹部雖然知道我是不認罪的，把我劃為「有問題」者一類，但因為我沒有什麼違法活動，所以基本上相安無事。有時因為在勞動上比較負責肯幹，還能略受幾句表揚，直到六七年十一月，由於出現了一些新的情況，我才不得不寫了一份申訴請上級進行調查。問題既已公開提出，就不可避免地引起一系列的連鎖反應，特別是在六七年底暴露了我對本單位的權是否已由無產階級革命派掌握還不太清楚，我懷疑某些人傾向於保守因而直接給省革籌寫信這一問題。以後，此間幹部對我的態度就惡化了，於是利用我存在著未能認罪問題施加壓力，首先是發出了一系列的責問，迫使我進行回答，茲大致說

明如下：*

（一）問：你不認罪就是重新犯罪，就是「反改造」，對你就要「壓服」！答：被判了罪而未能認罪是一個矛盾，是一種痛苦，實非令人愉快之事。我不願長此下去，不認罪也不等於要求平反，我希望很快地解決認罪問題，讓我認罪很好辦，那就是指出我究竟犯了什麼罪。我曾多次申明，只要證據確鑿，理由充分，符合政策，我就立即認罪。我並非不可理喻之人，也懂得申訴不是開玩笑，如果判決只是在枝節上有出入，我是不會申訴的。既或是原則出入，若已難於查證，我也就不自我煩惱了。再退一步，設若處理較輕，我都可能順受。正因為判決

第24頁

既是原則出入，也很容易查證，又是極重的刑罰，我才提出申訴的。老實說如果沒有足夠的證據和充分的理由，我也不敢輕易申訴。儘管如此，我並不堅持自己的觀點一定正確，我希望原判單位能駁倒我的申訴，用真憑實據揭露我的罪惡，用充足的理由說明判罪的依據。只有這樣才能觸及靈魂地解決認罪問題。我請求用確切的證據、肯定犯罪事實，指明所犯罪惡的反動性及其危害，正是為了真正解決犯罪和改造的問題，決不是不願意認罪，更非反改造。*

總而言之，自己最清楚自己的問題，如果我真的對黨有深仇大恨，採取了敵對行動，或者準備採取敵對行動，將我逮捕判罪，我都想得通。因為我畢竟是反對了，既然敢做，那就敢當。任何統治階級都不允許動搖其統治的人合法存在，這是明顯的道理，古今中外，概莫能外。在資本主義國家裡對要求實行社會主義的人判罪，在社會主義國家裡對要求實行資本主義的人判罪，都是必然的毫不足怪。我若因此而被判罪，則自認晦氣決不申訴。我沒有危害社會主義革命，也沒有破壞社會主義建設，僅僅反對了黨內一小撮走資派的倒行逆施，反對了背離黨的路線的不良現象，反對了不按毛主席指示辦事的行為，卻被判了罪，這怎能讓人想得通呢？進一步來說，即使我對黨對社會主義對毛澤東的理解是錯誤的，但我並沒採取敵對行動也沒有採取敵對行動的準備或意圖，就被處以重刑，

也是使人難於領受的。對敵人誠然須要壓服，須要專政，須要獨裁，但首先要查有實據，要確證為敵人，才能這樣做。在事實面前謊言和詭辯是起不到任何作用的，只要罪狀符合事實，不認也得認，我也絕無二話。但不能把壓服解釋為用強制的手段讓人承認那些不符合事實的罪狀吧？

（二）問：你就是叫囂翻案！答：如果判決做到了以事實為根據，以法律為準則就不怕翻案。凡真理都是不怕駁的，對這樣的案，任何人想翻也翻不了，愈翻就會愈加肯定，反之則遲早是要翻的。對走資派當權時不依照客觀事實處理的案件，更有翻一翻之必要，不翻就不足以肅清資產階級反動路線的流毒。就我的問題而言，與其說是翻案，不如說是請求立案。因為我只要求切實調查認真審訊，要求駁倒我的答辯。不破不立，駁倒了我的答辯，自然就把案立起來了。這有什麼不好呢？我請求忠於毛主席革命路線的司法人員進行周密的調查，憑藉客觀存在的事實，詳細地佔有材料，在毛澤東思想的原則指導下，按照黨的既定政策，處理我的問題。對這樣的案我只要求立，絕不會翻。

（三）你就是看到掀出了走資派而乘機搗亂！無理取鬧！答：我之不認罪並非在奪權鬥爭以後開始的，審理期間我曾實事求是地進行過答辯，宣判後我當即表示判決未依據事實，並曾上訴。中級法院

再度宣判後，我仍堅持提出判決無事實根據，不符合政策規定。我自六六年七月即被關押，與外界完全隔絕，既不知道紅衛兵的運動情況，也不瞭解文化大革命的具體進程。但從審訊過程中，我已察覺當時執行的決不是黨中央的正確路線。我堅信毛主席一定會發現和糾正這種偏向，因而再三提出請原告和原判單位保留一切書面材料，以便日後上級查證。那時正當六六年九、十月份，既未掀出黨內一小撮走資派，白色恐怖不籠罩著成都，這怎麼能叫做「乘機」呢？恰恰相反，投入勞改以後，為了不干擾無產階級文化大革命的進行，我並沒有急於要求解決個人問題，一直是耐心

等待的。直到六七年十一月才經過幹部允許寫了一份申訴。這又怎能叫做「揭亂」呢？如果說我是無理取鬧，則應據理駁斥。這是我一直所期求的，認真地講凡是我不承認的問題，決不是簡單地用「沒有」兩字來回答。要用分析的方法和足夠的證據，證明它的確不存在，才能算數。要根據客觀實際並可以受客觀實際的檢查。如果原判單位認為我的申訴不能成立，也應當用科學的分析和唯物辯證的方法否定我的答辯，只要把我駁倒了，我自然認輸。但若不回答我所提出的原則性的論據，就硬安一個無理取鬧的帽子也是使人難於接受的。

（四）問：你就是右派翻天！答：只許左派造反，不許右派翻天，這是必須遵循的原則，但做為共產黨人，既是歷史唯物論者，又是辯證唯物論者，判斷左派

第27頁

右派，不能隔斷歷史，也不能單憑檔案材料，主要應根據本人在現實生活中的表現來決定。對我來說：1）且不談五七年劃右派的依據與事實有原則出入，僅僅指出我在六一年便摘掉了右派帽子，而且一直是有公民權的，顯然不應繼續以右派對待。否則摘不摘帽子，有什麼區別呢？2）無論過去和現在我都沒要求翻五七年的案，我多次申明五七年的後果是自己的錯誤造成的，明確表示接受對我的處理，不要求翻案。此次申訴是請求查明六六年的犯罪事實，也不是翻五七年的案，既不翻五七年的案，怎能叫做右派翻天呢？說不翻案就不翻案，說話是算數的，為什麼硬要說我是翻五七年的案呢？3）即使是真正的右派分子，也要給以改造的機會，如果仍有右派言行，可以重新戴上帽子，否則就不能說右派便永遠是右派，全部永世都要反黨反社會主義一輩子也不准回頭革命，一輩子也不能回到毛主席的身邊了嗎？4）進一步來說，即使對於仍然堅持右派觀點尚未摘掉帽子的右派分子，只要他沒有違犯刑法，也不能任意處以重刑。難道僅僅因為一個人曾經是右派就可以不依照事實的判罪，而且不准申辯，若要申辯就叫做右派翻天嗎？顯然這是不符合黨的政策的。總起來說我不要求也沒有要求翻五七年的案，我之所以在六五年提出五七年的問題是為了讓

黨瞭解我的歷史，瞭解我在五七年的真實思想，瞭解我對黨並無任何仇恨，希望在摘掉帽子多年以後（當時已摘掉帽子五年了）

第28頁

得到黨的諒解與任用，允許我回到革命隊伍裡來，這種願望是善良的，五七年我還是一個才出校門的剛剛二十一歲的共青團員，難道真的一失足成千古恨嗎？

（五）問：你不承認自己有罪就是否定政治運動的成績！答：毛主席領導的歷次政治運動取得了極為巨大的成績，沒有這些運動，就不能推動社會的進步，成績是必須肯定的。但在某些具體單位也可能由於對毛主席的思想理解的不深，而造成一些缺點和錯誤，何況一小撮走資派還曾不斷地干擾和破壞毛主席的革命路線呢？毛主席曾教導說「對於我們的工作的看法，肯定一切或者否定一切都是片面性的」，不加分析地否定一切，固然是極大的錯誤，有的甚至是惡意攻擊，不加分析的肯定一切也並非真正的肯定成績，有的甚至是往成績上抹黑。例如：一座大廈蓋起來了，這是成績，必須肯定。但由於某種原因可能有一塊磚有毛病，有一塊瓦沒有蓋好，要求更正這塊磚蓋好這片瓦，只有利於大廈的堅固，決不是否定成績。具體地說，我在提五七年問題的時候首先強調了反右鬥爭的必要性和正確性，沒有因為個人問題而否定這個偉大的政治運動，對六六年的問題則只是要求如實調查，認真審訊，要求罪狀符合事實，這更談不到是否定政治運動的成績。

（六）問：你的案子如果錯了，群眾會自動給你平反！用不著你申訴。答：在一般的情況下是這樣的，對我來說則有其特殊性。

第29頁

（1）我的問題發生在專政機關內部，由親手製造案件的人親自否定過去的成績，必然會感到很勉強，很困難，這種心情是可以理解的。某些人甚至

會認為如果否定了過去的判決，豈不是說自己執行了錯誤路線，因而還可能抱著「將錯就錯」的態度，所以自動平反的可能性是比較小的。

（２）　由於存在著五七年的問題，便又多了一個枝節，一般人容易認為既然過去是右派，便必定永遠都要反對黨，就應當永遠被列為打擊對象，總是有罪才是會被判刑。某些瞭解情況的人，即使懷疑這次的處理，但恐怕背一個「替右派翻案」的罪名也就難於自動了。

（３）　廣大革命群眾並不瞭解具體情況，我多次要求請原告及原判單位將一切有利於他們的材料搜集起來，連同我的答辯一起公諸於世，讓廣大革命群眾瞭解事實真相，據以判斷是非。如果再勇敢一點就把全部材料轉呈給中央文革，請黨中央做仲裁決定。但若既不向廣大群眾公佈材料，又不向黨中央如實彙報，反而極力封鎖消息，當然就更難於等待「自動平反」了。

（七）問：我們這裡是執行機關，必須按判決執行！答：我也知道是執行機關，所以在投入勞改以後，並沒有因為判決尚未得到證實而提出額外的要求，也沒受到過特殊照顧。無論是精神上還是肉體上，我都是被當做重刑反革命犯對待的。過的是囚犯的生活，也沒有任何

第30頁

違法活動，這實際上已經是在執行了。但應指出，作為執行機關，究竟是執行毛主席的革命路線呢，還是執行舊公檢法的一切決定呢？明明知道四川省的舊公檢法在文化革命初期及以後的一段時間內充當了資產階級代表人物的專政工具，對這個時期處理的案件理應慎重對待，證據確鑿者便加以肯定，不許階級敵人乘機翻案。有問題者應認真調查，及時解決。按照毛主席提出的方針「有反必肅，有錯必糾」辦事，這才是對革命負責的態度。作為一個革命者，決不應當用「執行機關」四個字推脫自己的責任。毛主席教導說：「不根據實際情況進行討論和審查一味盲目執行，這對單純建立在上級觀念上的形式主義的態度是很不對的。為什麼黨的策略、路線，總是不能深入群眾，就是這種形式主義在那裡作怪。」

如果說成都市的舊公、檢、法在文化革命初期所處理的案件百分之百

地都是正確的，必須無條件執行，恐怕也不盡符合實際情況吧？……為了鄭重起見，我曾於事後將上述回答的主要內容寫成了書面材料，現存勞改隊隊部，我請求黨中央調查審閱。在我看來這些回答是實事求是的，認真說理的，當時的態度也是心平氣和的，毫無不禮貌之處，而且一再表示請求批判。但在責問者來看，卻認為這是「格格不入」，是「竟敢反駁」，似乎是有所冒犯，可是又找不到適當的理由，批駁我的回答，因而只好怒斥我是「反動」、「囂張」，對此我只好報之以低頭不語，

第31頁

但從這時候起尋找藉口，加以排擠的意圖就更為明顯了，也就是種下了被關獨監的根源。正所謂「禍不單行」，與此同時又發生了一件事，起源於這裡的打人之風。原來這裡的某些人習慣採用刑具或捆綁吊打的方式「教育」人，一些罪犯也常以打人作為報復手段或以此表現其鬥爭積極。那些鬥爭對象（其實並非都是不得了的大問題），輕則被拳打腳踢，重則用繩束捆綁或吊在樹上或吊在房梁上或被脫光了衣服用皮帶抽……在一個五十人左右的小隊裡據不完全統計，被捆打過的就有十三人之多。有一個時期幾乎每天晚上都要聽到被打者的嚎叫之聲。*

當時我雖還沒有挨過打，卻覺得這種現象不應當發生在共產黨人管理的監獄之內，它不符合黨的政策，應設法消除。考慮到影響問題，我沒有當面進行阻撓，而是在事後提醒個別犯人注意「要用文鬥，不用武鬥」，隨後又將自己的想法向主管幹部作了彙報。我認為如果真的出於對反動行為的惡恨氣憤之餘，採用了非常手段，是難免的，也無可非議。但若以捆綁吊打作為常用手段，則是不恰當的。毛主席曾經指示過「對任何犯人應堅決禁止肉刑，重證據而不輕口供」，「進行對於犯罪分子的審訊工作時，必須禁止使用肉刑」。我並不主張廢除刑具，為了嚴肅國家法紀，限制某些犯罪的活動能力以防逃跑行兇繼續作惡，手銬、腳鐐和繩索都是必要的，我只是覺得不能用這些東西作為「教育」的工具。不能以此作為強使其交代

第32頁

問題，強使其放棄某些思想的手段。事實上這些東西也起不到這樣的作用，恰恰相反，它只有損於毛主席的崇高威信，使人懷疑政策的真實性，在客觀上助長了敵對情緒，不利於改造人的工作。對於罪犯當中的反動觀點，應當用毛澤東思想進行嚴肅的批判，在這個改造人的最銳利的武器面前，任憑什麼反動的東西都會被摧垮的。今天鬥不倒明天鬥，明天鬥不倒後天鬥，七年、八年總要倒的。只有這樣才倒得徹底，才永世不能翻身，也只有這樣才能改造本人，教育他人，把反動的東西最大限度的孤立起來，觸及皮肉的方法則是有害無益的。*

在一次學習會上，我還批評過一個愛打人的罪犯，指出他的極「左」的面貌出現，實質上是製造混亂，破壞了黨的政策。誰知我的這些做法卻真惹了禍，首先是一個負責幹部問我道：你說的最高指示在什麼地方？經我一一指明出處，算是免掉了「捏造」的罪名。但問題並未就此結束，不久便出現了這樣一種輿論「有人利用最高指示與政府針鋒相對，利用最高指示替犯人服務」。對此我不得不作如下之回答：

（1） 黨和政府是不主張採用肉刑的，不僅見之於明文規定，而且本隊的幹部講話時也說過，共產黨人是以理服人，按法律辦事。我希望廢除肉刑和政府的政策完全一致，沒有絲毫矛盾。既無矛盾，怎能叫做針鋒相對呢？

（2） 毛主席的最高指示有強烈的階級性，是為無產階級服務的，只要徹底執行，堅決照辦，決不會起到任何「替犯人服務」的作用。

第33頁

但我的這些回答不僅沒起到作用，相反某一天他們找了一個藉口，指著一根繩子對我說：你不贊成用這個玩意教育人，今天就要拿它來教育教育你。於是便把我反綁起來並且問道：你說我們是不是違法?!天哪，我真不知道這幾個人遵循的什麼法律，也不知道他們把毛主席的最高指示放到什麼地方去了。老實說我之希望廢除肉刑，實係出於維護黨的威信，因為只有政策兌現才能取信於人，才能使人認識到共產黨的革

命徹底性，即理論和實踐是一致的，才能相信政策，遵循政策。也只有全面地落實毛主席的最高指示，才是真正維護毛澤東思想的權威。如果有了正確的理論並不實行，那會給人造成什麼印象呢？肉刑制度表面看來似乎痛快一時，可以使某些人連聲告饒，實際上卻失去了信仰，使人懷疑黨的政策。不僅不能把人改造好，反而會助長敵對情緒，造成不良的政治影響。*

在這個問題上，我的動機是善良的，但在習慣於採用肉刑的人看來，卻認為這是妨礙了「改造」工作，似乎是竟敢說他們沒執行毛主席的指示，於是對我就更憤憤然了，也就是造成了被關獨監的導火線。這時我已感到問題嚴重了，於是行動更為小心翼翼，唯恐節外再生枝。但考慮到俗話說「不怕官，只怕管」，如果安心抓辮子，任何人也難於避免。何況我的身份是個罪犯，某些人又很習慣採用唯心論和形而上學的方法呢！為使問題能夠解決，我便給四川省革委會和中共成都部隊黨委

第34頁

寫了一封信，擬請駐場部隊轉呈。這封信尚未呈交就被勞改隊的幹部收去了，這也影響到關入獨監後對我採取的措施和態度。我請求黨中央責成本單位將該信上交，以便瞭解當時的實際情況。以上是我的一面之詞，另一面則請黨中央進行調查。我希望有關人員能預作準備對我進行駁斥，並如實地向黨中央彙報情況。如果我的觀點是錯誤的，乃至反動的，我所談的問題是沒有根據的可以批判，是錯我補過，是罪我承認。

九、關入獨監的想法和作法

關入獨監後我請求指出我的犯法行為以便改造，沒有得到回答。我又表示不願意用假檢查的方法「過關」，希望能用毛澤東思想對我進行批判，也沒有得到答覆。我請求向黨中央如實彙報交代問題，更不允許。在這種情況下有三種辦法可供選擇：（一）反抗（二）相持（三）妥協。第一種辦法不可行，首先不是對敵人，儘管我覺得某些人的行為已經背離了毛澤東思想，但仍應相信大多數幹部是願意忠於毛主席的。其次在我周圍是些犯人，如果我大聲疾呼，則可能會引起犯人們對政府的懷疑，將使親者痛仇者快。因此為了顧全大局，為了真正地維護專政機關的威信，只好忍受一切痛苦。就是死在裡面，也不能公開表示抗議。相持呢？則正好投合某些人的計

畫，惡劣的生活條件及肉刑將會把健康人拖成病人，病人拖成死人，到時候可以說「因病死亡」予以報銷。這不是我有意誇大，而是有先例的。個別人也公開對我說過，你不認罪就往死裡整，死並不可怕，

第35頁

但問題沒有澄清，對自己來說不知道究竟錯在什麼地方，死了也是個糊塗鬼。對黨來說則許多情況無從瞭解，因此這種做法形式上似乎是堅持了原則，實質上卻毫無意義。妥協呢？對自己很為不利，不僅要把判決書中那些不符合實際的罪狀都承認下來，甚至還要把投入勞改後某些人製造的材料也包下來，對方的目的也就是想造成一種「該犯供認不諱」的情況以作口實。這對我不僅是常期坐牢的問題，實質上是失去了一輩子的政治生命。為了妥協，要把自己臭罵一頓，還要受許多人的議論譏笑。但這樣做卻有可能活著脫離獨監，贏得一個向黨中央反映情況的機會。對自己雖有種種不利，對黨則只有好處，沒有壞處。*

當然本單位如果知道我妥協的目的是為了「非法上告」，則必然會對我採取更為嚴峻的手段。但只要能使黨中央瞭解到下面的情況，我就真盡到了自己的責任。到那時即使再死，也就死得其所了。人生自古誰無死呢？因此我不得不採用假檢討的方法，於十月中旬表示願意認罪，並提出撤銷以往的申訴，盡可能地順從某些人的意圖進行檢查。至今已是六九年四月了，幾個月裡，他們對我置之不理，看來還要長期地待下去，不知道是否能活著脫離獨監。*

這封信是寫在這裡了，不知道哪一天才能交出去，更不知道黨中央能否收到。限於我當前的處境，這已經是盡了極大的努力，而且是冒著極大的危險了。如果起不到作用就只好說：謀事在人，成事在天了。但我相信世界上絕沒有永遠的秘密，一切真相

第36頁

終將會大白於天下的，一切違背毛澤東思想的現象終將會被消除的，因而我是樂觀的。

十、幾點請求

（一）我癡心渴望著毛主席能看到這份材料，並且能將它轉給江青、周恩來、康生等中央首長。這裡所談的決不是個別案件的處理問題，而是涉及到如何理解和落實毛主席的最高指示，涉及到如何改進公檢法的工作，強化無產階級專政，消除產生敵對思想的社會根源，減少新的反革命分子，鞏固和發展社會主義制度，加強對人的改造教育工作等等方面。我相信毛主席一定會從中發現許多問題，我祈求著毛主席的英明指示。

（二）我懇求黨中央在進行調查時注意下列情況：

（1）直到現在這裡對我的申訴沒作過絲毫具體的批駁，只是抽象地說我是「反動」、「翻案」，一味施加壓力。某些人大概出於維護舊公檢法的威信，甚至抱著即使原判不能成立，也要找點新的罪狀的心理，力圖肯定原判人的「成績」，為此便製造材料，並採用特殊手段，強迫我承認，真使人難以善處。我希望能用真憑實據揭露我的罪惡，用充分理由說明判罪的依據，用毛澤東思想批判我的觀點。在事實面前，在真理面前，在偉大的毛澤東思想面前，我是完全低頭的。用不著刑訊逼供，凡相信真理在自己手裡的人，決不會採用這種手段，若一味採用這種手段，只能說明其中另有文章。

（2）這裡扣壓了我給省革委和中共成都部隊黨委的信，更不准向黨中央彙報

第37頁

情況，如果該信內容反動，可以分析批判，如果我是無理取鬧，可以據理駁斥，如果這是違法行為，可以依法制裁。但若既不批駁我的申訴，又指不出我有什麼反動的劣跡，一方面對本人施加壓力，一方面不讓上級單位瞭解真實情況，這又說明什麼問題呢？我考慮是否可作一規定：凡給黨中央及上級單位的信，下面應無權扣壓，甚至應無權檢查，這對於健全國家法制，避免發生類似於獨立王國的現象是只有好處的。

（3） 某些人一直想給我安一個反對毛主席的罪名，大概他們認為只有這樣，才可能將人置於死地。我希望作此打算的人，早點準備，多用些氣力，儘量地搜集材料。只要證據確鑿，我決不抵賴。但應說明若係人證應經得起對質，若係物證應經得起檢驗。總之一切證據均須經得起分析和答辯，否則就談不到確鑿二字，也就無所謂證據了。

（4） 照理說應當以是否擁護毛主席，擁護共產黨，走社會主義道路為改造好壞的標準，但是某些勞改單位的某些人卻是以是否順從個人意志為標準，只要順從了個人意志，哪怕是公開地連續地惡毒污蔑和褻瀆偉大領袖毛主席，明顯地散佈反動言論，攻擊中國共產黨，醜化人民解放軍，也可以大事化小，小事化了。如果稍許違背了個人意志，例如對那些不符合毛澤東思想的言行略為表示懷疑或保留，哪怕動機是善良的，態度是委婉的，也會被認為是「反動」，不知那一天就要輪到刑具的「教育」。由於標準問題沒有完全解決，所以那些老奸巨猾的漢奸、

第38頁

特務之流，則常常被當作「積極分子」，而願意真誠改造，肯於暴露真實思想以求批判的人，則被認為是「問題複雜」、「頑固不化」，如果不經深入調查和細微分析是不能作出正確結論的。

（5） 我的問題必然要牽扯到舊公檢法系統中的一些人，其中的某些人可能會認為如果否定了原來的判決，將會對自己有所影響，特別是那些曾參與製造材料和施用肉刑的人更容易抱有這種想法，因而會想方設法提出種種維護原判的理由。對此我表示歡迎，如果理由充足就可以駁倒我的申訴，使我解決認罪問題，明確改造方向，我將會是終生感激的。既或理由不能成立，也允許各人談各人的看法，有助於讓黨中央瞭解問題的各個方面，我希望有關人員能預作準備。

（6） 這裡的某些人（文化水準相當高），似乎並沒有認真學習毛主席著作，表現在對毛主席的許多有關本身工作的指示無所瞭解，對一些基本概念並不清楚。例如：有人說了一句：「人民民主專政與無產階級專政是有區別的」竟被鬥爭，其罪名是「反對人民民主專政」，「反對毛主席」。

再如有人說了一句「蘇維埃加電氣化就是共產主義」也被批判，其罪名是：「說蘇聯是共產主義」。諸如此類不勝枚舉，可以想像在這種情況下，有時難免混淆了是非，不做具體分析也是不易得出正確結論的。

（7） 由於許多跡象的存在，使我不能不對某些人仍然存有懷疑，這份材料

第39頁

如果逐級向下批轉，則很可能直接的或間接地落到原判人手裡，不易客觀而嚴正的處理問題。為此我懇請黨中央直接派人調查或將我調至此北京監獄關押審理，經過調查判明有罪以後，可以發回原地勞改。

（8） 由於毛澤東思想的偉大勝利，除了極少數亡命之徒以外，各種各樣的人都在形式上打著毛澤東思想的旗幟，但在行動上就有千差萬別了，為了判斷真假，常常須要細微的分析和具體的考驗。要看一個人是以自己的一切行動無條件地服從毛澤東思想呢？還是有選擇的服從或只是口頭上服從甚或還要毛澤東思想服從自己呢？只有在任何情況下都以毛澤東思想作為行動綱領的人才說得上是真正地忠於毛主席的人，否則就是假的，或半真半假。還有一些人在主觀上是願意忠於毛主席的，但因為對毛主席著作的學習還很不夠，對毛澤東思想的理解還很不深，因此有時也會不自覺地做出一些違背毛澤東思想的事情來。這裡有一些人曾公開標榜說：「我們是百分之百的馬克思主義」，標榜自己是絕對忠於毛主席，是按照毛主席指示辦事的，但行動卻不是這樣的。*

例如毛主席曾經指示：「對於任何犯人應堅決廢止肉刑」、「嚴禁逼供信」，而這些人仍然堅持捆綁吊打，開口就是「老子收拾你」、「人民政府要收拾你」等等。大年三十都還捆了兩個人，以後也一直沒有斷過，在他們看來，手銬、腳鐐和繩子的威力似乎是最大的，他們不相信毛澤東思想是改造人的靈魂的最銳利的武器，不願意也不善於用毛澤東思想改造人，這怎能讓人相信他們是

忠於毛主席的呢？說嚴重一點，這是破壞毛主席的崇高威信，是反毛澤東思想的行為。其他方面的例子還很多，這裡不一一列舉了。

（四）我深望黨中央選派更多的忠於毛主席，對毛澤東思想的理解較為深刻、懂政策、有能力、肯吃苦、敢負責的幹部，加強對人的改造教育工作，從全國來看，被強迫的施行改造的人是數以千萬計的。如果再考慮到他們所能影響的家屬及親友，就更顯得這一工作的重要了。這件工作做好了，對於消滅敵對階級，減少敵對分子，鞏固社會主義制度，都是有好處的，否則就是一個禍害。在文化大革命中，一些被認為是改造好了的刑滿釋放分子和解除勞教人員大肆進行破壞活動重新犯罪，固然為其階級本能的驅使，但是否也說明某些改造單位的改造工作存在一些問題呢？*

這裡我大膽地說幾句：我認為某些改造單位可以說基本上處於消極的保守狀態，沒有積極、主動地向敵人發動進攻，一般表現為重勞動，輕改造，重管制，輕教育，或者說比較偏重於追求被改造者的表面馴服，而沒有著重地去消滅他們的敵對思想和犯罪根源，也沒有充分發動群眾，對這些人進行監督。這種改造的效果是不真實的、不穩定的，在平時這些人有所懼而不敢亂為，一遇風吹草動就會興風作浪的。某些改造單位並沒有認真地執行毛主席的指示和黨中央的既定政策，在管理體制和教育方法上都還存在一些問題。形式上看來似乎很「左」，實際上卻只能起反作用，不僅不能把人改造好，反而助長了敵對情緒。說嚴

重一點在某種程度上是擴大了敵人的隊伍，我在改造單位多年有許多切身體會，很希望能有一個向黨中央傾訴的機會，我相信只要黨中央選派得力幹部到下面走一走，看一看，剖析幾個典型，用不著我反映情況，也會發現這些問題的。

十一、我的願望

這份材料固然談的是個人問題，但這不是主要目的，單純為了個人我不會冒這麼

大的風險。經過再三考慮，雖然我認為有充分的理由和足夠的證據可以否定原判，但是實際上這卻是非常困難的事，甚至被加刑的可能也是存在的，因為還有許多不利的條件，例如：

（一）我的觀點是否正確，尚難斷定，說不正確吧都有事實作根據，特別是有毛主席著作為標準。說正確吧又與許多人的看法不一致，因此在得到中央的批示之前自己也無法結論。如果我的觀點正確那倒無話可說，如果真的是我錯了就另當別論了。

（二）我自六六年七月被關押以後，除有時能看到當地的部份報紙以外，對毛主席和黨中央在文化大革命中發出的一系列指示、通知、決定、佈告等全無所瞭解。就是處理四川問題的「紅十條」至今也沒看到過，因此我的想法是否與中央的政策有所抵觸也未可知。

（三）一切證據都在原告和原判單位，雖然我曾多次請求保留全部材料，但是否保留了呢？如果已經銷毀了或者部分地銷毀了，都將使問題難於查證。

第42頁

（四）在一個時期內，由於許多情況的迫使，我採取了妥協的態度。就是說自己也參與製造材料。當然如果認真地細微地研究從那些材料裡仍然可以看出我對毛主席的態度，可以看出我究竟贊成什麼，反對什麼，但在某些地方不免容易造成誤解。

（五）如前所述，來自原告及原判單位的阻力必定是非常大的。

（六）投入勞改以後，曾因我未能認罪而被關入獨監，施以肉刑。如果平了反某些人可能認為會影響專政機關的威信，因而必然提出種種理由，力圖維持原判，甚至還會採用各種方法製造新的罪狀。*

（七）由於存在著五七年的問題，一般人容易認為既然過去是右派，就應當列為打擊對象，如果支持了我的觀點，不說是「替右派翻案」也要說是同情右派，因此也容易傾向於維持原判。*

（八）我有過錯誤思想和錯誤言論，雖然是早做了判決，早已解決了，但畢竟是一個歷史事實。*

（九）我只是一個人而且當前的身份是反革命犯，對方則有許多人，又都是當權

的黨政幹部，自然他們的話要容易受到信任。*

除以上九條之外，還可能有一些意料不到的情況，因此我對是否能撤銷原判，並未抱過多的奢望。從某種意義上來講，通過無產階級文化大革命，我個人的問題也可以說大部分得到了解決，我明白了以往所以發生許多背離毛澤東思想、背離社會主義這奇怪現象，原來是黨內一小撮走資派搞的鬼。在他們掌權的那些地方打著社會主義的旗幟，堅持資產階級壓迫剝削無產階級的思想體系和資本主義的社會制度，對上欺騙中央，對下壓制群眾。誰要是因為錯誤路線行不通而對

第43頁

它表示一點懷疑就要受到殘酷鎮壓，無所不用其極，不知害了多少人。現在他們的面目已經被識破了，他的罪惡已經被揭露了，真是大快人心。我雖未能參加口誅筆伐，但從報紙上披露的材料來看，廣大革命群眾，已經把我的心裡話說出來了。能夠看到這些禍國殃民的傢伙被打倒，自己的某些觀點被證實，已使我感到非常痛快非常滿意了。徹底消除資產階級反動路線，全面落實毛主席最高指示，就是我今生的理想，別無他求。寫此材料的主要目的是希望讓黨中央瞭解下面某些單位存在過的和存在著的一些問題。

我認為他是不利於維護毛澤東思想的絕對權威，不利於鞏固和發展社會主義制度的。當此蘇聯已全面復辟資本主義，其他一些社會主義國家也已「和平演變」的時候，普通的人容易被表面現象所迷惑，而提出「社會主義到底能不能鞏固」這樣的疑問。在這種修正主義思潮氾濫一時的情況下，中國的社會主義紅旗始終不倒，始終不變顏色，這不僅顯示了社會主義的力量，而且預告著帝修反必然滅亡，實在是關係人類命運的大事。由於有了毛主席，有了毛澤東思想，偉大的祖國正在成為世界革命人民的中流砥柱，每一個中國人都應當因此而感到自豪，並應當為此而付出努力。最重要的任務就是要全面落實毛主席的最高指示，在國內造成「既有統一意志又有個人心情舒暢的生動活潑的政治局面」，又要以超過一般的資本主義國家的速度發展社會生產力，不斷地提高人民的生活水準，從各方面更充分地顯示出社會主義的優越性。只有這樣才能成為

世界人民的榜樣，樹立世界人民的信仰，激勵世界人民走社會主義道路。為了這些，為了使毛澤東思想能千秋萬代地傳下去，為了使毛主席永遠受到人民的敬仰，為了使社會主義江山永遠不變顏色，為了促進社會主義在全世界的勝利，必須把一切不符合毛澤東思想的現象徹底地清除掉。為此，我才甘願忍受一切痛苦，頑強地活著，也才肯於冒著生命危險給黨中央寫這封信。*

這封信只能算是個引子，許多重大問題都還沒談到，如果黨中央認為我的基本觀點尚無大錯，則請求給我一個反映情況的機會、條件，如果我的基本觀點是錯誤的，則請求給以嚴肅的批判，指出我的錯誤，我一定狠狠地改，堅決地改。對我來說，沒有什麼錯誤觀點是不可以拋棄的，這就是我的出發點和願望。有些自命為「看穿了」的人認為我這種作法是書生氣十足，是存在幻想，是自找苦吃，這對我倒是一片好心。我也想了很久，的確，我出了校門以後，一直就和技術工作打交道，業餘時間也多半是在圖書館裡度過的，與社會很少接觸，可能有些書生氣。但這決不是對黨的幻想，而是對黨中央的信任，有了問題不向黨傾訴，向誰傾訴呢？如果明明看到不利於鞏固黨的領導，不利於鞏固社會主義制度的現象，不向黨中央反映，那在實質上就是反黨反社會主義。我現在雖然被當作了重刑反革命犯，但對那些不符合毛澤東思想的現象、損害毛主席崇高威信的行為，我卻不能淡然置之。至於說我自找苦吃呢？我這幾年是碰了不少的釘子，但都是在下面碰的，都是在文化大革命以前碰的，誰是誰非還不能結論，我至今認識不到自己錯在

什麼地方，認識不到我對黨、對社會主義、對祖國、對人民有什麼危害。為了明確自己的錯誤在什麼地方，為了追求真理，我覺得也有必要把自己的問題向黨交代清楚，就是因此再受些苦，我也心甘情願。我的態度是「朝聞道夕死可矣」。

十二、我對毛主席的態度

早在六六年就有人想給我安一個「攻擊毛澤東思想」的罪名，由於沒有確切事

實，勉強編造的罪狀，經不起稍加分析和答辯，是難於成立的。六八年以來，某些人更想給我安一個「反對毛主席」的罪名，他們認為只有用這個罪名才能將人置之於死地。為了回答這些人的非難，我覺得有將自己對毛主席的態度略加說明的必要，我對毛主席的敬仰與崇拜之情，決不是筆墨所能形容的。這裡僅舉一些有證據可查的歷史事實，在已經發生過的客觀存在的事實面前，謊言和詭辯是起不到任何作用的。

（一）二十年前當我還是一個少先隊員的時候，曾經在天安門前看到過毛主席的偉大形象。我高呼毛主席萬歲，喊得嗓子都啞了也未能充分表達我那種激動的心情。雖然那時候我對黨的理解還不深刻，那種激動只是出於簡單的感恩思想或者說是建立在民主主義的基礎之上，但從新舊社會的對比、解放前後的變化中我已開始懂得毛主席是中國人民的大救星，對毛主席是熱愛和崇拜的。

（二）由於認識到了毛主席的偉大，所以對毛主席著作的學習我是認真的。五零年在北京七中讀書的時候，學習毛主席的著名論文《湖南農民運動考察報告》，曾經因為對一個問題的理解和語文教員（高鈞）的講述不同而爭論到校長（劉惠民）

第46頁

那裡去，務求得出明晰的結論，證明了我的理解比較正確。當時我那種認真的態度，是許多教師都知道的。*

（三）通過對毛主席著作的學習，漸漸體會到毛主席的話句句是真理。從五六年起我就曾自發地抄過一些毛主席語錄，有些是抄在書籤上的，這些書籤現在還可能找得到一部份。*

（四）五七年我被劃為右派，當時自己認為是受了誤解和過重的打擊，因而對原單位的反右鬥爭十分不滿，甚至抱有反感。但就在這種情況下，我對毛主席仍然是信仰和擁護的，正因如此才能不受反革命分子的煽誘，毫無猶豫地檢舉了企圖拉我參加其反動組織的「人民黨」，並協助保衛部門破了案。*

（五）無論在任何情況下，我對毛主席的話都是聽了的，信了的。六零年至六一年，我曾對現實不滿，懷疑黨的政策。原單位的一個幹部瞭解到這種思

想，向我傳達了毛主席對大躍進的評價，讓我學習了毛主席主持制定的中央文件，我的思想便豁然開朗了。我深為毛主席走遍全國，進行調查研究，及時發現問題，從而豐富和發展了三面紅旗這個偉大的革命實踐而感動，更加體會到毛主席的英明和黨中央的正確。那時生活比較困難，許多人尚被悲觀的情緒所籠罩，我卻因聽到了毛主席的聲音而對未來充滿了信心，曾勸告不少人說：不要悲觀，毛主席已經發現了下面的問題，過一兩年就會好的。被我勸過的人大都還活著，是可以作證的。*

（六）六四年我一度陷在個人主義的泥坑裡不能自拔，悲觀失望到幾乎痛不欲生的地步。我帶著問題重新學習毛主席著作，終於爬出了個人主義的泥坑，一掃愁眉苦臉

第47頁

之氣，重新振作起樂觀向上的精神。當時許多人都是知道我這種情緒變化過程的，可以說是毛主席挽救了我。*

（七）通過自己在六四年的切身體會，我更加深刻地認識到了毛澤東思想是改造主觀世界和客觀世界的最銳利的武器。因而從六四年下半年起，在給父親、弟、妹、親友的通信中，都多次強調要學習毛主席著作，按照毛主席的指示辦事，這些信現在還可能保留了一部份。*

（八）六四年以後無論在會上會下，人前人後，我都多次稱頌毛主席著作的偉大，是當代最活的辯證法，這是原單位技術室許多人都聽到過的。*

（九）六四年新華書店發行了以前沒發表過毛主席著作《反對本本主義》、《在中國共產黨全國宣傳工作會議上的講話》等。我聽到消息後，飯都沒顧得吃，就跟到新華書店買了這些寶書。從我在書上簽注的日期可以看出是在第一天發行時買的這些書，大概還都在原單位。由此也可以說明我對毛主席著作是熱愛的。*

（十）在平時談話當中，我經常引用毛主席的教導，用毛澤東思想作為判斷是非的標準，這也是原單位技術室的幾個人都可以證明的。*

（十一）六五年是我第一個在技術室寫了毛主席語錄牌：「政治工作是一切經濟工作的生命線」，「沒有正確的政治觀點，就等於沒有靈魂」，高懸在

牆壁上，提醒大家按著毛主席的教導，用政治統帥技術工作。當時寫語錄牌還不像文化大革命展開以後這樣普遍。*

（十二）對一切不符合毛主席教導的思想和言論，我都進行了抵制。例如肖祖貽（大學畢業的技術員）片面地強調書本知識最可靠，我多次和他爭辯，讓

第48頁

他學習毛主席的《實踐論》，用毛澤東思想指導設計工作。*

（十三）鑒於以上種種表現，在社教運動後成立毛主席著作學習組起，我就被推選為技術室毛主席著作學習組的組長，負責召集和組織大家共同學習，一直到被捕前都是如此。如果我在平時稍有不尊重毛主席的表現，決不會被大家推選為學習組長，這是可以理解的。*

（十四）當我覺得某些社會現象不符合毛主席教導，似乎有修正主義發展之趨勢，曾冒著「攻擊現實」的罪名，向原單位主管幹部提出了自己的看法和懷疑，這是有書面材料可查的。*

（十五）我看到某些人自稱是毛主席的幹部但卻不按照毛主席的指示辦事，甚至是反其道而行之。我認為這將嚴重的損害毛主席的崇高威信，因而大膽地提出說，我認為現在有些人是以毛主席之名而行反毛主席之實（見六六年六月的檢查材料）。*

（十六）根據當時的某些社會現象，我懷疑中國可能也有人想效法赫魯雪夫來一個先「左」後右，先故意擴大打擊面引起一些人的懷疑和不安，然後再大平其「冤獄」，並把一切錯誤推給毛主席，利用一部份人的不滿情緒，作為他反對毛主席、篡奪領導權的「群眾基礎」。我知道自己這種想法，在當時很可能被認為是右派觀點，但為了維護毛主席的領袖地位，為了不重演赫魯雪夫篡黨篡政的事件，我還是在六六年五月向主管幹部提出了這個疑問。事實證明劉少奇正是這樣幹的，他在給中央監委的一個「批示」裡曾經寫了「這樣可能有人會被冤枉，如果冤枉就讓他再冤枉一兩年。」這一語道破了他的狼子野心，企圖故意製造冤案，並夢想一兩年以後，他就可以實現其篡黨篡政的陰謀

計畫，以「青天救世主」的姿態「平冤獄」並藉此反對毛主席。他的這一罪惡手法終於被識破了，廣大人民在毛主席領導下揪出了這個企圖危害毛主席的大內奸，這是無產階級文化大革命的最重要的成果，我歡呼這個偉大的勝利。*

（十七）六六年初我聽到有人說「現在有三分之一的人都是敵人」，儘管當時說這是上級黨委的分析，但我認為這是不符合毛主席教導的。如果接受這種估計結果也會搞亂，因而提出懷疑說，現在被劃的敵人太多了，以後要出現修正主義（見六六年的書面材料及起訴書）。誰知這便成了我的罪狀之一，因為他揭露了李井泉（就是提出上述分析的形「左」實右的走資派）的資產階級反動路線。*

（十八）六六年六月一日，儘管這時已展開對我圍攻、批判，但我還向廠長提出說，我認為現在某些部門沒有完全按照毛主席的指示辦事。從以上幾件事中都可以看出我懷疑和反對的就是不照毛主席指示辦事的行為，一直堅信毛主席的話是絕對正確的，一心維護毛主席的領袖地位。*

（十九）六六年初原單位組織一些人畫毛主席像，我見一個人所畫的一幅像，沒有充分表現出毛主席的偉大豐度，因而提出讓他重畫。他說是有根據的，我說有根據也不行，我認為這幅畫歪曲了毛主席的偉大形象，結果重畫了一幅。這裡要說明我並不是參加畫像工作的人員，當時許多人都看到過這幅畫像，沒有提出疑義。我似乎是「多管閒事」，但這是我對毛主席的熱愛。如果對毛主席沒有一點感情，決不會去「得罪」人，決不會去「多管閒事」的。*

（二十）六六年四月，原單位讓我參加話劇《起點》的演出，這個劇本是原單位自己編寫的，是經過廠部嚴格審查的。其中有一句臺詞是「這些犯人一個個長的紅光滿面」，我認為很不恰當。「紅光滿面」是當時形容

毛主席身體非常健康時常用的詞彙，決不能用來形容犯人。雖然參加演出

的人都沒提出異議，我卻堅決要求修改這句臺詞。主持排練的幹部不得不採納了我的建議。如果心裡沒有毛主席，也決然不會有這種表現吧？*

（二十一）毛主席發出五・七指示以後，我認為這必將激起教育革命的高潮，因而立即給從事教育工作的弟弟和妹妹寫信，讓他們勇於革命，不要對新生事物過多地評頭論足。只要符合毛主席指出的方向，就應當積極支援。萬沒想到這封信竟被技術室的一個幹部王洪福扣壓，硬要我重寫，硬要我刪除上面那段話。不知其居心何在，這是可以和他對質的。*

（二十二）我聽說解放軍總政治部編印了《毛主席語錄》，曾多方設法想得到這本紅色寶書（當時尚未公開發行），終於在六六年七月一日收到了母親從北京寄來的《毛主席語錄》。我欣喜若狂（這時我已被圍攻批判了很久，並由人監視一切行動），當即給母親回信並特別指出是在黨的生日這一天收到的。把對黨的熱愛和對毛主席的崇拜連在一起了，如果對黨有所不滿能產生這種感情嗎？*

（二十三）在我被批判的期間，工作組的作法是令人難以理解的，我的心情也很痛苦。這時我更努力學習毛主席著作，曾徹夜不眠地讀《雄文四卷》。誰知這也受到了干涉，以致借書給我的人害怕受連累而把《雄文四卷》收了回去。*

（二十四）《毛澤東選集》被收回去以後，我除了學習《毛主席著作選讀》以及我所有的一切毛主席著作單行本外，為了更多地學習毛主席的教導，我還把一切刊登過毛主席指示的文件如《關於胡風反革命集團的材料》、《中國農村的社會主義高潮》等找了出來，學習毛主席所寫的按語。當時還有了幹部問我看這些幹什麼？

第51頁

（*因紙頁破損，以下數行遺失若干字。除補充明顯漏字外，無法推測的遺失字跡以口標示）

十二日我被捕了，當時空氣十分緊張，兩手被緊緊反銬，連推帶拉，

臨行時我只要求□□《毛主席語錄》，其他書籍一本也沒帶。*

（二十五）入獄後，在個人安危尚難預料的情況下，□□自己，而給原單位寫了一封信，告訴他們我在被捕前夕設計的碾砂機尚有部份有待補充，希望施工人員注意，不要因為不瞭解設計人的意圖而發生問題。還對原單位□□□□幾百本技術書籍，雖是我花了巨大的代價所得，也是我十餘年心血之所積，但我視它為公有財產，可以供技術室參閱使用。在那封信裡還請求把放在辦公桌上的主席著作給我送到看守所，以後他們沒送來主席著作，卻送來了我沒有要的衣服鞋襪等物。我想那封信也許還會保存著呢！從中可以看出我對毛主席、對黨對社會主義事業的態度。*

（二十六）在看守所裡我堅持認真學習毛主席著作，並勸其他人多讀毛主席的書。正因如此，看守所的幹部才能讓我負責組織同一舍房的犯人進行學習。*

（二十七）預審時一般問題我沒有過多的申辯，但對不符合毛主席教導的說法，我堅持了應以毛主席的指示為標準（見預審記錄）。*

（二十八）六六年九月七日出庭時，儘管起訴書中所列的罪狀不符合客觀實際，審判員的態度也很反常，看來是非從重治罪不可。這時，我仍表示了要用毛主席的思想改造自己（見審訊記錄）。*

（二十九）西城區法院不依照事實地將我判處十五年徒刑，我仍相信毛主席，相信黨中央，在上訴狀裡強調指出應當按毛主席的指示辦事（見上訴狀）。*

（三　十）成都中級法院採用了不經調查、不加審訊、不容答辯又不准上訴的手段宣佈維持原判，這時我要坐牢十五年已成定局。儘管受到這樣處理，也未能減弱我對毛主席、對黨中央的信任。我堅信毛主席的革命路線必將勝利，一切違背毛澤東思想的行為

第52頁

終將會被黨中央發現和糾正的。所以宣判後，我仍堅定地表示無論何時何地都要用毛澤東思想進行改造，並且請求原判單位保留一切書面

材料，以留日後上級進行調查（見宣判記錄）。*

（三十一）投入勞改後我的第一封家信和第一封給李詩慧（我原來的愛人）的信都是要《毛澤東選集》。我認為毛主席的書是比布帛菽粟還要重要的。*

（三十二）我被判刑以後，家庭成員對我不理解，愛人也因此而離了婚，精神上的痛苦是很大的。但我也沒有因此而對黨中央毛主席產生任何懷疑。我始終認為這是下面個別人的問題，我相信毛主席，相信黨中央的決心絲毫也沒有動搖。當時我想，就是我要坐一輩子牢也決不埋怨黨中央。*

（三十三）在獄中我更努力地學習毛主席著作，儘管白天的勞動強度很大，收工後已十分疲勞，但我堅持天天讀毛主席的書，有時讀到深夜，為此還被人檢舉說我沒有按時睡覺。*

（三十四）我見這裡的打人之風很盛，違背了毛主席的教導，□□□□人的工作，因此冒著「同情反改造□□的罪名」，提醒犯人注意「要用文鬥，不用武鬥」。*

（三十五）我說了「要用文鬥，不用武鬥」這句話以後，被認為是妨礙了改造工作。這裡的某些人在大會上說「要用文鬥，不用武鬥」是指人民說的，對犯人是「愛怎麼鬥就怎麼鬥」，並組織對我的批判。這時我冒著挨打、挨捆的危險堅持提出毛主席教導過「對任何犯人應堅決防止肉刑，重證據而不輕信口供」，終於因此而引起了某些人對我的惡恨，成了被關入獨監的導火線。*

（三十六）有個犯人（國民黨的特務警察，因作惡多端解放後即被判處無期徒刑）在文化大革命中公開地惡毒地連續地污蔑和褻瀆偉大領袖毛主席。我在學習會上對他進行了批判。但因這個犯人在表面上很馴服於某些人的個人意志，又是打人的積極分子，每次鬥爭會上都是他先喊「捆起」，都是他先

　　　　　　　　　　　＊（抄寫稿到第52頁為止，後面的遺失無存。）

牛立華生平與冤案年表

1936年-1951年

　　1936年10月，牛立華出生於北平一個手工業者的家庭。父親原來是河北省房山縣農民，失去土地後到北平城裡進入仁力地毯公司當學徒。母親滿族人，是父親的第二任妻子，也是織地毯工人。牛立華是父母的長子，家裡還有大哥大姐，後來又有了兩個弟弟、兩個妹妹。

　　1947年小學畢業，進入崇實中學，因北平戰事停學。1949年2月，北平和平解放後，考入北平市第七中學。同年加入少年先鋒隊，開始接受革命教育。親歷「十一」開國大典，立志為共產主義奮鬥終生。

1951年-1954年

　　1951年夏初中畢業，考上華北兵工職業學校（後來改名為華北第二工業學校），8月離開北京，到達山西太原，成為全國第一個熱處理專業班的學員，1954年底畢業。

　　在學校時因抽屜裡的課堂筆記本被翻閱，說過不滿的話。畢業時被記載在畢業鑑定上，在1957年反右運動中被認定為反動言論。

1955年-1958年　　　　　　　　　　　　　19歲-22歲

　　1955年2月，奔赴重慶，3月，進入重慶長江電工廠工作。後在冶金科擔任熱處理技術員兼技術組長。

　　1957年初，申請加入中國共產黨。

　　7月，響應號召參加鳴放，發言被認為是贊同著名的右派言論「黨天下」，攻擊「肅反」運動。8月、9月，多次受到批判，成了廠裡的第一個右派分子。

　　10月，調離技術科，下車間監督勞動。工資停發，每月僅12元生活費。

　　1958年7月4日，被送勞動教養。

1958年-1959年　　　　　　　　　　　　　22歲-23歲

　　兩年間，在歌樂山下的新建機械廠勞教，參加了監獄工廠的擴建和熱處理設備的設計。

　　1959年底，勞改企業大發展，隨數百勞教人員調離重慶，到成都勞改局加工廠，該廠後改名為四川磨床廠。

1960年-1966年　　　　　　　　　　　　　24歲-30歲

　　1960年，為廠裡籌建理化檢測實驗室。

　　1961年秋，因電工誤操作，導致材料試驗機故障。被追究責任，關押三個月。

　　1961年12月22日，摘掉右派帽子，解除勞動教養，依然被強制留廠，從事機械

設計。

　磨床廠遷往新址，留在未遷離的汽車修配分廠，廠名後改為四川消防機械廠；再次為該廠籌建新的理化室。一年多後參加四川省的三十八個企業理化檢測的技術競賽，成績居於第七名。

　1965年3月8日，女友李詩慧被調往沙坪農場勞教；5月，與李詩慧完婚。

　6月，文革開始，向廠長彙報思想，表示無法認罪。

　7月12日被捕，關押在成都寧夏街看守所（當時也被稱為監獄）。

　8月18日，在監獄裡預審。

　9月7日，在監獄裡進行了形式上的所謂開庭。27日呈交申辯材料，30日，在監獄審訊室，以反革命罪，被判十五年徒刑。

　10月7日，交出上訴狀。三個小時後，被成都市中級人民法院駁回。

　11月6日，離開寧夏街監獄，被押往雅安地區蘆山縣苗溪勞改農場，分配在十三中隊服刑。該隊主要關押反革命犯四百多人，刑期都在十五年以上；屬於茶場的重點監管隊。

1967年-1978年

31歲-42歲

　初到苗溪，反對毆打犯人，遭到管教報復，被捆繩子折磨。

　1967年7月，仍在沙坪農場勞教的妻子李詩慧被迫離婚。

　1968年2月，拒不認罪，夜裡多次被捆，罰站受凍。

　8月11日，被當做反改造的典型，關入小監（單獨囚禁在不足三平米的密室）。小監裡無燈，無用水設施，不提供任何衛生用品包括手紙，每隔十天八天，才有人來倒一次馬桶。戴背銬五十天後才打開，不久又被銬上。

　12月，在背銬的姿勢下多方摸索，寫出申辯信第一稿《自述》，全文約四萬餘字，後又複寫兩份。

　1969年3月，被打開背銬，此時已銬了七個多月。白天在嚴管隊參加勞動，晚上回小監繼續被銬。

　5月，解除小監禁閉，回到集體監舍。在小監囚禁共計九個月。

1970年7月，犯人集體外出到糧站背糧，藉機找到投遞郵件的地點。

8月再次背糧，秘密寄出申辯信《自述》。父母收到後交兩個妹妹抄錄出全文，秘藏家中。

1974年，母親在北京家中去世。

繼續服刑，仍不認罪。

1979年-1980年 43歲-44歲

1979年3月，隨著全國範圍內平反冤假錯案工作的推進，有關方面第一次前來苗溪調查牛立華被判刑勞改的情況。

5月28日，長江電工廠派人前來苗溪，對牛立華傳達右派改正的意見。

9月10日，成都市中級人民法院對牛立華做出無罪釋放的判決；9月17日在苗溪向牛立華宣佈。

11月離開苗溪農場，前往成都奔走，等待分配工作。

1980年-2022年 44歲-88歲

1980年3月11日，回到重慶長江電工廠，仍舊從事熱處理技術工作。

當年，被評定為工程師。6月，參加四川省兵工學會熱處理專業年會。次年開始，在會上連年發表熱處理專業論文，並四次獲得重慶市自然科學優秀論文獎。

1981年夏天，父親在北京家中去世。

同年，在廠職工大學熱處理專業兼職授課，連續九年，直至退休。

1987年，經過一番波折，終於被評定為高級工程師。

平反後與熊女士重建家庭，育有一女，後離異。女兒成績優秀，考上北京大學，

並在香港科技大學獲得碩士學位，現定居北京。

2012年開始構思和寫作《陽謀史記——六十年風雲透析與述評》，2018年完成初稿。
2020年底，與艾曉明一起討論修改文稿。由艾曉明完成《夢斷苗溪》所有後續改稿、訪談記錄和整理全書的工作。

晚年失明前後，與護工張祖紅女士共同生活，得到悉心照顧。

艾曉明　整理

血歷史208　PC1032

新銳文創
INDEPENDENT & UNIQUE

夢斷苗溪
——一個勞改倖存者的回憶

作　　者	牛立華
責任編輯	鄭伊庭
圖文排版	蔡忠翰
封面設計	劉肇昇

出版策劃	新銳文創
發 行 人	宋政坤
法律顧問	毛國樑　律師
製作發行	秀威資訊科技股份有限公司
	114 台北市內湖區瑞光路76巷65號1樓
	電話：+886-2-2796-3638　傳真：+886-2-2796-1377
	服務信箱：service@showwe.com.tw
	http://www.showwe.com.tw
郵政劃撥	19563868　戶名：秀威資訊科技股份有限公司
展售門市	國家書店【松江門市】
	104 台北市中山區松江路209號1樓
	電話：+886-2-2518-0207　傳真：+886-2-2518-0778
網路訂購	秀威網路書店：https://store.showwe.tw
	國家網路書店：https://www.govbooks.com.tw

出版日期	2022年10月　BOD一版
定　　價	720元

讀者回函卡

國家圖書館出版品預行編目

夢斷苗溪：一個勞改倖存者的回憶 / 牛立華著.
-- 一版. -- 臺北市：新銳文創, 2022.10
    面；　公分
BOD版
ISBN 978-626-7128-26-8(平裝)

1.CST: 牛立華 2.CST: 回憶錄

782.887   111008981